普通高等教育"十一五"国家级规划教材

上海普通高校优秀教材

GUANLIXUE

管理学

（第四版）

芮明杰 编著

高等教育出版社·北京

内容提要

本书是普通高等教育"十一五"国家级规划教材,本书主要内容包括:管理的内涵,管理的架构,管理的过程和管理的方式。书中提供了丰富的案例,可以帮助学生将管理基本理论应用于实际业务中,提高管理能力。本书可作为经济类、管理类等本科专业相关课程教材,也可作为社会人士培训教材。

图书在版编目(CIP)数据

管理学/芮明杰编著.—4 版.—北京:高等教育出版社,2021.12(2023.1 重印)
ISBN 978 - 7 - 04 - 056525 - 6

Ⅰ.①管… Ⅱ.①芮… Ⅲ.①管理学-高等学校-教材 Ⅳ.①C93

中国版本图书馆 CIP 数据核字(2021)第 156948 号

策划编辑 刘自挥　**责任编辑** 林 荫　**封面设计** 张文豪　**责任印制** 高忠富

出版发行	高等教育出版社	网　　址	http://www.hep.edu.cn	
社　　址	北京市西城区德外大街 4 号		http://www.hep.com.cn	
邮政编码	100120	网上订购	http://www.hepmall.com.cn	
印　　刷	上海华教印务有限公司		http://www.hepmall.com	
开　　本	787 mm×1092 mm　1/16		http://www.hepmall.cn	
印　　张	22.5	版　　次	2021 年 12 月第 4 版	
字　　数	541 千字		2000 年 7 月第 1 版	
购书热线	010 - 58581118	印　　次	2023 年 1 月第 2 次印刷	
咨询电话	400 - 810 - 0598	定　　价	48.00 元	

本书如有缺页、倒页、脱页等质量问题,请到所购图书销售部门联系调换
版权所有　侵权必究
物 料 号　56525-00

第四版前言

21世纪是一个巨变的时代,时下已经可以看到:经济逆全球化的一些表征;新一轮技术革命导致产业的革命;科学技术进步非常快速;地缘政治新变化的可能;数据信息成为生产配置极为重要的资源;智能革命对人本身的进一步替代等变化的趋向。上述这些变化都可能导致各类人群组织如国家、社会、企业、学校、医院、团体等发生巨大的变革,导致所有这些人群组织中的管理实践甚至管理理论发生重大变革。但不管怎样变革,我以为管理学所揭示的管理基本规律在现在至未来相当长时间里,在所有人群组织的管理实践中始终具有重要指导作用。

我们每一个人来到今天的世界,其实总是生活学习工作在某个特定的组织之中,成为组织的一员,即便是所谓自由工作者即自我雇佣的人,其实也是某个社会某组织中的成员。如果我们不成为组织的领导者或管理者,就一定成为组织中的被领导者、被管理者。在组织中,我们总是被要求与组织的其他成员进行分工合作,一起努力去实现组织的目标。当我们感觉这个组织不适合自己的成长与发展时,我们可能还会离开这个组织去加入一个更能够给予自己成长、收入、关怀的组织。其实,有时候在一个组织里和大家一起学习如何使组织更有效率、更好发展,对提高与锻炼自己可能更好。但不管如何,我们都非常有必要学习管理理论与方法,因为管理的有效性很大程度上取决于管理者如何结合组织特定情景运用管理规律与方法进行管理实践创新。

本书是经济类、管理类、社会科学类等大学生的"管理学"入门教材,也是大学生们走出校门进入社会各类组织与组织成员共同工作学习的必备的基础知识,甚至是创业成功的必要基础知识。本书从第一版出版至今已经近20年时间,已经出版了三版,一直受到许多高校老师与学生的欢迎,成为"管理学"课程的重要教材或教学参考书,为更好地帮助教师与学生学习好本课程,我特别组织人手编写了教学参考资料。本书第三版出版至今已经多年,我一直想修订一下,由于本人其他教学科研等工作十分繁忙,总是没有大块时间做此事。2020年初开始的新冠疫情至今还没有完全结束,导致我今年出差与教学工作减少,于是有了一点时间来完成此工作。本次修订主要做了两项工作:

1. 并未对本书的内容进行很大的修改,而是仔细阅读了全书的内容,在文本上逐字逐句修改,修改了不少原来说得不太清楚或表达不够充分的词句,增加了一些重要的文句,删减了一些已经不合适的段落与写得不好的段落文句。通过修改力图使全书文字流畅,有一致的风格。而如此工作,需要每天细细地看文本,不能着急。

2. 本来想对书中每章中的专栏与章后的案例进行调整,经仔细阅读后,觉得没有必要进行调整,现有专栏主要介绍了管理学家与相关管理新思想,能够扩充读者的阅读面。每章后的案例虽然个别不那么具有时效性,但其隐含的管理思想和方法与内容还是一致的。所以特别提醒读者,千万不要认为此案例已是过去的就不去研读。分析案例其实对理论联系实际是非常有帮助的,管理学是一门应用性很强的课程,需要实践与练习。

2019 年 9 月我去兰州大学管理学院参加"中国管理 50 人"年度闭门讨论会,会议主题是"巨变中的中国管理",我应邀在大会上做了主题演讲"未来的管理",受到了欢迎与鼓励。虽然自己觉得不够成熟,需要进一步思考与研究,但为了让读者了解正在发生的巨大变革以及未来技术进步可能给组织以及组织的管理实践与理论方法带来的冲击,我把此演讲稿敷衍成文在《经济与管理研究》杂志 2020 年第 3 期上发表,有兴趣的读者可以一阅,以增强对现代管理发展趋势的了解。

管理理论之树长青。

芮明杰

于复旦大学管理学院思源楼

第一版前言

管理学是一门基础课,它通常被安排在经济管理专业本科一年级的上学期或下学期开设。此时,那些刚从中学考入大学、尚未适应从中学到大学学习方法转变的莘莘学子,要完全弄懂实用性很强的管理学基本概念与理论是颇为困难的。因此,管理学是一门必须再学习的专业课。当人们进入社会,在工作中体验了管理的实践滋味之后再来修读管理学,再来体验管理基本理论与方法时,可能会有更多的理解和共鸣。也正因如此,攻读 MBA 就成为许多大学毕业多年的青年人的一种人生追求。

作为基础课的管理学与作为专业课的管理学虽然同名,但其学习的对象不同,因此,教材内容与安排也应有所不同。我已经主持编写过一本作为专业课的管理学教材,它就是上海人民出版社 1999 年 9 月出版的《管理学——现代的观点》一书。此书结构体系新颖,观点现代,内容全面,理论相对艰深,具有相当的本土化、现代化的特性。可以说,此书作为专业课的管理学教材是合适的。但是此书有一些章节的确难以让本科一年级的学生读懂,也造成一些管理学教师教学上的困难。

作为基础课的管理学教材,应该能够反映管理学的进展和最新研究成果。写作这么一本教材,是我们这些从事管理学研究与教学的理论工作者不可推卸的责任。故此,我应高等教育出版社之约,编写了这本区别于《管理学——现代的观点》的书,作为管理学的入门教材并把前者作为本教材的后继性教材。为此,本教材编写时有下述的考虑:

1. 本教材采用了《管理学——现代的观点》一书的基本结构体系,但把最后一篇完全删去。我认为这一结构体系是一种创新,是目前最佳的结构安排。因为最后一篇章节的理论比较艰深,本科学生可以不读,而从事管理实践或有管理实践经验的人则十分需要。

2. 本教材在内容上进行了改写,尤其是第二篇、第三篇共 10 章完全重新改写。在改写过程中,注重了概念原理的一致性,也注重了论述上的简单明了,使理论和观点更易为年轻的没有管理经验的人所理解与掌握。

3. 限于篇幅,本教材未在每章后附案例。因为我们设想在本教材出版后再编写一本学生用书,其中包括每章的思考题、思考题解答、案例、案例分析参考以及试题汇解等,以便于学生更好地学习这门课。

4. 本教材依然坚持了《管理学——现代的观点》一书的特色,这就是用现代的观点去看待和归纳管理学过去形成的理论与方法;用逻辑的推理去演绎管理学理论体系;尽量在内容上反映管理学最新的研究成果;同时坚持本土化,即与我国的管理与文化的现实相结合。

本教材比较适合作为高等院校经济与管理类大学本科生管理学课程的教材。虽然它是管理学的基础教材,但要学好它、教好它也不是一件容易的事。我建议教师们在选用此教材进行教学时,应注意以下四点:

1. 准确把握书中提出的基本概念,弄清它们的内涵与外延;准确地教授教材中论述的基本原理,使学生了解该原理得以成立的假设以及相应的运用范围;准确地传授教材中所述的基本分析方法,使学生们掌握一些管理分析技能和管理方法。

2. 根据每章内容选用一些案例进行教学与分析,以便让学生逐步了解管理理论与观点在现实中的应用以及在不同环境下的变异。我建议多选用我国企业等组织的管理案例,少用外国案例,因为文化的异同会使学习的效果产生差异。

3. 本教材教学内容的安排通常为每周4课时,一个学期讲完。因此,在组织教学内容时,应主要讲解每章的重点概念、原理与方法,留一定的时间给学生讨论,也留一定的篇幅让学生去阅读。

4. 应引导那些学得好的同学去进一步深入学习管理理论与方法,首选的书可以是上海人民出版社出版的《管理学——现代的观点》以及浙江人民出版社出版的"管理前沿书系"等本人的著作。

在本教材写作过程中,我的博士研究生王国荣、朱江鸿、王嫱、吴光飚、张振宇等参与了一些工作,作出了很多努力,在此特表示感谢。

芮明杰
于复旦大学管理学院

目　　录

第一篇　管理的内涵

第二篇　管理的架构

第三篇　管理的过程

第四篇　管 理 的 方 式

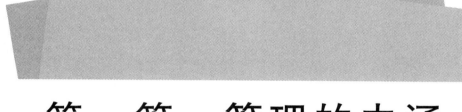

第一篇　管理的内涵

第1章 管理的含义

自从人群组织产生,便有了管理活动。管理是对组织的资源进行有效整合,以达成组织既定目标与责任的动态创造性活动。它不同于人类的文化活动、科学技术活动和教育活动等,它有自己的特性,本质上是组织资源有效配置的活动,目的是在组织有限资源条件下高效率地实现组织目标。

第一节 管理的概念与特性

管理是人类各项活动中最重要的活动之一。

最初的时候,由于人类在面对大自然、面对自身的生存发展等诸多难题时,单个个体几乎无法应付,于是人们不得不形成一个个群体来对抗大自然的威胁,来谋求个人无法获得或实现的生存与发展的机会、条件和目标。此时,管理作为协调人群,以实现大家共同目标的活动已经存在了。

尽管今日的人类已掌握了先进的科学技术,在自然界、社会文化等方面的知识积累已十分丰富,在谋求自己的生存与发展方面已有很大的能力,但这并不意味着人群组织可以解散,管理可以变为个人管理自己时间和事务的一件事。事实上,工业化带来的分工可提高生产效率的概念已深入到现今人类社会的各个领域。筹划未来、协调社会成员的行为、挑战新问题已成为人类社会进步的必要环节,而这些都离不开管理。

一、管理的概念

科学管理之父泰罗认为,管理就是"确切地知道你要别人去干什么,并使他用最好的方法去干"。在泰罗的眼里,管理就是指挥他人能用其最好的工作方法去工作,所以他在其著作《科学管理原理》中就讨论和研究了两个管理问题:第一,员工如何能寻找和掌握最好的工作方法以提高效率? 第二,管理者如何激励员工努力地工作以获得最大的工作业绩?

诺贝尔经济学奖获得者赫伯特·西蒙教授对管理概念曾有一句名言:"管理即决策。"在西蒙看来,管理者所做的一切工作归根结底是在面对现实与未来、面对环境与员工时不断地作出各种决策,直到获取满意的结果,实现令人满意的目标。

尽管泰罗和西蒙名声在外,几乎所有的管理学教科书均要提及他们的观点和看法,但真正对管理的定义有重大影响的是法国人亨利·法约尔。事实上,自从亨利·法约尔在其著作《工业管理与一般管理》中给出管理的概念之后,它已产生了一个多世纪的影响。法约尔认为,管理是所有的人类组织(不论是家庭、企业或政府)都有的一种活动,这种活动由五

【专栏】　科学管理之父泰罗

泰罗(Taylor，1856—1917)兴趣十分广泛,而且样样精通。他是网球冠军;修改了棒球比赛规则,让投球手可以掷球而不只是抛球;取得了一百多个专利权。他的创造力和他一生的辛劳都源于他根深蒂固、有时甚至显得盲目的对效率及测量的信念。

泰罗出身于一个富裕的家庭,在法国和德国接受教育。1870年,他在美国费城的水力工厂见习,之后来到米德维尔钢铁厂,并逐渐升到总工程师的位置。其后,他又来到缅因州,担任了制造投资公司造纸厂的总经理。1893年,他迁往纽约,开始了他作为咨询工程师的事业。

项要素组成:计划、组织、指挥、协调和控制。法约尔的这一看法使人相信,当你在从事计划、组织、指挥、协调和控制工作时,你便是在进行管理,管理等同于计划、组织、指挥、协调和控制。

 【专栏】　亨利·法约尔

法国里昂和位于圣埃提恩涅的全国矿业学校是亨利·法约尔曾经接受教育的地方。1860年毕业时,他作为一名矿业工程师加入法国矿业公司。在他全部的工作生涯里,他一天也没有离开过这家公司。1888年至1918年间,他出任公司的管理主任。在此期间,"职能原则"孕育而生,它是公司组织的第一条理性法规。他的研究成果把他推上古尔高等学校的讲台,并促成一次公共服务业的大检查。

法约尔的著作《工业管理与一般管理》的基本思想,可以追溯到1900年法约尔在一次矿业会议上的讲话。1908年会议再次举行之时,他进一步发展了他的思想,讲稿立即被翻印2 000份以满足人们的需要。截至1925年,编辑成书前后共发行15 000本。

伊戈尔·安索夫这样评论法约尔:"大多数现代经营实践的最新分析,都被他在想象的天地里正确地一语道中。"

法约尔作为一位毕生从事企业管理的管理者,从其几十年的管理工作经历中悟出的管理要义,应该颇有实践的支撑,因此,他的看法也就颇受后人的推崇与肯定。美国商学院20世纪70年代使用频率很高的教科书是这样来定义管理的:"管理就是由一个或更多的人来协调他人的活动,以便收到个人单独活动所收不到的效果而进行的各种活动。"这一定义虽然表面上与法约尔的表述不同,但两者的基点是一样的,即管理是一种协调性活动。如果我们把计划、组织、指挥、协调、控制活动的目的放在一起考察的话,我们应该同意法约尔所说的五项要素都是协调他人的活动。

法约尔对管理的定义颇有知名度,但并非没有缺陷,因此受到了挑战,日本著名经营管理学家占部都美认为:法约尔关于管理的定义仅说出了管理由计划、组织、指挥、协调和控制五项要素构成,而并未给管理确定统一的概念。乌尔里希则认为法约尔"没有确立一定的决定什么是管理、什么是组织的准则"。著名管理学家赫伯特·西蒙甚至提出了自己的关于管理的定义以反驳法约尔的定义:"管理即决策。"

假定把法约尔对管理的定义看作是古典的,那么从这一古典定义中可以肯定的是:①管理是一种活动；②管理这种活动由五项要素即计划、组织、指挥、协调和控制构成。然而，尽管确认了管理是一种活动，却没有明确是何种活动；如果简单地把管理理解为计划、组织、指挥、协调和控制这些活动的总称的话，那么管理就成了一项具体的活动而失去了它统一的实质。管理应该有比这种定义更广泛、更复杂的内涵与本质。

首先，管理作为一种活动，一定是在一个特定组织、特定时空环境下发生、发展、直至结束的。从时间的角度来看，管理实际是一个动态过程性活动，因为时空环境并不是静止的。

其次，管理这种活动的发生是有目的的，绝非无目的的发生，那么该目的是什么呢？显然这与管理者欲达成的目标相关，这一目标可以是组织的目标。

再次，达成组织目标是需要资源的，但世界上资源有限，供给有价格，这就使得达成组织目标有一个成本与收益的比较，有一个投入产出的衡量。

根据上述讨论，我们可以给管理下一个统一的符合其实质的定义：管理是对组织的有限资源进行有效整合，以达成组织既定目标与责任的动态创造性活动。计划、组织、指挥、协调和控制等行为是有效整合资源所必需的活动，故而它们可以归入管理的范畴之内，但它们又仅仅是帮助有效整合资源的部分手段或方式，因而它们本身并不等于管理，管理的核心在于对组织资源的有效整合。

二、管理的特性

管理活动不同于文化活动、科学活动和教育活动等，它有自己的特性。

（一）动态性

管理活动的动态性特征主要表现在这类活动需要在变动的环境与组织本身中进行，需要消除资源配置过程中的各种不确定性。事实上，由于各个组织所处的客观环境与具体的工作环境不同，各个组织的目标与从事的行业不同，从而导致了每个组织中资源配置的不同，这种不同就是动态特性的一种派生，因此，不存在一个标准的处处成功的管理模式。

（二）科学性

管理的动态性并不意味着管理这类活动没有科学规律可循。管理活动尽管是动态的，但还是可以将其分成两大类：一是程序性活动，二是非程序性活动。所谓程序性活动就是指有章可循，照章运作便可取得预想效果的管理活动。所谓非程序性活动就是指无章可循，需要边实践边探讨的管理活动。这两类活动虽然不同，但又是可以转化的，实际上，现实的程序性活动就是以前的非程序性活动转化而来的，这种转化的过程是人们对这类活动与管理对象规律性的科学总结，管理的科学性在这里得到了很好的体现。对新管理对象所采取的非程序性活动只能依据过去的科学结论进行，否则对这些对象的管理便失去了可靠性，而这本身也体现了管理的科学性。

（三）艺术性

一方面，由于管理对象分别处于不同环境、不同行业、不同的产出要求、不同的资源供给条件等状况下，这就导致了对每一具体管理对象的管理没有一个唯一的完全有章可循的模式，特别对那些非程序性的、全新的管理对象，则更是如此。具体管理活动的成效与管理主体管理技巧运用和发挥的程度大小相关性很大。事实上，管理主体对管理技巧的运用与发挥，体现了管理主体设计和操作管理活动的艺术性。另一方面，由于在达成资源有效配置的目标与现行责任的过程中可供选择的管理方式、手段多种多样，因此，在众多可选择的管理方式中选择一种合适的方式用于现实的管理之中，这也是管理主体进行管理的一种艺术性技能。艺术性这种东西更多地取之于人的天赋与直觉，是一种非理性的东西，管理有时就是一种非理性的活动，否则就不会有许多人认为"管理没有理论"。

【专栏】 管理是一门科学还是一种艺术

管理是一门科学还是一种艺术？

这是一个经常提出的问题。确实，管理工作像所有其他领域工作(无论是医学、作曲、工程学、棒球运动还是会计工作)一样，利用了系统化的基础知识——科学，并根据现实情况加以运用以获得预期的实际结果。管理工作中，实践必然要求设计一种行得通的，即能取得某种预期结果的解决办法。这时，艺术就是达到某种所需要的具体结果的"诀窍(know-how)"。切斯特·巴纳德把它称为"行为知识"。那些"靠书本"来诊断，完全靠公式来设计，或试图靠背诵原理来管理的人，几乎一定会忽视现实。除了系统地阐述科学本身以外，艺术可能是人类追求的所有对象中最富有创造性的了。在任何一个社会中只要对既有效果又有效率的集体协作的重要性加以重视，则毋庸置疑，管理工作是一切艺术中最重要的一种艺术。

最富有成效的艺术总是以对它所依据的科学的理解为基础的。因此科学与艺术不是相互排斥的，而是相互补充的。随着科学的进步，艺术也发展起来，正如在物理学和生物学中所出现的那样。没有科学知识的医生就成了巫医，而有了科学，他们可能成为精明的外科医生。主管人员没有理论，没有以理论构成的知识，他们想要进行管理就必然是靠运气、靠直观，或靠过去的经验办事，而有了系统化的知识，他们就有很大可能对管理上存在的问题设想出可行的、正确的解决办法。然而，仅有原理或理论知识还不能保证实践的成功，因为人们还必须懂得如何利用它，没有一种任何事情都是已知的、所有的关系都已证明了的科学，所以科学不可能是行家们解决各种问题的万能工具。无论是诊断病症、设计桥梁，还是管理公司，都是这样的。

（四）创造性

管理的艺术性特征实际上已经与管理的另一个特征相关，这就是创造性。既然管理是一种动态活动，对每一个具体的管理对象没有一种唯一的完全有章可循的模式可以参照，那么，欲达到既定的组织目标与责任，就需要有一定的创造性。管理活动是创造性的活动，正因为它的创造性，才会有成功与失败。试想，如果按照程序便可管好的话，如果有某种统一模式可参照的话，那么，岂非人人都可成功、成为有效的管理者？管理的创造性根植于动态性之中，与科学性和艺术性相关，正是由于这一特性的存在，才使得管理创新成为必需。

（五）经济性

资源配置是需要成本的，因此管理就具有经济特性。首先，管理的经济性反映在资源配置的机会成本上。管理者选择一种资源配置方式是以放弃另一种资源配置方式的代价而取得的，这里有个机会成本的问题。其次，管理的经济性反映在管理方式方法选择的成本比较上，因为在众多可帮助进行资源配置的方式方法中，其成本不同，故如何选择就有个经济性的问题。再次，管理是对资源有效整合的过程，选择不同的资源供给和配比，就有成本大小的问题，这是经济性的另一种表现。

管理的上述五个特性是相互关联的，是管理性质的五个不同方面的反映，其相互关系如图1-1所示。

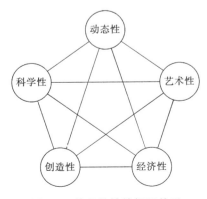

图1-1 管理特性的相互关系

第二节　管理的目标与手段

管理作为一种活动的出发点及目的是什么,如何才能对组织资源进行有效整合,具体从何处下手等问题,均与管理的目标与手段确认有关。

一、管理目标与组织目标

(一)管理目标的双重性

作为一项具体的管理活动或管理工作,首先,一定有一个欲达成的具体目标,例如招聘人才,其欲达成的目标就是要为组织招聘到优秀的某一专业方面的人才;而进行广告宣传活动,其具体欲达成的目标就是要让消费者认识本组织、本企业以及本企业的产品,使消费者产生购买欲望并尽快尽多地购买该产品。显然,管理活动或管理工作的这一具体目标是非常重要的、不可或缺的,没有这一具体欲达成的目标,管理活动或管理工作本身也就没有必要存在。

管理活动或管理工作的具体目标给定了这一项活动或工作的行进方向,但是这一行进方向又一定是组织总体目标规定下的产物。因为,如果管理活动或工作的具体目标不断衔接地实现但最终脱离组织既定目标的话,那么,所谓最终要达成组织资源配置的目标是不可能的。这样,管理活动的目标就有了另外一层含义,即组织内的管理活动如果不是多余的、无效的,那么它的终极目标就是组织既定的目标。

事实上,组织既定目标的实现是通过一系列资源配置活动的衔接逐步实现的,这种衔接可以是不同活动按先后顺序进行,也可以是不同活动并行直至最终协调成功。故组织既定目标一定是层层纵向分解,或按照不同领域横向分解,这些分解后的小目标既是组织既定目标的规定,又是管理活动或工作欲达到的具体目标。

(二)组织目标的双重性

任何一个组织的存在,一定有其目的性,否则组织就不会存续。组织目标是其存续目的性的一个阶段性表现,它具有双重特性:功利性和非功利性。

组织目标的功利性是指组织目标设定的核心特性。例如,企业这么一个经济组织,其目标为最大利润或满意利润,这一目标的核心特性就是企业运行的根本理由,可称之为功利性的。又如高等学校,其目标是培养优秀人才和出科研成果,这一目标从社会、学校等角度来看也是功利性的。组织目标的功利特性不是一个贬义词,而是表现这一目标对社会、国家,以及对组织本身的根本价值。

组织目标的非功利性则是指目标实现过程中所获得的非既定设想的其他价值。例如,企业在实现利润最大化这一既定目标的过程中,创造了一定的企业文化,培养了一批有专长的高级人才等,这些价值的获得体现了目标的非功利性。又如,高等学校在培养人才和出科研成果的同时,孵化出了一批高新技术企业,创造了新的组织构架等,也是目标中非功利性的体现。

在一个国家、一个社会中,每一个组织目标的功利性是该组织存续的根本,而非功利性则是这一既定目标实现的其他价值。随着社会的进步、国家的发展,社会与国家对组织的要求也愈来愈高,这就是希望组织在实现其目标的过程中,既要完成它的功利特性,这是组织自身的根本追求;同时,也希望在实现目标的过程中,能够获得符合社会进步、国家发展要求的组织的非功利性价值,如为社会和国家培养更多的优秀人才,为社会和国家创造更好的工作生活环境,提高人员素质等。

（三）管理目标与组织目标的关系

组织目标有功利性与非功利性的双重特性,管理目标作为组织目标分解后的具体目标,同时又以组织目标作为管理目标的最终目标,因此,管理目标与组织目标的关系如图 1-2 所示。

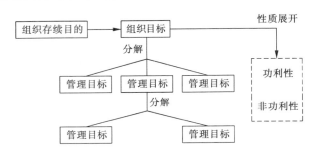

图 1-2　组织目标与管理目标的关系

图 1-2 中表达的关系有三个层次:

（1）组织存续目的决定了组织在资源配置方面的目标,事实上,组织资源配置目标是组织存续目的的阶段性展示。

（2）组织目标分解成各类管理活动的具体目标,这些具体目标的逐步实现,将最终帮助实现组织目标。

（3）组织目标的功利性和非功利性反映在具体的管理活动上时,很难将其按照不同的特性分开来,往往是某一些管理活动在完成功利性价值的同时,获得非功利性价值少一些,另一些管理活动则在达到其具体目标时,获得的非功利价值多一些,例如,企业管理中的企业文化建设活动可属此类管理活动。

二、管理的不确定性

管理既然是一种整合资源的活动,那么必然有实施此活动的出发者,即管理主体。显然,管理主体是人,因为只有人才可能有目的地去整合资源以达到组织的目的。同样,既然是一类活动,那就有活动作用的客体,这一客体根据定义应该是组织资源。这样,作为管理的客体就不局限于组织内的人,还包括组织拥有的金融资本、物质资源(比如原料、动力等)、信息情报及传递网络等,还包括这些资源的综合性配置场所、对象、过程。管理主体对管理客体实施管理以达成组织既定目标与责任,这就是管理过程。这一过程包含着巨大的不确定性。

（一）管理客体的不确定性

这里所说的管理客体不确定性是指客体条件的不确定性。例如,作为管理客体的组织内的员工是确定的,但在管理过程中,这些员工会受当时的心情、思想、偏好等影响,造成其原本可以发挥的能力和技巧与其他资源配合上的失误或差错。又如,作为管理客体的设备是确定的,但设备能力的发挥受到具体管理与当时众多外界环境因素的影响,可能造成"差之毫厘,失之千里"。

（二）管理运行时空的不确定性

管理过程是在一定的时空中展开的,这种时空既是确定的又是不确定的。时空的不确定性关键在于时空本身在运动变化。例如,决定在股市上做一次投资,股市就成了这次投资活动的空间范围,何时投入、购买何种股票这一决策受到决策过程中股市本身变化的影响,这种决策一定是交互式的决策。又如,在设定未来的发展方案时,未来的发展一定是在未来的时空中展示,未来的时空将发生什么样的与现时时空不同的变异,是不确定的。时空不确定性是管理中最难以把握和解决的。

（三）管理工具、手段的不确定性

管理主体必须运用一定的管理工具、手段、方法作用于管理客体,方能获得资源有效整合的效果。这些现有的管理工具、手段和方法是确定的,但它的运作效果是难以确定的,尤其是"软"的管理方式方法,如人际沟通的方式、精神激励方法等。更何况已知的管理工具、手段、方式等的作用效果,不过是过去管理主体在当时特定时空条件下的结果,管理主体凭此来选择管理工具、手段等难免有误。

（四）管理实施结果的不确定性

由于上述诸多方面的不确定性,导致管理主体作用于管理客体的效果也是不确定的,即一定会与既定的目标和应负的责任有所不同。甚至即便达成既定的目标和责任,对该效果的评价和认可也会因当时条件下组织与管理主体自身的变化而变化。管理实施结果的不确定性是一种事后的东西,它与既定的目标和责任相比会出现两种不同状况,即可以接受或不能接受。如何在结果尚未达成之前,经过努力使最终的结果可以接受,这又是管理的重要内容。

三、管理的基本手段

管理过程中的诸多不确定性是有效配置资源、达成组织既定目标与责任的障碍。为此,作为管理主体就必须在管理过程中寻找一些特殊手段或行为来帮助降低这些不确定性,使实际的结果与预期的目标相一致。计划、组织、指挥、协调、控制等就是这一类的行为活动。

（一）计划

计划是指对未来的行动或活动以及未来资源供给与使用的筹划。计划指导着一个组织系统循序渐进地去实现组织的目标,而计划的目的就是要使组织适应变化中的环境,并使组织占据更有利的环境地位,甚至进入一个完全不同的环境。计划在组织中可以成为一种体系,并有其内在的层级,如战略计划是最高层次的、总的长远计划,职能计划与部门工作计划则是中层的操作性较强的计划,而下级的工作计划则为近期的具体计划。从计划的定义、目标和功能来看,计划无非是一种降低组织在资源配置过程中的不确定性的一种手段。事实上,无论是战略计划,还是职能部门计划,对未来行为的一种筹划就是希望通过事先的安排,有准备地迎接未来,或按照设定的目标循序渐进地工作,从而减少未来不确定性对组织的冲击,减少未来工作过程本身可能产生的不确定性。

（二）组织

组织有两个含义:一是指将组织内的各种资源按照配比及程序要求有序地进行安置;一是指一群人为了实现一定的目的,按照一定的规则组成一个团体或实体。作为一种行为活动的组织自然是指前一种含义,这种含义的组织事实上也是一种降低不确定性的手段。试想,如果没有将无序的资源按照配比及程序的要求使资源在整合之初及整合过程中达到有序化,有效配置资源就成为一句空话。而这样的一种有序化行为也就是在降低预定成果或业绩获取的不确定性。

（三）指挥

指挥是指领导指示组织内的所有人同心协力去执行组织的计划,实现组织的目标。指

挥涉及四个方面的功能:

(1) 及时根据外界环境的变化,指示组织内的所有人与资源配合去适应环境,采取适当的行为。

(2) 调动组织内成员的积极性,激励他们奋发努力,给他们创造发展的机会。

(3) 有效地协调组织内的人际关系,使组织内有一个良好的工作氛围,从而降低内耗。

(4) 督促组织内成员尽自己的努力,按照既定的目标与计划做好自己专职范围的工作。

从指挥的四个功能来看,既要降低成员在劳动过程中努力程度难以发挥和难以判断的不确定性,又要降低组织内与组织外经常性不一致的非确定性,还要督导所有成员按照责任要求进行工作,以防止某个成员的工作差错导致全体的差错。因此,指挥这一行为活动也是一种降低组织运作过程中不确定性的手段。

(四) 协调

协调是指将资源按照规则和配比安排的一种活动,也是将专业化分工条件下各自的工作行为成果有序统一的活动。专业化分工后,由于一个人只需拥有从事这类活动的专门技能,所以便于加强知识的积累,使工作效率得到提高。然而,专业化分工本身也会带来风险和不确定性。这种分工之后的合作不是在一个工作主体之间进行、而是在多个工作主体中进行的状态,直接导致了不同工作主体之间的配合问题,如果配合不好,则可能使总体效率下降,甚至产生负效用。为了防范这种状况的出现,就需要协调行为,没有协调就不会有合力,由分工产生的不确定性就无法消除。

(五) 控制

控制是指根据既定目标,不断跟踪和修正所采取的行为,使之朝着既定目标方向动作,并实现预想的成果或业绩。由于现实行为是在各种不确定性因素作用下发生的,故每一行为都有可能会偏离预定要求,从而可能使既定目标或业绩难以达成,显然这是组织所不愿见到的。为了防范这种状况的产生,控制这一类行为就非常必要。通过控制这种行为,可以降低工作行为及其结果与既定要求和目标的不一致性。

传统的管理理论将计划、组织、指挥、协调和控制看作是管理的职能,实在是局限了管理和管理职能的内涵。假定管理职能仅被定义为管理分类活动的总称,那么现在与未来的管理职能绝对不仅仅只有计划、组织、指挥、协调和控制。例如,信息社会中信息的收集与处理就应该属于管理活动,也可称之为管理的职能。这就好像有的管理著作将领导、监督也称为管理的职能一样。所以,准确地说,计划、组织、指挥、协调和控制只是帮助进行资源有效整合、降低不确定性风险,以达成目标的一些基本手段。

第三节 管理的创新

从管理的定义来看,管理创新似乎应该是:用新的更有效的方式方法来整合组织资源,以便更有效地达成组织的目标与责任。假定这个概念基本成立的话,那么最早论述管理创新的当推著名经济学家约瑟夫·熊彼特。

一、熊彼特的管理创新思想

约瑟夫·熊彼特于 1912 年出版了其著作《经济发展理论》,他在书中首先给出了创新的定义,并将创新这个概念纳入经济发展理论之中,论证创新在经济发展过程中的重大作用。熊彼特认为,创新是生产手段的新组合,"生产意味着把我们所能支配的原材料和力量组合起来",这种意义下的创新概念包含下列五种情况:"①采用一种新的产品或一种产品的一种新的特性。②采用一种新的生产方法,也就是在有关的制造部门中尚未通过经验检定的方法,这种新的方法决不需要建立在科学新发现的基础之上,并且,也可以存在于商业上处理一种产品的新的方式之中。③开辟一个新的市场,也就是有关国家的某一制造部门以前不曾进入的市场,不管这个市场以前是否存在过。④掠取或控制原材料或半成品的一种新的供应来源,不论这种来源是已存在的,还是第一次创造出来的。⑤实现任何一种工业的新的组织,比如造成一种垄断地位(例如通过'托拉斯化'),或打破一种垄断地位。"从熊彼特的创新概念中,我们已经看到了管理创新的部分内涵。

熊彼特的创新概念首先是指采用一种新的产品,而不是指开发一种新产品,这是非常重要的,因为开发一种新产品属于技术创新,而采用一种新产品实则含有向消费者推销一种他们尚不熟悉的产品的方式方法的运用过程。而熊彼特所指出的必须用一种新的生产方法,完全可以理解为必须用一种对组织内资源进行有效配置的新方式、新方法。开辟新市场,控制原材料或半成品的一种新的供应来源,创建任何一种工业的新的组织,可被看作是管理顺应环境变化,为实现组织目标必须要考虑的问题和必须从事的活动。因此,熊彼特所指创新概念的五个方面,虽然本意是要说明它们在经济发展中的功效,但实质上是含有了创造全新的资源配置方式方法的内在含义。事实上,如果从创新角度来考察经济发展过程的话,整个经济的发展过程无非是不断的技术创新和观念更新,导致新的资源配置方法不断产生,导致资源配置效率提高,从而逼近帕累托最优的过程。同样从这个意义上看,熊彼特的经济发展理论,其实是在论述新的资源配置方式对经济发展的推动作用。然而,管理就是资源有效配置的活动,这样,熊彼特应当是涉及管理创新概念的著名经济学家。

熊彼特的创新概念虽然涉及了管理创新的核心,但仍然有许多局限。首先,熊彼特并未准确地认定他所谓的创新的资源配置功能。熊彼特论述了创新概念及创新的五种情况对经济发展的作用,但未意识到创新对经济发展的作用在于成功实施了一种全新的资源配置方式,使资源的利用符合全社会利益最大化的要求。其次,熊彼特认为创新的本质是对现有生产手段进行选择时作不同的使用。现实生活中存在的闲置的生产手段,是创新的后果或是非经济事件(例如战争)的后果,故新组合必须从旧组合中获得必要的生产手段,而不是从闲置的生产手段中去寻找机会。这一看法是偏颇的,因为创新完全可以是创造一种全新的有效率的生产手段,现代科学技术的发展足以证明这一点。再次,熊彼特新组合的五个方面中,有的是综合性的资源配置方式,如生产方式方法;有的则是专门性的特殊的突破,如开辟新市场,采用一种新产品。实际上这样的概括并不完全,即使在当时的社会经济环境中,像如何进行价格联盟,如何瓜分市场,也都应该属于新的组合范畴之内。熊彼特的创新概念与创新在经济发展中作用的理论在经济学中独树一帜,令人刮目相看,因而也使得创新本身获得了人们的重视,这恐怕是熊彼特的最大贡献。熊彼特之后涉及管理创新的人士和学派,应推科斯教授为代表的新制度经济学派。

二、科斯及其追随者的观点

罗纳德·科斯于 1937 年发表了一篇被认为是新制度经济学奠基之作的论文——《论企业的性质》。在这篇论文中,科斯教授回答了他自己一直迷惑不解的问题:企业的起源或纵向一体化的原因。事实上,如果传统经济学的交易费用为零的假设成立,那么经济个体之间可以通过市场交易实现生产关联,这样似乎就没有必要产生和存在企业组织。现实中企业存在,而且具有一定的规模,这是什么因素决定的? 特别在相继生产阶段或相继产业之间,为什么既存在长期合同关系,又存在纵向一体化现象? 为了解释这些问题,科斯提出了"交易费用"的概念。科斯认为市场交易是有成本的,这一成本就叫做交易费用。企业组织的产生和存在是为了节约市场交易费用,即用费用较低的企业内交易替代费用较高的市场交易。企业的规模大小则取决于企业内交易与市场交易的边际费用相同的那一点;而相继生产阶段或相继产业之间是制订长期合同,还是实行纵向一体化,则取决于两种形式的交易费用孰低。科斯用"交易费用"的概念解释了企业作为市场机制的一种替代的必然。企业是什么? 企业是一种经济功利性很强的组织。因此,科斯实际上是在解释企业这种组织产生的客观原因。科斯教授的"交易费用"概念为我们提供了观察组织产生、发展及创新的新视角,而这恰恰是传统经济学与传统管理学所不具备的视野。

科斯教授的追随者威廉姆森教授进一步发展了科斯的思想与观点,对企业组织、公司发展进行了颇有建树的研究。他这样写道:"我认为要将现代公司主要理解成许许多多具有节约交易费用目的和效用的组织创新的结果。"即企业或公司的形成与发展,是追求节约交易费用目的和效用的组织创新的结果。在威廉姆森的理论里,组织创新可以节约交易费用,而组织创新的原动力又在于追求交易费用的节约。因此,他认为组织创新的方向和原则有三条:

(1) 资产专用性原则(asset specificity principle)。在组织构造中资产专用性程度要高。资产专用性程度越高,组织取代市场所节约的交易费用越大。

(2) 外部性内在化原则(externality principle)。所谓外部性即机会主义行为,也称"搭便车"。外部性越强,交易费用越高,因此,组织创新的方向与原则之一是将外部性尽量内部化从而使外部性降低,节约交易费用,防范机会主义行为。

(3) 等级分解原则(hierarchical decomposition principle)。即在组织创新的过程中,组织结构及相应的决策权力和责任应进行分解,并落实到每个便于操作的组织的各个基层单位,从而有助于防止"道德风险",进一步节约交易费用和组织运作成本。

组织创新实际是管理创新的一部分,从形式上看,组织是一群人为了实现一定的目的,按照一定的规则组成的一个团体或一个实体。当欲达成的目的发生变化,或既定目标未能达成时,组织就需要变动或革新。由于管理本身是有效配置资源以实现组织既定目标,管理又是组织内的管理,也可以管理组织本身,这样,组织形式的变革与创新,自然是管理创新的一部分。另外,如果从动态角度来理解组织的话,组织是将组织内拥有的各种资源,按照科学规则与目标要求进行的有序的结合或安置。显然,这样的活动是管理活动中的一类,是有效配置资源必需的活动。如果从这种角度来理解组织创新的话,那么此时的组织创新则是资源结合和有序安置方式的一种创造与发展,当然也属于管理创新的概念之中。根据上述两个方面的理解,我们可以看到,新制度经济学派的经典作家们虽然未能直接讨论管理创新问题,但他们在回答企业组织的产生与发展原因时,所提出的组织创新概念本身已经涉及了管理创新这一命题。

小艾尔弗雷德·钱德勒在其名著《看得见的手——美国企业的管理革命》一书中,实际上已经证明了企业组织的创新与发展实力为管理革命、管理创新的一部分。他指出:"因为新的大量生产,工业成了资本密集型的工业,它引起了固定成本的增加和充分利用其机器、工人和管理人员的迫切需要……这些大公司的活动已不仅限于协调生产过程中材料的流动,他们所管理的是从原料供应者开始,经由所有的生产和分配过程,一直到达零售商或最终消费者的整个过程。""现代工业企业——今日大型公司的原型——是把大量生产过程和分配过程结合于一个单一的公司之内形成的,美国工业界最早的一批'大公司',就是那些把大行销商所创造的分配组织形式同被发展起来以管理新的大量生产过程的工厂组织形式联合起来的公司……这些活动和它们之间的交易的内部化降低过程的工厂组织形式联合起来的公司……这些活动和它们之间的交易的内部化降低了交易成本和信息成本。"大公司出现之后,管理的复杂化程度提高,从而导致了经理阶层的职业化和科层式管理方式的形成,这是人类历史上最伟大的一次管理创新。

三、管理创新的概念

从现有的文献来看,本书作者于 1994 年在所著《超越一流的智慧——现代企业管理的创新》中最早提出管理创新概念。作者认为:首先,管理创新并不是组织创新在企业经营层次上的辐射,恰恰相反,组织创新不过是管理创新一个部分,因为静态的组织只是帮助资源有效配置的形式,动态的组织是将资源进行结合和安置,这些功能都是管理的功能。其次,组织引入新的管理方式方法可以推动资源实现更有效的配置,然而这并不是唯一的,因此管理创新绝不仅仅就是组织引入新的更有效的管理方式方法,应该还包含其他内容,例如组织形式的变革就可以帮助资源实现更有效的配置。再次,把降低交易费用作为管理创新的目标是不妥的,因为资源的有效配置是在一定的交易费用和生产成本基础上达成更多的符合社会需求的产出,获得更好的经济效益。因此,管理创新的目标如果仅仅是为了降低交易费用,那么管理创新自然就是想出新的方式方法来降低交易费用,这就排斥了一些新的有效降低生产成本的方式方法,排斥了一些提高经济效益、增加产出的有效的新的方式方法。

作者认为管理创新的概念应源于管理的概念。管理的定义可大可小,大可至组织内资源有效整合以达到目标和责任这一过程本身,小可至围绕目标和责任使资源有效整合的一切细小工作和活动。也正因为如此,组织中的管理明显可分成三个层次:一为决策层的管理,二为执行层的管理,三为操作层的管理。无论哪个层的管理,都是为达成组织目标对资源进行有效的配置,只是具体管理活动的内容有所不同。

管理创新是指创造一种新的更有效的资源整合范式,这种范式既可以是新的有效整合资源以达到组织目标和责任的全过程管理,也可以是新的具体资源整合及目标制定等方面的细节管理。这样一个概念至少可以包括下列五种情况:

(1)提出一种新发展思路并加以有效实施。新发展思路如果是可行的,这便是管理方面的一种创新。但这种新发展思路并非是仅对一个组织而言是新的,而应对所有的组织来说都是新的。

(2)创设一个新的组织机构并使之有效运转。组织机构是组织内管理活动及其他活动有序化的支撑体系。创设一个新的组织是一种创新,但如果不能有效运转则成为空想,不是实实在在的创新。

(3)提出一个新的管理方式方法。一个新的管理方式方法能提高生产效率,或使人际关系协调,或能更好地激励组织成员等,这些都将有助于组织资源的有效整合以实现组织既定目标和责任。

(4)设计一种新的管理模式。所谓管理模式是指组织综合性的管理范式,是指组织总体资源有效配置实施的范式,这样一个范式如果对所有组织的综合管理而言是新的,则自然是一种创新。

(5)进行一项制度的创新。管理制度是对组织资源整合行为的规范,既是对组织行为的规范,也是对员工行为的规范。制度的变革会给组织行为带来变化,进而有助于资源的有效整合,使组织更上一层楼。因此,组织制度创新也是管理创新之一。

本 章 小 结

1. 管理是对组织的有限资源进行有效整合,以达成组织既定目标与责任的动态创造性活动。

2. 管理作为人类的一项活动,不同于文化活动、科学技术活动和教育活动等,它具有动态性、科学性、艺术性、创造性和经济性五个特性。

3. 管理的目标既是一项具体管理活动或管理工作欲达成的具体结果,又是以组织既定目标作为它的终极目标。

4. 管理的基本手段为计划、组织、指挥、协调和控制等,这些是组织资源有效配置的必要手段,有的教科书将其称为管理的职能。

5. 管理创新是指创造一种新的更有效的资源整合范式,这种范式既可以是新的有效整合资源以达到组织目标和责任的全过程管理,也可以是新的具体资源整合及目标制定等方面的细节管理。这一概念至少包括五个方面的管理创新内容。

复习思考题

(一) 简答题

1. 试列举五个管理实例,说明管理的五个特性。

2. 组织目标如何能分解为一系列管理活动的目标?

3. 组织运行过程将会遇到哪些方面的不确定性?

4. 管理基本手段的功效是什么?

5. 管理创新的重要性是什么?

6. 试举例说明管理创新及创新的方式。

(二) 选择题

1. 管理创新的思想是(　　)第一个提出的。

  A. 科斯   B. 熊彼特

  C. 威廉姆森   D. 小艾尔弗雷德·钱德勒

  E. 芮明杰

2. 管理的核心是(　　)。

  A. 管理被管理者   B. 完成组织的既定目标

  C. 获得最大的利润   D. 实现资源的有效整合

  E. 计划、组织、指挥、协调和控制

3. 管理目标与组织目标的关系是（　　）。

　　A. 管理目标是总目标，组织目标是分解后的目标

　　B. 管理目标与组织目标是同一个概念

　　C. 组织目标从属于管理目标

　　D. 组织既定目标分解成各类管理活动的具体目标

　　E. 管理目标的功利性和非功利性体现在组织目标上

4. 计划、组织、指挥、协调和控制的实质是（　　）。

　　A. 管理的职能　　　　　　　　　B. 管理的内涵

　　C. 管理的特征　　　　　　　　　D. 管理的手段

　　E. 降低管理过程中的不确定性

5. 组织目标实现过程中所获得的非既定设想的其他价值指的是组织目标的（　　）。

　　A. 可分解性　　　　　　　　　　B. 层次性

　　C. 非功利性　　　　　　　　　　D. 不确定性

　　E. 功利性

6. 管理创新与组织创新的关系是（　　）。

　　A. 管理创新是组织创新的一部分

　　B. 管理创新是组织创新在企业经营层面的辐射

　　C. 管理创新从属于组织创新

　　D. 组织创新是管理创新的一部分

　　E. 组织创新与管理创新是同一个概念

7. 以下管理创新的概念最为贴切的是（　　）。

　　A. 用新的更有效的方式方法来整合组织资源，以便更有效地达成组织目标

　　B. 管理创新就是节约交易费用

　　C. 管理创新是指创造一种新的更有效的资源整合范式，这种范式既可以是新的有效整合资源以达到组织目标和责任的全过程管理，也可以是新的具体资源整合及目标制定等方面的细节管理

　　D. 管理创新是组织创新在企业经营层次上的体现

　　E. 管理创新就是对资源的重新配置

8. 管理模式是指（　　）。

　　A. 对组织资源整合行为的规范

　　B. 对组织总体资源进行有效配置的范式

　　C. 对组织行为的规范

　　D. 对员工行为的规范

　　E. 对组织具体资源进行有效配置的范式

案例　大学合并的烦恼

"合并了,终于合并了,太好了⋯⋯",初夏的 W 大学校园中传播着火热兴奋的消息,每位同学的脸上都放着光。"合并以后,我们学校实力增强了,大家找工作底气也足了。""说不定十年八年过去,咱们也成了十大名校的毕业生了,哈哈。"

"工资多少年没动了,这一次总会涨了吧。"老师们也对未来充满着美好的憧憬。"以后申请项目,举着'大牌子'总是比较容易成功吧。""咱们实验室购置扫描电镜的计划总该可以实现了吧。"

W 大学坐落在有"九省通衢"之称的武汉市,是由三所实力相当的重点高校 A、B、C 合并而成,虽然这三所高校中的任何一所都不能进入全国前四十名之列,但他们各有所长,优势互补;论实力,合并后的 W 大学还真可以和那些名校决一高下了,正是这种挑战名校的共同愿景使三校合并一拍即合。

其中,A 校的材料学院是名牌学院,其主要的研究领域是无机非金属材料,在国内处于领先地位,师资力量相当雄厚;B、C 两校也都有自己的材料学科,他们都是以金属材料研究为主,实力相对较弱。三校合并后,材料学院便不可避免地要进行整合,实力较强的 A 校材料学院理所当然地成了新的材料学院的主体,其院长刘教授也顺理成章地成了新的材料学院的院长。

在这种乐观的氛围中,新任的材料学院院长刘教授不能不被感染,以至于最初的一些疑虑也被抛到九霄云外了。"等了多少年了,终于可以有机会大展拳脚,施展抱负。想当年,刚从美国留学回来,拒绝了国内名校的高薪聘请,毅然回到不太知名的母校,希望能报答当年培育之恩,为母校的发展作出贡献。但是,由于资金不足,人才紧缺,制度不畅,许多很好的设想都没能实施,十几年来,成就甚微,有时候他还真后悔当年一时冲动的选择。现在呢,三校合并了,资金、人才不是问题,学校领导也提出了'部分学科创建世界一流,整体建成国内一流'的目标,素来就有优势的材料学院必然可以借机崛起,争创世界一流。"想到这里,刘院长的脸上露出了少有的笑容——透过落地窗照进来的阳光投射在办公桌上,映出了炫目的光彩,他有些眩晕了⋯⋯

三个月过去了,再见到刘院长时,看到的却是一张疲惫的脸。"烦透了,整天都是些恼人的事情。"一打开话匣子,刘院长满肚子的苦水便一倾而出。

"本以为,合并以后学校师资力量大大加强,大家可以齐心协作,把教学和学术搞上去,哪知一些人尽是搞内耗。"

这也难怪,三个月内发生的一系列事情确实足以让任何一个管理者头疼:

第一件事情是,上任伊始,刘院长便起草了一份材料学院的长期发展规划,其口号是"强化优势学科,抓大放小,有所侧重,五到十年内将本学院建设成为国内一流的具有一定国际影响的材料学院";加大具有传统优势的无机非金属材料的研发投入力度,稳定金属材料研究的投入,以无机非金属材料为龙头实现材料学院的腾飞。但是意想不到的阻力产生了,原属 B、C 两校的材料学科教师表示强烈不满,他们认为金属材料应该同样得到重视,在金属材料研究上的投入应该加大,要求购买先进的实验仪器和设备;一个在金属材料方面比较出名的曹教授的跳槽更是一个重磅炸弹,一些教师甚至以罢课相威胁⋯⋯

第二件事情是,根据初步设想,原属B、C两校的金属材料学科合二为一形成新的金属材料科学和加工系,但却遇到了麻烦,B校认为该校的研究成果较多,教授人数多,实力更强,应该以B校原属的材料学科为主体组建新的金属材料科学和加工系;C校认为本校的设备先进而且学术成果质量高,丝毫不予让步。于是合并一事迟迟没有结果……两三个月过去了,双方闹得不可开交;特别是,上星期,B校由于做实验需要借用C校的实验设备,却被C校严词拒绝,这使双方结怨更深;刘院长花了许多功夫才说服双方保持克制,并承诺一定会采取双方都满意的办法,但是到底怎么办呢? 刘院长却是没有一点头绪……

第三件事情是,由于三个校区距离较远,教师们跨校区上课成了难题;时常收到学生关于老师上课迟到的投诉,而一些教师给其他校区同学上课时的不认真态度更是令同学们怨声载道。

另外,还有诸如关于教师工资福利的抱怨,研究生招生的投诉,各校区规章制度不一致的麻烦……

刘院长真有些筋疲力尽的感觉了,干了这么多年领导,他通常总能处理好各种事务,他认为"教师和学生都是识大体、明大局的,只要你与他们进行良好的沟通,给他们发言和自主决定的权利,他们都会表现得很好",可是,"B、C两校的教师……难道非要采取强制手段吗?""学院有这么丰富的人力资源,钱也不是问题,可是为什么管理起来就这么难呢?"以往,他总是能够听取各方的意见,大家和气地商讨,不管出现什么事情总能得到妥善解决,可现在,他第一次有种力不从心的感觉……

他多么希望有人能给他建议,给他出出主意,但得到的却是朋友和下属们的摇头叹息和安慰之辞;他叹了口气,像往常一样点了一支烟,在烟草的迷雾中,他看到了书架上的一本书,那是一个朋友送的,书名叫《管理学》;他当然知道管理的重要性,但同时认为管理学者们往往小题大做,只会摆弄理论,因此这本书在那里躺了两年,他一直没有翻过,现在他百无聊赖地打开了书。一会儿他就被吸引了,专注地读了下去;渐渐地,脸上露出了希望的微笑……

讨论题

1. 结合所学的管理概念分析以上案例,思考三校合并的原因是什么? 进而思考管理内涵。

2. 以上案例中,刘院长对人性的理解是什么? 你是否认同他的看法? 并进一步讨论对人性的不同看法会给管理者的管理活动带来什么影响。

3. 为何刘院长以往的管理方法现在不奏效了? 谈谈一个组织在不同时期为何要采取不同的管理方式? 如果你是刘院长,你会怎样去管理材料学院?

第 2 章 管理的本质

管理的本质就是如何在变动的环境中激发人的潜力,将组织的有限资源进行有效配置,以达成组织既定的目标。在管理过程中,由于人力资源的重要性,管理方式的选择实际上与组织对其成员人性的假定有很大的相关性。

人是有限理性的,故对环境的变化无法作出确切的估计,环境对人和组织而言具有不确定性和复杂性的特点,这就影响到人们决策的正确性,影响到资源配置的有效性。人们必须根据环境的变化及资源状况选择管理模式,以实现组织的既定目标。

第一节　资源的有限性与资源配置

组织之所以存在是因为组织可以帮助人们实现他们个人想实现而无法实现的某些需求。现实中的人们可能根据自己的不同需要加入不同的组织,如企业、学校、医院、党团组织、工会、球迷协会、读书会、俱乐部、消费者团体等。要达成组织的既定目标,不仅需要有一个指挥中心来指导、协调具体的工作,还需要充分审视自己拥有的资源及其特性。

一、资源的有限性

每个组织所拥有的资源尽管在数量、质量、种类上都不尽相同,但一定是有限的。首先,组织资源的有限性首先在于人类社会赖以生存发展的自然资源是有限的,其中许多还是不可再生的,用一点就会少一点;其次,组织赖以生存的人文社会资源也是有限的,如人类的知识文化积累是有限的,虽然有知识大爆炸的说法,但总体上说知识仍是有限的,组织尚不知的知识还十分多;再次,人们从自然界获取资源后创造的财富相对于人们的需求而言也是有限的。实际上,后两个方面的有限性根本上取决于自然资源的有限性,其次取决于人们现时认识能力和创造能力的有限性。

资源的有限性与人类认识能力的有限性不仅对每个组织而言是正确的,对整个人类社会而言也是正确的,也正因为如此,才会有"可持续发展"的问题。对资源有限性的认识,约束了人类的一些不切实际的欲望,也约束了人们的行为方式。

第一,组织资源的有限性对组织目标的确定有很大的影响。组织目标若要实现,必须有资源的支撑。组织目标的确定必须以组织的有限资源为考虑的出发点,以组织可调动的资源为限。

第二,组织的有限资源与组织可调动的资源可能是不相等的。可调动的资源可能大于组织自己拥有的资源,也可能小于组织自己拥有的资源。当一个组织与其他组织有密切合作关系,在考虑自己偿还能力的条件下,可向其他组织借用或利用它们的资源来实现本组织的目标,此时,组织可调动的资源大于组织自己拥有的资源,这种情况下的组织目标就可以确定得更高一些,从而使组织获得更快更好的发展。反之,当组织所拥有的有限资源中还有一些滞存的、无法支配的资源,且组织又无法获得其他组织的支撑时,那么它可调动的资源就比它名义上拥有的有限资源还要少,此时组织目标的确定必须谨慎小心。

一个组织能否调动更多的其他资源来支撑本组织目标的实现,充分表明了该组织调配资源能力的高低。一个成功的组织不仅能够将自己的有限资源运用好,还要广泛调动社会其他资源帮助自己更好地实现目标。

第三,组织资源的有限性要求组织应该充分有效地利用这些有限的资源,使之发挥最大的效用。在不考虑调动他人资源为自己组织目标的实现服务的前提下,充分有效利用组织有限的资源,实现组织目标,可以有两个基本的方式:一是在既定的资源条件下,使组织目标更好地实现。这一方式在企业中就变为在既定的资源条件下,使利润最大化;在学校就变为在既定的资源条件下,培养更多更好的各类优秀人才和产出更多更好的科研成果。用投入产出术语,这一方式可表达为:在投入资源既定约束下使产出最大。二是在既定组织目标条件下,尽量少地占用有限资源。这一方式在企业中就是在既定利润目标条件下使成本尽量小;在学校就是在既定人才与科研成果数量和质量的要求下,使投入的费用尽量少。用投入产出的术语,这一方式可表达为:在产出既定的条件下使投入资源最少。

尽管上述两个方式的表达不同,但实质是一致的,即有效地利用组织有限的资源,以便更好地达成组织的目标。

第四,组织资源的有限性导致了安排具体管理活动时机会成本的存在。所谓管理活动A的机会成本是指安排或选择管理活动A就不得不放弃安排或选择管理活动B预计所获的价值,反之亦然。假定组织资源是无限的,那么安排管理活动A时也可同时安排管理活动B,也就无所谓放弃什么价值。实际上,如果资源是无限的,资源也就没有任何价值,一切的成本、价值、利润等概念就都不需要了。

现实中组织的资源是有限的,为了充分利用这些资源,管理活动的安排就不得不比较它的成本与收益,以选择更合适的管理活动。管理是有成本的,本身也要消耗一定的资源。如果对管理活动本身的资源消耗不重视,组织很有可能因此失去资源配置优势,丧失与同类组织相比的竞争优势。

"资源有限,创意无限",这才是现代组织面对自己有限资源的正确态度。

二、资源配置

任何一个组织若要维持自己的生存发展,首先需要拥有一定的资源,其次要能够对有限的资源进行合理配置,以达到最佳的使用效果,支持组织目标的实现。

（一）组织存续与所需的资源

任何一个组织尽管其存续的目的不同,形态不同,但都必须拥有一定的资源,否则就无法维持组织的存续。这就好像一个人离开食物、水、氧气等就不能生存一样。

任何一个组织为了存续至少需要下述类型的资源：

（1）人力资源。人力资源是指组织中拥有的成员的技能、能力、知识以及他们的潜力和协作力。人力资源是任何一个组织必需的资源，而且是最重要的资源。

（2）金融资源。金融资源是指组织所拥有的货币资本和现金。现实社会中，由于货币资本和现金可以用来购买物质资源、人力资源等，故一个组织拥有的金融资源多寡实际上也反映了组织拥有资源的多寡。货币资本和现金还可以迅速流通，帮助组织捕捉投资机会，获得收益。

（3）物质资源。物质资源是指组织存续所需要的诸如土地、厂房、办公室、机器设备、教学设施、各种材料等物质。对一个组织而言，物质资源的多寡也可表现为其拥有财富的多少。

（4）信息资源。信息可以有两类，一类是知识性信息，另一类是非知识性信息。看一本科学书籍，我们所获取的是知识性信息；看照片图片，我们所获得的是美的信息，是非知识性信息。信息资源对组织的存续是非常重要的，一个组织没有一定的信息资源就等于一个瞎子，无异于盲人骑瞎马，夜半临深池。

（5）关系资源。关系资源是指组织与政府、银行、企业、学校、团体、名人、群众等方面的合作及亲善的程度与广度。组织的存续不是孤立的，它必须与其他的组织保持密切的关系，这种关系有时会非常有助于组织目标的实现。

以上所说的组织存续所需要的五种资源是指一般组织共同需要的资源类型，现实中的个别组织除了需要这些资源之外，可能还需要其他特别的资源，如数据资源。

（二）资源配置的要求及配置过程

资源配置是指对有限的不同类型的资源，根据组织目标和产出物内在结构的要求，在量、质等方面进行不同的配比，并使之在产出过程中始终保持相应的比例，从而使产出物成功产出。所以，资源配置有两个重要的要求：第一，要有与产出物结构需求一致的资源配置结构，做不到这一点，有限的资源中就会有滞存、浪费。第二，要对资源的市场价格变化作出反应，在配置过程中既要保持所需结构又要随时进行适当调整。在保持产出物品质的条件下利用资源之间的相互替代性，使资源占用费用最小。

实现资源配置这两个重要要求的过程就是资源配置的过程，管理就是这一过程中的一类活动。如果管理按照其活动的基本特性分类，就有了计划、组织、指挥、协调、控制、沟通、决策、经营、公关等类型。这些有具体特性的管理活动的产生是管理分工的结果，是提高管理效率所必需的。管理作为对组织内有限资源有效整合的活动，贯穿于组织资源配置的全过程。管理活动与资源配置过程的关系如图2-1所示。

在组织的资源配置过程中，人力资源起到决定性的作用。因为组织成员的能力、技能并不像组织的其他资源一样，而是一个在资源配置过程中变化的量，组织成员的能力、技能的发挥与其当时的情绪、积极性、心理状况等均有关系。同样的八个小时里，一个成员可能充分发挥了他或她的技能，使效率大增；也可能根本没有发挥他或她应发挥的技能水平，使效率低下。莱本斯坦曾指出，雇用的工人人数与产量之间并不存在单一的关系。决定产量的因素不是机器的台数、空间的大小、原料的数量，也不是雇用的工人人数，决定产量的关键因素是被雇用的每个工人作出的努力程度和性质。

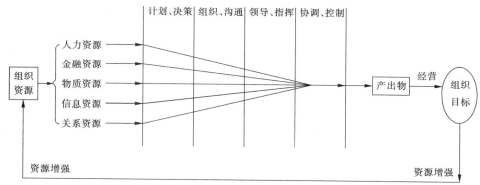

图 2-1 管理活动与资源配置过程的关系

（三）资源配置机制

组织内资源的配置主要依赖行政机制。配置资源的行政机制主要是指利用科层制的行政官僚机构,通过命令、执行、检查监督等手段来保证资源配置的有效性。资源配置也可以由市场完成,即由市场价格机制来配置资源。按照科斯教授的说法,之所以会产生企业组织,是因为市场在配置资源时有交易费用存在。交易费用就是通过市场机制组织交易（这里的"交易"是一个一般的概念,包括生产活动等）所支付的成本,这些成本包括为搜寻交易信息、监督谈判及履行合约而支付的成本。这些交易如果通过组织并允许通过"权威命令"的方式来安排,可能会得到成本的节约。因此,如果一笔交易通过"权威命令"来组织所花的费用低于通过市场机制来组织所花费用时,该笔交易将倾向于以"权威命令"方式来组织,即"内部化"。这里的权威是指组织内部的行政机构。而"内部化"过程就是组织增长的过程。组织内资源配置的行政机制与组织外资源配置的市场价格机制相比,有其独特的优点,这些优点为:①权威的存在保证了政令的畅通;②严格的等级式科层结构保证了组织目标的层级分解,使分工协作有效;③上下信息沟通方便,便于监督;④由于监督方便,可以减少偷懒行为,使资源配置更有效;⑤可以将资源集中起来使用,提高效率。事实上,以上优点的存在导致了组织本身的产生与发展。但并不是只要成立一个组织,这个组织在对其资源进行配置时就一定会有如此的优点。这些优点存在,既与组织的具体构造有关,也与组织运行规则的设立有关,更与组织中运用行政机制配置资源的管理者有关。

第二节 管理中的人性假定

在经济学的教科书里,人被抽象为劳动力,并被作为与资本、土地地位同等的生产要素,毫无活力可言。在组织中,人力资源是所有资源中最重要的资源,人具有管理的出发者和管理的接受者的双重身份,管理与人有极为密切的关系。作为一具体的人,他的思想、心理、行为受到当时社会环境的制约与影响,但人具有在当时条件下的创造性。判断组织中人的特性,决定对人管理的方法,对如何进行有效的资源配置十分重要。实际上,在管理中对人性的不同假定,形成了不同的管理出发点、管理方式和手段,形成了不同的组织资源配置模式。

一、受雇人

　　资本主义赋予了每个人人身自由,对工人来说,这种自由便是出卖自己的劳动力。资本家花钱在劳动力市场上雇用劳动者(购买劳动力),是看中了劳动者在与生产资料结合的劳动中会创造出大于其本身价格的价值,以供资本家享用。因此,在资本主义初期的企业里,工人不过是一个受雇用的人,不过是一个会说话的工具。为了尽可能多地攫取剩余价值,资本家们采用残酷的手段来管束工人,增加劳动强度,不改善工作环境,延长劳动时间,尽量少给工资,实施严厉的惩罚手段。

　　在当时的企业老板或管理者的眼里,这些受雇工人全是些好吃懒做、游手好闲、好逸恶劳、推一推动一动、没有一点责任心的恶人,如果这些人受雇于企业而不加以严格管理,不给予处罚,不多加看管,就会不听使唤,就会偷懒,就会破坏,甚至还会闹事。因此,当时企业里所制定的许多管理条文和管理措施,今天看来都是十分不人道和不可思议的。这样一种对受雇人的看法和对其管理的方式,被后来的管理学家总结为"X 理论"。

　　道格拉斯·麦克雷戈认为,传统的管理方式是建立在第一条假设即"X 理论"之上的,代表了"传统的指挥和控制观点"。X 理论的假设是:①一般人有一种不喜欢工作的本性,只要可能,他就会逃避工作;②由于人类不喜欢工作的本性,对于绝大多数人必须加以强迫、控制、指挥,以惩罚相威胁,使他们为实现组织目标而付出适当的努力;③一般人宁愿受指挥,希望逃避责任,较少有野心,对安全的需要高于一切。

　　这种对企业工人的看法忽视了工人的一切需求和对利益的追求,抹煞了工人工作的积极性和创造性,管理者与被管理者的人际关系十分紧张,工人把工作仅视为糊口的手段,不满与反抗时常在企业中爆发。

二、经济人

　　随着现代化大生产的发展,科学管理学说在 19 世纪末和 20 世纪初风行企业界。企业界开始接受科学管理学说中关于工人是"经济人"的假设,开始意识到工人的生产积极性对生产效率的重要影响。经济人假设的提出是对被管理者认识的深化,这一假设的被接受带动了管理的一场革命。

　　泰罗认为,企业家的目的是获取最大限度的利润,而工人的目的是获取最大的工资收入。假如在能够判定工人工作效率比往常提高多少的前提下,给予工人一定量的工资激励,就会引导工人努力工作,服从指挥,接受管理,结果是工人得到实惠即工资增加,而企业主们则增加了收入,也方便了管理。

　　在经济人假设下,企业管理者要制定一个比较先进的工作标准,这可以通过时间动作分析加以确认;选拔符合要求的工人并适当加以培训使之有可能达到工作标准;然后制定一套奖励措施,即用经济手段来调动工人的工作积极性,使其服从指挥,从而提高生产效率。显然,这一管理方式比传统的"受雇人"模式下残酷地将工人当作"会说话的工具"来严加管束的管理方式,要更为先进且更符合人的特性。

事实上,在劳动仍被作为谋生的手段时,在收入水平不高而且对丰富的物质世界充满欲望时,人的行为背后确有经济动机在驱动。经济人假设利用人的这一经济动机,来引导和管理人们的行为,应该是一大创新。它开创了对人的管理应从其内在动机出发而不是一味采取压迫、规制的方式的先河。

然而,对工人采用经济激励手段,给予提高工资的刺激,并非企业家的良心发现,而是在完成科学制定出来的工作标准之后的事。20 世纪初的美国是个人主义价值观占统治地位的时代,作为这种思潮的反映,科学管理实质上是从企业家和工人双方的个人利益出发,来寻求他们双方为提高效率和改善管理而进行努力的方法。

三、社会人

20 世纪 30 年代的"霍桑实验"纠正了企业家们对员工"不过是一个经济动物"的偏见,证实了工资、作业条件、生产效率之间没有直接的相关关系,认为企业的员工不单纯是经济人,也是社会人,并由此推出了一系列针对社会人的管理方式方法,引发了对人管理的新革命。

按照社会人的假设,在社会上活动的职工不是各自孤立的存在,而是作为某一组织的一员的社会人,是社会的存在。社会人不仅要求在社会上寻求较好的收入以便改善经济条件、谋求较好的生活水准,还需要得到友谊、安定和归属感,还需要得到尊重。这种社会人,是作为组织的一员而行动的,他的行动以社会需要为动机。

由于人是社会人,有社会需求,因此,如果组织能够满足员工的这种需求,使他们获得在组织工作方面的最大满足感,那么他们的情绪就会高涨。情绪越高,积极性也愈高,生产效率也就愈高。根据这一思路,社会人假设提出了新的对人管理的方案,其要点为:

(1) 管理人员要有人际关系处理技能。管理人员仅仅具有技术技能、管理技能是不够的,还必须掌握观察组织上下左右人际关系变化的能力以及及时处理人际关系的社会技能,从而照顾员工的情绪,调动他们的积极性。

(2) 让职工参与决策。让职工共同参与企业生产经营和管理上的一些重大决策,会增加职工对企业的认同感和归属感。这将改善企业的人际关系,提高部下的士气。

(3) 上下沟通。传统企业管理中,上司是管理的实施者,高高在上;下级是管理的接受者,只能听从命令,只负责任。社会人假设的管理方案则要求,在决定或更改作业目标、标准和方法时应上下沟通,向职工和下级作出说明、提供情况,并且动员大家自下而上提建议,这样就能更好地协调上下关系。

(4) 提案制度。职工的建议或意见受到尊重还是被忽视,是影响人群关系和职工情绪的一个重要原因。因此,提案制度应在组织中广泛采用。

(5) 面谈制度。心理学告诉我们,当一个人心理受到压抑时,如果能够有机会让其宣泄,则可大大改善他们的心理状态和情绪。面谈制度就是建立一套规范,上司可利用部下参加工作、调动工作岗位、生日、考核、退职等机会同部下进行个别谈话,让他们自由公开地讲出他的不满和意见,平衡他们的心理和情绪,使之有家庭式的感受。

社会人假设及其管理方案的提出是组织对人的本性的重新评估,从经济人到社会人,对人的看法更接近人的本来面目。与此相应的管理方案已不再把人单纯地看作一个被动的接受管理者、一个经济动物,而是从人的社会需要的各方面出发对人的行为加以引导,这种引导更多地以协作为目的,这比科学管理的经济人方案进了一大步。然而这种方案的目标功利性依然很强,方案的出发点依然是管理主体的企业家或管理者,换句话说方案本身只是为企业主、管理者们设计的,被管理者的角色依然是既定的。

四、管理人

即使是组织中的一个操作工,他在管理过程中也有双重身份:一方面,他接受来自其他各方的指令、监督与控制,保持其行为与其他方面的一致性,是一个被管理者;另一方面,他在面对自己的工作领域,在操作机器和工具进行生产或服务时是一个主动的实施者或处理者,因而也是一个狭义的管理者。那么,是否可以把组织的所有员工都看作"管理人"呢?

著名管理学家西蒙认为,任何作业在开始之前都要先进行决策。不仅最高管理阶层要进行决策,组织中所有阶层包括作业人员都要进行决策,它贯穿在整个组织中。企业人员的阶层不同,只表明各自决策的领域不同而已。例如,最高管理人员决定企业经营目标和总方针;中层管理人员贯彻执行最高管理人员决定的总目标和总方针,在本部门中决定自己的目标和计划,并传达给下级;下层监督人员就日常生产计划和作业分配作出决策;在作业阶段,还要对什么样的劳动对象选择什么样的方法等进行决策。西蒙认为,管理就是决策,因此,既然组织中的所有员工都在做决策,则他们都应当是管理的出发者,是"管理人"。

管理人假设的提出及派生的管理思路、理论和方法在组织中的运用,是对人的管理、人的价值的一种更为全面认识。首先,它确认了组织员工都是决策者这一不同凡响的观点,认为组织的成功有赖于全体员工一致的决策和一致的努力,组织员工都具有管理者和被管理者的双重身份,工作的不同只是决策分工的不同。其次,可以通过适当分权让每个人都有自主开展工作的天地,发挥其聪明才智和创造力潜能,而这将更有利于组织资源的有效整合。再次,人的成就感是人自我发展的动力,组织不应该仅仅是使用人的场所,还应该是发展、培养和造就人的学校。

五、自我实现的人

"自我实现的人"假设是对人的价值的一种最新的看法,与管理人假设稍有差别。这一假设很大程度上依赖于心理学家马斯洛的"需要层次论"。"需要层次论"认为,人的行为动机首先来自基本的需要,如果基本需要得到满足,又会激发更高一层即第二层次的需要。第一层次的需要通过工资、福利设施等经济和物质的诱因得到满足。第二层次的需要包括友谊、协作劳动、人与人的关系、爱情等社会需要。这些需要若得到满足,就会产生第三层次的需要,如希望被人尊敬、晋级提拔等自我需要,最后才产生自我实现的需要,即在工作上能最大限度地发挥自己所具有的潜在能力的需要。因此,自我实现的人是其他所有需要都已基本得到满足从而只追求自我实现需要的人。在当代经济条件下，在人们生活质量普遍提高的情况下，的确有一大批人开始追求自我价值的实现。

既然现代组织中的员工可以被假定为是追求自我实现需求的人，那么现代组织在对员工的管理方面就必须设计全新的组织架构，创设全新的机制，给予良好的环境，允许这些员工在组织工作中获得成就，发挥自己的潜力，实现自己的价值。实际上，心理学、行为学早已证明，当人在做他自己十分感兴趣的事时，那种投入和效率才是真正一流的。

对自我实现的人的管理如果依然采取严格的命令约束，不给他任何自由驰骋的空间，那么这种人就会不满，情绪就会低落，就会跳槽到他认为可以发挥其才能的地方去。因此，现代组织的聪明管理者通过适当分权，给予这些员工一个想象的空间、一个领域，而其基本约束仅仅为目标，你采用什么方式达到这个目标则任你去创造、去选择。

给员工一个领域关键在于合适的授权，在授权的同时明确员工的责任。合适的授权通常取决于以下三个基本因素：①这位员工所处工作岗位的特性，如工作岗位的层次、工作的复杂程度和工作的程序化程度等；②这位员工需做决策的范围大小，即他的决策涉及面的大小；③决策的频度，即这位员工在其工作中需做决策的次数是否很多，显然，决策越频繁，授权就应该越大。

第三节　环境变动与管理模式选择

组织的资源配置过程是在一定环境中进行的，环境的变化对组织内有限资源配置的效果有很大的影响。这些影响首先表现在对组织内资源配置的管理活动与手段（如计划、控制、组织、激励、人群关系、行为方式等）的影响上；其次表现在对组织拥有的或即将拥有的资源价值的变化的影响上。这些变化反过来又会导致技术手段、生产方式、生产组织、经营策略等方面的变化。环境的变化是绝对的，而且随着时代的发展，科学技术的进步，变化的速度愈来愈快，程度也愈来愈大。可以说管理的基本问题就是要在应付变动的环境中进行有效的资源配置。

一、组织环境的变动特性

组织的外部环境有两个变动特性，一是不确定性，二是复杂性。不确定性是指环境变动难以预先确知。这是因为环境变动是多种因素作用的结果，可能有规律也可能无规律，又因为组织成员的认识能力是有限的，即人受有限理性的约束。复杂性是指组织的外部环境是包括政治、经济、社会、技术、文化等方面的一个综合体，各种变量互相交织，难以迅速辨明。当然，因为各个人的认识能力不同，复杂性的程度对于不同的人来说可能不一样。

组织所面临的外部环境的不确定性主要是经济、社会环境和技术环境的不确定性。经济环境的不确定性主要表现在市场需求量的变化、消费者偏好的变化、相关利益主体（如股东、雇员和供应商等)地位的变化等方面。此外,整个宏观经济(包括世界经济)的发展趋势也影响到组织的运行。社会环境的不确定性主要表现为社会价值观念的改变、人群的流动性、家庭规模的大小等。技术环境的不确定性主要表现在技术变化的方向和技术创新的速度上等。外部环境的不确定性首先对组织的决策变量如计划、控制等产生影响,最后影响到资源配置方式的选择。

外部环境长期、持续和重大的变化将迫使组织在计划、控制、组织、激励和人群行为的活动方式等方面,以及组织的适应系统上都必须着手变革。因此,一个管理系统需要在满足适应外部环境变化的要求和维持内部稳定的要求之间求得平衡。

组织所面临的复杂性通常在影响决策的因素中表现出来,如生产的产品、提供的服务数量、消费者类型、组织所在的区位以及组织所要处理的各种联盟等,都影响到管理人员决策的复杂性程度。每一个组织所面临的复杂性程度有着很大的差异,如大组织比小组织所面临的复杂性程度高得多。

随着复杂性程度的提高,组织变革的程度和它的适应能力也随之提高。这是因为当复杂性提高时,对协调更多单位的要求的难度也随之提高;同时,更大的复杂性也带来了更多的不确定性。

一般来说,组织在对付复杂性方面的能力要比对付不确定性方面的能力强。

二、管理模式的类型与选择

组织的管理模式是指组织拥有的对某一特定类型的管理方式和管理特点的概括性描述。管理模式实际上可以被看作组织固定的资源配置方式。所谓管理模式的选择实际上就是组织资源配置方式的选择。环境的变动将影响组织的资源配置方式,因此,可以按照组织所面临的不确定性和复杂性的程度将管理模式分成四种类型:直线管理系统、科层系统、直线-参谋系统和矩阵系统。

(一)直线管理系统

如果一个组织所面临的环境比较简单而且确定,那么,除规模外,它的组织结构就是简单的,变异也很小。在直线管理系统中,很少需要参谋人员或其他服务性群体。在外部环境中,因为很少有技术创新发生,因此,企业的产品或生产过程的设计部门都是名义上的。由于影响未来的因素是已知的并且是可以预测的,所以计划相对来说也非常容易。同时,又由于未来的环境和过去很相似,组织的战略与策略也就合二为一。

在直线管理系统中需要执行什么样的任务是非常清楚的,所以工作就可以高度结构化。如果组织的规模很大,就可以发展出一套高度理性化的任务结构,机器、程序和手段的标准化都有利于把资源集中到最有效率的内部部门中去。

在这种简单而又确定的系统中,科学管理的概念体系就表现为:任务是可以指定和理性化的;雇用或训练后的员工必须符合这些任务的要求;通过适当的激励,能够取得最大的生产效率。科学管理被视作是寻找和发现取得最大生产效率的方法定律。

对于大多数组织来说,它们都面临着一定程度的不确定性,所以简单的直线管理系统无法用来描述现实中的企业组织,只是对企业组织中的部分部门和分工作了一个描述。

（二）科层系统

科层代表的管理系统适合复杂但相对确定的环境。在大规模的组织中，管理系统所要处理的变量是非常多的。此外，变量之间的相互关系在系统的运作中又会增加新变量。因此，在大规模的组织中，复杂性程度通常很高。

复杂性要求管理系统必须有能力指明这些变量，评价它们的影响并且把它们的相互关系也考虑进来。如果这些因素在影响决策时是相对稳定的，那么，管理的科层系统就相当合适。

在科层系统中，参谋人员的主要职能就是指明影响效率的内、外部因素，开发出一大程序和规则来应付每一种可能的变化，根据效率要求设计任务和工作，在所设计的岗位上安排专家。在大多数组织中，都存在一些科层因素。对于整个组织而言，环境的确定性越高，在整个系统中科层因素的比例就越大。在科层系统中，有时我们也能观察到许多部门像简单——确定性的系统那样运作，这是因为参谋部门已经发展了一套规则、程序和任务安排，使得各部门在较少的不确定性和较低的复杂性下运作。

（三）直线-参谋系统

在一个组织中，如果影响运行的因素存在不确定性，则该组织倾向于发展一套次一级的工作单元，它的功能就是将外部环境中各因素的变动范围和变动性质与内部核心技术隔离开来。这些次一级的工作单元就是参谋团体。

在直线-参谋系统中，参谋团体的职能就是研究外部环境的变动；在科层系统中，参谋团体的职能则是使组织内部的主要活动程序化。在直线-参谋系统中，组织所面临的任务是不确定的，组织首要的任务是适应而不是理性化。

在科层系统中，由于不确定性的存在，与时间相关的决策变量是变动的，组织不仅需要预测，也需要长期计划。不确定性还使绩效的标准难以确定，影响控制的精确性。由于预测能力的限制，对各部门任务的精确要求也不可能，所以部门的任务安排较为松弛。当投入与当初的预期有差异时，组织的改组和人员的重新安排就会发生。

大多数组织在运行过程中，其某些方面都会面临环境的不确定性。例如，在一个企业中，若产品市场的主要特征是技术的急剧变化，高层管理者就必须组织一个相对独立的研究与开发部门。这种安排不仅有利于企业跟踪外部环境的变化，而且有利于内部核心技术部门免受外部环境变化的影响。

（四）矩阵系统

在直线-参谋系统中，参谋部门的安排主要是对付外部环境的不确定性，它阻止了不确定性对组织中其他部门的影响。矩阵系统则与之相反，组织的核心直接处理不确定性和复杂性。在矩阵系统中，影响该系统的因素有很多，而且，不确定性同时影响组织的所有部门而不是少数几个部门。此时，把大部分部门都隔离开来是不可能的。

科层中处理复杂性的程序和惯例此时已不合适了，这是因为程序倾向惯例化是假定无复杂性，同时决策变量的不确定性已被现有的决策变量所节制。

在许多企业中，有时我们也能见到矩阵式的项目团队，它是一个临时组织。当项目团队所解决的问题此后又反复出现时，就可以通过程序化和惯例来处理。对于一个矩阵系统来说，它是一个永久性的组织，它所面临的是新的任务而不是重复的任务。

管理模式与外部环境之间的关系可以用图 2-2 归纳。

低	在决策因素中的不确定性程度	高
直线管理系统		**直线-参谋系统**
计划:短期,未来与过去相似 控制:短期反馈 组织:参谋人员很少;任务高度理性化; 　　　任务与人的需要可以一致也可以不 　　　一致 激励:需要有人际关系来减轻厌烦情绪; 　　　任务缺乏挑战性 人员:人员需要确定性;人员对程序的 　　　接受应有利于提高组织的效率		计划:需要有与变动性相关的预测计划 控制:在某些方面有反馈 组织:有研究变动性的参谋机构;组织变动 　　　频繁 激励:协商手段 人员:满足于一定程度的不确定性和变动
科层系统		**矩阵系统**
计划:短期,需要考虑许多相互联系的因素 控制:部分关键手段简单化 组织:参谋人员;程序化;稳定的复杂组织 激励:与简单结构一样,有人际关系导向 人员:遵循规则、程序和稳定		计划:不确定性和无知使研究活动变得重要 控制:全面的而不是特定的绩效评估 组织:每一个项目要求能力与组织结构的匹 　　　配是唯一的 激励:权威广义已不合适;在提供结构以维 　　　持确定性的同时也组建临时团队 人员:对模糊性是宽容的;任务安排频繁 　　　变动

左侧纵轴:在决策因素中的复杂性程度（低→高）

图 2-2　管理模式与外部环境之间的关系

本 章 小 结

1. 组织资源配置过程中,人力资源不同于其他资源,因为组织成员潜在能力的发挥与其在工作过程中的努力程度有密切的关系。

2. 组织资源配置过程的管理方式实际上与组织对成员人性的假定有很大的相关性,有什么人性假定便有相应的管理方式方法。

3. 因为人是有限理性的,故对环境的变动无法作出确切的估计;环境具有不确定性和复杂性,因此影响组织的决策变量,影响资源配置的过程。

4. 管理模式实质上是特定的组织资源配置方式。在不同环境条件下,管理模式应该进行变革与重组。

复习思考题

(一) 简答题

1. 组织资源的有限性会不会对组织发展产生巨大的约束?

2. 环境变动既然不可能完全确知,那么这是否意味着没有必要研究分析环境的变化?

3. 管理模式需要随环境变动而变动,这是否意味着管理无常法,可随心所欲?

4. 管理的基本问题是什么?

(二) 选择题

1. 随着现代化大生产的发展,科学管理学说在 19 世纪末和 20 世纪初风行企业界。这一学说提出的人性假设基础是(   )。

    A. "雇佣人"假设　　　　　　　　B. "经济人"假设

    C. "社会人"假设　　　　　　　　D. "自我实现的人"假设

2. 按照组织所面临的不确定性与复杂性的程度可以将管理模式分为 4 类,包括(   )。

    A. 直线管理系统　　　　　　　　B. 科层系统

    C. 直线-参谋系统　　　　　　　　D. 矩阵系统

    E. 事业部制

3. 合适的授权通常取决于以下 3 个基本因素(   )。

    A. 员工所处工作岗位的特性　　　B. 员工需作决策的范围大小

    C. 决策的时间　　　　　　　　　D. 决策的频度

    E. 决策的重要性

4. "任何作业在开始之前都要先进行决策。不仅最高管理阶层要进行决策,企业中所有阶层包括作业人员都要进行决策,它贯穿在整个组织中"。这是管理学家(   )的主要观点。

    A. 泰罗　　　　　　　　　　　　B. 道格拉斯·麦克雷戈

    C. 马斯洛　　　　　　　　　　　D. 西蒙

5. 任何一个组织为了存续至少需要的资源是(   )。

    A. 人力资源　　　B. 自然资源　　　C. 金融资源　　　　D. 物质资源

    E. 生产资源　　　F. 关系资源　　　G. 信息资源

6. X 理论假设的要点包括(   )。

    A. 在劳动仍被作为谋生的手段时,人们的收入水平不高而且对丰富的物质产品世界充满欲望

    B. 由于人类不喜欢工作的本性,对于绝大多数人必须加以强迫、控制、指挥,以惩罚相威胁,使他们为实现组织目标而付出适当的努力

    C. 一般人有一种不喜欢工作的本性,只要可能,他就会逃避工作

    D. 给予工人一定量的工资激励,就会引导工人努力工作,服从指挥,接受管理

    E. 一般人宁愿受指挥,希望逃避责任,较少有野心,对安全的需要高于一切

7. 组织的外部环境有两个变动特性,包括(   )。

    A. 不确定性　　　　　　　　　　B. 异质性

    C. 多重性　　　　　　　　　　　D. 复杂性

8. 在科层系统中,参谋团体的职能是(   )。

    A. 对付外部环境的不确定性,阻止不确定性对组织中其他部门的影响

    B. 组织和领导永久性的项目团队

    C. 研究外部环境的变动

    D. 使组织内部的主要活动程序化

9. "社会人"假设下管理方案的要点包括(　　　)。

  A. 管理人员要有人际关系处理技能 B. 让职工参与决策

  C. 上下沟通 D. 自我管理制度

  E. 提案制度 F. 面谈制度

10. "社会人"假设是在(　　　)的基础上建立起来的。

  A. 霍桑实验 B. 生铁搬运实验

  C. 需求层次实验 D. X效率实验

案例　弗里斯特市电视机厂的"第二个春天"

  由美国沃里科公司管理了15年的弗里斯特市电视机厂,是著名的西尔斯公司的协作厂家。该厂生产的电视机多由西尔斯公司经销。这家电视机厂曾一度有员工2 000人,无论从产值、规模,还是职工数量上来说,都是阿肯色州弗里斯特市的重要企业,在当地的企业界中举足轻重。

  这家公司同大多数美国公司一样,秉承了美国的理性主义传统,制定严格的生产标准,工人进行专业分工,每人只做一项工作;对优秀的员工往往有丰厚的奖金,不合格的员工则被勒令卷铺盖走人。公司经理史密斯相信物质激励的作用,他认为公司和员工之间有明确的雇用劳动合同,消极怠工被视为"违约",理应得到惩罚。但是工厂的生产状况却不能令人满意,质量问题屡屡出现,致使弗里斯特市电视机厂陷入重重困境。厂里生产的电视机居然有10%过不了本厂的质检关,必须返修才能出厂;销出的电视机也由于质量不佳,使用户怨声载道,销售量急剧下降,造成产品大量积压;工厂的财务状况因而难以为继;不得已,厂方只能大量裁员,职工人数减少了3/4,只剩下500人。此举一出,人心大乱,工人们更是无心生产,工厂到了几乎倒闭的地步。

  为了扭转厂方的不利局面,西尔斯公司出面派人前往日本的电器制造业中心之一——大阪,邀请久负盛名的日本三洋公司购买弗里斯特市电视机厂的股权,并进一步利用日本的管理人员和技术人员,来领导这家工厂。

  三洋电器公司对西尔斯的建议迅速作出反应。1976年12月,三洋公司开始大规模购入弗里斯特市电视机厂的股份,并取得了对该厂的控股权。1977年1月,三洋公司派出了大批管理人员和技术人员,接管了弗里斯特市电视机厂。

  日本管理人员到达弗里斯特市后,先后办了三件事,令美国人大开眼界。

  日本管理人员没有采取什么严厉的措施,相反,他们首先邀请电视机厂的所有员工聚会一次,大家坐在一起喝咖啡,吃炸面包圈。然后,又赠送给每个工人一台半导体收音机。这时,日本经理对大家说,厂里灰尘满地、脏乱不堪,大家怎么能在这样的环境中生产呢?于是,由日本管理人员带头,大家一起动手清扫厂房,又把整个工厂粉刷得焕然一新。

  几个月后,工厂的生产状况逐步改善,厂方对工人的需求又开始增加。日本管理人员一反大多数美国企业招聘员工的惯例,不去社会上公开招选年轻力壮的青年工人,而是去聘用那些以前曾在本厂工作过,而眼下仍失业的工人。只要工作态度好,技术上没问题,而且顺应潮流的人,厂方都欢迎他们回来应聘。日本人解释说,以前干过本行的工人素质好,有经验,容易成为生产好手,所以才雇用他们。

最令美国人吃惊的是,从三洋公司来的经理宣布,为了在弗斯特市电视机厂建立和谐的工作关系,他们希望同该厂的工会携手合作。三洋公司的总裁亲自从日本来到弗里斯特,同工会代表会面。

他的开场白是谈他在第二次世界大战后在美国谋生的经历。他说他曾在好莱坞为著名电影评论家赫达·霍珀做服务员,每次当他替霍珀开门时,总是看到伊丽莎白·泰勒等大明星正伫立门前。他的谈话,马上赢得了工会代表们的信任和认同。双方很快达成协议,共同努力为工厂的发展而奋斗。日本总裁说:"我们公司信奉联合工人的原则,希望工会协助公司搞好企业。"

请全体员工吃东西,然后大家一起动手搞卫生,对美国人来讲已是件新奇事;专门雇请以前被辞退的工人,就更是少见的事;而公司的总裁亲自会见工会代表,恳请双方合作并建立起良好的关系,这在劳资关系一向紧张的美国,实属令人吃惊的举动。

日本人刚来时,很看不惯美国工人在生产线上边干活边吸烟,把烟灰弹得到处都是的样子。在同工会商议后,日本管理人员提出车间内禁烟。由于取得了工会的支持,工人们一声不响地接受了此项命令。

在日本人管理该厂期间,工人们只举行过一次罢工,而且问题很快得到解决,厂方和工会都表示这次罢工事件没有伤害相互的感情。

弗里斯特市工业委员会主席瓦卡罗说:"这些日本人真行,每天早上七八点钟就上班干活了,一天要工作9到11个小时,就连星期六也会有很多人自愿加班。从前的那些管理人员可差远了,他们9点钟才进厂,翻翻当天的报纸邮件,口述一封回信,11点钟准时去俱乐部打高尔夫球,玩到下午3点钟才入厂,东晃一会儿西荡一会儿,就到下班回家的时间了。"

在这个工厂工作了12年的欧文说:"这些管理人员照顾工人们的情绪,生产上强调质量,强调清洁卫生,并且劝导工人们要爱护机器设备。管理部门还征求工人们的意见,大家一起商量提高生产效率,改善产品质量和工作条件。"

到了1983年,弗里斯特市电视机厂日产西尔斯牌微波炉2 000台,彩色电视机5 000台,98%的产品质量合格,可直接投放市场,厂里的经营状况大大改善。

讨论题

1. 开始时沃里科公司对弗里斯特市电视厂采用了什么管理原则?这种管理原则为何失败了?

2. 日本人管理这个厂的指导原则是什么?本案例中日本人的管理原则与美国人的管理原则有何不同?不同的根本原因是什么?并说说这两种管理方法产生的背景和原因。

3. 假设让你来主管弗里斯特市电视机厂,你将从哪几个方面着手?

第3章 管理理论的演进

　　管理理论产生于实践,它的形成与发展来源于人们不断地对管理真谛、管理特性、管理规律性的认识与驾驭。近百年来管理理论学派林立,但大致可分为四个发展阶段:科学管理阶段,代表人物为泰罗;行为科学阶段,代表人物为梅奥、马斯洛等人;管理科学阶段,代表人物众多;从20世纪70年代至今,管理理论进入了现代管理阶段。

　　20世纪90年代以来,管理理论孕育着新的革命。《公司再造》《第五项修炼》《竞争大未来》《知识管理》等一系列著作及论文的发表,开拓了管理学发展的新空间,并迅速为工商企业界所认同并付诸实践,在此过程中又不断有新的创意产生,积累了新的经验,从而推动了管理理论的进一步发展。

第一节　科学管理的兴起

　　科学管理是19世纪末和20世纪初在美国形成的。当时,美国的工商业迅猛发展,资本雄厚,但劳动力缺乏,企业管理落后。其突出的表现为:工人劳动时间长,强度大,生产效率低下,工人工资很低,劳资关系紧张。这些情况引起了许多管理人员和技术人员的关注,他们试图运用当时的科学技术去解决这些问题。泰罗就是其中的典型人物。1880年,他在米德维尔钢铁公司任职期间,进行了一个著名的试验,即"生铁搬运试验"。泰罗首先挑选了一个适中的搬运工,并仔细、系统地分析和研究他的每一个动作和劳动时间,进而总结出搬运生铁的合理动作和有效方法。他结合工资激励,引导工人们采用他的方法,从而使搬运生铁的效率大大提高。这一著名试验就是后来被人称为"泰罗制"的核心。

一、科学管理的主要观点

　　1911年,泰罗出版了他的著作《科学管理原理》,在这本书中,他全面阐述了他的管理思想与理论,概括起来主要包括四个方面:①对工人工作的各个组成部分进行科学的分析,以科学的操作方法代替陈旧的操作方法。②科学地挑选工人,对工人进行培训教育,以提高工人的技能,激发工人的进取心。③摒弃只顾自己的思想,促进工人之间的相互协作,用科学的方法,共同努力完成规定的工作任务。④管理人员和工人都必须对各自的工作负责。

　　为了实施这一理论,泰罗进一步提出了具体的步骤:①对工作环境进行分析。其中着重分析要做的工作是什么,谁来做,管理者又应该怎么办。②对工作任务进行分析。即如何根据工作的需要和工人的技能分配合适的工作。③给每一项工作制定工作任务和具体的定额。根据这一工作的性质和任务要求,精心挑选具有这种技能的工人去承担这项工作。

④工人的工作安排就绪后，管理者就要与工人密切合作，督促工人完成自己的任务，并做好工作职责内的各种调配工作和计划工作。

泰罗管理理论的形成对当时美国社会经济的发展，对美国企业管理水平的提高产生了极大的影响，成为管理理论与实践中不可缺少的宝贵财富之一。

二、科学管理的主要贡献

科学管理的产生是管理从经验走向理论的标志，也是管理走向现代化、科学化的标志，其意义决不亚于蒸汽机发明导致的工业革命。科学管理对管理理论体系的形成与发展有着巨大的贡献，具体来说有这样几个方面：

（一）时间和动作研究

科学管理对管理理论发展最大的贡献是提出了时间和动作的科学研究方法，并指出，通过选定最适于完成这一作业的工具、机器，决定最适当的作业程序，消除错误的动作、慢动作、无用的动作，以找到最有效的作业法，并使其标准化，是生产效率提高的重要方面。此外，通过累计基本动作所需要的时间，再加上不可避免的迟缓而耽误的时间，就可以规定一种作业标准时间，由此决定作业标准。

科学管理理论认为这样得到的作业标准是"科学的事实和法则"，劳资双方都必须服从这个标准，既不允许利用工会的力量来修改作业标准，也不允许企业家像过去那样任意降低以标准时间为基础规定的工资率。应该说，时间和动作研究发现了工人在不增加劳动强度的情况下，能最轻松、最有效地进行作业的方法，至今它仍然是企业管理的重要基础。它具有以下几个作用：①促进了工具和设备的改良；②通过标准时间和实际时间的比较来测定员工的劳动效率；③标准作业时间可以作为奖励工资的基础；④标准作业时间可以作为估算标准劳务费和制定生产、工程计划的基础。

时间和动作研究是解决人机关系协调的重要方法，它为员工找到了科学、合理、最有效的操作工具和机器程序、规范和动作。反过来，如果这些程序、规范和动作仍然不够有效，不能降低员工的劳动强度，那就意味着机器或工具设计尚可通过工具和机器的改良使现有的作业标准值进一步降低，使人机系统更为和谐，生产效率进一步提高。

（二）任务管理

科学管理理论所提出的任务管理，是由科学规定作业标准，实行标准化、实行激励工资等原理构成的，对今天的企业管理依然有很大的意义。

科学的作业标准是在对每个员工进行了时间研究之后作出的，但它并不是以每项工作的几个操作人员所需时间的平均值作为基础，而是以效率高的第一流员工的操作时间为基准。由于企业中一流的员工未必很多，这样制定的标准时间对一般员工来说就显得较高。他们如果不加努力，甚至努力后也可能达不到这一标准。为此企业有必要一开始就选拔优秀员工，或对现有员工进行严格的培训。这一思想现在来看实在是组织对人力资源实施开发的重要观点。

实行标准化除了要求员工的操作动作应达到作业标准外，还必须从作业方法到材料、工具、机器等方面实行标准化。标准化一方面是每个员工努力工作的目标，同时又是产品质量的保证。此外，为了让每个员工最大限度地发挥身体的和精神的潜能以达到标准，企业还要因人而异地给他们安排适当的职务，规定责任的权限。

任务管理假定员工是经济人,其行为受经济因素影响最大。为此,为了使员工尽量达到作业标准,就要实施奖励工资制。这一制度类似于我们今天说的超额奖励工资制,其特点是工资随效率而变动,完成作业标准的员工给予30%～60%的奖励工资,完不成的则要根据罚规减少他的工资。

任务管理的基本思路是如何使员工达到已制定的科学的作业标准,从而提高生产效率。为此提出的工资激励手段的有效性是建立在员工是经济人这一假设基础上的。应该说,在产品日益丰富而员工收入尚低的情况下,经济人的假设有其正确的一面,它将那种视工人为完全的机器附属物、一个会说话的工具的假定大大推进了一步,并已经考虑到了经济因素对员工的刺激作用,至少看到了员工作为人机系统中不可缺少的要素的独立作用,以及它对产出效率的影响。

(三) 作业人员与管理者的分工协调

科学管理产生之前的企业管理是一种随意性、不规范、经验式的管理,企业中工作的责任往往都推到工人身上,认为对工人必须严加管束。科学管理理论则认为管理人员与作业人员分别有各自的工作职责,企业效率的责任应两者分摊,并相互协作,即管理人员通过承担其固有的计划职能,支持作业人员行使执行职能,使双方配合默契。

科学管理理论指出,管理人员要运用时间研究等管理技术来确定劳动过程中的科学法则,科学地选拔和培训工人,通过管理的科学发展来支持工人进行作业。作为第一线的员工即作业人员则应按照管理人员确定的科学法则进行作业,通过向计划部报告工作情况来支持管理人员有效地进行管理。

泰罗把所有的"计划和脑力工作"从现场作业的工长和工人的工作中分离出来,并集中到一个部门,形成计划部,由计划部制定所有的计划,并发出工作的指令。这样一来,就不是一个管理者来进行管理,而是由一个管理组织进行管理。计划部的职能包括:时间研究、标准化工作、资产和成品的库存登记及成本的记录和分析、组织的维持和改善、劳动力的雇用和监督、有关销售和采购的分析等,范围极广。

尽管现在来看,将管理者与生产工人的责任加以划分,从而将管理职能独立于生产第一线之上,并由一个计划部来实施,十分简单,但在当时这却是一大进步。因为只有两者的分离,才使得之后的时间研究、预算控制、标准成本等各种管理技术得到发展和有效的应用。此外,这种分离使得管理人员与作业工人分工明确,各司其职,更有利于生产效率的提高和资源优化配置。科学管理在此基础上提出的管理人员和作业工人的协调,实际上已经涉及组织内员工之间的人际关系协调这一内容,这为以后的管理理论的发展提出了问题。

第二节　行为科学的产生

正当科学管理为当时的企业界所普遍接受时,新的管理思想与理论也正在孕育之中,这就是行为科学理论。行为科学理论实为人群关系理论,它的产生源于有名的"霍桑实验"。1929 年,美国哈佛大学的心理病理学教授梅奥(Mayo)率领哈佛研究小组到美国西屋电气公司的霍桑工厂进行了一系列的实验或观察,其中比较著名的有:

（1）照明实验（1924—1927 年）。目的在于调查和研究工厂的照明度与作业效率的关系。结果发现，照明度和作业效率没有单纯的直接关系，生产效率仍与某种未知因素有关。

（2）继电器装配室实验（1927—1932 年）。目的是要发现休息时间、作业时间、工资形态等作业条件同作业效率的关系。结果发现，生产效率的决定因素不是作业条件，而是职工的情绪。情绪是由车间的环境，即车间的人群关系决定的。

（3）面谈计划（1928—1930 年）。目的是要了解如何获取职工内心真正的感受，倾听他们的诉说，帮助解决问题，进而提高生产效率。结果发现：第一，离开感情就不能理解职工的意见和不满；第二，感情容易伪装；第三，只有对照职工的个人情况和车间环境才能理解职工的感情；第四，解决职工不满的问题将有助于生产效率的提高。

（4）非正式组织发现（1930—1932 年）。研究者偶尔发现车间里除了存在按照公司的编制建立的正式组织外，还存在因某种原因形成的非正式组织，这些非正式组织有时会严重地影响工作效率。

一、梅奥的主要观点

通过调查与实验，梅奥等人发现科学管理中对人的假设有问题，把人看作一种工具更有问题。因为工作的物质环境和福利的好坏，与工人的生产效率没有明显的因果关系；相反，职工的心理因素和社会因素对生产积极性的影响很大。梅奥教授在 1933 年发表了《工业文明中的人》一书，奠定了人际关系理论的基础。在书中，梅奥提出以下新观点：

（1）以前的管理把人假设为"经济人"，认为金钱是刺激生产积极性的唯一动力；霍桑实验证明了人是"社会人"，是复杂的社会关系的成员，因此，要调动工人的生产积极性，还必须从社会、心理方面去努力。

（2）以前的管理认为生产效率主要受工作方法和工作条件的制约；霍桑实验证实了工作效率主要取决于职工的积极性，取决于职工的家庭和社会生活及组织中人与人的关系。

（3）以前的管理只注意组织机构、职权划分、规章制度等；霍桑实验发现除了正式团体外，职工中还存在着非正式团体，这种无形组织有它特殊的感情和倾向，左右着成员的行为，对生产率的提高有举足轻重的影响。

（4）以前的管理把物质刺激作为唯一的激励手段；霍桑实验发现工人所要满足的需要中，金钱只是其中一部分，大部分的需要是感情上的慰藉、安全感、和谐与归属感。因此，新型的领导者应能提高职工的满足感，善于倾听职工的意见，使正式团体的经济需要与非正式团体的社会需要取得平衡。

（5）以前的管理对工人的思想感情漠不关心，管理人员单凭自己个人的复杂性和嗜好进行工作；霍桑实验证明，管理人员，尤其是基层管理人员应像霍桑实验人员那样重视人际关系，设身处地地关心下属，通过积极的意见交流，达到感情的上下沟通。

霍桑实验及梅奥的见解开拓了管理中另一个值得重视的新领域，即人际关系的整合。霍桑实验之后，大批的研究者和实践者继续从心理学、社会学、人类学和管理科学的角度对人际关系进行综合研究，从而建立了关于人的行为及其调控的一般理论。1949 年，美国一些从事人际关系研究的管理学者正式采用"行为科学"一词，并成立了"行为科学高级研究中心"，进一步开展对人的行为规律、社会环境和人际关系与提高工作效率的关系的研究。今天，行为科学作为新一轮管理学说的发展已经替代了科学管理而风行一时，并出现了许多行为科学的大家,提出了非常著名的行为科学理论,如马斯洛的"需要层次理论",赫兹伯格的"双因素理论",麦克雷戈的"X理论-Y理论",布莱克和穆顿的"管理方格图理论"等。

行为科学的产生既是管理理论与实践发展的结果,也是企业生存发展对管理要求的结果。在大规模产销活动展开、流水线到处普及的同时,企业中的员工个个处在监工难以监督的工作位置上。尽管有工作标准,但工作标准不可能十分精确。因此,如何使员工们在各自分散的岗位上有效地工作,不仅是个人的生产效率问题,也是整个企业的生产效率问题。当一个企业很大,企业的业绩已无法与员工的利益明显挂钩时,物质的刺激效用便开始降低,此时科学管理的基本哲理固然不错,但操作实效已不明显,尤其是当工人的收入已达到较高水平时,经济的刺激作用也会下降。为此,企业需要重新审视所面临的新的资源整合问题,提出新的适合目前情况的管理思路、方式方法和手段,这就需要重新考虑怎样激发员工的工作积极性。

此外,行为科学的产生使企业主、管理者重新认识员工的地位。员工已不是一般意义上与资本、土地等相同的生产要素,而是具有相当重要意义的主动因素。这种认识有助于工人在企业中得到一定尊重,在某种程度上也缓和了劳资关系。从这些方面看,行为科学作为现代管理的重要组成部分是十分恰当的。

二、行为科学的主要贡献

行为科学既是管理理论的发展又是管理实践的总结,它的产生与发展对管理理论及管理实践都有巨大的贡献,概括地说,这些贡献主要表现在这样几个方面:

(一) 社会人假定

泰罗的科学管理是建立在经济人假设基础之上的:企业投资者作为经济人追求最大利润,工人作为经济人追求最大工资收入。科学管理旨在寻找一种方法,使工人在追求最大工资收入的同时,实现企业投资者最大利润的要求。在泰罗看来,这一方法的根本在于提高劳动生产率。只有劳动生产率提高了,单位时间内劳动创造的价值高了,才可能实现最大利润。但为了使工人愿意努力工作,必须用物质奖励的手段来满足工人追求收入最大的需求。泰罗提出的以时间和动作研究及奖励工资制等为中心的科学管理,就是要在提高工作效率的同时满足工人的工资需求动机。

行为科学认为,工资、作业条件与生产效率之间没有直接的关系,因而提出了社会人假定以取代经济人假定。按照社会人假定,在社会上活动的员工不是各自孤立存在的,而是作为某一个群体的一员和有所归属的社会人,是社会存在物。社会人固然有追求收入的动机和需求,但并不仅限于此,他在生活工作中还有友谊、安全、尊重和归属等需要。因此,对人的管理不应仅仅从其经济动机方面去考虑,使用非物质的方式、非经济的方法调动人的积极性有时可能更为有效。行为科学的这一看法,为管理实践的发展开辟了新的方向,这不能不说是它的重大贡献之一。

(二) 需求因素与激励

由于社会人的假定是在霍桑实验的基础上提出的,因而有一定的现实基础,也证明了经济人假定的偏颇。行为科学进一步对人的需求、动机及行为的关系进行研究,从而提出了对人的激励理论。马斯洛在其名著《激励与个性》一书中强调:①人是有需求的动物,其需求取决于他已经得到的东西。只有尚未满足的需求才能够影响行为。换句话说,已满足了的需求不再是激励因素。②人的需求都有其轻重层次,一旦某种需求得到满足,另一种需求又会出现,又需要满足。为此,马斯洛将人的需求划分为五个层次:生理的需求,安全的需求,社会的需求,尊重的需求和自我实现的需求。马斯洛认为,在特定时刻,人的一切需求如果都未得到满足,那么最主要需求的满足就比其他需求的满足更为迫切。只有排在前面的那些需求得到满足,才能产生更高一级的需求。而且只有当前面的需求得到充分满足后,后面的需求才显得重要。

由于人的需求有这样的层次,因此,当人处于某一需求为主的条件下,其行为动机和行为便会带有此种需求未得到满足的特征,为此管理主体可以根据该特征去满足员工的这一需求而使其得到真正的激励。行为科学对激励过程和激励模式进行的分析与概括如图 3-1 所示。

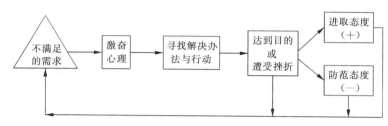

图 3-1　激励模式框图

行为科学对于需求构成的分析,对追求需求满足的动机与行为的研究,对人的激励的研究等,为管理主体如何管理好人这一关键因素奠定了理论基础,将人的管理提升到所有管理对象中最重要的地位,并引发了许多全新的管理观念与方法,如参与管理、面谈制、目标管理,等等。

(三) 作业组合

每个组织都具有由其既定的目标而产生的技术要求。实现这些目标要求完成某些工作,而组织的成员就得被分派成不同的组合以完成这些工作任务。行为科学对能影响个人与组织的内部作业组合发生的过程给予了特别的注意。行为科学认为,作业组合是由共同遵守某些准则的员工(管理者与非管理者)所组成的集合体,他们为实现组合体的目标而努力。因此,探讨作业组合的构成、作业组合的特性与动作,分析作业组合的积极效应,就成为行为科学对管理理论的另一贡献。事实上,人作为管理客体时可以是一个个人,也可能形成一个小群体。当管理客体为单独的个人时,实际上此个人将与其他生产要素及资源形成一种组合,这一组合内的交互关系与运作,通常由人机关系来研究处理,这也是科学管理的内容之一。当管理客体为一个小群体时,虽然小群体与其他生产要素及资源也形成一种组合,也有其内部的交互关系,但首要的是该群体内人与人的关系。考察这样一个群体内人与人的互动关系,恰恰是社会人假定的延伸。

行为科学在作业组合的研究中得出这样几个颇有意义的结论:

(1) 作业组合有多种类别。贝尔斯指出:作业组合有积极的人际关系型、消极的人际关系型、积极的工作任务型和消极的工作任务型。

(2) 作业组合的形成有工作的空间位置、经济、社会心理等原因。贝尔斯为此还提出了作业组合发展的四阶段过程。

（3）在组织中,管理者与非管理者都属于一些不同的组。组里的组员身份常是重叠的。在某些情况下,由于个人在组织中的地位而成为某个组的成员。然而,通过在这个组里的接触,他们在一种非正式的基础上开始与某些成员联合。

（4）作业组合的基本准则和控制的方法。

（5）组合内机制的产生与发展是与管理的要求与压力、达成目标的态势、组合的大小以及成员在满足需求上对组合的依赖相联系的。

（四）领导理论

行为科学对领导问题作了深入的研究,分析了组织中的领导问题,发现领导是个复杂的过程,它同许多理论和模式有联系。行为科学家认为,领导是一个个人向其他人施加影响的过程。影响的基础在于权力,一个领导者可以对下属施加影响,在于他拥有五种不同的权力:强制权、奖励权、法定权、专长权和个人影响权。行为科学提出了三种广义的领导理论:

1. 性格理论

即领导者个人性格与其领导行为关系的理论。吉赛利提出了领导者应有的八种个性特征与五种激励特征,认为个人性格对管理的成功有很大的相关性和重要性。

2. 个人行为理论

即依据个人品质或行为方式(风格)对领导风格进行分类的理论,以及管理有效性与行为关系的理论。其中比较著名的理论是罗伯特·布莱克、简·莫顿的"管理方格图理论"。两位专家按关心生产还是关心人各分成九个等级,进行组合后便有五种具体的领导方式,即虚弱型、任务型、乡村俱乐部型、中间路线型和协作型,并认为协作型是最有效的领导方式。

3. 权变理论

即有效的领导取决于外界环境情况与领导者行为的相互作用,没有一种具体的领导方式在任何场合下都有效,为此需要根据具体情况创设新的领导方式。弗鲁姆-耶顿给出了一个权变式领导模型,模型中合适的领导方式取决于七个环境因素,当环境因素发生变化时有四种领导方式可供选择。

第三节　管理科学的发展

管理科学是继科学管理、行为科学理论之后,管理理论与实践进一步发展的结果。这一理论源于运用科学的方法解决生产和作业管理的问题。应用科学的方法解决生产与作业问题早在 18 世纪末就有人尝试过,但管理科学这一理论体系的形成并正式存在却是 20 世纪 50 年代的事。管理科学中的生产是指一个制造厂中的制造技术和原材料的流程。作业则含义较广,适用于任何一种组织的商品生产和服务活动,不论这种组织是公共的或私人的、营利的或非营利的。管理科学正是在此定义下去探讨生产与作业的管理。

管理科学的理论特征有以下四点:

（1）以决策为主要的着眼点,认为管理就是决策,并给定各种决策分析模型。

（2）以经济效果作为评价管理行为的标准,为此需要建立诸如量、本、利等模型以讨论行为的结果及变化。

（3）依靠正规数学模型，用数学形式表达解决问题的可行办法。为此，建立合适的模型就成为管理行为可行性的前提。

（4）依靠计算机计算复杂的数学方程式，得出定量的结论。

一、管理科学的主要模型

管理科学的数学模型主要分成两大类：描述性模型和规范性模型，其中各自又可分成确定性模型和随机性模型两种，如图 3-2 所示。

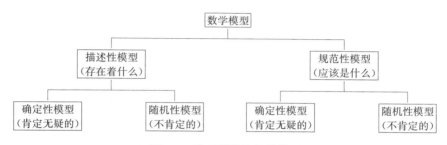

图 3-2 管理科学的数学模型

现在流行的管理科学模型主要有以下几种：

（1）决策理论模型。这一模型的目标是要使制定决策的过程减少艺术成分而增加科学成分。决策理论的集中点在于对所有决策通用的某些组成部分，提供一个系统结构，以便决策者能够更好地分析含有多种方案和可能后果的复杂情况。这一模型是规范性的，并含有各种随机性变量。

（2）盈亏平衡点模型。这一模型主要是帮助确定一个公司的任务特定产品的生产量与成本、售价之间关系，得到一个确定的盈亏平衡点，在这个水平上总收入恰好等于总成本，没有盈亏。这一模型是确定性的描述性模型。

（3）库存模型。这一模型回答库存有多少，什么时候该进货与发货这些问题。因此，这一模型必须既考虑库存适合生产与销售的需求，同时又要考虑减少仓储费用。这一模型的可行解便是经济订购批量（EOQ）。

（4）资源配置模型。这里的资源主要指自然资源和实物资源。常用的资源配置模型是线性规划模型，在给定边界约束条件的情况下，考虑产出、利润最大，或者成本最小。这一模型是规范性的模型，变量是确定性的。

（5）网络模型。两种主要的和最流行的网络模型类型是 PERT（计划评审技术）和 CPM（关键路线法）。PERT 是计划和控制非重复性的工程项目的一种方法。CPM 则适用于那些有过去的成本数据可查的项目。网络模型是随机性的规范模型。

（6）排队模型。在生产过程中，员工们排队等待领取所需的工具或原料所花费的时间是要计入成本的。在给顾客服务的过程中，如果顾客需要排队等候很长时间，就会失去耐心而一走了之。但如果开设很多服务台或售货柜却很少有人光顾，又会导致成本提高。排队模型就试图解决这个问题，以找到一个最优解。

（7）模拟模型。模拟是指具有与某种事物相同的外表和形式的物品来推断、分析该事物的过程。由于真实事物所具有的复杂性,以及对其管理作用的不可重复性,为了得到预计成果,就有必要建立模拟的模型,在此模型上探讨最佳行动方案或政策,以便最后能用于实践的操作之中。模拟模型是描述性的,含有各种随机性的变量。

二、管理科学的主要贡献

管理科学对管理理论与实践的主要贡献突出表现在科学技术的引入与运用、决策理论构造和管理信息系统的建立等方面。

(一)科学技术的引入与运用

管理科学用现代科学技术和方法研究诸如生产、作业等方面的管理问题,使管理的定量化成分提高,科学性增强,尤其是一些数学模型的建立和便于求解,使部分管理工作程序化,大大提高了这部分管理工作的效率。事实上,网络模型是运筹学的一种应用;资源配置模型是线性规划理论与方法的一种运用;而像决策模型、排队模型等都是概率论、数列论、排序论等数学原理在管理中的延展。

(二)决策理论构造

对决策理论有重大贡献的是赫伯特·西蒙教授。通常我们称决策的系统分析为“决策理论”。这一理论深深扎根于统计学和行为科学基础之上,目标是要在制定决策中减少艺术成分而增加科学成分。西蒙教授将决策类型分为两类:程序性决策和非程序性决策,并认为组织内部层次不同,所遇到的决策类型也会有所不同。西蒙认为,决策前提可分为价值前提和事实前提。在他看来决策的价值前提相当于目的,事实前提相当于选择手段,“判断决策正确与否的方法只有一个,这就是说,为实现目的而采取的手段是否是恰当的手段,这纯粹是事实性的问题”。

西蒙教授研究了决策的过程,认为决策的有效性和科学性需要三个条件:第一,提出所有的替代战略;第二,预测这些战略各自产生的所有结果;第三,根据一定的价值体系比较这些结果。三个条件的有效存在,在于决策人不应该是“经济人”而是“管理人”。所谓“管理人”不是孤立的个人,而是指这样的人物形象:他作为组织的一员,通过利用组织,克服对决策合理性的制约,从而实现合理性。在提出管理人概念之后,他对管理人的决策模式,尤其是决策的心理过程、行为过程作了进一步研究,得到了一些重要的结论,如“管理人”的决策特征、组织本身对决策的影响等。西蒙教授由于在决策理论上的贡献而荣获诺贝尔经济学奖。

(三)管理信息系统的建立

在任何一个组织中,有效的计划和控制都需要得到有关的信息,决策的质量在很大程度上有赖于对一件事情的周围环境、各种备选方案、自然状态和竞争策略等的了解。管理的有效性需要信息的支撑,因此,管理科学理论的一个合理发展就是利用计算机的大量数据供给能力管理现有的信息。管理信息系统就是由此产生的。所谓管理信息系统是一种由许多个人、各种机械装置以及有关的程序所组成的,用以从内源和外源两个方面提供有关信息的结构性综合体。它通过提供作为制定决策依据的统一信息,来为一个组织的计划、控制和作业职能服务。管理信息的类型以及信息源在组织的不同层次中有所不同,因此,信息可分为计划信息、控制信息和作业信息。管理信息系统就是根据组织各层次的需要组织、分析和提供各种信息,并帮助决策的,其功能如图 3-3 所示。

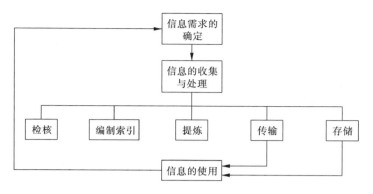

图 3-3 管理信息系统的功能

第四节 现代管理理论的进展

现代管理理论是指 20 世纪 70 年代开始至今的管理理论,它是科学管理、行为科学和管理科学三阶段演进之后的必然产物,同时又具有不同于前三者的特征。这种特征首先在于时代的特征与现代企业的发展状况。

一、现代企业与现代管理

第二次世界大战后,资本主义世界出现了一个黄金发展时期,经济发展迅速,生产力提高很快,人民生活水平也有所提高,市场不断扩大。进入 20 世纪 70 年代后,由于石油危机的影响,一些老牌资本主义国家的经济增长速度放慢,其中包括美国和日本。而一些新兴的资本主义国家或地区经济突然加速,出现了所谓的"亚洲四小龙"等现象。全球性市场逐步形成,国际竞争激烈,生产活动呈现出大生产的特点,这就是:①生产规模越来越庞大,产销已扩张到全球;②生产技术的复杂程序大大增加;③产品升级换代的周期大大缩短,科技发展速度加快;④劳动生产率的提高主要不再靠体力劳动的加强,而是靠智力和工作积极性;⑤生产日益社会化,使得生产协作关系更加复杂;⑥企业与社会的联系日益广泛和密切,社会责任日益加大。与这些特点相适应,企业规模的发展呈现出两种趋势:一方面出现了不少采用现代企业制度的超大型现代公司,并且不断扩张和发展。某些单个公司的产值已达到和超过小国的国民生产总值,并控制了该产业领域的绝大部分市场,如通用汽车公司 1990 年的销售额达 126 亿美元,为泰国当年国民生产总值 80 亿美元的 1.5 倍。另一方面,中小企业大量涌现,其中有些不过是只有几个人的"迷你型"小企业。1954 年到 1975 年间,日本的中小企业增加了两百多万户。在激烈的市场竞争中,这些小企业只能在市场上昙花一现,但同时又会有更多的小型企业涌现。20 世纪 70 年代,美国倒闭的各类小企业有 25 万家左右,而同时又有 40 万至 50 万家小企业开业,这些小企业一般都采用业主制或合伙制,虽然算不上现代企业,却是现代市场经济不可缺少的部分。

为适应大生产方式的发展,现代企业制度即公司制日益成为许多企业青睐的企业制度,并有效地推动了企业大规模的发展。第二次世界大战后,生产手段日趋现代化、信息化,生产和资本日益社会化、国际化,公司制恰恰为此创造了条件,成为跨国大公司的基本组织形式。此外,由于股份转让、购买的简易化,工业资本和银行金融资本相互持股、参股、控股,人事上相互兼职,导致了巨大的金融资本和金融财团的形成,并成为控制经济命脉的主导力量。例如,20 世纪 60 年代初,联邦德国最大的 3 家商业银行的代表在联邦德国经济界中共占有1 347个领导席位。据美国金融小组的调查资料,1976 年美国 130 家大公司中有 530 人互兼董事。日本的三井、三菱、住友、三和、富士、第一劝业六大金融集团以各自的银行为中心,通过参股、控股控制着大批公司。这种控股、参股方式使大批公司在资产上具有关联性,这种现象一方面对经济协调的有效展开有利,另一方面也会产生新的管理要求。

二、现代管理理论的发展

由于现代组织管理上的新问题、新情况和新要求,企业界和理论界纷纷尝试与创新与之相适应的管理思路、方式、方法和手段。于是,第二次世界大战后,管理学说、管理实践犹如春天的百花,呈现出一派欣欣向荣的景象,其中最著名的管理学思潮与流派有:程序学说、人际行为学说、经验管理、社会系统学说、决策管理学说和数理学说。综合看来,现代管理理论的发展可以体现在以下五个方面:

(1) 管理内涵进一步拓展。现代管理理论的内容不只限于成本的降低和产出的增加,而更重视人的管理、人力潜力的开发,更重视市场、顾客的问题,管理的核心更侧重于决策的正确与否、迅速与否。

(2) 管理组织的多样化发展。管理组织形式多种多样,除了不断推出新的有效组织形式如事业部制、矩阵制、立体三维制等以适应现代企业组织管理的要求外,还创设了与资产一体化控股、参股相适应的管理组织,提出了组织行为等一系列组织管理的理论。

(3) 管理方法日渐科学。现代管理虽然不摒弃传统的有效管理方法,但为适应大规模产销活动引入了现代科学技术,发展了现代管理方法,其中有投资决策、线性规划、排队论、博弈论、统筹方法、模拟方法、系统分析等,试图从生产资源的有效整合方面进一步提高管理的效果。

(4) 管理手段自动化。现代企业组织面临更复杂的环境,需要接受和处理大量信息,需要迅速寻找解决问题的方案,并更多地节约日益高涨的劳动力费用。为此,现代管理在管理手段方面的研究和使用有了突破性进展,如办公设备的自动化,信息处理机的发明,电子计算机在市场研究、产品设计、生产组织、质量控制、物资管理、人事财务管理等领域的应用等。

(5) 管理实践的丰富化。没有一套固定的适应一切的管理体系,各个企业必须根据自己企业的特点、根据现代管理的基本法则来创造性地形成自己的管理特色。日本式管理与松下公司管理之间,美国式管理与国际商用机器(IBM)公司管理之间都是有差异的。管理实践的丰富化更进一步推动了管理理论、方式方法和手段的发展。

现代管理理论实为一个综合性的管理理论体系,它广泛吸收了社会科学和自然科学的最新成果,把组织看作一个系统,进行多方面的管理,从而有效整合组织资源,达到组织既定目标和完成应负的责任。现代管理科学性的强化,使管理的预见性、综合性和可靠性有了很大的提高,基本上适应了战后现代企业和经济发展的需要。

三、现代管理理论的最新思潮

20世纪90年代以来,现代管理理论的最新思潮当数公司再造、学习型组织与知识管理。有人甚至认为这是管理的革命,它将导致传统管理理论与实践出现全面革新,迎来全新的管理天地。

(一)公司再造

美国人迈克尔·哈默和詹姆斯·钱比于1994年出版了一本书,名为《公司再造》。该书一出版便引起管理学界和企业界的高度重视,迅速流传开来。

哈默与钱比认为,工业革命两百多年以来,亚当·斯密的分工理论始终主宰着当今社会中的一切组织,大部分的企业都建立在效率低下的功能组织上。公司再造是根据信息社会性的要求,彻底改变企业的本质,抛开分工的旧包袱,将硬生生拆开的组织架构,如生产、营销、人力资源、财务、管理信息等部门,按照自然跨部门的作业流程,重新组装回去。显然,这样一种重新组装是对过去组织赖以运作的体系与程序的一种革命。这种革命将是美国企业恢复竞争力的唯一希望,也是面向未来的唯一选择。福特汽车公司在取得日本马自达公司25%的股权之后,福特的主管阶层发现,马自达公司物资采购部的全部财务会计工作,竟然只用了五个人来处理,而福特汽车公司却用了五百多人,与马自达公司区区五个人相比,简直有天壤之别。就算福特公司借助办公室自动化,降低了两成的人事费用,仍旧无法和马自达公司精简的人事结构相提并论。其中,根本的区别在于两者作业流程的不同,因此修正这种流程就成为提高企业效率的根本。然而修正流程不能只从财务部门做起,而要从整个企业的流程改革着手。

流程的改革建立在信息技术高度发展的基础上,这是因为信息技术的发展使得效率不一定产生于分工,而有可能产生于整合之中。事实上,现代组织面临的各种管理部门已经很难视为一个专业性的问题,因而将其交给一个分工性的职能部门处理已经不妥,也难以有效处理。针对某一类问题而特设部门专门负责的做法,会使得本来已经膨胀的组织机构更加繁多,这必然导致管理成本上升,协调困难,效率降低。在信息技术高度发达的今天,人们已经准备了对综合性问题进行整合处理的方案,这就是流程革命可以进行的基础。

(二)学习型组织

彼得·圣吉于1990年出版了名为《第五项修炼——学习型组织的艺术与实务》的著作,这本著作一出版立即引起轰动。彼得·圣吉以全新的视野来考察人类群体危机最根本的症结所在,认为我们片面和局部的思考方式及由此所产生的行动,造成了目前支离破碎的世界,为此需要突破线性思考的方式,排除个人及群体的学习障碍,重新就管理的价值观念、管理的方式方法进行革新。

彼得·圣吉提出了学习型组织的五项修炼,认为这五项修炼是学习型组织的技能:

第一项修炼:自我超越。"自我超越"的修炼是不断深入学习并加深个人的真正愿景,集中精力,培养耐心,客观地观察现实。它是学习型组织的精神基础。自我超越需要不断认识自己,认识外界的变化,不断地赋予自己新的奋斗目标,并由此超越过去,超越自己,迎接未来。

第二项修炼:改善心智模式。"心智模式"是指根深蒂固于每个人或组织之中的思想方式和行为模式,它影响到人或组织如何了解这个世界,以及如何采取行动的许多假设、成见、甚至是图像、印象。个人与组织往往不了解自己的心智模式,故而对自己的一些行为无法认识和把握。第二项修炼就是要把镜子转向自己,先修炼自己的心智模式。

第三项修炼:建立共同愿景。如果有一项理念能够一直在组织中鼓舞人心,凝聚一群人,那么这个组织就有了一个共同的愿景,就能够长久不衰。如国际商用机器公司的"服务",宝丽来公司的"立即摄影",福特汽车公司的"提供大众公共运输",苹果电脑公司的"提供大众强大的计算能力"等,都是为组织确立的共同努力的愿景。第三项修炼就是要求组织能够在今天与未来的环境中寻找和建立这样一种愿景。

第四项修炼:团队学习。团队学习的有效性不仅在于团队整体会产生出色的成果,而且其个别成员学习的速度也比其他人的学习速度快。团队学习的修炼从"深度会谈"开始。"深度会谈"是一个团队的所有成员,谈出心中的假设,从而实现真正的一起思考。"深度会谈"的修炼也包括学习找出有碍学习的因素的互动模式。

第五项修炼:系统思考。组织与人类其他活动一样是一个系统,受到各种细微且息息相关的行动的牵连而彼此影响着,这种影响往往要经年累月才能完全展现出来。作为群体的一部分,人们置身其中,想要看清整体的变化非常困难。因此第五项修炼就是要让人与组织形成系统观察、系统思考的能力,并以此来观察世界,从而决定组织的正确的行动。

（三）知识管理

20 世纪 90 年代以 IT 产业与网络技术迅猛发展为特征的新经济浪潮首先在美国兴起,在这一浪潮中人们发现组织资源配置过程中资本的作用正在大大减弱,而知识的作用不断增强甚至达到决定的程度。组织尽管在资源配置过程中产出产品或服务,然而更重要的是在产出或创造知识。一个组织尤其是一个企业实质上是一个知识型组织或企业。组织间或企业间的优劣差异本质上是各自拥有的知识上的差异。普拉哈拉德和哈默尔在他们的那本著作中提出了企业竞争优势的背后实质是企业是否拥有核心竞争力(core competence),而这种核心竞争力本质上是该组织或企业所拥有的默会知识的重要观点。

一个组织或企业拥有两类知识,一类是公开的知识、一类是默会的知识。公开的知识是指那些大众可以通过各种渠道获得的各类知识,而默会的知识则是存在于组织内部或人们头脑中的只可意会难以言传的经验、技能、能力等。一个组织如何有效地汲取公开的知识,发展自己默会的知识从而赢得组织在社会上的竞争优势,今天来看是要组织内部必须实施知识管理。

知识管理可以看作"是一个管理各种知识的连续过程,以满足现在和将来出现的各种需要,确定和探索现有和获得的知识资产,开发新的机会"。知识管理本质是要对组织拥有的各类知识有效地管理起来,进行知识的合理配置与创新,使知识在组织资源配置中能够创造出更大的价值。组织内知识管理的目标可以有六个方面:第一是知识的发布,以使一个组织内的所有成员都能应用组织的知识;第二是知识的传递,确保组织的成员需要知识时可以随时获得;第三是动员资源进行知识的创新,获得知识的优势;第四是有效地从外部得到组织所需的知识;第五是推进知识和新知识在组织内的学习与扩散;第六是确保组织成员不断地进行组织知识的积累。

【专栏】 未来的管理

科技进步非常快,人工智能、大数据、5G通讯、工业互联网的技术发展将导致未来的生产是智能生产也是依托新一代互联网与新一代通信技术的精准生产。万物皆联的智能设备、智能机器、智慧机器人是新生产方式的硬件基础,而相应的计算程序和各种智能算法则是新生产方式的软件基础,随着人工智能的不断进步,可以预料智慧机器人会在未来组织尤其在企业的生产服务中,然后在人类社会各个方面大行其事,因此未来的生产服务过程中智慧机器人或智能设备一定是主角。智慧机器人会不会完全替代人?人在生产服务过程中与智慧机器人的相互关系如何,将会决定未来生产服务的效率。

智能生产服务得以进行的另一个基础是以5G为基础的新一代通信与互联网信息技术,没有如此快速的信息与数据交换,快速的算法与计算就没有意义,智能工厂就没有办法进行生产运营。人工智能技术、互联网技术的发展可以预计人与机器的关系产生重大变化,因而未来的管理的重点之一可能是处理智慧机器人与人之间合作协调关系,调整人机互联互通的关系。

智能生产需要大量的数据与精准分析。未来组织中的资本和劳动力可能已经不重要,大数据就成了组织的最为重要生产要素。数字化应用可以给未来组织带来巨大的价值。智能制造需要用户数据进行个性化定制,区块链技术对数据进行加密,车联网通过有效利用车辆动态信息提供不同的功能服务……数据资源将是组织的核心实力,谁掌握了数据,谁就具备了优势。为此数字素养成为组织对劳动者和消费者的新要求。

未来的管理会发生与现在的管理完全不同的变化,未来管理的方法、管理的手段等待技术进步与实践的创新发展。

(资料来源:摘自芮明杰:《未来的管理》《经济与管理研究》第41卷第3期,2020.03)

本 章 小 结

1. 随着社会发展、人类进步,实践对管理的需求日甚,因此管理理论的发展源于实践;同时,管理理论的发展也源于管理主体及管理理论工作者不断地对管理真谛、管理特性、管理规律性的认识与驾驭。

2. 科学管理理论于19世纪末和20世纪初在美国形成,其代表人物为弗里德里克·泰罗。科学管理是管理从经验走向理论的标志,也是管理走向现代化、科学化的标志。科学管理对管理理论的形成和发展的贡献主要表现在时间和动作研究、任务管理、作业人员与管理者的分工协调等方面。

3. 行为科学理论实为人群关系理论,它的产生源于梅奥教授领导的著名的"霍桑实验"。行为科学理论既是管理理论的发展又是管理实践的总结,它的巨大贡献主要表现在社会人假定的提出及对需求因素与激励、作业组合、领导理论的分析四个方面。

4. 管理科学认为管理就是决策,其理论特征主要表现在以决策为主要的着眼点,以经济效果标准作为评价管理行为的依据,依靠正规数学模型,依靠计算机运算,解决决策问题。

5. 现代管理理论是指 20 世纪 70 年代开始至今的管理新理论,它是科学管理、行为科学和管理科学三阶段演进之后的必然产物,它与现代组织的发展密不可分。

6. 20 世纪 90 年代最新的管理思潮为"公司再造""第五项修炼""知识管理"和"管理创新"。有人认为这是管理的革命,将导致传统管理理论与实践实现全面革新,开创全新的管理天地。实践中,既有对公司流程进行改造成功的案例,同时失败的案例也很多。

复习思考题

(一) 简答题

1. 科学管理理论对管理理论及管理实践的最大贡献是什么?

2. 把工人假定为"经济人",在目前的环境中是否基本正确?

3. 试比较"经济人"假设与"社会人"假设的差异与相应的影响。

4. 行为科学理论的分析基础是什么?

5. 决策对于管理体系来说是最大的工作吗?

6. 现代管理理论的特征是什么?

(二) 选择题

1. 彼得·圣吉提出了学习型组织的 5 项修炼,这 5 项修炼分别是(　　)。

    A. 自我超越　　　　　　　　　　B. 改善心智模式

    C. 建立共同愿景　　　　　　　　D. 团队学习

    E. 互相批评　　　　　　　　　　F. 系统思考

2. 马斯洛的"需求层次理论"将人的需求划分为 5 个层次(按从低到高的顺序排列),即(　　)。

    A. 尊重的需求　　　　　　　　　B. 安全的需求

    C. 生理的需求　　　　　　　　　D. 快乐的需求

    E. 自我实现的需求　　　　　　　F. 社会的需求

3. 梅奥教授的见解包括(　　)。

    A. 霍桑实验证明了人是"社会人",是复杂的社会关系的成员,因此,要调动工人的生产积极性,还必须从社会、心理方面去努力

    B. 霍桑实验证实了工作效率主要取决于职工的积极性,取决于职工的家庭和社会生活及组织中人与人的关系

    C. 霍桑实验发现除了正式团体外,职工中还存在着非正式团体,这个无形组织有它特殊的感情和倾向,左右着成员的行为,对生产率的提高有举足轻重的影响

    D. 霍桑实验发现工人所要满足的需要中,金钱只是其中一部分,大部分的需要是感情上的慰藉、安全感、和谐和归属感

    E. 霍桑实验证明,管理人员,尤其是基层管理人员应像霍桑实验人员那样重视人际关系,设身处地地关心下属,通过积极的意见交流,达到感情的上下沟通

    F. 梅奥教授在总结霍桑实验的基础上提出了著名的"双因素理论"

4. 行为科学提出了3种广义的领导理论,它们是(　　)。

    A. 权变理论　　　　　　　　　　B. 性格理论

    C. 管理方格图理论　　　　　　　　D. 个人行为理论

    E. 双因素理论

5. 公司再造理论的提出者是(　　)。

    A. 哈默　　　　　B. 圣吉　　　　　C. 钱比　　　　　D. 哈默尔

    E. 普拉哈拉德

6. 管理科学的理论特征包括(　　)。

    A. 科学地挑选工人,对工人进行培训教育以提高工人的技能,激发工人的进取心

    B. 依靠正规数学模型,用数学形式表达解决问题的可行办法

    C. 以决策为主要的着眼点,认为管理就是决策,并给定各种决策分析模型

    D. 对工人工作的各个组成部分进行科学的分析,以科学的操作方法代替零星陈旧的操作方法

    E. 依靠计算机计算复杂的数学方程式,得出定量的结论

    F. 以经济效果作为评价管理行为的标准,为此需要建立诸如量、本、利等模型以讨论行为的结果及变化

7. 科学管理对管理理论体系的形成与发展有着巨大的贡献,具体来说有这样几个方面(　　)。

    A. 任务管理　　　　　　　　　　B. 作业人员与管理者的分工协调

    C. 时间和动作研究　　　　　　　　D. 作业组合

    E. 需求因素与激励

8. 现代管理理论是指20世纪70年代开始至今的管理理论,它的发展可以体现在以下几个方面(　　)。

    A. 管理方法日渐科学　　　　　　B. 管理内涵进一步拓展

    C. 管理手段自动化　　　　　　　　D. 管理组织的多样化发展

    E. 管理实践丰富化

9. 1929年,梅奥教授率领哈佛研究小组到美国西屋电气公司的霍桑工厂进行了一系列的实验或观察,其中比较著名的有(　　)。

    A. 照明实验　　　　　　　　　　B. 面谈计划

    C. 生铁搬运实验　　　　　　　　　D. 继电器装配室实验

    E. 时间和动作研究　　　　　　　　F. 非正式组织发现

10. 行为科学在作业组合的研究中得出几个颇有意义的结论,包括(　　)。

    A. 在组织中,管理者与非管理者都属于一些不同的组

    B. 组合内机制的产生与发展是与管理的要求与压力、达成目标的态势、组合的大小以及成员在满足需求上对组合的依赖相联系的

    C. 作业组合有多种类别

    D. 穆顿指出作业组合有积极的人际关系型、消极的人际关系型、积极的工作任务型和消极的工作任务型

    E. 作业组合的形成有工作的空间位置、经济、社会心理等原因

案例　抱定服务大众的经营理念

——美国彭奈公司的经营哲学

彭奈公司是美国最大的零售商之一，它从当初的一个小小的零售店变成连锁店遍布全美的企业，其中包含着彭奈不少的经营哲学。

他的一个原则是"什么价钱买什么货"，也就是说在他商店买的东西，绝没有骗人的货色。

关于这一点，彭奈对他的店员要求得非常严格，并对他们施以短期训练。比如：一条毛巾有五毛、六毛、八毛三种货，店员一定要对顾客事先说明，这种货有三种，并把三种货都拿个样品给顾客看，让顾客有充分的挑选机会。有时候，店员甚至还会告诉顾客，其他店里有而他们没有的货物，他们会说："这是一种新出的牌子，我们还没有深切了解它的品质，所以还没有供应。"

当彭奈要实行这一接待技巧时，有很多人表示反对，他们认为"这样做，无异是给别人的新产品作宣传。"

"不然，"彭奈说，"如果我们不事先告诉顾客，顾客回去后，万一听到别人说，新出一种东西如何如何好，他一定会有一种后悔的感觉；如果我们先说明了，情形就大不相同，顾客自然会判断东西的好坏了。"由此可见，彭奈是个很通达世故和了解消费心理的人。

"如果你想做大生意，必先在小生意上多体会。"这是彭奈勉励员工的话，"因为小生意是与顾客直接接触的第一线，而且每天所接触的形形色色的客人很多，假如你肯留心，必定会琢磨出顾客心理的几个共同点，只要你能把这几个共同点加以适当地运用，在商场上一定是无往不胜。据我了解，大顾客与小顾客之间的心理差别，几乎等于零。"

他常说，一个一次订十万美元货品的顾客，和一个买一美元沙拉酱的顾客，虽然在金额上不成比例，但在他们心里对店主的期望却是完全一致的，那就是"货真价实"。

在彭奈的经营哲学中，"货真价实"的解释并不是"物美价廉"，而是什么价钱买什么货。"顾客的等级不一样，所要求的货色也完全不同。"彭奈说，"一个月薪 1 000 美元的和一个周薪只有几十美元的人，假如到你店里都是买毛巾，店员一定要用两种截然不同的方式来接待他们，才能把这两个顾客同时拉住。"

他的第二个原则是"现钱交易"。本来这种"不近人情"的作法是不合商场惯例的，但彭奈却实行得非常成功。原因是，这种零售生意每笔的金额不多，很少有人要求赊欠。他采用的收款方式是，开价款单与收款部门是分离的，要想赊账也不可能。

彭奈遵循一手交钱一手交货的经商准则，为顾客提供质量上乘的商品，对于顾客不满意的已购商品还实行退货回款服务，并且所经营商品维持固定的单价。在这些经营宗旨指导下，商店第一年营业额就达三万美元，不久彭奈又开了另一家零售店。到 1910 年彭奈将公司正式改名为彭奈公司，此时他的连锁商店已发展到 26 家零售商店，分布在西部的六个州。

彭奈对于设在各地的分公司，从来不干涉他们的经营方式，让他们拥有完全的自主权，只是在年终总结会上，他才把自己的经营和管理理念灌输给他们。

他到分公司视察业务,从来不查账目,甚至于连开支或营业情形也不过问,他只选择营业最忙的一段时间,到店里实地查看营业情形。

他的理由是:"分公司的经理都是我信任的人,他们有权决定自己的开支,我所重视的,只是他们这个月赚了多少钱,经营的方针是否正确。"

彭奈不主张以销售金额多寡作为店员奖励的标准,他认为:"做我们这种零售生意,从业人员要抱定服务大众的精神,在平淡中增加与顾客的感情。换言之,要以吸引长期顾客为目标,这样业绩才能保持平稳的增长。我认为任何带有刺激性的临时措施,都会破坏本公司深厚而稳定的服务精神。与其让员工每月为一点优胜资金而患得患失,倒不如让他们对本公司怀有长远的希望,使他们深切体会到一分努力必有一分收获的道理。"

彭奈采用的是分红制度,公司每年按比例拨出一部分红利给分公司,而各分公司人员所得红利多寡,则要视每个分公司的业绩而定。分公司本身的业绩好,所分到的红利自然也就比其他分公司多。

这种公平的原则,不仅被他应用在管理上,在经营上,他也提倡以这种精神为根本。

"不赚不应该赚的钱"。这是他做生意的信条之一,任何分公司都不准违背这一原则。

有一次,在视察蒙大拿州的一家分公司时,彭奈发现每包白糖多了五分钱,分公司的负责人告诉他由于运输白糖时为了赶时间,改用汽车运输,成本提高了一点,所以把它平均地分摊到每包糖上去……

没等经理说完,彭奈就告诫他:"增加运费是我们自己为了赶时间,不能把这种钱加到顾客身上。"

"我并没有说你改变运输方式来争取时间的措施不对,这些事你有权决定,我绝不过问。"彭奈说,"可是,改变运货方式而增加顾客负担,我是绝不同意的。你应该知道,商品价格虽是由我们定的,但是事实上却有一个很大的限制,那就是赚'合理的钱',不是凭经营人高兴随意乱定的。"

有人说,彭奈之所以能由一个零售店变成连锁店遍布全美的大企业,全靠他这种一丝不苟的精神。实际上,他这种做法,也是一次非常成功的广告,让消费者加深印象:到彭奈的零售店买东西是不会受骗的。

当然,也有人嘲笑他这种经营观念的陈旧,但他仍然是我行我素,他曾幽默地说:"我把不可能的事当作完全可能的事去做,所以在别人认为我根本不会做生意的情形下,使我的生意由每年几万美元的营业额到十亿美元,这是上帝创造的奇迹吧!"

讨论题

1. 你认为彭奈的管理特点是什么? 他的成功之处在哪里?
2. 彭奈对下属采取的自主经营的方法对你有什么启示?

第4章 管理的主体

管理的主体就是管理者。管理者在组织内通常要扮演人际关系、信息传递以及决策制定等方面十种不同的角色。处于组织内不同层次和不同岗位的管理者扮演十种不同角色的机会是不同的。管理者的心智模式状况如何将在很大程度上决定管理者进行管理活动时的思维、行为等,最终直接影响管理活动的效率,从而影响到资源配置的效率。

组织对于不同层次、不同工作岗位上的管理者都有一些特定的素质、能力等方面的要求。作为一个组织的最高管理者,其良好的心智模式应包括:远见卓识、健全的心理、优秀的品质;其需要的最重要的能力为:创新能力、转化能力、应变能力和组织协调能力。

第一节 管理者的角色

一、管理主体与管理客体

管理主体是指管理活动的领导者、执行者,就是管理者,而管理客体则是指管理活动作用的对象,是被管理者。根据这个定义,组织内管理的主体与管理的客体就可以作出较为明确的区分。

(一)管理主体的范畴

既然管理主体是指管理活动的领导者、执行者,那么组织中的管理主体就由两个部分构成:一是根据组织既定目标将目标任务分解为各类管理活动、工作任务和负有最终督促完成既定目标的人,这类人通常是组织的核心人物,或者说是组织的高级领导人员。二是具体执行计划、组织、协调、控制、经营等管理活动的人,这类人通常是组织中的骨干人物。没有他们,组织既定的目标难以实现。

尽管上述两类人都是管理主体,但两者仍有区别,这是因为后一类人在成为管理活动的领导者和执行者的同时,又是前一类人的管理活动的作用对象,即前一类人指挥、协调、控制、监督这些人来执行分解的组织目标与任务。所以,后一类管理主体实际上同时也是管理客体,即管理的接受者。

(二)管理客体的范畴

管理客体是管理活动的作用对象,是管理的接受者。从这个定义来看,组织内的管理客体实际上是一个很大的范围。首先,组织中的一般成员均是管理的客体,他们执行组织分配的工作任务,遵照一定的工作运行规则,以求获得良好的工作成绩。其次,组织中的其他资源,如物质资源、金融资源、信息资源、关系资源等均是管理的客体,都是管理的接受者,它们在管理的作用下经过特定的技术转换过程就成为良好的产出物。再次,组织向外扩张和发展时作用于相关的人、财、物、信息和其他组织,这些也就成了本组织管理的客体,只是这类管理客体不一定很确定,而且经常会变动。

这三类管理客体中最重要的就是作为管理客体的人,尽管他们被管理,但他们在与其他管理客体结合时又会有一定的空间。例如,他们的工作任务不会恰按八小时安排而不留弹性时间;在工作过程中,他们有权决定是否要做下去,还是停下来请示上级,等等。所以,作为客体的组织成员能在其工作范围和工作时间中发挥他的想象力和工作积极性。在这个意义上,每个人都是自己工作岗位和领域中的管理主体,即管理者。

二、管理者的具体角色

管理者是从事管理工作的人员,所以管理主体就是管理者。管理者的角色实际上是指作为一般的管理者,他在组织体系内从事各种活动时的立场、行为表现等的一种特性归纳。著名管理学家亨利·明茨伯格经过长期研究认为,管理者扮演着十种不同的但又高度相关的角色。这十种角色可以进一步组合成三个方面:人际关系、信息传递和决策制定,如表 4-1 所示。

表 4-1　明茨伯格的管理者角色理论

	角　色	描　述	特　征　活　动
人际关系方面	1. 挂名首脑	象征性的首脑,必须履行许多法律性的或社会性的例行义务	迎接来访者,签署法律文件
	2. 领导者	负责激励和动员下属,负责人员配备、培训和交往	实际上从事所有的有下级参与的活动
	3. 联络者	维护自行发展起来的外部接触和联系网络,向人们提供恩惠和信息	发感谢信,从事外部委员会工作,从事其他有外部人员参加的活动
信息传递方面	4. 监听者	寻求和获取各种特定的信息(其中许多是即时的),以便透彻地了解组织与环境;作为组织内部和外部信息的神经中枢	阅读期刊和报告,保持私人接触
	5. 传播者	将从外部人员和下级那里获得的信息传递给组织的其他成员——有些是关于事实的信息,有些是解释和综合组织中有影响的人物的各种价值观点	举行信息交流会,用打电话等的方式传达信息
	6. 发言人	向外界发布有关组织的计划、政策、行动、结果等信息;作为组织所在产业方面的专家	举行董事会议,向媒体发布信息
决策制定方面	7. 企业家	寻求组织和环境中的机会,制定"改进方案"以发起变革,监督某些方案的策划	制定战略,检查会议决议执行情况,开发新项目
	8. 混乱驾驭者	当组织面临重大的、意外的动乱时,负责采取补救行动	制定战略,检查陷入混乱和危机的时期
	9. 资源分配者	负责分配组织的各种资源——事实上是批准所有重要的组织决策	高度调度、询问、授权,从事涉及预算的各种活动和安排下级的工作
	10. 谈判者	在主要的谈判中作为组织的代表	参与工会进行的合同谈判

（一）人际关系方面的角色

人际关系方面的角色通常是指所有的管理者都要在组织中履行礼仪性和象征性的义务。当学校的校长在学生毕业典礼上颁发毕业文凭时，当企业的总经理在带领其他组织人员参观本企业的生产线时，他们都在扮演着组织代表即挂名首脑的角色。这种角色对组织而言有时是非常重要的，足以影响组织的形象。管理者还要扮演领导者的角色，因为他们是管理活动的出发者，他们必须按照组织目标和变动的环境去激励、培训、惩戒下属员工，否则目标的实现就可能会有问题。管理者扮演的第三种人际关系角色是指他们要在人群中充当联络员，一方面可以获得各种对组织有用的信息，另一方面又可以发展组织的关系资源。

管理者在人际关系方面所扮演的三种角色，是管理者必须要扮演的、工作范畴之内的工作。这三种角色的扮演在实践中并不是分离的，有时可能合为一体。例如，当管理者代表组织出席其他组织安排的会议时，管理者既是组织的挂名首脑，同时又是人群中的联络员，要为自己的组织开发关系资源。

（二）信息传递方面的角色

信息传递方面的角色是指所有的管理者在某种程度上，既要从外部的组织或机构等接受和传递信息，又要从组织内部某些方面接受和传递信息。明茨伯格将管理者的信息角色划分为三种：一为监听者角色，即从不同渠道用各种方法接受信息，了解信息，掌握信息；二为传播者角色，即把组织的信息、自己所收集加工的信息等向组织成员加以宣布、传递，以便组织成员共享信息，更好地工作；三为发言人角色，即管理者有时必须代表组织向外界公布态度、决定、报表、报告、进行演讲等，这可能是组织运作的需要，也可能是外界压力的结果。

（三）决策制定方面的角色

按照西蒙的看法，管理就是决策，故管理者最重要的角色就是制定决策。明茨伯格将决策制定分解为四个方面的工作，形成了决策方面的四种角色。第一是企业家。理论上说，企业家指高级的管理者，如董事长、总裁等。但此处企业家的含义则是指能捕捉发展机会、进行战略决策，并承担责任的管理者。一个管理者如果在其领域或具体工作中必须这么做时，他就表现为企业家的角色，反之则不是。第二是混乱的驾驭者，即处理组织内混乱事件并通常能获得成功的管理者。处理混乱需要决断，这正是管理者所必需的能力。第三是资源的分配者，对组织的有限资源根据组织目标的分解进行分配。实际上这是组织资源配置的一个方面，是决策的内容之一。第四是谈判者。当管理者为了组织的利益与其他组织商定合作和成交的条件时，他们就在扮演谈判者的角色。

三、管理者角色的变动

一般而言，管理者有十种角色。现实中由于组织类型不同，组织内处于不同层次的管理者，其扮演这十种角色的侧重点是不同的，这就是管理者角色的变动。

（一）组织中的管理层次

一个组织可能很庞大，成员众多，而每个管理者的管理能力又是有限的，即不可能一个人把所有的事都管好，因此，组织内进行分工，进而划分管理的层次就十分必要。通过在组织内划分管理层次，高一级的管理者将工作委派给下一级的管理者而减轻压力，从而保证工作的效率；另一方面使自己管理的下属保持合理数量，也使协调变得容易。

威廉姆森教授曾提出最优科层理论：假定组织有1 000个专业化的成员，他们从事1 000种不同的专业，组织用一个科层结构来组织分工。这个科层结构可以分成三层，最高层是个主管,他管十个部门的部长,每个部长管十个工作单位,每个工作单位负责人管十个专业成员。该科层结构也可以只设一层,一个主管管 1 000 个专业成员。三层结构的坏处是管理人员多,工资开销大;好处是每个层次负责人管的人少,协调容易。一层结构的好处是管理人员的工资开销少,坏处是协调困难,会导致组织效率的下降和损失。所以,最优科层结构就是折衷这个两难的局面,找到一个最优层次数,使好处减去坏处的收益最大化。事实上,一般组织通常都可以分成三个管理层次:决策层、执行层(或中间层)、操作层,如图 4-1 所示。

图 4-1 组织的三个管理层次

组织的层次划分通常呈现为金字塔式,即决策层的管理者少,执行层的管理者多一些,操作层的管理者更多。决策层的管理者有时又称为高层管理者,执行层的管理者称为中层管理者,操作层的管理者则称为基层管理者。基层管理者是负责直接管理组织的工作任务承担者;而中层管理者则是承上启下的,或作高层管理者某一方面的参谋。

(二)管理者角色的分配

由于组织中的管理者可能分别处于不同的管理层次,从事不同层次不同岗位的管理工作,故他们在组织运行中十种角色上扮演的频率、程度等均是不同的,如图 4-2 所示。

图 4-2 不同层次管理者的角色分配

从图 4-2 中可以看出,高层管理者最重要的角色是决策角色,当然并不是说高层管理者的信息角色和人际关系角色不重要,可以忽视,而是三个方面的角色相比而言,决策角色最重要。中层管理者在三个方面的角色分配基本上是一致的,这是由中层管理者既承上启下、又独当一面的特点所决定的。至于基层管理者,主要是调动下属成员进行团队合作,故而人际关系的处理尤为重要,所以角色分配时应以人际关系角色为主。

(三)组织规模对角色重要性的影响

组织的规模是不同的,有的组织大到有成千上万的成员,有的组织只有几个成员。划分组织规模大小除了以成员多少为标准外,还可以用其他标准,如企业的年销售收入、净资产规模,或者医院的病床拥有量等。虽然不能说规模大的组织就特别重要,小组织就微不足道,但由于组织规模的不同,不同组织内的管理者角色的重要性是不同的,如图 4-3 所示。

小组织的管理者最重要的角色是发言人,

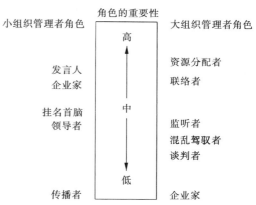

图 4-3 小组织和大组织中管理者角色的重要性

这是因为小组织的管理者要花大量时间让他人认识本组织,要花大量时间筹措资源,寻找新的发展机会。而大组织中,这些事务都已解决,管理者主要是处理内部资源的有效配置问题,以求获得最佳的资源配置效果。与大组织的管理者相比,小组织的管理者更可能是一个多面手,他的工作内容可能上至最高领导的必要工作,下至基层管理者的必要工作。

第二节　管理者的心智模式

从一个组织生存发展的角度来看,高层管理者的地位十分重要,这是因为高层管理者的决策和指挥正确与否,对于组织目标的实现影响巨大,有时往往决定了组织的成功或失败。高层管理者决策与指挥的科学与否,正确与否,首先取决于其心智模式。

心智模式是指由于过去的经历、习惯、知识素养、价值观等形成的基本固定的思维认识方式和行为习惯。心智模式一旦形成,将使人自觉或不自觉地从某个固定的角度去认识和思考所发生的问题,并用习惯的方式予以解决。任何一个人都有自己特殊的心智模式,这既是教育的功劳也是此人在特定生活工作环境中逐步形成的。作为管理者当然也有其特殊的心智模式,他正是在这种独特的心智模式下产生创意,产生管理的冲动和行为,最终完成组织的目标。那么管理者的心智模式是怎样的呢?观察许许多多的管理者或优秀企业家,也许可以得到答案。

一、远见卓识

远见卓识是管理主体心智模式中比较重要的方面,它反映了管理主体的思维方式和价值观念,使管理主体对某个问题能有超越一般人的看法,而这恰恰是产生创意的基础。一个典型的例子是沃尔特·迪斯尼,他首先将卡通人物、动物形象制成玩具出售,并通过向其他厂商出售可以制作带有卡通形象的商品的权利,从而获得大笔收入。比如,他允许纽约一家公司生产带有米老鼠标志的产品,并将米老鼠的形象作为一种"知识产权"参与该产品的分成,这就是其远见卓识的表现。

远见卓识作为管理主体心智模式的重要组成部分,主要表现为以下几点。

(一) 随时掌握当代最新的管理、科技成果、知识和信息

这是产生对某一问题有超越常人看法或认识的基础。因为这些新的知识和信息是对过去知识体系的一种冲击和发展,可以使人们过去久思不解的问题得到新的启迪。例如,倘若你不知道企业流程改革的基本知识,当然也就不会产生本企业流程变革的思路和对策;你不知道市场营销过程中将会发生交易成本,就不可能提出如何通过改革现有的销售渠道,设计新的销售网络从而既达成降低交易成本的目的,又能实现扩大市场占有率及产品迅速售出的目标。随时掌握现代技术的知识和信息,并能够将其融会贯通,这是保证管理主体具备较高的思维起点的关键,也是形成一种良好心智模式的重要方面。

(二) 系统的思维方式

一般人的思维方式是一种线性的思维方式,即通常用一种固定的模式遵循 1 加 1 必然等于 2 的思路来思考问题。在线性思维方式下,一般人对某个问题的看法通常都是大同小

异的,因为其思维方式大致相同。优秀的管理者,其思维方式则不同于一般人。他们通常采取一种系统的全方位思维方式,即从系统的具体构造到系统的综合、从局部到全局、从现象到原因的思考方式。系统思维方式是一种辩证的思维方式,看问题通常涉及两个不同的方面,不仅看其现象还要看其原因。而且,系统思维还是一种发散式的思维,对思考对象的相关方面都可能去想一番,许多管理上的创意就是这样诞生的。例如,一般人不会想到卡通电影与游乐园有什么联系,但沃尔特·迪斯尼想到了。他利用卡通人物的场景作为基调建造游乐园,让所有的观众有机会到他所创造的神奇卡通世界里去游玩,使人们暂时忘掉烦恼,不管大人还是孩子,都可以重温自己的梦境。而游乐园带给人们的欢乐,又促使人们走进电影院,想知道熟知的老朋友——米老鼠、唐老鸭、布鲁图等又有什么新的故事。

（三）奋发向上的价值取向

作为管理主体,其价值取向虽说不至于与当时社会的价值观格格不入,但总有其特殊的一面,这就是追求事业成功和永不满足的价值观。一般的人对事业也有追求,但他们易于满足,而那些有所作为的人对事业的追求则无止境。也正是在这样的价值取向下,才使得他们去勇攀管理的高峰、成功的高峰,成为管理的主体。

著名的全球快餐连锁店麦当劳公司的总裁昆兰,曾连学费都缴不起,求学期间他在麦当劳打工,麦当劳公司帮助他完成了企业管理硕士学业。他是一个具有奋发向上价值取向的人,从不满足现有事业的成绩,总是不断地进取。1994年全球新增1 000家麦当劳快餐店,之后,全球不断有麦当劳新店开业,还开始向过去从未涉足的领域迈进。麦当劳在机场、公路休息站、超级市场、游艇、医院等地方有了销售点。麦当劳已成为一家巨型公司。麦当劳的成功和发展,正是奋发向上的价值取向的管理成果。

二、健全的心理

心理素质,也可称作心理品质,指的是一个人的心理活动过程和个性方面表现出的持久而稳定的基本特点。心理现象是每一个人都具有的一种精神活动,按其性质可以分为心理活动过程和个性心理特征两部分。前者包括人的认识活动、情感活动和意念活动,这三种活动相互影响、密切联系,构成人的心理活动过程。后者包括人的态度、信念、兴趣、爱好、气质、性格、能力等心理特点,是这些心理特点的综合。作为管理者,其心理因素对成就、创新都有重要影响。美国"卡鲁创业家协会"曾对75位美国成功的企业家做过仔细分析研究,分析出11种"企业家的心理特征":①健康的身体;②控制及指挥的欲望;③自信;④紧迫感;⑤广博的知识;⑥超人的观念化能力;⑦脚踏实地;⑧不在乎地位;⑨客观的待人态度;⑩情绪稳定;⑪迎接挑战。

从众多的优秀企业家、管理成功者的个性心理来看,以下几组心理特征是非常重要的:

（一）自知与自信

自知是管理者的重要心理特征。因为只有时时能够自知,才能准确判断自己的长处和短处,才能准确地了解自己所处的地位,才能扬长避短,充分发挥自己的特长。没有自知的人即便有创意产生,也不能将其有效地付诸实践。

自知并不是自卑。自知是建立在自信基础上的,光有自知没有自信不可能有创新,光有自信没有自知也不可能有成功的创新。所谓自信,就是始终对自己抱有充分的信心,保持足够的勇气。有些管理者不能创新,除了没有创意之外,便是缺乏应有的信心和勇气。一个优秀的管理主体往往既有自知之明，又有十足的自信。自知使其能够把握自己，自信使其能够有持之以恒的动力，这些对管理主体来说都是十分重要的。

（二）情感和情绪

情感是人对现实中事物或现象的态度体验。情感有时可能以鲜明勃发的形式表现为外在的情绪，因此，情感和情绪是两种有区别而又难以划分的主观体验，有感于内，情流于外，内外有别而又出于一端。优秀的管理者应有良好的情感和情绪，这主要表现在：

（1）理智感。即管理主体在智力活动和追求真理中所产生的情感体验，与管理者的认知活动、求知欲望和兴趣，以及对真理的追求相联系。一个有理智感受的管理者，会有一种锲而不舍追求真理的精神，而这是管理成功的一个重要因素。

（2）道德感。即管理者根据一定的行为规范，在评价他人或自己的思想言行是否合乎道德标准时所产生的一种情感。道德感有社会的内容，也有伦理的内容。管理者通常对组织的发展、组织的员工有强烈的责任心，有约束自己行为的道德责任等。

（3）美感。即管理者的审美快感。这种情感是在审美活动中逐渐培养起来的，只有在审美过程中创造性才能得到提高。管理就是创新，创新本身是一种很有美感的事情，许多伟大的创新者常常把创新看作是一种追求至善至美的活动，看作是一种最大的美的享受。

（三）意志和胆识

意志，从心理学上讲，是意识的调节方面，是个体自觉地确立目标，并根据目标来支配、调节行为，从而实现预定目标的心理过程。优秀管理者的意志具体表现为坚定性、果断性、顽强、自制、独立精神以及勇敢大胆、恪守纪律、坚持原则等。管理者的意志坚强首先表现在"非从众主义"的特征，有较强的个性。在多元化的现代社会，面对竞争激烈的市场，不迷惘、不随波逐流，有自己坚定的目标，有知难而进的顽强精神，即使困难重重也始终不放弃目标，这样才能取得管理的成功。

所谓胆识是指作出决断时的胆略气魄。管理是一件具有较大风险的冒险型事业，其失败的可能性很大，如果管理主体没有胆识，是很难胜任管理这一颇具挑战性的工作的。管理在未取得成功时，很可能不为大多数人所理解，甚至形成舆论，对管理者产生非常大的压力。如果此时他没有胆识，不能顶住各种压力，管理工作就可能半途而废。因此，胆识和意志是保证一个管理者坚定自己的信念，坚持走自己的路，从而走向成功的重要条件。

（四）宽容和忍耐

宽容和忍耐是管理者必备的心理素质。宽容不仅是一种美德，也是一种技巧，它体现了优秀管理者理智、自信的心理品质。宽容有两层意思：一是对有过失误的人或反对过自己的人要宽容；二是对比自己能力强的人不嫉妒，不搞"武大郎开店"，因为管理需要众多人员的配合与协调才有可能取得成功。

宽容主要表现在对人方面，忍耐则更多地表现为管理者对组织事业、对管理工作，以及对条件、局势、时间等的心理承受。当一项管理必须花费较长时间的努力才可能成功时，当其屡次失败前途未卜时，当众多人给予批评不予支持时，当没有人理解你的工作性质时，管理主体就应该表现出忍耐的心理素质，唯有忍耐才能持之以恒，才能获得最终的成功。所以，作为一个管理主体没有良好健全的心理素质，是很难成功的，这反过来也证明了管理成功的不易。

三、优秀的品质

优秀的品质是形成一个人良好行为习惯的重要因素和基础,这就是所谓"品行不端行为不轨"的道理。管理主体的良好心智模式的形成离不开其优秀品质的养成。日本非常重视企业领导者的德行,曾提出一个优秀企业家应具有十项品质,即使命感、依赖感、责任感、积极性、进取性、诚实、忍耐、热情、公平、勇气。这虽然是对优秀企业家的品质要求,但对管理者的品质要求也很有启发。优秀管理者的品质主要应包括以下几个方面。

(一)勇于开拓

勇于开拓是管理者应具备的最基本品质。这种品质表现为不断进取的精神,胸怀大志的气质,敢于拼搏的勇气,不怕失败的韧劲。管理也是一种开拓性的工作,不能开拓的人是无法成为管理者的,即便他有创新意识,也会因缺乏勇气而无法下定行动的决心。勇于开拓意味着改革创新,也就意味着向风险挑战,不怕失败,善于在失败中探索,将失败转化为成功。

(二)使命感

管理者如果没有改变现有组织管理面貌的迫切愿望,没有促使组织以及自己所管理的领域取得更大业绩的使命感,就不大可能努力从事其管理工作。成功的管理者都有强烈的组织主人使命感。日本企业中为什么会有大量的员工投入管理及技术方面的创新,除了这些企业有良好的创新文化氛围外,还因为日本企业的员工通常将企业看作自己的家,看作自己生命的一部分,具有强烈的使命感。

(三)勤奋好学

勤奋好学应是优秀管理者的优秀品质之一,不是勤奋好学者就不会使自己站在巨人的肩膀之上,就不会去深入思考周围的一些问题,也不会产生许多创意。不断地学习新东西,不断使自己站在最新的知识高峰,才会看得更远、更贴切,看出一些一般人看不出的问题,这样才可能产生更多的创意。某些员工作为管理者,虽然没有站在知识的高峰,但他去努力学习,探索未知领域,也可能会有所创造。

(四)乐观热情

乐观是一种超脱豁达的心态,为人乐观对人对事业必然热情,这种品质是优秀管理主体所必需的。管理的过程绝非一帆风顺,困难、挫折和失败的可能性很大,不为人理解或遭到他人嘲笑的可能性也很大。在这种条件下,管理者如果没有乐观热情的品质,很可能丧失信心,从而使管理工作中断。反之,乐观与热情可使管理主体在创新过程中始终能做到干劲十足,充满信心,增加创新成功的可能性。

(五)诚实与机敏

科学是诚实的,来不得半点虚伪。管理也是组织的一项科学实验,这必然要求做实验的人实事求是,不能有半点虚伪和作假。投机取巧者虽然有时可蒙混过关,终不能取得正果。管理者一定要有诚实的品质,扎扎实实,一步一个脚印地工作,才有可能取得成功。但诚实并不意味着木讷,诚实需要机敏,机敏可以帮助管理者抓住机会,适时地采取行动,增大成功的可能性。

【专栏】 比尔·盖茨的成功法则

许多人都以为生活是由偶然和运气组成的,其实不然。《比尔·盖茨给青少年的11条准则》是盖茨先生从自己生活的方方面面,以及他从小到大的个人经历中总结出来的成功经验和人生智慧。让我们一起来分享这一"财富背后的财富"。

第一条准则:适应生活。生活是不公平的,也是充满曲折的,要主动去适应它,命运掌握在自己手中。

第二条准则:成功是你的人格资本。这世界并不会有人在意你的自尊。这世界指望的是你在自我感觉良好之前先要有所成就。成功是人生的最高境界,成功可以改变你的人格和尊严。相反,自负是最愚蠢的。

第三条准则:别希望不劳而获。成功不会自动降临,成功来自积极的努力,要分解目标,循序渐进,坚持到底。

第四条准则:习惯律己。如果你认为你的老师严厉,等你有了老板再这样想。好习惯源于自我培养。

第五条准则:不要忽视小事。平凡的小事往往蕴含着大机遇,俗话说平凡成就大事业。

第六条准则:从错误中吸取教训。如果你陷入困境,不要急于抱怨,要从中吸取教训。

第七条准则:事事自己动手。不要总靠别人活着,要凭借自己的力量前进。

第八条准则:你往往只有一次机会。机遇是一种巨大的财富,但往往就那么一次,也许你机会不多,但可以主动创造。

第九条准则:时间,在你手中。生活不分学期,你并没有假期可以休息。所以对于手头繁杂的工作,只有自己找时间做,决不把今天的事情拖到明天。

第十条准则:做该做的事。要清楚什么是该做的事,不要为其他小事牵扯精力。

第十一条准则:善待身边的人。善待他人就是善待自己,要用赞扬代替批评并主动适应对方。

第三节 管理者的能力结构

管理者必须具备一定的能力才可能完成管理过程,这种应具备的能力不是单一的能力而是各种能力的一个集合,是具有多种功能、多个层次的综合体,其内在构造可分为三个层次:核心能力、必要能力和增效能力。核心能力突出表现为创新能力;必要能力包括将创意转化为实际操作方案的能力以及从事日常管理工作的能力;增效能力则是控制协调加快进展的能力。作为管理主体应具备各方面的能力,但关键是要具备创新能力、转化能力、应变能力和组织协调能力。

一、创新能力

创新能力基于一个人的创新意识,是优秀管理者最重要的能力,缺乏创新能力,管理成功就无从谈起。创新能力表现为管理者在组织或自己所从事的管理领域中善于敏锐地观察旧事物的缺陷,准确地捕捉新事物的萌芽,提出大胆新颖的推测和设想(即创意),继而进行周密的论证,拿出可行的方案来付诸实施。通常所说的"人无我有""出奇制胜"等,都是创新能力的产物。

管理者的创新能力是其内在心智模式和社会、组织等因素相互影响产生的一种效应。管理心理学认为,一个人的创新能力与其个人的气质、动机、情绪、习惯、态度、观念、才能等各方面(即心智模式)有着密切的关系。富有创新能力的管理者,通常有下列一些主要特征:

(1) 兴趣广泛。对任何事物都有一种好奇心理,往往能从平凡中发现奇特,从习以为常的现象中找到"异常"之处,从细微中见到方向。没有任何兴趣的人通常不会有创意,因为他看不见可能创新的方面。

(2) 对环境有敏锐的洞察力。能及时找出实际存在与理想模式之间的差距,能察觉到别人未予注意的情况和细节,能不断发现人们的潜在需要和潜能,并巧妙地加以运用。

(3) 具有系统思维和辩证思维的特点。善于从多角度看问题,善于举一反三,触类旁通,想出较好的点子和办法,提出非同凡响的主张。

(4) 富有独立意识。对现成的事物和看法不盲从,不人云亦云,勇于脱出一般观念的窠臼,坚持自己的主张,坚定地走自己的路。

(5) 具有自信心。深知自己所做事情的价值,即使遭到阻挠和非难,也不改变初衷,总是勇往直前,直至成功。

(6) 直面困境。敢于面对常人无法忍受的困境,鼓足勇气,大胆探索,不屈不挠,不怕失败,直至取得突出的成果。

二、转化能力

转化能力是指优秀管理者将创意转化为操作的具体工作方案的能力,就像在产品创新过程中,将新产品设计构想转化为现实的工艺制造方案与步骤,并能够按此进行操作的能力。许多有创意的人具有创新的能力,但往往缺乏这种转化能力,从而不能成为管理的主体。管理者既是管理体制的出发者,又是管理创新的"工艺师"。

转化能力与管理者的心智模式有很大的相关性,与管理者以往的工作经验与工作技能的掌握程度也有很大的相关性。因为这种转化不仅需要进一步创意,还需要切实可行,或者起步时可行。管理者没有实际的工作经验就不可能有这方面的技能,最终也不可能成为真正的管理者。转化能力表现为管理者在转化过程中善于运用以下一些技巧。

(一) 综合

综合是一种转化的技能,即把各种可行的途径、方法综合起来系统化,将其规范成一种可帮助创意实施的综合性方案。从某种意义上说,综合也是一种创造,将现有的途径和方法综合起来,就可能产生新的思路和方法。

(二) 移植

移植本是仿生学的概念,但可能用到管理过程的创意转化中。有转化能力的管理主体通常能够将管理中其他领域的一些方法,或者非管理领域中的一些方法移植到管理的实践中,结果往往能取得实践的意外成功。一些有创意的人常常会为找不到合适的方法去实现创意而犯愁,原因虽然可能是多方面的,但不能将其他领域的方法移植过来进行创造性的改造恐怕是个关键。

（三）改造

能不能用现有的方法、途径进行改造,从而找到一个合适的创意,使之向实施方案转化,这也是管理主体有无转化能力的一个方面。改造实际上也是创新,因此管理者不仅应该有管理方面的创意,还应该有实践上的创意,在此基础上还要有实践的能力。

（四）重组

重组就是将现有的实践方法、步骤、技巧,根据管理的创意要求进行重新组合,形成实现创意的新方法、新途径,以帮助创意的顺利实施。管理者转化能力的一个侧面,就是要有这种打破现状、按照新构想重新进行的决心和能力,否则创新也就没有可能。

（五）创新

转化的过程实际上也是一个创新的过程,因此,转化能力在转化的过程中也表现为创新,即在转化过程中的创新。管理者在管理过程中采取的创新活动是一系列的,并非有了创意便可告创新完成。事实上每一步的前进和探索都要有所创新。因此,管理者的创新能力是所有能力中的核心能力,也会与其他能力相融合。

三、应变能力

应变能力是管理者能力结构中非常重要的一部分。管理本身就是应变的产物,没有应变,好的创意就不会产生,管理实施的成功也会有问题。应变是主观思维的一种"快速反应能力",是管理主体创造能力的集中表现。现代组织是在一个变化多端的复杂环境下运作,管理则在这样一个内外环境条件下运作。环境的变化导致管理在许多情况下是一个非程序性的问题,解决非程序性问题就要有创新,而这就是一种应变。

管理者的应变能力表现在以下几方面。

（一）能在变化中产生应对的创意和策略

例如,能在有地区差别之时因地而变,在有季节差别时因顾客消费心理的变化而变,等等。在这些变化条件下,能够迅速悟出创意以及一整套应变方案,就能获取成功。这也是一项重要的管理创新。美国有一家中国饭店过去一直销售"幸运饼",每个饼里夹有一张类似"祝您健康"的祝词,开始尚有新鲜之感,日久则令人生厌。后来有一位叫海莉的广告商发现了这一问题,别出心裁地办了一家专门生产和销售"不幸饼"的工厂,只是把饼里那套传统的祝词改成诙谐之语,俏皮话说得或令人兴奋,或使人捧腹,或使人瞠目,或使人尴尬。这样,寻趣的食客络绎不绝,海莉一下子变成了富翁。

（二）能审时度势,随机应变

应变能力还在于善于判断当时的形势,虽不能产生完整的创意但也能找到应对之策。这种能力非常重要,不仅为管理主体所需要,也是企业家必须具备的能力。中国有一句名言,叫做"以不变应万变。"这句话对于管理来说是不正确的或至少是有失偏颇的。组织并没有基本不变的管理之道,如果管理之道不变,那么也就没有独具匠心的管理特色、经营特色。但变法常出于常法,奇谋方略及创意常来自一般的管理准则。法约尔的管理准则虽只有

14条,但经过不同的组合就能翻出五花八门的式样。管理有时与弈棋相似,比如象棋,红黑双方总共只有32个棋子,马有马步,车有车路,步法是有规定的,而棋盘总是八八六十四格。不变中有变,经过不同程序的对弈,在有限的格子里却能摆出无穷无尽的棋谱。高明的棋手总能随行万里弈,顺势而变,可谓"谱不能尽弈之变,法不可尽营之奇"。

有学者总结了这样一些随机应变之术,颇有一点借鉴意义:

(1) 人无我有——面对用户需要而无人生产的东西,我要大力开发,抢占市场。

(2) 人缺我补——面对供不应求的短缺产品,我要多生产。

(3) 人有我优——面对供需平衡的营利商品,我虽有优势,还要以优取胜,在产品质量和服务上精益求精。

(4) 人争我转——面对竞相争利的畅销产品,即使我占有优势,也不可能久占不放,应该伺机转移,另辟蹊径。

(5) 人多我少——面对供过于求的商品,我要少生产或不生产。

(三) 在变动中辨明方向,持之以恒

管理的过程是一个动态的过程,也就是说,管理本身是在变动了的环境,甚至变化了创意和实施方案的状况下进行的,因此,管理者应变能力的强弱还表现在这一动态过程中。管理者能否在采取应变的对策中辨明创新方向,继续推动管理向最后取得成功的方面前进,则是非常重要的。管理发展史和科学史上有许多案例表明,一些原本很好的创意在实施中因情况变化而中止,就是所谓的虎头蛇尾。

四、组织协调能力

管理是一个过程。管理需要投入相当多的资源,由于管理成果难以用专利方式进行保护,导致了管理行为的外部性很严重,这种情况直接约束了管理成果的大量涌现,也限制了管理主体的大量涌现。企业在受到市场和竞争对手的压力时,这些压力实际上转移到了企业的管理者身上,这样就迫使他们考虑如何进行管理创新、产品创新、技术创新或制度创新。产品和技术创新尚有保护,其成果在一段时间内可由企业独享。管理则不然,投入可能很大,收益虽然对自己而言是大的,但容易被人"搭便车";而且管理有时涉及整个企业,可能一时会影响企业原来的生产经营和管理的流程,使产出下降,从而导致高层管理者下不了决心。

只有管理者具备较强的组织协调能力,才能够有效组织所需投入的资源,能够在改变原来的管理程式、推出新的管理范式之时,使企业这部机器或局部部门依然能够有序地运转,这样才能使管理创新容易得到批准,即便管理的某个新方案实践失败也不会造成过大的损失,进而才有可能进行新的尝试。换句话说,管理者如果没有强有力的组织协调能力,就会使管理过程带有更多的不确定性,成功的可能性要大打折扣。

组织协调能力首先表现在管理者能否在实施管理的一群人中培养出一种团队精神,即齐心协力不计名利报酬、积极主动争取成功的精神。团队精神在管理的过程中有其特殊的效用,日本企业的团队精神是闻名于世的,团队精神培养了日本的员工齐心协力视厂如家的习惯。正因为如此,他们才会积极肯干,提出各种改进企业管理的提案和建议,其中就含有许多管理的创意。新制度经济学已经证明,在没有团队精神的生产过程中,会产生严重的"搭便车"行为,从而导致合作的崩溃。管理不是一个人的事,成功需要一群人的配合与投

入,因而没有团队精神不行。这种团队精神的内涵又与管理者所进行的管理创新要求有关,因为不同类型的管理对参加者的要求是不同的。

其次,组织协调能力表现为能够有效地根据管理过程中各阶段不同资源配置的要求,组织不同资源并让其在各自的位置上正常地运作。这是管理者应有的能力。管理者如果不了解创新过程中各阶段的资源配置要求,就无法组织合适的资源投入创新过程,创新的成功也就非常渺茫。许多有创意的人常常由于没有很强的组织协调能力,最终无法成为管理者,当然也有许多人虽没有创意却具备组织协调能力而成了管理的实施者。

再次,组织协调能力还表现在能强化个体与整体的协调与反馈上。个体的特点是分散性,这种具有分散性的个体必须与整体协调一致,才能形成整体的能力,从而保证管理目标的达成。管理过程通常是群体运行的过程,因此,目标的协调就显得非常重要。管理不同于某些科学技术、产品的创新,靠一个人的努力是难以完成的。

本 章 小 结

1. 管理活动出发者是管理主体。管理主体就是管理者,管理者在组织内工作时通常要扮演人际关系、信息传递以及决策制定等方面十个不同的角色。由于组织内部管理的需要,组织通常分为若干层次,呈现为金字塔式结构。处在不同层次的管理者,他们所扮演的十种不同角色的机会是不同的。

2. 管理者良好的心智模式包括:远见卓识、健全的心理、优秀的品质。管理者的心智模式状况如何,将在很大程度上决定管理者进行管理活动时的思维、行为等,最终直接影响管理活动的效率,从而影响资源配置效率。

3. 组织对于不同组织层次、工作岗位上的管理者都有一些特定的素质、能力的要求,但这些要求与管理者的个性没有必然联系。管理者尤其是高层管理者需要独特的能力,其中最重要的能力为:创新能力、转化能力、应变能力、组织协调能力。

复 习 思 考 题

(一) 简答题

1. 除了十种角色外,管理者有时还要充当其他什么角色?

2. 一个优秀的管理者如何使自己处于良好的心智模式?

3. 一个优秀的管理者如何培养自己优秀的管理才能?

4. 当环境发生巨大变化时,管理者的心智模式和管理能力是否需要改变?如果要改变,怎么改变?

(二) 选择题

1. 不属于明茨伯格管理者角色理论中的 3 大管理者角色的是(   )。

    A. 人际关系   B. 运营监管   C. 决策制定   D. 信息传递

2. 基层管理者最重要的角色是(   )。

    A. 决策角色   B. 信息角色   C. 人际关系角色   D. 变革领导人

3. 管理者的角色会因(　　　)而变动。

    A. 管理层次的变化   B. 组织战略的变化

    C. 组织规模的变化   D. 管理者心智模式的变化

4. 决策制定方面的管理者角色不包括(　　　)。

    A. 联络者   B. 企业家   C. 谈判者   D. 混乱驾驭者

    E. 资源分配者   F. 传播者

5. 对小组织的管理者来说,最重要的角色是(　　　)。

    A. 企业家   B. 领导者   C. 传播者   D. 发言者

    E. 挂名首脑

6. 良好的心智模式不包括(　　　)。

    A. 应变能力   B. 远见卓识   C. 健全的心理   D. 优秀的品质

7. 高层管理者需要具有的最关键的管理能力包括(　　　)。

    A. 创新能力   B. 转化能力

    C. 应变能力   D. 人际沟通能力

    E. 信息处理能力   F. 组织协调能力

8. 属于创新能力的主要特征的是(　　　)。

    A. 兴趣广泛   B. 对环境有敏锐的洞察力

    C. 具有系统思维和辩证思维   D. 富有独立意识

    E. 具有自信心   F. 直面困难

9. 不属于应变能力的主要特征的是(　　　)。

    A. 能强化个体与整体的协调与反馈

    B. 能在变化中产生应对的创意和策略

    C. 能审时度势,随机应变

    D. 能在变动中辨明方向,持之以恒

10. 远见卓识作为管理主体心智模式的重要组成部分,其表现形式不包括(　　　)。

    A. 随时掌握当代最新的管理、科技成果、知识和信息

    B. 奋发向上的价值取向

    C. 系统的思维方式

    D. 超人的观念化能力

案例　经营企业需要严而不苟

——艺海工艺美术厂厂长王毅的教训

    2008 年 10 月 21 日,滨海市艺海工艺美术厂厂长王毅紧锁双眉,独坐沉思。他至今无法理解昨天他为何会在民主选举厂长的活动中落选。要知道,四年前,他是在一片欢呼声中被拥上厂长宝座的,而就任以来,他废寝忘食,殚思竭虑地为这家工厂的扭亏为盈而奋斗。他的努力也确曾成效卓著,使他本人声誉鹊起,成为全市乃至全省知名的优秀企业家。如今是怎么回事,他在厂里竟威望陡跌,民怨鼎沸,以至众叛亲离呢?扪心自问,他从

未以权谋私、多拿多占过呀。今天,本市舆论已在传说此事,把他的兴衰史称为"王旋风现象"。狂风骤起,势威力猛,曾几何时,烟消云散。他要反思,要找出原因,还要知道今后怎么办。

艺海工艺美术厂是一家有职工五百余人的集体所有制企业,规模不大,但在本行业及本地区,也不算小了。它原由几家更小的作坊式企业合并而成,职工文化素质不高。随着经营规模的扩展,管理水平不足以应付纷繁的经营要求,矛盾日渐突出,亏损有增加之势。2004 年,上级决定在该厂实行承包制,公开年创利 70 万元的利润指标,张榜招贤。在几位竞争者中,王毅以"实现年创利 84 万元"的许诺中标,并在全厂民主表决中,以 74％支持率被拥上厂长的宝座。

王毅原是本厂的一名普通的科室干部,并未受过正规高等教育,仅接受过会计业务的训练。他文化虽不高,但素来以工作中肯苦干、有闯劲、办法多而在同事中颇有名气和影响。这回他毛遂自荐,毅然揭榜,口出壮言,定有真才,大家都拭目以待。

王毅上台,果然身手不凡,不负众望。上任头"三把火",都切中时弊。他首先从整顿本厂基础管理入手,完善承包责任制,在厂上下,布下全方位、多层次的承包网络。这个仅有五百余人的企业竟分解出两百多个分包项目来,签订了六百多项经济合同。而与之配套的基础工作,仅工时定额就达一万项之多。他对新动向很敏感,总是抢搭改革的"头班车"。几年来,他搞横向经济联合引进竞争机制,推行班组独立核算,建立厂内银行……事事领先一步。他的做法,在 2007 年春"全国轻工业深化改革经验交流会"上介绍时,受到与会者的交口称赞。说王毅肯苦干,绝非虚言,他简直就是一台"永动机"。当了四五年厂长,他没休过一个完整的星期天。超负荷工作是家常便饭,每晚总得七八点才离厂,还带着一大堆资料、文件回家看。工艺美术厂在县区办了几个经济横向联合点,他总利用公休日去那些地点谈工作。就连跑山东,也常是周六晚去,周日归,周一照常上班。妻子生病下不了床,他没早回家一分钟。80 多岁的老母老见不到他,骂他是"当了厂长忘了娘"。甚至在被免职前三天,他还在厂里加班干了整个星期日呢。

他的勤奋与精明很快结出硕果:上任当年就实现利润 91 万元,兑现了扭亏为盈的诺言;次年又闯过了百万元大关;2005 和 2006 两年的税利总额能建成一个同等规模的工艺美术厂。2007 年八项经济指标都跃居全国同行之首。其中人均创利超额完成了全年承包利润基数。工厂于是成为本市和全省的明星企业。他本人也因此名噪一时,四年中他共获得省、市劳模等 18 项荣誉称号。

然而,在王毅地位变化后,人们开始看到了他在"苦干、能干"之外的另一面。在厂内,难得看到他一露笑脸,总是一副高高在上的面容,拒人于千里之外。有位工人主动要求找他谈心,他觉得这是浪费他的宝贵时间。他说:"时间就是生命,效益就是金钱。我是一厂之主,要考虑和处理的是大事、要事。浪费我的时间,就是浪费全厂的时间。你负得起这责任?"工作中稍不顺心就动辄大发雷霆,办公桌上的玻璃板先后被他拍碎了五块。他唯我独尊,不容异议,"不要说了!""我撤了你!"就成了他两句口头禅。一次,劳资科几位工作人员围在卫生所探望他们患病的科长,被他撞见,马上双眉紧皱,喝道:"马上给我回去干活!"一位青年干部答道:"我得送科长回家。""不要说了,要送也得我厂长派人送。""我就是要送。""你送我就撤了你!"劳资科从科长到科员都因工作有不同意见顶过他,被他撤得一干二净。王厂长究竟撤过多少人,没准确统计过,但人们都感到这厂里干部更换频繁如走马灯一般。很难有人跟厂长长久融洽共事。

他不仅对人霸道，在经营管理上也是他一言九鼎，金口玉言，别人的意见全听不进去。这厂的操作多属手工式的，劳累而低效。有职工建议将一些工序机械化以减轻劳动强度并改进效率。王毅认为买机器要增加成本，便一口回绝。人们说："王厂长简直是封建把头"，"如果大松博文是魔鬼教练，咱厂长就是魔鬼厂长"。公平地说，他自己是能吃苦在前，凡他要求别人做的事，他自己都先做到；但他做到的事也要求别人全做到。有几次厂里大扫除，王厂长将其安排在下班之后，而且下令紧锁厂门，不干完，谁也不准走。该厂女工占多数，那些孩子妈妈急于要去接孩子，忧心如焚，插翅难飞，央求厂长特许恩准，但他毫无通融余地，断然回绝。女工们视厂为监狱。还有一回为赶制上报材料，他把厂办主任和打字员留下加班，忙到午夜。那打字员还带着孩子，而孩子困极了，只好睡在妈妈腿上。王毅严格管理，严禁工作时间打私人电话。某次一职工孩子生病，急着要打电话探问一下，被他发现，厉声呵斥一顿。他自己常早来晚走，可一见别的干部踩铃下班，就怒火中烧，不同情由地质问："就不能多干一会儿吗？"难怪有人说王厂长对厂里人就如同猫对耗子，连干部们也怕他。工人们说："看看机关各办公室，干部都在老老实实干活，厂长准在厂里；若他们出出进进，随随便便，厂长准出去了。"

有人规劝过他，严格管理也得讲点灵活。他答道："这些工人就得有人管着。连这么管还管不好，不管就更不得了了。"他认为一厂之长就是一家之长，家长对子弟严加管教，厂长对工人也该如此。

王毅上任之初，领着大家打翻身仗，大伙儿还心甘情愿跟着。接着工厂效益递增，名声大振，大伙儿甚至感到兴奋。但时间一久，王毅的"独裁"和"刻薄"渐渐引起职工们越来越大的不满。发展下去，沉默便转为对抗，并最终爆发。2007年春，全厂55名行政管理人员联名上书，要求把他从厂长宝座上"请下来"；当年夏天，竟有百余职工怠工，要求罢免他；后来发展到造成十万多元损失的停工停产事件。

职工滋生反感之初，大家还认为："王毅脾气坏，但厂子少不了他。"后来人们还是喊出了"我们为什么非得你王毅来管？！"的呼声。当有一次王毅在职工大会上质问："不要我当厂长，你们谁能当？"时，台下马上有人公然应声："我能当！"他的威风压不住阵了。

2008年10月，王毅终于黯然下台了。一颗骤然发出炫目光芒的明星，就这么闪过一下又消逝了。

讨论题

1. 在读了本案例之后你有什么感想？
2. 你认为王毅的问题出在什么地方？他这位厂长是否合格？
3. 本案例中出现的问题给我们什么样的启示？

第二篇　管理的架构

第5章 组织体系

组织是人们为某一目的而形成的群体,是确保人们社会活动正常协调进行、顺利达到预期目标的体系。一个组织的目标、计划制定出来以后,一个重要的问题就是如何使它们变为现实。这就要求管理者按照组织目标和计划所提出的要求,设计出合理、高效、能顺利实现组织目标的结构和体制,合理配置组织的各种资源,以保证计划和组织目标的顺利实现。

第一节 组织概述

一、组织的概念与特点

当今组织正面临着前所未有的变革和挑战,迅速变化的市场环境和国际环境对组织的生存与发展提出了新要求,快速反应、灵活多变、组织创新与信息技术已成为今天组织成功制胜的法宝。传统的组织结构和旧的经营观念不再灵验,新的管理思想与方法层出不穷,组织需要变革、需要创新、需要从内容到形式的彻底转变。

那么,究竟什么是组织呢?

（一）组织的概念

切斯特·巴纳德认为,组织是一个有意识地对人的活动或力量进行协调的关系,是两个以上的人自觉协作的活动和力量所组成的一个体系。根据这一定义,当具备下列条件时,一个组织就成立了。这些条件是:①能够互相进行信息交流的人们;②这些人们愿意作出贡献;③实现一个共同目的。因此,一个组织的构成要素是:信息交流、作贡献的意愿和共同的目的。

组织既是有形的,又是无形的。一般将前者称为组织体系,而将那种无形的、作为组织内的关系网络或力量协作系统称作组织结构。无形的组织结构和有形的组织体系之间是一种手段和目的的关系。作为"协作系统"存在的无形组织,本身并不具有自身的目的,它只不过是完成组织目标的手段。我们可以看见各种组织,像学校、医院和企业集团,但组织的关键要素不是一个建筑、一套政策和程序,组织是由人及其相互关系组成的,是无形的。

（二）组织的特点

1. 组织是分工合作实体

从实体角度来理解,为了实现组织目标,组织内部必然要进行分工与合作,没有分工与合作的群体不能称为组织。分工与合作体现了组织的有效性。亚当·斯密早就指出,劳动分工可以提高劳动生产率。但仅仅有分工,不把合作关系引入组织,通过合作降低交易成本,科斯笔下的企业也就不会诞生了。企业根据需要设立不同的部门,这是一种分工,每个部门都专门从事一种特定的工作,各个部门之间又要相互配合。只有既分工又合作,才能实现"1+1>2"(两人以上)的总和效率。否则组织就失去了存在的意义。

分工以后,为了使各部门、各工种、各人员各司其职,就要赋予其完成工作所必须的权力,同时,明确各部门及个人的责任。有权无责或有责无权都会使组织内部陷入混乱无序状态,从而偏离组织目标。因此,组织要有不同层次的权力与责任体系,这是组织目标实现的保证。

2. 组织有确定的目标

任何组织都是为了实现特定的目标而存在的。组织目标是组织存在的前提和基础。从本质上讲,组织本身就是为了实现共同目标而采用的一种手段或工具。两个或两个以上的人走到一起产生了合作意愿,这只是组织存在的基本条件,还必须有一个协作的目的,只有这样,协作意愿才能发展,组织才能存续下去。没有这样的目的,就无法知道或预测对个人努力的要求,在许多情况下也无法知道可以提供给个人什么。当人们为了实现共同目标而采取一致行动时,问题不在于行动的结果对个人意味着什么,而在于他们对整个组织(群体)意味着什么。严格地说,组织目标对个人并没有直接意义。而参加组织的每个人都具备双重人格:个人人格和组织人格。从协作的观点来看组织目标时,我们指的是个人的组织人格。通常所说的"忠诚心""团结心""团队精神""凝聚力",只有相对于组织目标而言才是有意义的。所以,管理人员应经常向组织成员不断灌输共同目标的信念,并根据环境的变化和组织的发展不断制定新的目标。

3. 组织有精心设计的结构

作为一个实体,组织必然有一个由许多要素、部门、成员,按照一定的联系形式排列组合而成的框架体系即组织结构。这个框架体系一般可以用组织图来反映。任何组织都在努力解决如何进行组织这个问题。当外部环境、技术、规模或竞争战略发生变化时,组织结构也必须作出相应的调整。管理者面临的挑战是要懂得如何通过设计组织结构来实现组织的目标。组织结构决定了正式的报告关系,包括管理层级数和管理者的管理跨度;决定了如何由个体组合成部门,再由部门组合成组织。它通过所包含的一套系统,保证跨部门的有效沟通、合作与整合。一个理想的组织结构应该鼓励其成员在必要的时候提供横向信息、进行横向协调。当今,即使工作方法结构化于独立的部门中或各种活动中,但大多数组织仍在努力,通过利用不同功能区域的雇员团队按计划共同工作,实现工作活动的横向协调。

4. 组织与外部环境相联系

组织是在一个特定的环境中发挥其功能的,环境与组织之间相互影响、相互作用。组织所处的环境是不尽相同的,组织存在于不同类型的环境中。劳伦斯和洛斯奇通过对环境的性质及其对组织的影响的研究表明,组织结构及其功能随环境的不同而不同。稳定环境中的组织一般有正规的结构,活动较有规律;动荡环境中的组织则比较灵活,缺少正规的结构。当组织需要对外部环境的迅速变化作出反应时,部门间的界限同组织间的界限一样变得灵活不定。没有顾客、竞争者和外部环境及其他相关因素的影响,组织便不存在。

二、组织的类型

组织根据不同的划分标准可有多种类型,有营利性组织和非营利性组织、公共组织和私人组织、生产型组织和服务型组织以及大、中、小型组织等。这些都是由组织设立的目标及其成长所处的阶段决定的。

(一) 营利性组织和非营利性组织

所有的企业组织都是营利性组织,企业设立及其发展的目标就是追求利润最大化,否则,企业将无法确定活动的目标和方向。按照罗纳德·科斯在《企业的性质》一文中对企业性质的阐述,企业组织之所以会产生,就是因为组织内交易比市场交易成本低,因而更为有效。这表明,企业组织诞生本身就是追求成本最小、收益最大化的结果。一个企业如果不能营利,它就不能改善员工的状况,也就不可能将投资回报的一部分用于研究、开发新产品,为顾客提供更多更富价值的新产品和服务,政府的税收也就成了无源之水、无本之木,这将影响整个社会的发展。利润动机客观上是自私的,因为在市场机制的诱导下,组织在追求自身利润的同时也会带来整个社会福利的增加。与营利性组织相对的是非营利性组织,它们的主要宗旨是向社会提供服务,如提供教育、医疗、安全等。对这些服务可能要收取一定的费用,这些费用主要用于维持组织的生存。这些组织一般情况下无须向政府纳税,有时还会受到政府的财政补贴。

(二) 生产型组织和服务型组织

生产型组织生产产品,服务型组织销售生产的产品或者提供一些服务,如修理、公共事业等。

(三) 公共组织和私人组织

与以个人投资为主体的私人组织相区别的是公共组织,它一般由政府来经营。在我国,它主要包括一些公共服务部门及关系到国计民生的基础设施、重大科技、国家安全等领域,随着市场经济的发展,也可让一些私人投资者通过一定的方法(如协议转让、证券市场等方式)部分参与公共组织的经营。

(四) 正式组织和非正式组织

孔茨认为,正式组织具有严密的组织结构,主要表现在指挥链、职权与责任的关系以及功能、作用等方面。正式组织是经过精心设计的、为了达到某个目标而按一定程序建立的、具有明确的职责关系和协作关系的群体。非正式组织则缺乏一个严密的结构。巴纳德认为,在没有自觉地制定共同目标的情况下所进行的任何个人联合的行动,都可以算作非正式组织。非正式组织通常是为了满足一些社会要求而形成的。这些组织可能存在于正式组织之中,也可能独立存在和运行,如各种俱乐部、团体、协会和相类似的其他群体都是非正式组织。

三、组织的功能

组织通过不断地变革和调整以适应外部环境的变化,同时组织也以各种方式改变着我们生活的环境,正如微软公司的年度报告中表现出业绩大幅上升时会引起华尔街震荡,而华尔街又联结着整个世界经济一样。组织对现代经济和社会的影响如此之大,让人不得不重新思考,组织存在究竟有什么作用?

首先,组织汇聚了人、财、物等资源,通过生产、加工、协作系统完成特定的目标。它是社会资源的配置载体,是优化资源配置的一种方式,也是改善资源配置效率的场所。组织的投入产出系统要使组织创造出比个别资源效益更大的整合效益。其次,组织提供了顾客需要的产品和服务。随着市场供求关系的变化,顾客可任意选择符合使其自身价值最大化的产品和服务。组织通过创新努力寻求满足顾客需求的新途径。也就是说,组织不仅仅是产品和服务的供给者,更是创新主体。通过运用现代制造技术和新的信息技术,改进生产工艺,提高流程效率,通过组织结构的重新设计和管理的重组,组织不断适应新的变化着的环境,赢得市场,不断提升顾客价值。海尔集团就是使用其核心能力(制冷技术和金牌服务)为顾客制造更多的价值的典型,这也是海尔公司市场地位和竞争力不断提升的一个主要原因,同时,组织必须适应劳动力多样化和社会转型的挑战,即更加注重伦理、环境和社会责任,通过建立学习型组织,努力为员工创造全面发展的环境。

概括地说,组织是资源体、服务体、创新体和社会体的综合。

第二节　组　织　目　标

组织的创立和设计是为了达到一定的目标,组织结构和设计是这个目标的结果。组织的目标是组织试图达到的和所期望的状态,反映了组织为此努力的终点和结果。这些目标可能是生产某种产品、提供某种服务、进入某一行业或市场以及获利等等。例如,2000 年 2 月,青岛海信集团为了扩大空调器的市场份额,开发出新型变频空调器并以低于市场同类产品的价格销售;海尔集团为了更好地实施国际化战略,1999 年扩大在美国的冰箱生产基地,并夺取了美国冰箱市场 20％ 左右的市场份额。

一、组织目标的含义

组织目标是与组织宗旨相联系的一个概念。组织宗旨表明了一个组织的存在对于社会的意义。例如,社会主义大学的宗旨是培养社会主义事业的建设者和接班人;医院的宗旨是救死扶伤;军队的宗旨是保家卫国。组织宗旨是一个组织最基本的目的。它需要通过目标的具体化才能成为行动的指南。组织目标就是指一个组织在未来一段时间内要实现的状况。

二、组织目标的类型

一个组织有多种类型的目标,其作用各不相同。组织目标主要可分为官方发布的组织使命和组织实际追求的经营目标。组织的总目标通常称为使命——即组织存在的原因。使命描述组织共同的愿景、共享的价值观、信念以及存在的原因,它对组织具有强有力的影响。使命有时又称为官方目标,它是对组织力图实现的结果的正式说明。官方目标一般限定了组织的经营活动,或可能强调区别不同组织的价值、市场和顾客等。以下是美国巴尼特银行的使命说明书,它表明了总的使命、价值观和目标等是如何确定的。

美国巴尼特银行的使命陈述

● 我们的任务是:建立和利用市场领先地位,提供范围广泛、质量上乘、营利合理的金融服务,为公司所有者、用户和雇员创造财富。

● 我们的业务重点是:为本社区的消费者和企业提供全面的服务,进行咨询并为他们提供合理服务。

● 我们要以尽可能低的成本进行经营,同时要保持高服务质量和市场领先地位。

组织的经营性目标主要包括:

(1)经营目标。指组织通过实际的经营程序所追求的结果和说明组织实际上要做什么。经营目标通常描述的是短期的具体可度量的结果,它一般是关于组织要完成的主要任务,每个主要任务的具体目标将为组织部门中的日常的决策与活动提供方向。

(2)业绩水平。营利能力反映营利性组织的全面业绩,通常可以用净收入、每股收益或投资回报来表示,其他的指标还有增长率和产出量。非营利性组织虽没有营利性目标,但是它也有在特定预算水平下提供服务的具体目标。

(3)资源。指从环境中获得所需的物资和财务资源的渠道及其利用。

(4)市场。确定市场目标是市场销售和广告等部门的职责。百事可乐的 Frito Lay 事业部控制了咸味小吃一半以上的市场份额,事业部具有在特定行业中拥有最大市场份额的经营目标。

(5)雇员发展。雇员发展指雇员的培训、升迁、安全及成长等。雇员包括管理者和工人两方面。这个目标包括支持雇员的教育活动、提供管理研习班和重新培训、提高奖励和确认系统以及鼓励多元化等。这些活动能提高雇员的士气和有助于他们继续学习和成长。

(6)创新。创新指适应环境意外变化的灵活性。创新目标通常以某些特定的服务、新产品和生产过程的提高来定义。例如,海尔集团曾在一段时间里通过不断的技术创新,做到每天一个新品,每周申请一项专利,不断满足顾客新的更高的需求。

(7)生产率。指有效地提高原材料的利用效率,最大限度地提高产品的数量和质量。生产率通常用资源的投入量所要达到的期望产出量来描述,如:单位产量的成本,每个雇员的产出数量,每个雇员的资源成本等。

成功的组织拥有一套经过认真权衡的经营性目标。组织根据自身所处的环境、技术条件、竞争地位、成长阶段等不断调整其目标。例如,虽然利润目标很重要,但一些最好的公司却认识到,单独强调实现利润并不是实现业绩的最好办法。

由此可见,每个组织都有一系列要实现的目标,这些目标之间是相互关联的。不同类型的组织有不同的组织目标,同一类型的组织也会因其所处的具体环境、所拥有的组织资源及价值观念等因素的制约和影响,其组织目标体系也会呈现出差异性。在同一组织中,由于目标的性质不同而使目标呈现出多元性。同时,为了使组织目标成为组织中每个成员的行动指南,组织目标往往需要作进一步分解,使组织中的不同层次和岗位的员工都了解,他们应该做什么和怎样做,才有助于组织总体目标的实现。因此,组织目标往往要按其重要性或所涉及的范围大小进行分等分层。

如图 5-1 所示,组织目标形成一个有层次的体系,从广泛的目标到具体特定的个人目标。这个层次体系的顶层有两个方面的宗旨:其一是社会宗旨,其二是经济宗旨。许多理论和实际工作者对宗旨和任务往往不加区分。宗旨和任务要转化为总目标和策略。这个层次体系的下一层是包括某些关键成果领域在内的更加具体的目标。彼得·德鲁克曾提出如下关键领域:市场地位、革新、生产率、物力和财力资源、营利率、管理人员的业绩和发展、工人的业绩和态度以及社会责任等,这些领域的目标是企业成功必不可少的。近年来,另外两个关键成果领域即服务和质量日显重要。这些目标还需进一步转化为公司、部门、小组的目标,一直分解到组织最基层。

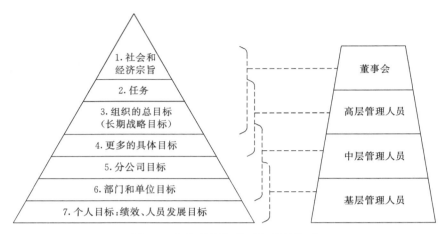

图 5-1　组织的目标体系与层级体系

三、组织目标的作用

管理表现为有效实现目标的过程。组织目标是管理者和组织中一切成员的行动指南,为组织及成员指明努力的方向。没有明确的目标,必然不能形成组织发展的合力和凝聚力,整个组织就会陷入混乱状态。因此,组织目标是组织存在的前提,是组织开展各项工作的基础,它决定了组织未来的发展状态。组织正是通过不断地更新目标来保持其延续性的。具体地讲,组织目标的作用表现为:

(1)集中力量和资源。目标是集中组织中成员的努力和活动的指南。组织目标一旦确定,人力、物力、财力资源将被吸纳到组织系统内,围绕目标进行生产、加工或服务等。因此,目标说明应该做什么。

(2)提供协作和沟通基础。为了维护组织的稳定,减少部门、成员之间的相互冲突和矛盾,组织内部必须实施有效的沟通和协作。但在实际工作中,由于组织规模、结构等因素导致沟通障碍,组织目标为组织成员间的沟通了解提供了基础,因为组织因素界定组织中各成员的大致工作内容及其重要程度,可以帮助组织成员调整行为和决策。

(3)为业绩考核提供标准和依据。组织成员无论采取何种工作方式,其对组织的绩效最终要看其行为是否符合组织目标及目标的实现程度。

(4)目标是组织的信息源和决策依据。在日益复杂多变的环境中,管理者面临种种新情况、新问题,需要迅速决策。在决策过程中只有对组织目标有清晰的了解,才能判断问题的本质和难度,制订解决问题的方案并付诸实施。

(5)组织目标还影响组织结构。组织结构的设计与运行绝不是纸上谈兵,画一张组织图就了事,组织结构的健全合理与否仍要以是否有利于组织目标的实现为标准。例如,新近出现的团队工作的结构设计,就是为了适应快速变化的顾客需求、竞争环境而采取的扁平化结构设计。

第三节　组织文化

组织文化是组织的自我意识所构成的精神文化体系。组织文化是整个社会文化的重要组成部分,既具有社会文化和民族文化的共同属性,也具有自己的不同特点。组织文化的核心是组织价值观,组织文化的中心是以人为主体的人本文化。从现代系统论的观点看,组织文化的结构层次有:表层文化、中介文化、深层文化。它的表现形态有:物质文化、管理文化、制度文化、观念文化等。它的构成要素有:组织精神、组织价值观、组织行为、组织制度、组织形象等。

一、组织文化的含义

文化一词,在英文中为 culture,意为耕作、培养、教育、发展、尊重。18 世纪以后,其涵义逐步演化为个人素养,整个社会的知识,思想方面的素养,艺术、学术作品的汇集,以及引申为一定时代、一定地区的全部社会生活内容。最先给文化下定义的是英国的人类学家泰勒,他认为,文化和文明就其广泛的人种学而言,是一个复杂的整体,包括知识、信仰、道德、法律、风俗及作为社会成员的人所获得的才能与习惯。自泰勒以后,文化人类学家、社会学家、哲学家、考古学家、民俗学家、民族学家、管理学家从自身研究的目的出发,从不同的角度对文化给予不同的解释。下面是一些较有代表性的文化定义:

《美国传统辞典》是这样对"文化"一词进行规范阐释的:"人类群体或民族世代相传的行为模式、艺术、宗教信仰、群体组织和其他一切人类生产活动、思维活动的本质特征的总和。"

美国加州大学管理学教授威廉·大内认为,企业文化是由其传统和风气所构成,同时,文化意味着一个公司的价值观,诸如进取、守势或是灵活——这些价值观构成公司职工活力、意见和行为的模范。管理人员身体力行,把这些规范灌输给职工并代代相传。

美国哈佛大学教育研究院的教授泰伦斯·迪尔认为,每一个企业,都有一种文化,而文化有力地影响整个组织、甚至每一件事,企业文化对该公司里工作的人们来说,是一种含义深远的价值观、神话、英雄人物的标志的凝聚。

20 世纪 80 年代初,泰伦斯·迪尔和美国麦表齐咨询公司顾问爱伦·肯尼迪在长期的企业管理研究中积累了丰富的资料。他们在六个月的时间里,集中对 80 家企业进行了详尽的调查,写成了《企业文化——企业生存的习俗和礼仪》一书。该书用丰富的例证指出:杰出而成功的企业都有强有力的企业文化,即为全体员工共同遵守,但往往是自然而然、约定俗成而非书面的行为规范;并有各种各样用来宣传、强化这些价值观念的人工和习俗。正是企业文化这一非技术、非经济的因素,导致了这些企业的成功。企业文化影响着企业中的每一件事,大至企业决策的产生、企业中的人事任免,小至员工们的行为举止、衣着爱好、生活习惯。在两个其他条件都相差无几的企业中,由于其文化的强弱,对企业发展所产生的后果就完全不同。

总体来说,组织文化是指组织在长期的实践活动中所形成的并且为组织成员普遍认可和遵循的具有本组织特色的价值观念、团体意识、行为规范和思维模式的总和。

二、组织文化的基本特征

组织文化本质上属于"软文化"管理的范畴,是组织的自我意识所构成的精神文化体系。组织文化是整个社会文化的重要组成部分,既具有社会文化和民族文化的共同属性,也具有自己的不同特点。它的基本特征包括以下四个方面。

（一）组织文化的核心是组织价值观

任何一个组织是要把自己认为最有价值的对象作为本组织追求的最高目标、最高理想或最高宗旨,一旦这种最高目标和基本信念成为统一本组织成员行为的共同价值观,就会构成组织内部强烈的凝聚力和整合力,成为统领组织成员共同遵守的行动指南。因此,组织价值观制约和支配着组织的宗旨、信念、行为规范和追求目标。在这个意义上来说,组织价值观是组织文化的核心。

（二）组织文化的中心是以人为主体的人本文化

人是整个组织中最宝贵的资源和财富,也是组织活动的中心和主旋律,因此组织只有充分重视人的价值,最大限度地尊重人、关心人、依靠人、理解人、凝聚人、培养人和造就人,充分调动人的积极性,发挥人的主观能动性,努力提高组织全体成员的社会责任感和使命感,使组织和成员成为真正的命运共同体和利益共同体,这样才能不断增强组织的内在活力和实现组织的既定目标。

（三）组织文化的管理方式是以软性管理为主

组织文化是以一种文化的形式出现的现代管理方式,也就是说,它通过柔性的而非刚性的文化引导,建立起组织内部合作、友爱、奋进的文化心理环境,以及协调和谐的人群氛围,自动地调节组织成员的心态和行动,并通过对这种文化氛围的心理认同,逐渐地内化为组织成员的主体文化,使组织的共同目标转化为成员的自觉行动,使群体产生最大的协同合力。事实证明,这种由软性管理所产生的协同力比组织的刚性管理制度有着更为强烈的控制力和持久力。

（四）组织文化的重要任务是增强群体凝聚力

组织中的成员来自五湖四海,不同的风俗习惯、文化传统、工作态度、行为方式、目的愿望等都会导致成员之间的摩擦、排斥、对立、冲突乃至对抗,这就往往不利于组织目标的顺利实现。而组织文化通过建立共同的价值观和寻找观念共同点,不断强化组织成员之间的合作、信任和团结,使之产生亲近感、信任感和归属感,实现文化的认同和融合,在达成共识的基础上,使组织具有一种巨大的向心力和凝聚力,从而有利于组织整体行动的齐心协力和整齐划一。

三、组织文化的分类

美国哈佛商学院著名教授约翰·科特把组织文化和经营业绩的研究作为组织文化研究的主要对象。他把组织文化分为强力型组织文化、策略合理型组织文化和灵活适应型组织文化。

（一）强力型组织文化

强力型组织文化是指每一个经理都具有一系列基本一致的共同价值观念和经营方法。

组织新成员也会很快接受这些观念和方法。在这种文化中,新任高级经理如果背弃了公司的价值观念和行为规范,不仅上司会纠正他,他的下级同事也会纠正他。这些公司常常将公司的一些主要价值观念通过规则或职责规范公诸于众,敦促公司所有经理人员遵从这些规定。即使新的总经理到任,强力型组织文化也不会随之改变,它已扎根于公司之中。由于强力型组织文化在组织员工中营造出不同寻常的积极性,因而有助于组织经营业绩的增长。因为组织成员中共同的价值观念和行为方式使得他们愿意为组织出力。这种自愿工作或献身组织的精神使得组织员工工作积极努力。强力型组织文化提供了必要的组织机构和管理机制,从而避免了组织对那些常见的、窒息组织活力和改革思想的官僚们的依赖。因此,它促进了组织经营业绩的增长。

(二)策略合理型组织文化

策略合理型组织文化认为,组织中不存在抽象的好的组织文化,也不存在任何放之四海而皆准的、适应所有组织的"克敌制胜"的组织文化。只有当一种组织文化"适应"于该组织环境(这时组织环境可以指这一行业的客观状况,可以指组织经营策略所认定的特殊行业部门,也可以指组织经营策略自身),这种文化才是好的、有效的文化。换言之,组织文化的适应性越强,组织经营业绩成效也就越大,而组织文化的适应性越弱,组织经营业绩也就越差。

(三)灵活适应型组织文化

灵活适应型组织文化认为,只有那些能够使组织适应市场经营环境变化,并在这一适应过程中领先于其他组织的文化才会较长时间与组织经营业绩相互联系。那些适应程度不高的组织文化都带有某些官僚作风,组织特别强调规范化管理而打击了员工的积极性,也挫伤了职工企业生产的热情,组织员工对改革持否定态度,缺乏风险精神,组织没有创造能力,组织信息不灵。3M公司是灵活适应型组织文化的强烈支持者,其原因是3M公司比其他公司更明确地提倡一种适应市场变化的组织文化。3M公司的经理人员一直较为注重在公司销售额中保持新型产品。

尽管所有的组织都有组织文化,但不同的组织文化对员工行为的影响力不同。所以,按照组织文化对员工行为的影响力是强还是弱,我们可以把组织文化分为强力型组织文化和弱力型组织文化。具有强力型组织文化的组织有坚定的信念、明确的价值观、公认的行为方式,其文化对员工行为的影响力很强。具有弱力型组织文化的组织不清楚什么是重要的,什么是不重要的,没有信念、没有方向、没有核心的价值观,其员工行为不受强有力的文化因素的影响。当然,介于强力型组织文化和弱力型组织文化之间有很多一般组织文化,知道该朝哪个方向走,但受其组织文化因素的影响不是特别强。

四、组织文化的功能

组织文化不仅强化了传统管理的一些功能,而且还有很多传统管理不能完全替代的功能。

(一)凝聚功能

组织文化的凝聚功能表现在组织文化所体现的"群体意识",能把员工个人的追求和组织的追求紧紧联系在一起。由于组织文化体现强烈的"群体意识",可以改变原来那种从个人角度建立价值观念的一盘散沙状态。因此,组织文化比组织外在的硬性管理方法本能地具有一种内在凝聚力和感召力,使每个员工产生浓厚的归宿感、荣誉感和目标服从感。

（二）导向功能

组织文化的导向功能主要表现在组织价值观念对组织主体行为,即组织领导人和广大员工行为的引导上。由于组织价值观是组织多数人的"共识",因此,这种导向功能对多数人来讲是建立在自觉的基础之上的。他们能够自觉地把自己的一言一行经常对照组织的要求进行检查,纠正偏差,发扬优点,改正缺点,使自己的行为基本符合组织价值观的要求。对少数未取得"共识"的人来讲,这种导向功能就带有某种强制性质。组织的目标、规章制度、传统等迫使他们按照组织整体价值取向行事。

（三）激励功能

组织文化的激励功能主要表现在组织文化所强调的信任、尊重、理解每一个人,能够最大限度地激发员工的积极性和首创精神。积极的组织文化强调尊重每一个人、相信每一个人,凡事都以员工的共同价值观念为尺度,而不是单纯地以领导者个人的意识为尺度;员工在组织中受到重视,参与愿望能够得到充分满足。因此,组织文化能够最大限度地激发员工的积极性和首创精神,使他们以主人翁的姿态,关心组织的发展,贡献自己的聪明才智。

（四）提高素质功能

组织文化的提高素质功能主要表现在组织文化能为组织营造一种追求卓越、成效和创新的氛围,这种氛围对提高人员素质极为有利。人的素质是组织素质的核心,人的素质能否提高,很大程度取决于他所处的环境和条件。优秀的组织文化体现卓越、成效和创新。具有优秀文化的集体是一所"学校",为人们积极进取创造良好的学习、实践环境和条件,具有提高人员素质的功能。

（五）塑造形象功能

组织文化的塑造形象功能主要体现在优秀的组织文化通过组织与外界的接触,起到向社会大众展示本组织成功的管理风格、积极的精神风貌等方面的作用,从而为组织塑造良好的组织形象服务。组织文化比较集中地概括了组织的基本宗旨、经营哲学和行为准则。优秀的组织文化通过组织与外界的每一次接触,包括业务洽谈、经济往来、新闻发布、参加各种社会活动、员工在社会上的每一次言行,都是向社会大众展示本组织成功的管理风格、良好的经营状态和积极的精神风貌,从而为组织塑造良好的整体形象,树立信誉,扩大影响。组织文化是组织的一笔巨大的无形资产,可以为组织带来高美誉度和高市场占有率。

本 章 小 结

1. 组织是人们为某一目的而形成的群体。组织是社会存在体,具有明确的目标。组织内人们间的相互关系形成了组织的结构。

2. 组织按不同标准可以划分为不同类型的组织,它们有共同点,也有各自的特点。

3. 组织目标对于组织来说很重要,合适的目标将成为对组织成员激励的手段,也是组织未来发展的希望结果。

4. 组织文化是组织的不可缺少的组成部分,是组织的"灵魂"。

复习思考题

（一）简答题

1. 什么是组织？它有何作用？

2. 简述组织目标的含义、类型、作用。

3. 组织文化具有什么功能？

4. 什么是组织的核心价值观？

（二）选择题

1. 组织的经营性目标不包括（　　）。

  A. 组织使命   B. 业绩水平   C. 资源   D. 市场

2. 组织目标实际上是对（　　）的确定。

  A. 组织规模   B. 组织战略

  C. 组织结构   D. 组织成果

3. 组织管理职能不包括下面哪一项？（　　）

  A. 组织变革   B. 组织授权

  C. 人员任用   D. 组织设计

4. 影响组织目标最大的环境因素是（　　）。

  A. 产业   B. 政府

  C. 顾客   D. 其他组织

  E. 金融机构

5. 组织文化的基本特征是（　　）。

  A. 严格的层级关系   B. 低度的正规化

  C. 分权的决策文化   D. 正式的沟通渠道

  E. 人本文化   F. 组织价值观

6. 组织文化的主要功能是（　　）。

  A. 凝聚功能   B. 导向功能

  C. 激励功能   D. 产出功能

案例　埃森家具公司董事长的五年目标

  埃森家具公司是埃森先生在 20 世纪中期创建的，开始时主要经营卧室和会客室家具，取得了相当的成功。随着规模的扩大，自 20 世纪 70 年代开始，公司又进一步经营餐桌和儿童家具。1975 年，埃森退休，他的儿子约翰继承父业，不断拓展卧室家具业务，扩大市场占有率，使得公司产品深受顾客欢迎。到 1985 年，公司卧室家具方面的销售量比 1975 年增长了近两倍。但公司在餐桌和儿童家具的经营方面一直不得法，面临着严重的困难。

董事长提出的五年发展目标

埃森家具公司自创建之日起便规定,每年 12 月份召开一次公司中、高层管理人员会议,研究讨论战略和有关的政策。1985 年 12 月 14 日,公司又召开了每年一次的例会,会议由董事长兼总经理约翰先生主持。约翰先生在会上首先指出了公司存在员工思想懒散、生产效率不高的问题,并对此进行了严厉的批评,要求迅速扭转这种局面。与此同时,他还为公司制定了今后五年的发展目标。具体包括:

1. 卧室和会客室家具销售量增加 20%;
2. 餐桌和儿童家具销售量增长 100%;
3. 总生产费用降低 10%;
4. 减少补缺职工人数 3%;
5. 建立一条庭院金属桌椅生产线,争取五年内达到年销售额 500 万美元。

这些目标主要是想增加公司收入,降低成本,获取更大的利润。公司副总经理马斯跟随埃森先生工作多年,了解约翰董事长制定这些目标的真实意图。尽管约翰开始承接父业时,对家具经营还颇感兴趣。但后来,他的兴趣开始转移,试图经营房地产业。为此,他努力寻找机会想以一个好价钱将公司卖掉。为了能提高公司的声望和价值,他准备在近几年狠抓一下经营,改善公司的绩效。

马斯副总经理意识到自己历来与约翰董事长的意见不一致,因此在会议上没有发表什么意见。会议很快就结束了,大部分与会者都带着反应冷淡的表情离开了会场。马斯有些垂头丧气,但他仍想会后找董事长就公司发展目标问题谈谈自己的看法。

副总经理对公司发展目标的质疑

公司副总经理马斯觉得,董事长根本就不了解公司的具体情况,不知道他所制定的目标意味着什么。这些目标听起来很好,但马斯认为并不适合本公司的情况。他心里这样分析道:

第一项目标太容易了——这是本公司最强的业务,用不着花什么力气就可以使销售量增加 20%。

第二项目标很不现实——在这领域的市场上,本公司不如竞争对手,决不可能实现100% 的增长。

第三和第四项目标亦难以实现——由于要扩大生产,又要降低成本,这无疑会对工人施加更大的压力,从而也就迫使更多的工人离开公司,这样空缺的岗位就越来越多,在这种情况下,怎么可能降低补缺职工人数 3% 呢?

第五项目标倒有些意义,可改变本公司现有产品线都是以木材为主的经营格局。但未经市场调查和预测,怎么能确定五年内我们的年销售额达到 500 万美元呢?

经过这样的分析后,马斯认为他有足够的理由对董事长所制定的目标提出质疑。除此之外,还有另外一些问题使他困扰不解——一段时期以来,发现董事长似乎对这公司已失去了兴趣;他已五十多岁,快要退休了。他独身一人,也从未提起他家族将由谁来接替他的工作。如果他退休以后,那该怎么办呢?马斯毫不怀疑,约翰先生似乎要把这家公司卖掉。董事长企图通过扩大销售量,开辟新的生产线,增加利润收入,使公司具有更大的吸引力,以便卖个好价钱。"如董事长真是这样的话,我也无话可说了。他退休以后,公司将会变成什么样子,他是不会在乎的。他自己愿意在短期内葬送掉自己的公司,我有什么办法呢?"

讨论题

1. 你认为约翰董事长为公司制定的发展目标合理吗?为什么?你能否从本案例中概括出制定目标需注意哪些基本要求?

2. 约翰董事长的目标制定体现了何种决策和领导方式?其利弊如何?

3. 假如你是马斯,如果董事长在听取了你的意见后同意重新考虑公司目标的制定,并责成你提出更合理的公司发展目标,你将怎么做?

第6章 组织结构

为了适应变化莫测的市场,满足丰富而个性化的顾客需求,以便在全球化的激烈竞争中赢得胜利,设计有效、灵活的组织结构是所有组织面临的管理课题。因此,组织的结构设计必须在部门化、岗位设定、管理层次、沟通方式、结构模式等方面能够畅通纵横两方面的信息流,这些信息流是实现组织整体目标所必需的。唯有如此,组织才是有效的。

第一节 部 门 化

组织结构的整体设计包含了必要的工作活动、报告关系以及部门组合。部门的设立是为了完成某些任务,而这些任务被认为是对公司有重大战略意义的。为了完成组织认为有价值的任务,实现组织目标,设立一个专门的部门不失为一种办法。报告关系,又称命令链,在组织图中用竖线来表示。命令链应该是一条连续的权力线,连接组织中所有的成员,表明谁该向谁负责。部门的界定和报告关系的明确,决定了员工如何组合到各个部门中去。部门组合包括职能组合、事业部组合、区域性组合和多重组合。

在组织职能中,管理者应对实现组织目标所必需的职能和活动进行分组,这个过程被称为部门化。部门是组织设计的直接结果,是组织中主管人员为完成规定的任务有权管理的一个特殊的领域,是同类职位的集合。部门划分的目的在于确定组织中各项任务的分配与责任的归属,以求合理的分工,做到职责分明,任务到人。法约尔早就指出,设置部门是"为了用同样多的努力,生产出更多更好的产品的一种分工"。

管理劳动的分工,包括横向和纵向两个方面。横向的分工,是根据不同的标准,将组织活动的管理劳动分解成不同岗位和部门的任务,横向分工的结果是部门的设置,或"组织的部门化"。纵向分工,是根据管理跨度的限制,确定管理系统的层次,并根据管理层次在管理系统中的位置,规定各层次管理人员的职责和权限,纵向分工的结果,是在责任分配基础上的管理决策权限的相对集中或分散。部门化则是在水平方向上对组织进行划分。古里克确定了三种组织部门化的依据,即根据职能、产品过程和地理位置分布来划分组织。

一、职能部门化

职能部门化包括明确为实现组织目标需要履行的主要职能以及对其他相关的职能和活动进行的分组。我们知道,设立企业的根本目的是为了营利,而营利的前提条件是企业能够有效地向社会提供社会所需要的产品和服务。因此,不同的企业,虽然所属的行业、产品类型、规模大小、制造工艺不同,但其活动都是围绕着筹集和组合生产要素的、为产品或劳务寻找用户以及为两者提供资金保证而展开的。在现代企业中,生产、市场、营销、财务、人事、法规和研究与开发是其主要的职能。主要职能确定之后,下一步就是确定辅助职能并进行分组。例如,市场职能包括的辅助职能有广告、销售、市场研究和服务等。再下一步就是将这些辅助职能进一步划分为更小的工作范围。职能划分具有实现功能具体化的长处。图 6-1 是一个典型的职能部门化的组织结构。

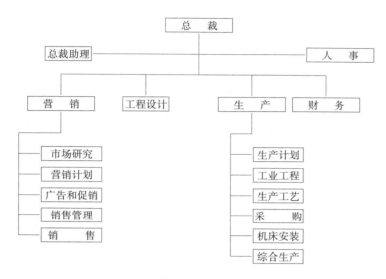

图 6-1 按职能划分的组织结构

按照职能部门化划分是组织广泛采用的活动基础,几乎可以运用于组织结构的每一个层次。企业销售、生产和财务职能的特点得到了广泛的认可和彻底的理解,它们不仅是部门组织的基础,在高层管理的部门化中也更为常见。职能部门化之所以成为一种传统的、普遍的组织形式,是因为职能是划分活动类型,从而设立部门的最自然、最方便的标准,其优点可概括为:是一种逻辑的和经得起时间考验的方法;有助于维护主要职能的权力和威信;遵循工作专业化原则,促进深层次技能提高;培训工作简化,人际交流方便;为上层提供严格的控制手段。

尽管根据职能部门化有许多优点,但也有人要求用其他方法划分部门,因为职能部门化仍有其局限性,主要表现在:对组织目标的认识有限;过度专业化以及主要人员的观点带有局限性;弱化职能之间的协调;只有主管人员对利润负责;对环境变化适应性差,缺乏创新;不利于总经理人选的产生。

二、产品部门化

生产多种产品和提供多种服务的企业可以按照产品标准划分部门。按照产品划分部门是在按照职能进行部门划分的基础上发展起来的。因为随着公司规模的扩大,各个职能部门的主管都会碰到规模问题。管理工作随着规模的扩大变得日益复杂,而管理范围的规定又限定了职能主管增加下级管理人员的权力和范围。因此,按照产品标准组织的部门进行改组也就是自然之事了。图 6-2 是按产品标准划分的组织结构。

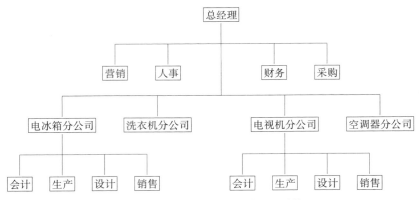

图 6-2　按产品标准划分的组织结构

产品部门化具有以下优势:注意力和精力集中于产品系列;通过清晰的产品责任和联系环节实现顾客满意;为运用专项资金、设备、技术和知识提供方便;允许产品和服务多样化;改善职能性活动的协调;公司的部门层次也对利润负责;为主管人员提供可衡量的培训基础;决策分权。

在考虑这些优点的时候,重要的是必须避免过于简单化,因为产品部门化也有其局限性:需要更多具有总经理能力的人才;保持经济的、集中的服务有困难,影响统一指挥;增加了高层管理控制的难度;管理费用增加,削弱了企业竞争力;失去了深度竞争和技术专门化。

三、区域部门化

按照区域标准划分部门一般多见于经营区域特别广泛的大公司,尤其是跨国公司中。这种划分是将同一地区的经营活动集中起来,委托给一个主管的部门。组织活动在地理上的分散带来的交通和信息沟通困难曾经是区域部门化的主要原因,但随着信息技术和网络化的发展,这个理由已显得不够重要。更为重要的是,人们越来越清楚地认识到社会文化环境对组织活动有着非常重要的影响:不同的文化环境,决定了人们不同的价值观,从而使人们的劳动态度、对物质利益和工作成就的重视程度以及消费偏好均不相同。由于一定的文化背景总是与一定的地理区域相联系的,因此,根据地理位置的不同设置管理部门,甚至使不同区域的生产、经营单位成为相对自主的管理实体,可以更好地针对当地劳动者和消费者的行为特点来组织生产和经营活动。按区域划分的组织结构如图 6-3 所示。

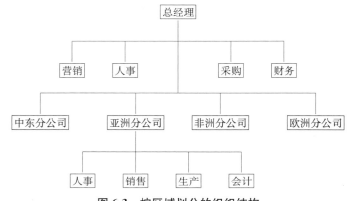

图 6-3　按区域划分的组织结构

按区域划分部门的方法与按产品划分部门的方法的优缺点很相似,主要有以下优点:职责下放到低层;注重当地的市场;改善区域内协调;利用当地业务的经济优势;与当地利益相关者面对面沟通;为主管人员提供可衡量的培训基础。

按区域划分部门的缺点主要表现在:需要更多具有主管能力的人;很难保持较为经济的集中服务,而且在区域这一层需要人事或采购方面的服务;增加了高层管理控制的难度。

四、混合式结构

从以上的各种组织结构中,我们不难发现,任何组织都不可能根据单一的标准来设计组织结构,而必须同时利用两个或两个以上的部门化方式,因为一个组织的结构可能会同时强调产品和职能,或产品和区域。综合两种特征的一种典型的结构称为混合式结构。当一家公司成长为大公司,拥有多个产品或市场时,通常会组织若干个自主经营的单位,对每种产品和市场都重要的职能被分权成为自我经营的单位。然而,有些职能也被集权,集中控制在总部。总部的职能是相对稳定的,需要规模经济和深度专门化。通过整合职能式和区域式结构的特征,公司可以兼具两者的优点,避免两者的一些缺陷。如施乐公司新近重新组织成为一种混合式结构,拥有九个明确独立的产品分部和三个区域销售分部。首席执行官保尔·阿莱尔认为,混合式结构能提供协调和灵活性,而这些对于帮助施乐公司以更快的速度向市场提供产品,并在竞争环境中获胜是必需的。因为产品事业部是为了创新和外部有效性而设立的,因此,混合式结构趋向于在不确定的环境中应用。混合式组织结构的一个主要优势在于:这种结构使组织在追求产品部门的适应性和有效性的同时,实现了职能部门内部的效率,因此,组织可以两全其美。这类结构也实现了产品部门和组织目标的一致。产品的组合实现了产品部门内部的有效协调,而集中的职能部门则实现跨产品的协调。混合式结构的一个劣势是管理费用多。一些公司职能部门重复地进行产品部门应承担的活动,如果失去控制,管理费用将不断增加,总部人员不断膨胀,接着是决策变得日益集中,产品部门失去了对市场变化迅速反应的能力。混合式结构的另一个缺点是公司和部门人员之间的冲突。一般地,公司总部的职能部门对下属部门的活动没有职权。这样,部门经理可能会抱怨总部的干预,而总部的管理人员可能抱怨部门自行其是。

另一种注重多元效果的方法是运用矩阵式结构。矩阵是一种能有力实现横向联系的模式。矩阵式结构的独特之处在于可同时实现各种部门化方法的结构功能。其具体结构及特点将在后面详细介绍。

第二节 岗 位 设 定

一、岗位设定的含义

组织设计除了划分部门(部门化)外,还须进行岗位设定(职务化),以实现工作的专门化。岗位设定是将实现组织目标必须进行的活动划分成最小的有机相联部分,以形成相应的工作岗位。活动划分的基本要点是工作的专门化,也就是劳动分工,即按工作性质的不同进行划分。由于每个人的能力、技巧、偏好是各异的且是有限的,不可能完成大量的各种各样不同性质的任务,通过工作的专门化,可使每一个组织成员或若干个成员只负责有限的一组工作,并从中挑选出具有不同才能的人从事相应的不同性质的工作。

二、岗位设定的作用

实行工作专门化以后,可以将复杂的工作分解成许多较为简单的高度专业化的操作,从而对每一个操作人员所要求掌握的技术标准下降了。这样做的好处:一是有利于培养人才和降低劳动力成本;二是有利于操作的标准化和程序化;三是有利于提高工作流程的机械化和自动化水平。

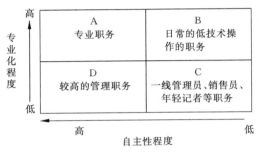

图 6-4　四种岗位类型

然而,过度的专业化分工会使员工感到厌烦和沮丧,从而导致产品质量下降。因此,岗位设定还应考虑另一方面的因素,即自主性。所谓自主性,指每个人在履行职务时,有自行决定自己工作的自由。如果将专业化程度与自主性程度结合起来,就构成四种类型的岗位,如图 6-4 所示。

在图 6-4 中:A 类是专业化程度高,自主性程度也高。这类岗位属于专家、学者、顾问或高技能的手工艺者、设计人员、技术人员等。设计这类岗位应给予他们充分的自主权,才能发挥其积极性和创造性。B 类是专业化程度高,但自主性程度低的岗位,承担这类岗位的有流水线和装配线工人、一般维修工、处理日常事务的办事员等。C 类是专业化程度和自主性程度都低的岗位,如生产和经营第一线的管理人员、监工、销售员、装配线杂务工等。D 类是专业化程度低而自主性高的岗位,大多数高级管理人员属于这一类。承担此类岗位的经理们可能负责较大范围的工作或负责若干部门和单位的工作,专业化程度不太高,但自主权相当大,因为他们享有某些决策权,有时还负责岗位设定。

三、岗位设定的原则和注意点

在进行岗位设定时,应遵循因事择人、因材制器、人事动态平衡的原则,需要考虑到组织员工的数量、技术水平、能力高低、管理跨度以及岗位的职权范围等因素。与此同时,还应注意解决以下几个问题:

(一)岗位轮换

岗位轮换就是在不影响工作秩序的前提下,员工可以从一个岗位换到另一个岗位,以消除工作专业化所带来的厌烦情绪,提高工作效率。简单的岗位轮换过程可用图 6-5 表示。图中,单箭头表示原有岗位,双箭头表示岗位轮换的基本过程。岗位轮换的目的是为员工提

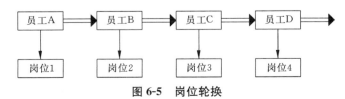

图 6-5　岗位轮换

供全面发展技术的机会,使员工能够全面了解和熟悉整个组织或相关专业工作的流程情况,减少长期重复单一工作带来的厌烦和不满,提高职工的成就感和自尊心,从而提高士气和工作效率,也有利于培养组织发展所需要的、能够把握全局的未来管理者。

(二)岗位扩大化

它是横向扩大员工的工作范围,以使员工从事较为多样化的工作。岗位扩大化通常以员工原来所从事的操作为主,将员工的工作范围向前后工序扩展,如图 6-6 所示。岗位扩大化可以减少员工从事单一工作带来的单调乏味的情绪,提高工作的积极性和工作效率。

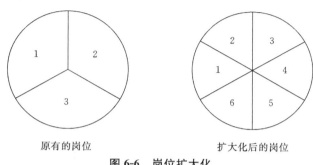

原有的岗位　　　　　　　　　　扩大化后的岗位

图 6-6　岗位扩大化

(三)岗位丰富化

岗位丰富化的理论依据是心理学家赫茨伯格提出的双因素论。根据赫茨伯格的理论,当工作中没有保健因素或缺少保健因素时,员工就会对工作不满;当保健因素增加时,员工的不满会随之减少直至消失,但是不会因此产生对工作的激励作用。只有激励因素增加时,才会提高员工对工作的积极性,并相应提高工作效率。岗位丰富化则是纵向扩大工作范围,增加工作的深度,它可以增强员工的责任感、成就感和自主意识。

(四)工作团队

不可否认,全球化对我们每个人都有影响。现在许多组织正在进行转变,摆脱过去上层负担过重的职能式结构,转为横向型组织。自我管理型团队,是新型横向型组织的基本单位,是早期团队方式发展的产物。例如,许多公司都使用跨职能团队以获得跨部门的协作,用任务组来完成临时项目。还有的公司运用"解决问题团队",这种团队由自愿临时参加的雇员组成,他们探讨一些有关改善质量、效率和工作环境的方式。团队工作的岗位设计模式是岗位围绕小组而不是围绕个人设计的,这样的团队被授权可以获得完成整个任务所需的资源,包括各种技能的员工,这意味着团队成员可以自主进行计划、解决问题、决定优先次序、支配资金、监督成果、协调与其他部门或团队的活动。因此,工作团队的设计已经在许多组织取得显著成效。

工作团队大体上有两种类型:综合性和自我管理。在综合性工作团队中,一系列的任务被分派给一个小组。小组再决定每个组员分派什么具体的任务,并在任务需要时负责在成员之间轮换工作,如图 6-7 所示。综合性工作团队经常在诸如楼房建设和维修这类活动中采用。

自我管理工作团队具有更强的纵向一体化特征。与综合性工作团队相比,它拥有更大的自主权。给自我管理工作团队确定了要完成的目标以后,它就有权自主地决定分派工作、工间休息和质量检验方法等。其结果是团队主管的职位变得很不重要,有时可能被取消,如

图 6-8 所示。目前,有许许多多的组织已经将其员工的工作任务重新设计为自我管理工作团队的形式。

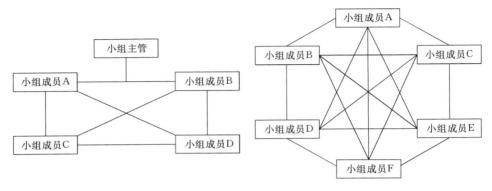

图 6-7　综合性工作团队　　　　　　图 6-8　自我管理工作团队

第三节　管　理　层　次

一、管理层次与管理跨度

部门化解决了各项工作如何进行归类以实现统一领导的问题,接着的一个重要问题是解决管理层次问题,即要确定组织中每一个部门的职位等级数。管理层次的多少与某一特定的管理人员可直接管辖的下属人员数即管理跨度的大小有直接关系,或者说管理跨度在很大程度上决定了组织的层次和管理人员的数目。在一个部门中的操作人员数一定的情况下,一个管理人员能直接管理的下属数越多,那么该部门内的管理层次就越少,所需要的行政管理人员也越少;反之,一个管理人员能直接管辖的员工数越少,所需的管理人员就越多,相应地管理层次也越多。如图 6-9 所示。假如一个组织的管理跨度各层次统一为 4,另一个组织的跨度为 8,跨度大的组织就可减少两个管理层次,精简 780 名管理人员。假如管理人员的平均年薪为 35 万元人民币,则加宽管理跨度将使组织每年减少薪金支出 2.73 亿元人民币。从成本角度看,扩大管理跨度明显是有效率的。但在某些方面,宽跨度会导致整个组织的低效率。

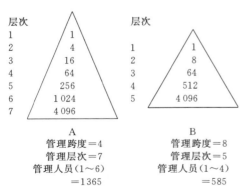

图 6-9　管理层次与管理跨度

二、管理跨度的影响因素

在某一特定的情况下,管理跨度多大合适呢? 这主要取决于以下几个因素:

(一)管理者的能力

管理者的综合能力、理解能力、表达能力强,就可以迅速地把握问题的关键,就下属的请示提出恰当的指导建议,并使下属明确理解,从而缩短与每一位下属接触所需的时间,管理跨度就可以大一些,反之则小。

（二）下属的成熟程度

下级具有符合要求的能力,训练有素,则无需管理者事事指点,从而减少向上司请示的频率,管理者的管理跨度就可加大,反之则小。

（三）工作的标准化程度

若下属的工作基本类同,指导就方便;若下属的工作性质差异很大,就需要个别指导,管理跨度就小。

（四）工作条件

助手的配备情况、信息手段的配备情况等都会影响到管理者从事管理工作所需的时间,若配备有助手、信息手段先进、工作地点相近,则管理跨度可大些。

（五）工作环境

组织环境稳定与否会影响组织活动的内容和政策的调整频率与幅度。环境变化越快,变化程度越大,组织中遇到的新问题就越多,下属向上级的请示就越有必要、越经常,而上级能用于指导下属的时间与精力却越少,因为他要花时间去关注环境的变化,考虑应变的措施。因此,环境越不稳定,管理人员的管理跨度就越小。

三、扁平式组织与锥形组织

一般地,人们把管理跨度较大、管理层次较少的组织称为扁平式结构,把管理跨度较小、管理层次较多的组织称为锥形结构。

（一）扁平式组织结构

如图 6-10 所示,这种组织结构的管理者管理跨度宽、层次少。其优点是节约管理费用,迫使上级授权,并制定明确的政策,同时挑选精明能干的下级。其不足在于主管人员负担重,有失控的风险,对下属人员的素质要求较高。

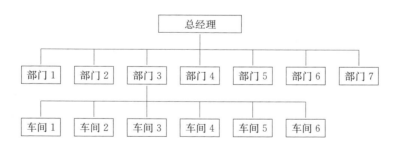

图 6-10　扁平式组织

（二）锥形组织

如图 6-11 所示。锥形组织是一种窄跨度,管理层次较多的组织结构。在此结构中,每个管理人员管理的下属人员较少,可以严格的监督和控制,上下级之间沟通迅速。其不足之处是管理层次多,命令链长,信息传递慢,管理成本高。

近年来,组织结构设计呈现出一种宽跨度设计的扁平化趋势,越来越多的组织正努力扩大其管理跨度。像通用电气公司,它们的管理者的跨度已拓宽到10～12个下属,比十几年前

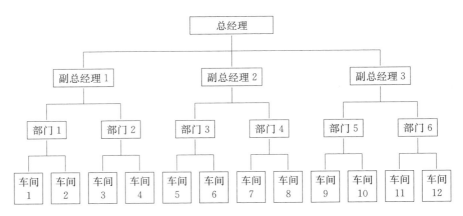

图 6-11 锥形组织

扩大了一倍。这主要是因为经济全球化和信息技术的迅猛发展,使得所有公司必须面对快速变化的充满了不确定性的市场,而日益提高的管理者和员工素质又为组织扁平化的结构改造提供了可能。

四、平台型组织

随着互联网经济的深入,平台型组织成为最有竞争力的组织模式。所谓平台型组织是一种新型的扁平化组织,整个组织构成一个平台,组织成员是平台上的供应方,而另外一边是组织外部的需求方,平台上供应方与需求方沟通交易,实现组织的价值。采用平台型组织模式的典型代表有滴滴、海尔等公司。

平台型组织的几个特征:

(1)结构扁平。组织的管理层次减少,特别是组织原本有许多管理层级的业务部门可以成为平台上的供应者,可以独立自主面对需求开展创新研发或者生产,这就是海尔公司所谓的"创客"。这些不再是组织中的固定层级。

(2)开放共享。平台型组织的平台不仅能够提供基础的服务,还能开放自身资源,让更多第三方合作伙伴加入,促使零散的资源、信息和数据得到整合,达到共享。其中顾客和生产者的身份也变得模糊,顾客能够在平台上对产品或服务的设计和生产过程直接参与,共享知识提高合作效率。

(3)网络效应。平台型组织具有双边或多边市场的特性,不仅为供求双方提供交易服务,而且带来网络外部性的增值效应,即平台供给一方用户数的增加导致这个网络对于同一方用户的价值升高或降低;平台一类用户数量增加影响该平台内另一类用户的价值。比如,海尔公司的创客增加使效率提高,海尔的创客价值增值,如此则海尔的消费客户就会增加,海尔的业绩就会不断提高。

(4)员工主体。平台型组织中的员工与传统组织的员工有所不同,既是组织的成员又独立面对市场和需求,员工变成了创新者、经营者,即创客。员工是平台上的供应方对组织与自己的顾客负责,对组织与自己的经营状况和经营后果负责。平台型组织中员工成为真正的主体,是自我管理的实践者。

第四节 基 本 结 构

一、直线制结构

直线制的组织结构形式是人类社会各种组织存在的最基本形式,如图 6-12 所示。其特点是:组织的各级管理者都按垂直系统对下级进行管理,指挥和管理职能由各级主管领导直接行使,不设专门的职能管理部门,层次分明;命令的传送和信息的沟通只有一条直线渠道,完全符合命令的统一原则。但这种组织结构形式缺少较细的专业分工,管理者负担较重,且一旦决策失误就会造成较大损失。所以这种组织一般适合于产品单一、工艺技术比较简单、业务规模较小的企业。

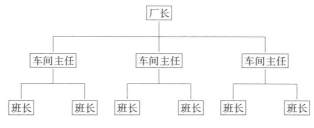

图 6-12 直线制组织结构

二、职能制结构

职能制的组织形式同直线制的组织形式恰好相反,它的各级主管人员都配有通晓各种业务的专门人员和职能机构作为辅助者直接向下发号施令,如图 6-13 所示。这种形式有利于对整个企业实行专业化的管理,发挥企业各方面专家的作用,减轻各级主管领导的工作负担。它突出的缺点是:由于实行多头领导,往往政出多门,易出现指挥和命令不统一的现象,妨碍企业生产经营活动的集中统一指挥,容易造成管理混乱,不利于责任制的推行,也有碍于工作效率的提高。因此,在实践中应用较少。

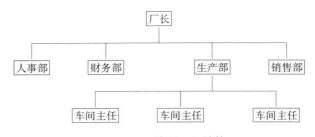

图 6-13 职能制组织结构

三、直线职能制结构

这种组织结构形式取前两种形式之长,舍两者之短。这种组织以直线制为基础,既设置了直线主管领导,又在各级主管人员之下设置了相应的职能部门,分别从事职责范围内的专业管理。在这种组织结构中,两类人员的职权必须是十分清楚的。即一类是直线主管领导人员,他们拥有对下级的指挥和命令的权力,承担着实现所管理的部门的业务目标的任务;另一类是职能部门的职能管理人员,他们只能起参谋和助理的作用,对下级机构可以进行业务指导、提出建议,但无权向下属机构及其管理人员发布命令,如图 6-14 所示。

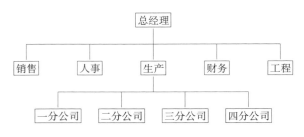

图 6-14 直线职能制组织结构

直线职能制组织结构的优点是:整个组织既保证了命令的统一,又发挥了职能专家的作用,有利于优化行政管理者的决策。因此,它在企业组织中被广泛采用。这种组织结构形式的主要缺点是:实际生活中,各职能部门在面临共同问题时,往往容易从本位出发,从而导致意见和建议的不一致甚至冲突,加大了上级管理者对各职能部门之间的协调负担;其次是职能部门的作用受到了较大的限制,一些下级业务部门经常忽视职能部门的指导性意见和建议。为了克服这个缺点,可以有限制地扩大职能部门的权力。如可以授予职能部门强制性磋商权,要求直线行政指挥人员在一些重大的决策问题上必须与职能部门讨论和商量,并把这个过程确定为必有的决策环节。或者是,为了进一步加强职能部门专家的作用,上级管理者要求直线主管人员就一些专业问题必须征求职能专家的意见,并在获得他们同意后才能作最后的决定。

四、事业部制结构

事业部制是现代企业组织规模不断扩大化和经营国际化的产物。最初由美国通用汽车公司总裁斯隆于 1924 年提出,目前已成为特大型企业、跨国公司普遍采用的组织结构。

采用事业部制结构的目的,是能够对大型企业按照"集中政策,分散管理;集中决策,分散经营"的总要求进行有效的管理。随着现代企业组织的迅速扩大,企业面临的一个重要问题是管理的跨度越来越大,管理层次越来越多。尤其是大型和特大型企业如跨国公司,既要对下属经营机制进行有效的控制,又尽可能地减少上级管理者的工作负担,减少对下级经营机构的日常经营和管理事务的过多干涉。事业部制组织形式正是应这种要求而产生的。

事业部是企业按照分权原则设立的、在经营上具有较大独立性的内部经营机构。事业部之所以能够有较大的独立性,主要是因为它所经营的产品和市场有相当大的规模,符合相对独立的经济核算要求。成立事业部需具备三个基本条件:第一,每个事业部必须按照企业总的政策和要求,在自己的产品和市场范围内拥有经营自主权,独立经营,因而它是一个独立的经营中心;第二,每个事业部对自己的经营活动过程和经营成果负责,实行独立核算,因而它是一个独立的责任中心;第三,每个事业部有权根据经营成果的大小分享相应的经济利益,在内部进行利益的分配,因而它是一个独立的利益中心。事业部在大多数情况下可以按产品、地区来划分,如图 6-15 所示。

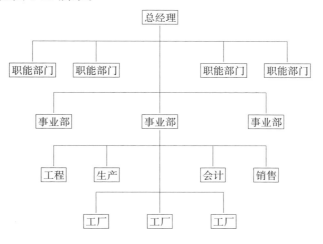

图 6-15 事业部制组织结构

事业部制结构的关键在于最高层和下级经营机构之间的集权和分权关系。最高管理层是企业的最高决策机构,主要负责企业的战略管理,制订发展目标、方针和总体发展计划。除此之外,它还要负责企业各部门的总协调。为了使整个企业在分权的基础上保持企业运行的高效率和有效的控制,事业部制组织的最高管理层一般要掌握一些重要的权力,如:人事权、财务权、战略管理权等。

事业部制组织的优点在于它能够实现集权和分权的有效结合。各事业部在最高管理层的统一领导下分散经营,有利于最高管理层面对规模庞大的组织而能够摆脱日常的繁杂事务,集中精力做好企业的战略决策和长远规划;各事业部由于是相对独立的中心,能够十分负责地去研究、开发新产品,开拓、占领新市场,因而会增强整个组织适应市场的灵活性和适应能力;有利于组织在各事业部之间开展积极的竞争,提高他们的积极性。

事业部制也有其相对的不足。由于各事业部在产品和所负责的市场上具有较大的独立性,很容易产生本位主义,只关心自己的利益,相互之间协作困难。因为各事业部自主权较大,最高管理层有时难以有效地指挥各事业部。事业部制组织通常内部机构重叠,以致机构庞大、结构臃肿、人员编制过大,这主要表现在组织总部与事业部之间、各事业部之间的职能和经营机构重复设置较为严重。对事业部层次的管理者要求较高,必须是既专又全。

五、矩阵制结构

当外部环境一方面要求专业技术知识,另一方面又要求每个产品线能快速作出变化时,矩阵制结构是一种有力的模式。矩阵制结构的独特之处在于事业部制结构和职能制结构(纵向和横向)的同时实现。矩阵制结构中的产品经理和职能经理在组织中拥有同样的职权,雇员要向两者负责、报告,如图 6-16 所示。

虽然二元层级制度看起来好像是一种非正常的组织设计手段,但在下述条件下,矩阵制结构功效显著:

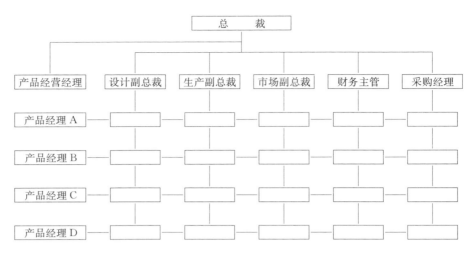

图 6-16　矩阵制组织结构

第一，产品线之间存在共享稀缺资源的压力。这种组织通常是中等规模，拥有中等数量的产品线。在不同产品共同灵活地使用人员和设备方面，组织有很大压力。例如，组织并不足够大，不能为每条产品线安排专职的工程师，于是工程师以兼任的形式被指派为产品或项目服务。

第二，环境对两种或更多的重要产品存在要求。例如，对技术质量（职能制结构）和快速产品更新（事业部制结构）的要求。这种双重压力意味着在组织的职能和产品之间需要一种权力的平衡。为了保持这种平衡就需要一种双重职权的结构。

第三，组织的环境条件是复杂的和不确定的。频繁的外部变化和部门之间的高度依存，要求无论在纵向还是横向方面都要有大量的协调和信息处理。

在上述三种条件下，横向和纵向的职权将得到相同的承认，于是，便产生了一种双重职权结构，而两者之间的权力是平衡的。

矩阵作为一种有机的组织结构，便于讨论和应对一些意外的问题，在中等规模和若干种产品的组织中效果最为显著。当环境具有很高的不确定性，而目标反映了双重要求时，矩阵制结构是最佳选择。二元职能结构便于沟通与协调，以适应快速的外界变化，并能平衡产品经理和职能经理之间的关系。矩阵制内部系统反映了二元组织结构的特征。服从双重主管的雇员认识并接受二元的既是职能方面又是产品方面的子目标。因此，应该设计二元的计划和预算系统，一个用于职能层级关系，另一个用于产品线层级关系，职能和产品首脑平等共享权力。

矩阵制结构的优势在于它能够使组织满足环境的双重要求。资源可以在不同产品之间灵活分配，适应不断变化的外界要求。这种结构也给员工提供了机会来获得职能和一般管理两方面的技能。

矩阵制结构的劣势在于一些员工要受双重职权领导，容易使人感到无所适从或困惑。他们需要出色的人际交往和解决冲突的技能，这可能需要经过人际关系的专门训练。它迫使管理者耗费大量时间来举行会议。如果管理者不能适应这种结构所要求的信息与权力的共享，这种结构系统将变得无效。在决策时管理者必须相互协调合作，而不是依靠纵向的权力来进行。

六、网络结构

在现实世界中,更广的产品范围、更短的产品寿命和处理任意批量的、个性化订单的能力,正成为市场的准则。技术创新的加速和信息化程度的提高,许多企业在不同地理位置上和组织上分散能力的重新整合,改变了竞争的性质和规律。现代竞争不再是标准化、大批量生产的规模竞争,而是敏捷、动态的速度竞争。大规模生产被大量定制所取代。在这种情况下,一种能使管理者对于新技术、时尚,或者来自海外的低成本竞争,具有更大的适应性和应变能力的新型组织设计应运而生,这就是网络结构。网络结构是一种只有很小的中心组织,依靠其他组织的合同进行制造、分销、营销或其他关键业务经营活动的结构。

网络结构是分部型结构的一个鲜明对照,后者具有许多纵向管理层次。网络结构也与那些试图通过所有权控制它们的命运的组织不同,后者自己进行研究开发,生产是在公司所有的制造厂中进行的,销售和营销也由自己的职员来做。为了支持所有这些活动,管理当局得雇用另外一些人员,包括会计、人力资源专家和律师等。而在网络结构中,这些职能的大部分都从组织外"购买",这给管理当局提供了高度的灵活性,并使组织集中精力做它最擅长的事。对于大多数美国公司来说,这意味着集中于设计或营销。例如,埃默森无线电设备公司在电视机、音响和其他家用电器产品方面自己进行设计和营销,而将制造外包给亚洲的供应商。可口可乐公司的饮料灌装也同样是外包的。

图 6-17 是管理当局将其经营的主要职能都外包出去的一种网络结构。该网络组织的核心是一个小规模的经理小组,他们的工作是直接监管公司内部开展的各项活动,并协调同其他制造、分销和执行网络组织的其他重要职能的外部机构之间的关系。图 6-17 中的虚线代表这种合同关系。从本质上说,网络结构的管理者将他们的大部分时间花在协调和控制这些外部关系上。

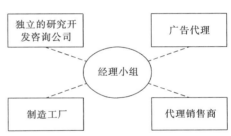

图 6-17　网络结构

网络组织并不是对所有的企业都适用,它比较适用于玩具和服装制造等企业,这些企业需要相当大的灵活性以对时尚的变化作出迅速反应。网络组织也适用于那些制造活动需要低廉劳动力、研发人才等的公司,这些劳动力只存在于本国以外的国家,网络组织可以通过与这些外国供应商签订合同而最好地加以利用。从不利的方面来看,网络结构的管理当局对其制造活动缺乏传统组织所具有的那种紧密的控制力,供应品的质量也难以预料。另外,网络组织所取得的设计上的创新很容易被窃取,因为创新产品一旦交由其他组织的管理当局去生产,要对创新加以严密的防卫,如果不是不可能,至少也是很困难的。不过借助于计算机手段,一个组织现在可以与其他组织直接进行相互联系和交流,这样就使网络结构日益成为一种可行的设计方案。

 本 章 小 结

1. 组织结构实为组织成员按照专业化分工为实现组织而形成的垂直、横向等各种联系状态。组织结构设计包括部门化、管理层次及跨度决定、岗位设计等工作。

2.部门化有不同的部门划分方法,常用的职能部门化、产品部门化和地区部门化等。

3.岗位设计是确定每个岗位的责任、职能和权力,以便更有效地完成组织交予的工作任务。

4.管理层次与管理跨度是一对矛盾,在现今环境下,组织中的管理层次有减少的趋势,而人的管理跨度有增大的趋势,也称之为扁平化。

 ## 复习思考题

(一) 简答题

1.岗位设定对组织有何作用? 在岗位设定时应注意哪些问题?

2.管理层次与管理跨度有什么样的关系? 影响管理层次的因素有哪些?

3.组织沟通有哪些方式?

4.哪些组织结构策略有助于实现组织的信息沟通?

(二) 选择题

1.部门化的方法包括( )。

    A.职能部门化   B.产品部门化   C.销售部门化   D.区域部门化

    E.混合式结构

2.岗位设定的好处是( )。

    A.降低劳动力成本   B.有利于操作的标准化

    C.有利于提高机械化水平   D.有利于提高自动化水平

    E.有利于操作的程序化

3.在进行岗位设定时,要遵循因事择人、因材制器、人事动态平衡的原则,应注意解决( )问题。

    A.岗位轮换   B.岗位扩大化

    C.岗位丰富化   D.岗位简单化

    E.工作团队

4.管理跨度的影响因素有( )。

    A.管理者能力   B.下属成熟程度

    C.工作标准化程度   D.工作条件

    E.工作环境

5.人类社会各种组织存在的最基本形式是( )。

    A.直线制结构   B.职能制结构

    C.直线职能制结构   D.事业部制结构

    E.矩阵制结构

6.组织理论之父马克斯·韦伯(Max Weber)认为,一个组织就应该是科层结构,这种结构的特点主要有( )。

    A.分工   B.等级制度   C.明确规定职权   D.强调灵活性

    E.专业化

7. 科层结构的主要弊端是（　　）。

A. 分工过细

B. 组织机构臃肿

C. 官僚作风

D. 员工技能单一

E. 管理严格

8. 事业部制的不足是（　　）。

A. 本位主义

B. 组织机构臃肿

C. 协作困难

D. 人员编制过大

E. 机构庞大

9. 适合采用矩阵制结构的是（　　）。

A. 产品线之间存在共享稀缺资源的压力

B. 持续增长的需求要求尽快提高生产水平

C. 同样的问题反复在管理过程中出现

D. 组织的环境条件是复杂的和不确定的

E. 环境对两种或更多的重要产品存在要求

10. 随着社会的发展，组织结构也在不断地发展变化，近年来组织结构演变的趋势是（　　）。

A. 增加管理跨度

B. 扁平化

C. 垂直控制

D. 具有动态结构

E. 趋向专业化

案例　宏伟建筑设计研究院的组织结构改革

　　宏伟建筑设计研究院（以下简称"宏伟院"）是一所甲级设计研究院，专门从事工业、民用建筑的设计、预算、城市规划设计以及土建勘察和施工监理。目前，宏伟院下设有建筑设计室、结构设计室、设备设计室、岩土勘察设计室、技术室以及行政、财务办公室等部门，共有员工二百余人。宏伟院是一家自主经营、自负盈亏、独立核算的企业化管理的单位，国家一级注册建筑师崔院长为法人代表。

　　曾几何时，宏伟院职工均以自己是院的一员而自豪。宏伟院是当地唯一的以民用建筑设计为主的市甲级建筑设计研究院，设计人员的素质高，专业技术水平堪称一流。在以前的计划经济体制下，宏伟院以雄厚的技术力量和市甲级建筑院的特殊地位，稳居当地民用建筑设计市场的龙头老大。在基建纷纷上马、建筑市场火热的时期，宏伟院几乎垄断了当地甚至周边小城市的所有高层建筑、重要建筑、大商场等大型项目的设计。那时，活源饱满，单位效益好，职工奖金多、工作热情很高，即便经常加班，甚至有时春节都不能休息，职工也毫无怨言。单位的业余活动丰富多彩，各种文娱、体育活动、技术竞赛使职工们觉得工作有动力，员工之间的协作很愉快，整个设计院内充满着活跃向上的气氛。

　　然而，随着计划经济体制向市场经济体制的转轨和建筑市场的降温，宏伟院的设计任务急剧减少。大型的土建项目基本没有了，只有一些类似于住宅、办公楼这样的中小型项目，宏伟院的技术优势逐渐发挥不出来了。在当地存在着十几家乙级、丙级的中小型设计院和设计事务所,它们虽然没有资格从事大型项目的设计,但在中小项目的竞争上却具备相当强的实力。市场竞争日渐激烈,各设计院为抢占市场纷纷压低费用标准,小的设计部门因自身费用低、灵活度大反而占有了优势。宏伟院却未能及时适应市场的变化,还一味地依仗技术力量强这张王牌坐等活源上门,很少主动地去揽活,结果设计任务逐渐萎缩,单位效益每况愈下,职工的收入直线下降,工作的热情渐渐地消失了,到院外兼职的、炒股票的人多了起来,办公室里冷冷清清,人越来越少。况且,累计至今收不回来的甲方拖欠的设计费将近五百万元。这样,入不敷出,多年积累的家底耗尽了,职工十多个月没拿到工资,单位的水电费、取暖费难以如期支付,看着等着批报的各种费用的单据,崔院长真是愁眉紧锁,寝食不安。更令崔院长头痛的是原本一团和气的设计院如今各设计室之间却矛盾重重。

改革之前,宏伟院的设计室分为四个综合设计室,如图6-18所示,每个设计室都配备齐了各专业的技术人员,技术实力相当,各室都可以独立从事工程项目的设计工作。四个室之间比效益、比速度、比技术水平,院内的竞争气氛很浓。活源饱满的时候,各个室的任务分配基本平衡。而今,崔院长却经常为院里往各个综合室里分配设计任务时遇到的问题而焦头烂额。有一次,院里有两个工程项目,其中一个是三层框架结构的大型商场,另外一个是工厂的厂房。当时设计一室和四室都有工程,崔院长决定把两个工程分派给设计二室和设计三室,结果二室和三室的主任为了争抢大型商场这个项目争得面红耳赤。因为三层框架结构的大型商场虽然面积大,但结构非常规整、简单,可充分利用计算机出图,在较短的时间内便可完成设计任务,收取的设计费很高,用句土话说是个"大肥活儿"。相比之下,厂房的设计工艺要求很高,结构复杂,修改返工的情况屡有发生,工期也相对较长,收取的设计费又较低,真可谓是件吃力不讨好的苦差。崔院长很为难,后来决定先把大型商场工程分派给设计三室,工业厂房分派给设计二室,分配奖金时给二室提高奖金比例,下次再有设计项目由二室优先选择。尽管如此,两个主任还是都觉得不太痛快。各个室的成员之间有时为了各自的利益也闹得很不愉快、不团结,全院的整体气氛不太融洽。

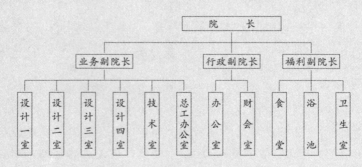

图6-18　改革之前宏伟院的组织结构

俗话说,穷则思变。为了改变这一现状,宏伟院以崔院长为首的领导层也决心紧跟市场形势,对企业内部进行改革,以提高企业在市场中的竞争力。宏伟院领导层经开会讨论并听取群众意见,决定将综合设计室改为专业设计室,划分了建筑设计室、结构设计室和设备设计室三个专业室,如图6-19所示,设计任务由各个室主任在室内分配协调,确定设计人员。

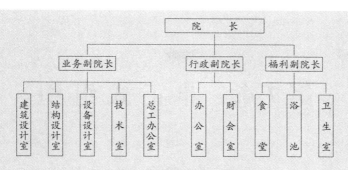

图6-19　改革之后宏伟院的组织结构

这样，每次的工程任务先下到建筑设计室，由建筑专业设计人员做方案，然后画出条件图发给结构、水暖和电气专业，各专业设计人员再碰头提出各自专业设计时需要的条件，以便相互能协调统一，工程须按预先订好的日期设计完成。一天结构室的陈主任气冲冲地找到崔院长诉苦。原来，有个工程预先订好一个月后出完全图，可建筑方案刚刚定完，施工条件图迟迟未发下来。结构设计的计算量和出图量都很大，短时间内很难完成，即使加班加点抢进度完成，设计质量也难有保障，结构设计一旦出问题，便容易发生大事故。但由于不在一个室，没法去催促。建筑室主任也觉得很难办，由于甲方的要求很高，又是外行，想法也变来变去，致使建筑方案改了几次，搞建筑的刘工抱怨道："这个甲方真难侍候！"总算在崔院长的敦促下建筑专业的条件图发到了各专业设计人员的手中。在设计过程中，搞结构专业的张工与刘工因为几个梁和柱的尺寸和位置争论不休，刘工埋怨张工把梁、柱的尺寸设计得过大，有些梁设置的位置不当，影响了建筑的造型和空间感觉；张工怪刘工做建筑方案时没充分考虑到结构专业的设计要求，因而结构设计很难达到令建筑专业满意的标准。这时搞水暖设计的小宋又来找刘工和张工，说建筑与结构的设计方案不利于水暖设备的安装，局部管线位置也很难确定，但三个人经过仔细研究最终还是达成了一致意见。可谁知，等到各专业全部出完全图会签时才发现，小宋设计的管线需在墙、梁上开的洞口有些未及时通知张工和刘工，刘工在画建筑施工图时发现条件图中所做的修改有些也未及时通知另外几个专业的设计人员，这样导致每个专业都需要返工，特别是结构专业得重新上机计算，图纸的改动量非常大，这令张工和陈主任非常气恼，崔院长为此事也很上火。分配奖金时，按既定比例分大家都很有意见，尤其是张工，觉得自己的出图量最多，返工量又特别大，又是别的专业造成的，理所应当提高比例，可刘工和小宋以及搞电气专业的小王觉得张工返工自己也有责任不能全怪别人，结果几个人闹得很不愉快。最后，崔院长决定比例按原定的保持不变，院里再额外拿出一部分钱作为返工费按返工量大小分给各设计人员，几个人才觉得平衡了，但相互之间总觉得有些尴尬。

眼下，崔院长为宏伟院的前途伤透了脑筋，整个外部形势十分不利，院内又纷争四起，如果您处在崔院长的位置会做些什么呢？

讨论题

1. 宏伟院现在的组织结构是否合乎预定目标？如果你是崔院长，你会采取何种组织结构？
2. 如果你是崔院长，你将如何使各类专业设计人员和谐有序地工作？
3. 你觉得宏伟院应如何继续发挥自身的优势去抢占市场？

第7章 非正式组织

巴纳德提出,如果有两个或两个以上的人,按照某一既定目标有意识地协调他们的活动时,就可以看成是一个正式组织。它必须具有共同的目标、相互能够沟通信息并具有协助的意愿。而当人们不在一个正式组织中或并不受其管辖时,仍然常常接触和相互作用。这种接触和相互作用的特点是并没有特别的有意识的共同目的却持续地或反复地进行。这种人的接触、相互作用和聚合的总和就是非正式组织。

第一节 非正式组织的形成与特征

一、非正式组织的概念

非正式组织理论是巴纳德最先创立的,但他对非正式组织的定义却过于宽泛,缺乏实际应用价值。他认为,在没有自觉地制定共同目标的情况下所进行的任何联合个人的行动,都可以算作非正式组织,而不管它是否贡献出联合的成果。另一位管理学家梅奥在实验基础上提出了一个较具实用价值的非正式组织的概念,即:非正式组织是指存在于正式组织之中,是人们在共同工作中所形成的靠感情和非正式规则联结的群体。非正式组织与正式组织相互依存,前者对后者的效率有很大的影响。

二、非正式组织的形成

非正式组织的存在和它的活力所在,是因为它通过正式组织做不到的途径来满足人们的需要。一般地讲,非正式组织在一个组织中的基层最容易发生,原因是在正式组织的基层最容易体会到不安、挫折、剥夺、威胁等,一个人处于这种状态下,最需要别人的支持和安慰。非正式组织主要基于以下原因而形成:

(1)共同的利益指向。在一个正式组织中,虽然有一个共同的正式的组织目标,但个人目标和组织目标并非完全一致,各个成员都有自己的利益和需要。如果一部分成员的共同利益比较接近或相同,就容易对一些问题作出同样的反应,久而久之,就会自然而然地形成一种非正式组织。

(2)共同的价值观和兴趣爱好。在一个正式组织中,如果一部分成员在性格、爱好、情感、志向等方面存在着一致性,自然就会经常接触,形成伙伴关系。这种伙伴关系对正式组织产生积极或不利的影响,从而发展为非正式组织。

（3）类似的经历或背景。在一个正式组织中，同乡、同事、同学、战友、师徒等具有类似经历或背景的人，有着一种特殊的感情联系，他们在工作中常来常往，相互促进，保持着基本一致的步调，进而形成非正式组织。

三、非正式组织的特征

非正式组织是相对于正式组织而言的，由于它是无形的，因而，要认识非正式组织，就只能从其行为特征上来把握。非正式组织不同于正式组织的显著特点是：

（一）以个人感情为联系纽带

非正式组织的基本结构要素是个人，而非部门、产品或职能，因此，组织内相互联系的纽带主要是个人之间的感情。而正式组织是以效率逻辑为联系纽带的。例如，正式组织为提高效率，可以将两个互有敌意的人同时安排在一个组织内，在非正式组织中这种现象是根本不可能出现的。由于感情缺乏外在的固定模式，所以，进入和退出非正式组织无需履行像正式组织那样的手续。也正由于以感情为联系纽带，非正式组织往往比正式组织具有更强的凝聚力。

（二）行为规范是非制度化的

非正式组织是一种源于互动的人格化的关系，其行为规范是非制度化的。非正式组织是在成员之间的相互作用中逐渐形成的，因而，它的各项结构属性具有鲜明的人格化色彩：非正式组织中的地位依照人际关系性质加以排列；角色表现为在具体人际关系中对特定对象行为方式的具体期待；非正式规范是自发形成的，通常采用不成文的形式，但它确实是存在的，在成员的相互作用中具有广泛的影响力；非正式的责任不完全等同于正式职责，它与个人的人格、能力有密切关系，同时受到与其他成员关系的强烈影响。

（三）权力表现是个性化权威

非正式组织中的权力不是与职位相联系的法定职权，而是表现为享有较高声誉或能力的成员获得的个性化权威，即拥有影响、劝说或迫使别人接受自己主张的能力，并得到其他成员的拥戴和尊敬。上述各个组织属性无一不与成员的个性以及具体的人际关系性质相联系，因而各个群体的非正式组织总是各不相同的，要想了解一个群体的非正式组织，必须深入群体进行实际考察。

非正式组织具有人格化特征，体现着对人及其多方面需求的关心。既然群体是由人组成的，而人的需求又是丰富的、多层次的，人的行为就不可能完全由正式组织所塑造，因此，非正式的人际关系组织的广泛存在，即双重组织结构现象，在任何群体中都是不可避免的。

第二节　非正式组织的影响与作用

一、非正式组织对组织行为的影响

非正式组织往往在正式组织的目标与成员的基本需求不相一致、正式组织不能有效地达到目标并缺乏合理的领导机构时最容易产生。非正式组织产生于正式组织，却又是正式组织产生的前提条件。非正式组织一旦形成,对组织行为、组织运行和发展会产生或积极或消极的影响。

(一)人际关系的制约

成员在组织中的行为并不完全遵循正式的规定。在交往中,成员根据个人口味(喜欢与不喜欢)排列出亲疏有别的人际关系,这种关系一旦形成,便极大地制约着组织行为。比如,一个受到伙伴欢迎的人,即便工作能力不强,仍能经常得到其他人的帮助;相反,那些不得人心的成员则遭到疏远和冷落。

(二)非正式领导的作用

非正式领导不是由上级任命的,而是某些成员在交往中凭借自己的个性、资历、能力赢得了同伴的信任和尊敬,因而处于具有影响力的地位上。非正式领导在发挥其影响时,并不是依靠对物质奖惩手段的控制,而是主要依靠精神上的奖励或惩罚,也就是说,由于他拥有威望,因此他的态度(褒奖或贬抑)对其他成员是重要的,很可能决定着其他成员的心理满意水平。

(三)非正式规范的作用

在经常性交往中,通常会形成借助群体压力而发挥作用的非正式规范,它们在群体目标、工作定额、行为评价标准等方面可能同正式规范不很一致,甚至很不相同。非正式规范对成员的控制作用有时会超过正式规范,因而决不能轻视和低估。要是某个成员违反了这种自发形成的非正式规范,其他成员将拒绝满足其需求,他将陷入被拒绝、排斥的孤立境地,从而承受巨大的心理压力。

(四)非正式信息沟通渠道的作用

人际关系网络同时也是非正式信息传播渠道,它的作用在下述情形中显得尤其突出:人们感到缺少有关信息时;人们感到自身安全受到威胁时;或者某件事情与人们利害攸关时。

二、非正式组织的作用

非正式组织的作用可以分为两个方面:积极的和消极的。一个非正式组织是发挥积极作用还是产生消极作用,取决于非正式组织的内部结构和形成的基础。当非正式组织的价值取向与正式组织一致时,就会发挥积极作用;而当两者相背时,尤其是当正式组织的领导在非正式组织中失去威信和领导力时,就会产生消极作用。

(一)积极作用

非正式组织的积极作用主要有:

1. 促进任务的完成,减轻领导负担

如果双重结构在价值取向上是一致的,那么上级管理者尽可以放心地将权力下放,营造更加宽松、自主的工作气氛。这有利于组织的扁平化,形成具有强大凝聚力的工作团队。

2. 扩大信息沟通,弥补正式交流渠道的不足

正式组织是一种垂直的、以命令为主要信息内容的沟通渠道,它的特点是刚性较强,反馈不灵。正式渠道只适于传递那些能够被接受的命令,只能反馈那些能够得到认可的信息。而下级成员的抵触、怨恨情绪难以通过正式渠道发泄,上级也难以及时了解下级的各种需求、感觉和反应。非正式沟通渠道恰好能弥补这一不足。上级可以把那些拿不准的、可能引起争议的方案交由非正式渠道去传播、扩散,先"吹吹风",下级成员则可以通过自由讨论、争

议、提意见、发牢骚的方式充分表达自己的看法。这时,非正式渠道不仅充当了排泄怨气的安全阀,而且有助于加强成员的心理准备,扩大其命令接受区。而上级则可以由非正式渠道获取真实的反馈信息,以修订方案。

3. 保护成员个性,满足多层次需求

组织要想繁荣,必须在一定限度内保护成员的个性和独立人格,即在一定范围内给成员自由选择和独立决策的权利,非正式的人际交往关系恰恰提供了这样的活动领域。通过富有情感色彩的个性化交往,成员之间增进了相互了解,发展了共同兴趣和爱好,满足了多层次的需求,增强了归属感,这有助于形成促进组织发展的组织文化。

4. 扩大"无差别圈"的作用,确保管理人员权力的有效性

通过非正式组织的关系,可以求得组织成员对组织目标的更深刻理解,使其产生认同感和协作意愿,有助于实现组织目标;通过非正式组织的规范和气氛,可以形成较强的凝聚力,以获得整个组织的稳定和发展。

(二) 消极作用

除了正面作用以外,在特定条件下,非正式组织也会带来具有破坏性的负面作用,主要有:

1. 维持现状,阻碍变革

非正式组织的宗旨是关心人,满足人的需求,待人宽容。因而,当组织面临技术革新、工艺变革的新情况,需要改变原有的工作定额、工作程序或者进行必要的人事变动时,常常会遭到抵制。如果变革危及业已形成的非正式结构,通常会引起效率下降的后果。

2. 造成角色冲突

非正式规范如果与正式规范相去甚远,比如,工作目标不同、定额不同、评价标准不同,则组织成员必然面临两套不同的角色期待,从而产生角色冲突。严重的角色冲突不仅会降低组织活动的效率,也会同时降低成员的满足感,降低群体凝聚力。

3. 谣言的传播

非正式渠道传播的信息并不都是确实可靠的,其中那些不确实的信息叫做谣言。非正式信息渠道是谣言的滋生地。谣言是对信息进行选择性加工的产物。在以非正式方式传播有关信息时,每个复述者都保留了自己最感兴趣的部分,舍弃了其余部分,然后,对保留部分添枝加叶或重新编排,从而制造出谣言。有些谣言是无害的,但有些谣言会对效率和凝聚力产生破坏性影响。控制谣言的方法,一是以事实澄清谣言;二是求得非正式领导的帮助制止谣言;再有就是认真倾听和分析谣言的起因,从中了解成员的情绪、需求、感受和态度,汲取有益的反馈信息。

第三节　非正式组织的引导

非正式组织与正式组织之间存在着十分密切的关系。非正式组织的存在是客观的,不以人的意志为转移;其作用也是客观的,不论你是否承认,它无时无处不在发生作用。所以,对待非正式组织必须加以积极引导,取优抑弊,扬长避短,从而促进组织目标的实现。

一、组织凝聚力

在现实组织运行中,我们可以发现,组织内部意见分歧、缺乏合作的群体,办事效率要比意见统一、互帮互助的群体要低。这表明组织内群体的凝聚力大小与效率高低成正比例关系。所谓凝聚力,是指群体成员互相吸引及共同参与群体目标的程度。成员之间吸引力越强,群体目标与成员个人目标越一致,组织的凝聚力程度就越高。研究表明,在一般情况下,高凝聚力群体的工作效率胜过凝聚力较低的群体。但效率与凝聚力之间的关系相当复杂,一个关键的中间变量是群体的态度与群体正式目标,或群体所属的组织的正式目标之间相一致的程度。一个群体的凝聚力越高,成员越会遵从群体设立的目标。如果这些目标与组织目标相一致,并且是有利的(比如高产量、高工作质量与群体外人士保持协作关系),这个群体的高凝聚力就会带来高效率。如果凝聚力低,但群体目标有利,组合效率也会较高,但没有凝聚力高且目标有利时那么高。如果凝聚力低,组织目标又得不到成员支持,那么效率是低下的。这种关系可用表 7-1 来概括。

表 7-1　凝聚力与生产率的关系

组　合　效　率		凝　　聚　　力	
		高	低
群体与组织目标的一致性	高	生产率大幅提高 A	生产率中度提高 B
	低	生产率降低 D	对生产率无明显影响 C

二、非正式组织引导的基本思路

就非正式群体而言,表 7-1 所显示的实际上是一种矩阵组合关系,它给我们提供了一个对非正式组织引导的基本思路。A、D 组合凝聚力强,表明非正式组织已经形成且较稳固,已经形成了共同的价值观、利益、目标指向,这种非正式组织一般难以解体;B、C 组合凝聚力差,表明非正式组织正在形成或刚刚形成,其价值观、利益、兴趣尚处于磨合过程,这种非正式组织极易解散。由此,可以给出一个相应的对非正式组织的引导组合,如表 7-2 所示。

表 7-2　对非正式组织的引导

引　导　方　案		凝　　聚　　力	
		高	低
群体与组织目标的一致性	高	构建团队,委以重任 A	强化组织,改善沟通 B
	低	加强领导,彻底改造 D	密切注视,因势利导 C

A 类组合的非正式组织凝聚力强并且指向组织目标,这恰恰是组织所最稀缺的资源,管理者可以根据组织任务和外部环境的需要构建工作团队,委以重任。这类非正式组织是正

式组织发展的积极动力。

B 类组合的非正式组织虽凝聚力不强,但却指向组织目标,个体目标与组织目标是一致的,这类群体极易被正式组织其他成员所接受。管理者可以通过进一步改善非正式组织成员之间的沟通,加深他们对正式组织目标的认识,形成指向组织目标的共享价值观和利益,使其成员产生归属感、安全感。

C 类组合尚未形成明确的非正式组织,成员之间只有一种参与意识和社会交往的欲望,所以凝聚力还比较低。虽然这类非正式组织的目标与正式组织的目标还未形成完全一致,但也不能说是背道而驰。所以,这类非正式组织具有可塑性、摇摆性,管理者应密切注视,因势利导。

D 类组合的非正式组织组织能力最强,已经形成共享的价值观和利益,成员间彼此信任和依赖,但他们的目标与正式组织目标不一致。这类组织如果引导不好,可能会对组织产生巨大的破坏作用。因此,必须对这类非正式组织加强领导,通过沟通和教育,彻底改造其目标,使其逐渐转向组织目标,化不利因素为有利因素。

总起来看,群体行为的结果——效率与凝聚力,即同群体的双重结构及其相互关系有着密切的关系。正式结构直接影响着群体行为的效率,间接影响凝聚力;非正式结构则直接影响凝聚力,间接影响效率。要想在效率和凝聚力两方面获得最佳成效,就必须重视双重结构各自的利弊及相互关系,尤其要重视处于潜伏状态的非正式结构。在条件允许时,要有意识地影响其发展方向,使正式目标与非正式目标趋于协调一致,从而消除非正式结构的负面影响,在群体成效上获得双重结构叠加的正面效应。

三、对非正式组织引导的具体措施

第一,利用非正式组织成员之间情感密切的特点,引导他们互相取长补短,互帮互学,提高职工的生产技术水平,提高劳动生产率。

第二,利用非正式组织成员之间相互信任、说话投机、有共同语言的特点,引导他们开展批评与自我批评,克服缺点,发扬优点,不断提高思想政治水平和工作能力。

第三,利用非正式组织信息沟通迅速的特点,及时了解职工对组织工作的意见和要求,使领导做到心中有数,知彼知己。

第四,利用非正式组织的凝聚力强,能较好地满足成员的社交等心理需求的特点,可以有意识地把有些组织无力顾及的群众工作交给他们去做,这对于解决群众的特殊疑难问题,促进组织内部安定团结,具有重要的作用。

第五,利用非正式组织内群体压力大,成员的从众心理强,标准化倾向强的特点,在制订定额、制定任务和目标、分配任务时,只要有可能的话,标准就可适当提高,难度也可以适当加大,以提高工作效率,克服工作难关。

第六,利用非正式组织中自然形成的领袖人物号召力强、威信高、能力较强、影响力大的特点,在条件允许的情况下,对其领袖人物可以适当信任、依靠,并授予相应的权力,从而把整个非正式组织纳入正式组织价值理念的轨道上来。

本 章 小 结

1. 非正式组织存在于正式组织之中,是人们在共同工作中所形成的靠感情和非正式规则联结的群体。

2. 非正式组织具有以个人感情为联系纽带、行为规范非制度化、个人权威协调等特征。

3. 非正式组织对组织目标的影响有正面或负面两个方面的作用。

4. 非正式组织内在凝聚力有时甚至比正式组织的凝聚力还要强,因此引导非正式组织使之为组织目标实现而努力就非常重要。

5. 非正式组织的引导有四种不同的基本思路,也有许多值得在实践中运用的方法与措施。

复习思考题

(一) 简答题

1. 什么是非正式组织?它是怎样形成的?

2. 非正式组织对正式组织有何影响和作用?

3. 非正式组织的凝聚力与效率之间有何关系?

4. 如何对非正式组织进行引导?

(二) 选择题

1. 正式组织和非正式组织的区别在于(　　　)。

　　A. 非正式组织没有正式组织那样明确的隶属关系

　　B. 正式组织有共同的确定目标,而非正式组织没有

　　C. 正式组织是人为地设计产生的,而非正式组织是自发形成的

　　D. 以上都正确

2. 非正式组织行为规范的非制度化表现为(　　　)。

　　A. 以感情为纽带,缺乏固定的模式

　　B. 人格化特征明显,体现对人多方面需求的关心

　　C. 组织中地位依照人际关系性质而定

　　D. 规范是自发形成的,采用不成文的形式

3. 群体行为的结果——(　　　)同群体的双重结构及其相互关系有着密切的关系。

　　A. 效率和凝聚力　　　　　　　　　　B. 组织信息沟通

　　C. 组织行为制约　　　　　　　　　　D. 群体工作目标

4. 对前文表7-2的正确的描述是(　　　)。

　　A. A、D组合表明非正式组织正在形成或刚刚形成;B、C组合表明非正式组织已经形成且较稳固

　　B. A、D组合已经形成了共同的价值观、利益、目标指向;B、C组合的价值观、利益、兴趣尚处于磨合过程

C. A、D 组合非正式组织极易解散;B、C 组合非正式组织一般难以解体

D. A、D 组合凝聚力强,表明非正式组织正在形成或刚刚形成;B、C 组合凝聚力差,表明非正式组织已经形成且较稳固

5. 非正式组织的沟通渠道(　　)。

A. 适合于那些能够被接受的命令

B. 只能反馈那些能够得到认可的信息

C. 充当排泄怨气的"安全阀"

D. 有助于加强成员的心理准备,扩大命令接受区

E. 以上都正确

6. 非正式组织以个人感情为纽带,所以表现为(　　)。

A. 进入和退出组织无须履行像正式组织那样的手续

B. 各项组织结构具有鲜明的人格化色彩

C. 往往比正式组织具有更强的凝聚力

D. 责任与个人的风格、能力有密切关系,受到其他成员关系的影响

7. 关于双重组织结构现象描述正确的是(　　)。

A. 指组织中正式组织与非正式组织同时存在

B. 指非正式的人际关系组织的广泛存在

C. 在任何群体中都是不可避免的

D. 对组织形成正负两方面效果

8. 对前文表 7-1 正确的描述是(　　)。

A. A 类组合的非正式组织凝聚力不强,但却指向组织目标,这类非正式组织具有可塑性

B. B 类组合的管理者可以通过进一步改善非正式组织成员之间的沟通,加深他们对正式组织目标的认识

C. C 类组合的管理者可以通过进一步改善非正式组织成员之间的沟通,加深他们对正式组织目标的认识,形成指向组织目标的共享价值观和利益,使其成员产生归属感、安全感

D. D 类组合成员之间只有一种参与意识和社会交往欲望,所以凝聚力还比较低

9. 非正式组织的积极作用不包括(　　)。

A. 如果双重结构在基本目标上一致时,上级管理者可以放心地下放权力

B. 上级可以通过非正式渠道真实地反馈信息

C. 非正式组织扩大"无差别圈",增强组织的凝聚力

D. 非正式组织的非正式领导作用可以决定其他成员的心理满意水平

10. 对于非正式组织的引导描述正确的是(　　)。

A. 严格限制非正式组织中自然形成的领袖人物的号召力和威信

B. 严格限制非正式组织成员之间情感密切的特点

C. 利用非正式组织信息沟通迅速的特点,及时了解组织成员的意见

D. 利用非正式组织内群体压力大和成员从众心理强的特点,适当提高工作标准和难度

案例　"行动惯性"导致企业失败

为什么有的公司会衰退？人们常常以为这是由于管理上的麻痹所致,但这种解释并不切合实际。在调查研究中发现,一些曾兴旺发达的企业面对环境变化反应迅速,但尽管如此仍无回天之力,问题的关键在于采取的行动是否恰当。有许多原因会导致行动的偏颇,其中最常见的可称为"行动惯性"。一个组织倾向于固守已有的行动模式,甚至在环境变化的情况下也不改变,成功的企业若处于这种惯性中,其结果必定会走向失败。

由于这种"行动惯性"在现实中很普遍,所以了解它的根源和症状是至关重要的。纵观国外知名企业的失败教训,常见的"行动惯性"有以下几种表现:

表现一:战略变"眼罩"

战略主要需回答四个问题,即:企业从事什么业务？企业如何创造价值？企业的竞争对手是谁？哪些客户对企业是至关重要的,哪些是必须放弃的？战略可以帮助企业经营者看清市场,但也同样可以成为他们的"眼罩"。一个企业的战略越是得到了强化,企业经营者也就越容易对与战略相抵触的信息置若罔闻。

表现二:害人的陈规

当一家企业试图改变原来的工作流程时,员工往往会有抵触情绪,因为他们必须重新学习和适应,于是"行动惯性"的毛病再次发作。

麦当劳公司曾深受成规所害。20世纪90年代初期,麦当劳总部致力于使其在世界各地的汉堡包都是一样的品质,但在客户需求多样化的今天,这种统一却成了阻碍公司紧跟市场节奏的陈规。麦当劳的竞争对手不断地在菜单方面下功夫,推陈出新,从麦当劳手上夺走了大批的食客。

表现三:凝固的价值观

企业的价值观是将公司上下凝聚在一起的纽带。但是,当企业发展成熟后,价值观很有可能会凝固为一成不变的教条或规则,每个人都认为这是不可以改变的。一旦这样的情况发生,企业的价值观就蜕化成一层坚硬的外壳,将企业严密地封闭起来。于是,企业又落入"行动惯性"的怪圈之中。

英国皇家壳牌石油公司就曾经深受价值观演变为教条之苦。在20世纪30年代,壳牌石油公司的总裁亨瑞·迪特汀是一个独裁强权人物。壳牌石油公司的董事会费了九牛二虎之力才将他赶下台。有了这个教训,壳牌石油公司从此形成了一种强调个体独立性和分权的价值文化,这种价值观渗透到公司的经营管理中。到了90年代,全球石油价格持续下降,这时壳牌石油公司分散型的组织架构已经阻碍了公司规模效益的发挥,使得公司难以在削减成本方面有所建树。

表现四:害人的"良好关系"

与客户、供应商、员工、股东等利益关联方建立良好的关系,是一个企业成功的必要条件。但是,当经济环境发生变化时,过去所建立的良好关系很有可能会发展成桎梏,限制企业应对市场的灵活性和弹性,成为导致企业经营失误的"行动惯性"。

日本麒麟啤酒公司通过与以商人和军人为主的客户建立良好的关系,曾一度占据日本啤酒市场 60% 的份额。但到了 20 世纪 80 年代,日本的年轻人开始流行喝干啤,而麒麟公司仍然将公司定位于为喜欢传统啤酒的商人和军人服务,没有去开拓干啤这一新兴的市场。相反,朝日啤酒公司则适应市场需求的变化,大力推出适合年轻人口味的干啤,从而迅速超过了麒麟公司,成为日本啤酒业的龙头公司。

讨论题

1. 凝固的价值观对组织有影响吗?影响在哪些方面?
2. 组织内的非正式组织会不会影响组织与他人建立良好关系?
3. 行为惯性的背后原因是什么?

第8章 组织运行

组织结构设计是否合理,要看组织是否适应外部环境,是否调动了每个员工的积极性和促进了有效的沟通,是否围绕组织目标开展业务活动,是否有效配置了投入产出系统,等等,最根本的是要看是否适应全球化竞争和技术的发展,在多大程度上满足了顾客的价值要求。这一切依赖于组织的运行。如果说组织结构是静态的流程,组织运行就使其结构动态化。组织运行包括了组织制度的建立、组织冲突的协调、运行机制的健全、运行过程的调控等。组织运行的目标要看是否实现了效率,促进了发展。

第一节 组 织 制 度

一、组织制度的特点

组织制度是组织中全体成员必须遵守的行为准则,它包括组织的各种章程、条例、守则、规程、程序、标准等。良好而又健全的制度是组织健康运行的根本保证。各类组织都必须制定规章制度,以便按规则运行。企业组织更需要确立科学完整的规章制度,使生产指挥、经营决策和监督、执行各循其章,相互制约,职责分明。组织的运行可以理解为一个权力运行系统,权力和责任必须对应。权责又如何来界定呢? 这必须依靠标准化和规范化的制度体系来保证。

组织制度是保证共同劳动得以有效进行的重要管理手段。因此,组织体系中的任何制度都必须具有并反映出以下特点:

(一) 科学性

制订的制度要能够达到预想的效果,第一个前提条件就是制度本身要科学合理。制度的科学性主要表现在,它既符合业务活动的技术性要求,充分体现所规范的经营管理活动的客观规律,又是合情合理的。这也是保证制度相对稳定性的重要条件。有些企业的制度朝令夕改,主要原因是制度脱离了它所规范的经营管理活动的客观实际。

(二) 合法性

组织的制度必须遵守所在国家和地区的法规。组织的规章制度是组织内部实施的行为规范,它有充分的内部行政权威作保证。但如果与国家、地区的有关法规相违背,那么它最终要失去约束力而成为废弃物。

(三) 系统性

组织各部门和各环节的业务紧密相关,因此,规范组织行为的各项规章制度,必须既反映组织层次的要求,又要有严密的系统性和完整性,形成互相衔接和补充的、严密完整的制度规范体系。

（四）权威性

制度一经实施,组织中的所有成员都必须执行。制度的权威性,一是来自制度本身的科学性、合法性和系统性,二是因为它是组织中拥有相应职权的行政领导的意志。如果违反了制度,就会受到相应的处罚。

（五）强制性

强制性是制度得以遵守的约束力量,它是为组织的长期实践所证明,并为组织内部大多数职工所遵守的规范。强制性主要表现在它对任何部门和任何人都具有相同的约束力;一旦有人违反了制度,组织就会利用行政手段采取强制性惩罚措施。

（六）稳定性

制度总是要经过一段时间才能被人们熟知,并被人们转化成自觉的行为,其作用才能够深入人心。这就需要制度在适当的时期内稳定不变。制度的科学性、系统性和合法性是制度稳定性的重要保证,制度的稳定性是维持制度权威性的重要基础。但是,制度也不是长期固定不变的。为了保证它的科学性和权威性,在条件发生较大变化的情况下,制度应作相应的调整。

二、组织制度体系

（一）组织的基本制度

组织的基本制度是组织其他制度的依据和基础。它是规定组织(如企业)形成和组织方式,决定组织性质的基本制度。它主要包括诸如规定组织法律地位和财产所有形式的契约、组织章程等方面的制度,以及组织的领导制度和民主管理制度等。这些之所以是组织的基本制度,是因为它们确定了组织(如企业)的财产所有形式,从而确定了组织的所有制性质以及利益分配方式;规定了组织所有者、经营者和职工的权利、义务及相关关系;规定了决定管理方式的其他制度的内容及相互衔接的关系。

（二）专业管理制度

专业管理制度是任何组织正常运转都必需的。它既是组织基本制度得以执行的具体保证,又是组织进行专业管理的具体手段。制订专业管理制度的关键在于要形成既有核心、又相互配套和衔接的体系。

专业管理制度的具体内容和数量,因组织的业务性质不同而有所不同。一般应包括以下几个方面的内容:

1. 责任制度

责任制度是规定组织内部各级部门、各类人员应承担的工作任务、应负的责任以及相应职权的制度。责任制度要明确规定岗位与责任、责任与权力、权责与利益三方面关系的具体内容。责任制度是专业管理制度的核心,它是建立完整的专业管理制度体系的出发点。也就是说,管理制度的建立,要以责任制度为中心,由此作辐射状配套制度体系的构造。责任制度的规定和要求要在配套的制度里得到具体的反映和落实。责任制度可以按不同组织层次和工作岗位分别设立,如领导人员责任制、职能部门和专业人员责任制、工人岗位责任制等。

2. 组织的技术规范

技术规范是针对组织的业务活动而制订的技术标准、技术规程等。由于各组织的业务活动有较大差别,技术规范在不同组织之间的差别是非常大的。技术规范关键要反映组织业务活动的特定技术要求,它一般包括一些技术标准、操作规程、生产工艺流程、保管运输要求、使用保养维修规定等。

3. 业务规范

它是组织在反复的实践中总结出来的、通过行政命令的方式予以认可的工作程序和作业处理规定。业务规范带有较强的经验性。但是,按业务规范办事也要以遵守技术标准为前提。企业的业务规范有操作规程、服务规范、安全规范等。

4. 个人行为规范

个人行为规范是对个人在执行组织任务时应有的个人行为的规定。如个人行为品德规范、劳动纪律、仪态仪表规范、语言规范等。

三、组织制度优化

管理者制定制度的目的是在组织内部形成规范行为,使组织高效率地运转。随着各方面条件的变化,制度必然会有滞后问题。因此,它可能成为保护落后、束缚进步的枷锁。不断优化组织的制度体系,是管理者的重要职责。优化组织制度要遵守以下基本要求:

（一）组织制度要从组织的需要出发,以组织的实际状况为基础

不同组织的业务性质不同,技术要求不同,人员素质不同,其制度规范就应有所不同。在一个组织中适用的制度,应该来自这个组织,体现组织的特点,并最终根据组织实际条件的变化而予以调整,这样才能保证制度具有可行性、实用性。

（二）优化组织制度要以加强科学管理、尊重人为中心

制度总会有约束力,但它如果不科学、不合理,就会严重挫伤职工的积极性。制订不必要的制度,会扰乱组织的正常活动。制度最终需要由人来落实,所以制度既要规范人的行为,更要尊重人,要有一定的宽松度,充分反映人性的特点。这样的制度才能有利于调动人的积极性,发挥人的创造性。

（三）制度要系统配套

制度的全面性固然重要,但制度的系统配套性却是制度得到有效执行的根本前提。各项章程、各种条例、规程、管理办法等要构成内容一致、相互配套的体系。核心制度的各项条款要在其他配套制度中得以具体落实,要避免口径不一致乃至相互冲突。

（四）制度的修订要有广泛的群众基础

既要体现横向各部门成员的要求,也要体现纵向各层次成员的要求。要充分发动群众参加制度的补充和修订,组织群众进行讨论,听取群众对过去制度执行情况的反馈意见。

（五）要定期和不定期地审视组织制度

其目的是及时掌握外部条件的变化并进行制度调整。在许多情况下,外部条件变化之所以最后才引人注意,主要是因为质变的震动,而人们容易忽视量变过程。如果不能及时跟踪、掌握外部条件的量变信息,制度修订就没有必要的动力;如果等到环境条件发生了重大质变才考虑进行制度调整,那将是没有准备的,因而是十分被动的。

（六）要强化制度执行监督和管理

实践证明,多数组织不是没有制度,也不是制度不健全,而是有“法”不依,执“法”不严。

这种情况长此以往,在组织中造成的负面影响将是相当严重的。管理者的威信可能会荡然无存,各种制度形同虚设,各种破坏性的挑战乘虚而入。这种状况一旦形成,在短期内是无法消除的。因此,在各个方面加强监督管理是优化组织制度管理的一项重要工作。

四、制度化管理

制度化管理是以系统的制度为基本手段,协调共同劳动体中各成员行为的管理方式。制度化管理是诸如企业、事业单位等组织内部管理由"人治"转变为"法治"的具体表现。德国的韦伯在他提出的"理想的行政组织体系理论"中认为,"理性"即合法性权力,是行政组织体系的基础,因为它"提供了管理连续性的基础。所有的权力都加以明确的规定,并仔细地限制在完成组织任务所必需的范围内"。制度化管理,使得组织内包括管理行为在内的所有行为都置于组织的制度之下。所有管理行为都来自制度的规定,管理权威集中于制度,而不是控制在某些人的手中。实行制度化管理,排除了因管理者的个人偏好、凭经验行事的影响,使得一切活动都是在理性和合理化的原则下进行。

制度化管理的主要特点有:

(1) 以岗位责任制为核心,明确各种岗位的权利和义务。

(2) 根据在组织内的职位权力的大小,通过制度的形式建立组织的指挥体系或等级系统。

(3) 强调制度化的管理,所有权与经营管理权相分离。管理者可以不是其所管理的组织的所有者。管理者只是根据法律制度被赋予了组织职权的人,但他们同样必须严格遵守组织制度,组织中的每一个人都必须服从制度。

(4) 组织成员的关系必须以理性的组织制度为准则,不受成员个人感情因素的影响。这个要求不仅适用于组织内部关系,而且适用于组织与公众之间的关系。

(5) 组织中人员的任用,完全按照职务上的要求,根据正式考试或教育训练后人员所获得的适合组织需要的技能程度来决定,每一职位上的人员必须在素质、业绩上称职。制度管理规定,管理者不可随意免去下属的职务。

(6) 管理者是一个职业阶层。管理者从组织领取固定的报酬,根据组织制度规定的年资工作成绩或一些综合因素来决定他的升迁。管理者应忠于职守,而不是忠于组织中的某个人。

由此可以看出,制度化管理的实质是以科学管理的制度体系为手段协调组织各层次行为的基本准则。

第二节　职权平衡

一、集权与分权

集权是指决策权在组织系统中较高层次的一定程度的集中;与此相对应,分权是指决策权在组织系统中较低层次的一定程度的分散。

在组织管理中,集权和分权是相对的,绝对的集权或绝对的分权都是不可能的。如果最高主管把他所拥有的职权全部委派给下属,那他作为管理者的身份就不复存在。因此,某种程度的集权对组织来讲是必要的。但是如果最高主管把权力都集中在自己手里,这就意味着他不需要下属协助工作。因此,某种程度的分权也是组织所需要的。

（一）过度集权的弊端

1. 不利于合理决策

要做到正确地、合理地决策,组织的最高管理阶层必须迅速准确地把握组织的具体情况,而且各项决策与命令要准确及时地传达到下属各执行单位。然而,在过度集权的管理体制下,随着组织规模的扩大,层次过多,组织的最高层领导者很难全面把握下面的具体情况,他们会显得心有余而力不足,很多情况无法深入了解,以致信息失真,无法保证正确决策,而且决策机制僵化,决策效率低下,决策程序复杂,决策执行也很困难。

2. 不利于调动下属的积极性

由于实行高度集权,几乎所有的决策权都集中在最高管理层,结果使中下层管理者变成了纯粹的执行者,他们只能按照上面的指示、命令和规定的程序行事,没有任何的决策权、发言权和自主性,他们变成了上传下达和被动执行的"主管机械人",他们的积极性和创造性受到压抑,导致其工作热情低下,会减弱其对组织关心的强烈程度。同时也不利于培养组织干部,使中下层管理人员无法独当一面,无法在实际工作中增长才干,受到锻炼。

3. 阻碍信息交流

在高度集权的组织里,由于决策层即最高管理层与中下层的执行单位之间存在多级管理层次,信息传输路线长,经过环节多,因而信息的交流比较困难,下情难以上达。

如果高层管理者的官僚主义严重,不愿作实际调查,又喜欢偏信某些人的汇报,则有可能在组织内部造成一种欺上瞒下、阿谀奉承的不良风气,最高层领导者就会变成"睁眼瞎",对下面的实情一无所知,这势必会导致他们作出与事实相违背的错误的决策,而这种决策的错误给组织带来的损害将是致命的,甚至是毁灭性的。

4. 助长组织中的官僚主义

过度集权的管理体制,势必需要制定许多繁琐的办事程序和各种各样的规章制度以确保权力的实现,而这极易助长官僚主义作风,使组织机关化、办事公式化,使组织显得毫无活力和生气。

现在我国不少组织中的机关化倾向相当严重,管理部门"官气"十足,不愿为基层、为车间提供服务,这实际上是在长期的高度集中的计划经济体制之下所形成的一种必然的恶果,是计划经济在组织工作中的反映,这是必须加以铲除的。

（二）职权分散化的重要意义

1. 分权有利于组织决策的合理化

职权分散化以后,组织的决策权不再完全集中在最高管理层,而是将某些决策权适当地分配给了下属各有关单位,使它们有了一定程度的自主权,能够根据各单位的具体情况和所面临的形势与任务作出决策,增强了决策的灵活性与及时性。

而且有些程序性、日常性的事务性决策,实在也不必由最高领导来定夺,各有关单位完全可以自主决策,甚至会决策得更科学、更好。因此,职权分散化有利于实行分级决策,分层负责,既能保证决策的科学化,又能从上到下更好地实现分工与协作,它可以使决策明确化,其相应的责任也可以更明确化。

2. 分权有助于培养组织管理专家

职权的分散化意味着赋予了中下层管理人员更大的自主权力,同时也交给了他们更大的责任,对权力的运用本身就是一门管理的艺术,也是一门高深的学问。职权的分散化迫使中下层管理人员更快地走向成熟。因为,如果他们不能恰当地运用自己的权力,那就无法很好地完成他们所负的职责,他们就会被迫丧失领导者的身份和地位,这是一种巨大的压力。另外,职权分散后,更多地需要中下层管理人员独当一面地工作,因而他们可以有更多的机会施展才华,受到锻炼,积累经验。

(三) 衡量分权程度的标志

分权和集权在组织中只是个程度问题,衡量的标志主要有四个:

(1) 决策的数量。组织中较低管理层次作出决策的数目或频度越大,则分权程度越高。

(2) 决策的范围。组织中较低层次决策的范围越广,涉及的职能越多,则分权程度越高。

(3) 决策的重要性。组织中较低层次作出的决策涉及的费用越多,则分权程度越高。

(4) 决策的审核。组织中较低层次作出的决策,上级要求审核的程度越低,这个组织的分权程度越大。如果作出决策后还必须报上级批准,则分权的程度就越小。

(四) 影响分权的因素

集权与分权的程度,是随条件变化而变化的。影响分权程度的因素有:

1. 决策的代价

决策付出代价的大小,是决定分权程度的主要因素。一般来说,决策失误的代价越大,对组织的经济效益或信誉、士气等无形资源影响较大的决策,越不适宜交给下级人员处理。高层主管常常亲自负责重要的决策,而不轻易授权下属处理。这不仅是因为高层主管经验丰富,犯错误的机会少,而且因为这类决策责任重大,也不宜授权。

2. 政策的一致性

如果最高主管希望保持政策的一致性,即在整个组织采用一个统一的政策,则势必趋向于集权化,因为集权是达到政策一致性的最方便的途径。采用一致性的政策便于比较各部门的绩效,以保证步调一致。如果最高主管希望政策不一致,即允许各单位根据客观情况制定各自的政策,则势必会放宽对职权的控制程度。政策适当的差异有利于激发下级单位的创新和竞争,提高效率。

3. 组织的规模

组织规模扩大后,集权管理不如分权管理有效和经济。组织规模越大,组织的层次和部门会因管理跨度的限制而不断增加。层次增多会使上下沟通的速度减缓,造成信息延误和失真,并意味着需要彼此间的配合工作也会增加。因此,为了加快决策速度,减少失误,使最高主管能够集中精力处理重要决策,也需要向下分权。

4. 组织的成长

从组织成长的阶段来看,通常成立初期绝大多数都采取和维护高度集权的管理方式。随着组织逐渐成长,规模日益扩大,则由集权的管理方式逐渐转向分权的管理方式。

从组织成长的方式来看,如果组织是从内部发展起来的,由小组织逐渐发展成为大组织,则分权的压力比较小;如果组织由合并的方式发展起来的,则分权的压力比较大。

5. 管理哲学

管理者的个性和他们的管理哲学不同,对组织的分权程度有很大影响。专制、独裁的管理者不能容忍别人触犯他们小心戒备的权力,往往采取集权式管理。反之,则会倾向于分权。

6. 人才的数量和素质

人才的数量和素质不高会限制职权的分散。如果管理人员数量充足、经验丰富、训练有素、管理能力强,则可有较多的分权。

7. 控制的可能性

分权不可失去有效的控制。最高主管在将决策权下放时,必须同时保持对下属的工作和绩效的控制。许多高层主管之所以不愿意向下分权,就是因为他们对下属的工作和绩效没有把握,担心分权之后下属无法胜任工作而承担连带责任,认为与其花更多的时间去纠正错误,不如少花一些时间自己去完成这项工作。因此,要有效地实施分权,就必须同时解决如何控制的问题。

8. 职能领域

组织的分权程度也因职能领域而不同,有些职能领域需要更大的分权程度,有些则相反。在组织的经营职能中,生产和销售业务的分权程度往往很高,原因很简单,生产和销售业务的主管要比其他人更熟悉生产和销售工作。但财务职能中的某些业务活动需要较高的集权,只有集权,最高层主管才能保持其对整个组织财务的控制。

二、组织授权

(一) 授权分析

授权与分权虽然都与职权下授有关,但两者是有区别的。分权一般是组织最高管理层的职责,授权则是各个层次的管理者都应掌握的一门职能。分权是授权的基础,授权以分权为前提。

1. 授权的内容

(1) 分派任务。向被托付人交待任务。

(2) 委任权力。授予被托付人相应的权力,使之有权处置原本无权处理的工作。

(3) 明确责任。要求被托付人对托付的工作负全责。负责不仅包括完成指派的任务,也包括向上级汇报任务的执行情况和成果。

授权并不是将职权放弃或让渡。管理者授权和教师传授知识相类似,教师将知识传授给学生,学生获得了这些知识,但教师并没有因此失去知识。同样,授权者也不会由于将职权授予别人而丧失它,授出的一切职务都可由授权者收回和重新授出。

2. 授权的原则

为使授权行为达到良好的效果,需要灵活掌握以下原则:

(1) 重要原则。授予下级的权限,要使下级认为是该层次比较重要的权限。如果下级发现上级授权只是一些无关紧要的小事,就会失去积极性。

(2) 明责原则。授权时,必须向被授权者明确所授事项的责任、目标及权力范围,让他们知道自己对什么资源有管辖权和利用权,对什么样的结果负责及责任大小,使之在规定的范围内有最大限度的自主权。否则,被授权者在工作中会不着边际、无所适从,势必贻误工作。

(3) 适度原则。评价授权效果的一个重要因素是授权的程度。授权过少,往往造成领导者的工作太多,下属的积极性受到挫伤;授权过多,又可能造成工作混乱,甚至失去控制。授权要做到下授的权力刚好够下属完成任务,不可无原则地放权。

(4) 不可越级授权。越级授权是上层领导者把本来属于中间领导层的权力直接授予其下级。这样做,会造成中间领导层工作上的被动,扼杀他们的负责精神。如果有时上层领导者越级授权是由于中层领导不力,也应该采用机构改革的办法予以调整。所以,无论哪个层次的领导者,均不可将不属于自己权力范围内的事情授予下属,否则,将导致机构混乱、争权夺利的严重后果。

3. 授权的特点

要正确理解授权的性质,必须把握授权中的几个具体特点。

(1) 上级必须通过他的职位把职权授予下属。

(2) 职权可以授出去,但最终成果完成得好坏的责任还必须由上级来承担。因此,授权不等于授责,更不等于有意识地推卸责任。

(3) 授权不等于放任不管,授权以后的上级仍必须保留适时对下属的检查、监督、指导与控制的权力,以保证下属正确地行使职权,以确保预期成果的圆满实现。

(4) 授权不是上司对下属的一种权力的施舍,而是为了充分调动下属的积极性以更好地实现组织的整体目标而必须采取的一种手段和艺术。因此,授权不是上司的一种个人行为,而是一种组织行为。

(5) 职权的授予可以是具体的,也可以是一般描述性的。比如审计师被告知他只做审计师一般要做的工作,但实际工作并不十分具体。

(6) 职权的授予可以是书面的,也可以是口头的。不过书面授权可以使上司更容易了解这一职权是不是同其他职位的职权有矛盾或重复之处,也可以更好地区分哪些职责是下属可以而且应该承担的责任。

(7) 权力既可以授出去,也可以收回来。所有的授权都可以由授权者收回,职权的原始所有者不会因为把职权授予出去而因此永久地丧失了自己的权力。职权的收回能够保证改组的顺利,因为组织的改组过程中不可避免地要涉及职权的收回和重新授予问题。

4. 授权的好处

(1) 得到下属的尊敬。授权是对下属信任的表示。应充分地相信下属,让他们有权处理其工作范围内的各种问题。这样做将得到下属对你的尊敬和信任,下属不需要监督也会尽其所能把工作做好。

(2) 有利于发挥下属的聪明才智。让下属有机会去做属于他们本身的工作而不加干预,将使下属以更加积极和出色的表现来证明上司的信任是正确的。他们将会发挥其聪明才智,运用其想象力和创造性把事情办好。

(3) 可以减轻上司的工作负担。上司把一部分工作让下属去处理,将会大大减轻自己的工作负担。这既能够使上司有更充分的时间和精力去思考组织管理中的重大问题,又有利于加速下属的成长,有意识地对下属加以培养。

(二) 授权的心理障碍

虽然很多经理人员都了解授权的必要性,但在实际工作中却往往难以授权或不愿授权,究其根本原因就在于,经理人员通常对于让部属对其行动负责具有一种心理上的障碍,因为经理人员原则上要负最后责任。常见的心理障碍包括:

1. 害怕失去控制

当经理人员将权责授予下属时,经理人员就无疑要承担风险。因为下属可能不会尽心尽力、尽职尽责按期按质按量完成工作任务。经理人员害怕因授权而使他失去对下属工作绩效的控制,而他最后却要承担责任,这是他所不愿的。

2. 害怕竞争

很多经理人员害怕如果对下属充分地授权,那么下属承担的责任就加大,所做的工作就增多,取得的成就就可能超越自己,下属在组织中的影响力就会扩大,因而就可能构成对自己地位的威胁。这样一来,经理人员的授权就等于为自己培养了一个竞争对手,而这往往是他们极不情愿看到的最终结局。

3. 害怕失去权威性

有的人有强烈的权力欲,希望下属对他有一种强烈的依附感,一切听从他的指挥。希望在组织中最具影响力、最有权威性,而一旦授权,就意味着有一些人将不再直接围着他的指挥棒转,就会感到这是对他权力和权威的损害。因此,一个经理人员如果有深切的欲望企图保持部属对他的依赖,他就很难听任部属自行完成工作。

4. 被奖赏的欲望

很多经理人员沉醉于经常能从工作中获得奖赏,如果能亲自动手作出成绩,那就更能取得一种高度的自我满足。因此,有些经理人员不愿授权,不愿把工作交给下属去做,因为将工作授权就意味着下属将获得该奖赏。

5. 需要工作的感觉

有些经理人员有这么一种观念,认为每天经过努力工作而获得一种疲劳感,这是他们工作取得绩效的良好标志,好像没疲劳就觉得没做工作,没做出成绩似的。因为他们没有认识到有效地激发他人努力工作远比事必躬亲更具有效率。

(三) 授权的艺术

1. 必须清楚而明确地陈述管理政策

上司的授权原则上不能与各种基本的管理政策相冲突,下属也必须把这些管理政策作为他们的作业指导原则。越是充分授权,越要让下属充分明了组织管理中的各种政策,这是维持一个组织正常运作的基础。如果不遵循这些基本的管理政策,任意地授权会导致秩序混乱。

2. 必须明确地规定各种工作任务和目标

授权的事项必须明确,要让下属清楚地知道他的工作是干什么,他有哪些职权,对工作的完成负有哪些责任,他必须做到什么程度,等等。如果工作任务和目标不明确,授权就失去了意义,甚至成为多余。

3. 必须根据所要完成的任务挑选人员

把职权授给谁,这是授权时必须正确把握的首要问题,这也是工作成败的关键所在,对此必须十分慎重。任务要由人来完成,工作要由人去做,授权最终也要落实到具体的人,因此,根据任务严格挑选人员就成为有效授权的关键。如果用人不当,不是从完成任务的要求出发来挑选出高素质的人,而是从个人私交出发来选人,把职权授予一些不适当的人,那么,即使授权再充分,也只会无济于事,甚至适得其反。

4. 必须保持信息沟通渠道的畅通

成功的授权意味着有效的信息沟通。授权后必须与下属之间相互讨论与交换意见。

此外,由于上级不会授出所有的职权,更不会自动放弃职权,所以得到授权的下属不会也不能闹"独立王国",他们还得接受上司的计划指导和控制。而上级经理人员面对的是不断变化的市场环境,他们必须根据不断变化的条件来修改计划和作出决策,所以授权的内涵就不会是一成不变的,它必须随着这些变化而加以调整。这样一来,在上下级之间的信息流动就应该畅通,应该经常向下属提供有关情报,陈述决策内容,明确授权含义。

(四) 授权的控制方法

很多经理人员怕下属把事情搞砸了而不愿授权,他们总担心一旦授权,权力就会失去控制。其实,精明的主管人员只有在他已建立起有效的控制方法,在下属拥有自主权而仍能控制自如的前提下,他才会对下属授予必要且充分的权力。

1. 授权的控制方法和技巧

(1) 首先要对准备授权的下属进行严格的培养,使之有资格、有经验、有能力来承担所要完成的工作任务。

(2) 权力与责任的加大要采取渐进的方式,要一点一点地加强,不要让下属一下子责任过大,要让他们在实际工作中逐步积累工作经验。

(3) 当下属在工作中发生差错时,要能及时纠正并加以指导,当下属工作出色时,也应及时加以赞扬,以增强下属的自信心。

(4) 当下属的工作严重失误,或可能危及经理及下属的职位时,经理人员应能立即收回权力或完全接手过来。

(5) 要建立正常的工作报告制度、绩效考核制度、预算审计制度等必要的控制措施。

2. 使用任务式的命令方式

经理要免于插手细节问题,不包办下属的工作,同时又能发挥下属的创造力,最佳的方法是使用以任务为中心的命令方式或管理方式。这种方式简单地说就是只告诉下属任务是什么,要做什么,而不告诉他怎么去做,"如何做"完全留给下属去思考。要有效地使用这种方式,必须解决好三个基本要素问题:

(1) 要完成的任务或要解决的问题,必须在命令中作出清楚而明确的规定。

(2) 在命令中也要指出必要的限制条件,即下属在哪些限制条件下才可自行解决问题。

(3) 可利用的资源条件有哪些,下属必须明确,因为即使"巧妇"也难为无米之炊。

3. 建立合理的奖惩制度

仅仅授权是很不全面的,下属接受了授权,在他的权力扩大的同时,他所承担的责任也加重了。此时为了体现责、权、利平衡的原则,对他的奖惩制度也要相应地建立起来。这种奖惩既可以是金钱物质的,也可以是名誉、声望、地位等精神方面的,精神上的奖赏比单纯的物质奖赏甚至更具有刺激性,使授权更有权威性。

4. 注意克服授权中的若干缺点

以下几个方面,影响授权的有效性,作为经理人员必须自觉地、有意识地加以克服:

(1) 不作明确的或完整的授权,仅作部分的授权,这样会使授权不能达到效果。

(2) 虚假的授权。只是虚晃一枪,并无实质性的动作,这样会使下级觉得你言而无信。

（3）实施与完成任务的要求不一致的授权，其结果是影响任务的完成。

（4）在授权的同时又表现出对下属的不信任，犹豫不决，其效果可能适得其反。

（5）刚刚授完权又马上把权力收回去，反复无常，令下属左右为难。

（6）授完权以后就以为万事大吉，疏于对下属的监督与管理。

三、组织权力运行的约束与监督

一个组织是否能够长治久安，并能够自我调整、自我约束和自我发展，关键在于其是否能够建立一种有效的反馈机制。

控制论的反馈原理认为反馈有两种类型，一种是正反馈，它会使系统偏离目标的运动加强，甚至使系统产生振荡和解体。一种是负反馈，它会使系统偏离运动减弱，使系统趋于稳定。因此，一个系统是否能够在稳定中求发展，是否能够根据外界的干扰和压力，自我调节，不断完善系统的功能，关键在于是否能够建立起一种有效的负反馈机制。

现代组织中把决策者或决策部门、执行者或执行部门看作是"受控系统"，而把咨询者或咨询部门、监督者或监督部门看作是"反馈系统"。所有这些系统又组成更大的一个大系统，可用图 8-1 表示。

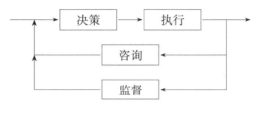

图 8-1　反馈系统

这个系统就是以咨询、监督的反馈调节为基础的系统，既是具有自我调节、稳定发展的系统，又是具有最优结构、能获得最大整体功能的系统。

这个系统是一个领导群体，也是一种制度、一种体制，是保持组织长期发展的体制。这种体制从系统上说是反馈调节的自控系统，归根结底是决策、执行、咨询和评价、监督的分工及其独立自主的分权分责。它的最大优越性是保证决策科学化，如有失误也能迅速纠正，能自行调整。

（一）组织中的咨询系统

咨询系统的出现标志着决策过程中"谋"与"断"的分离。随着社会分工越来越精细，"隔行如隔山"。在同一领域中不同课题的专家，也是"你不懂我的工作内容，我不懂你的工作内容"。即使是通才，也只不过是精通数门知识的专家而已。人们常常认为仅通一门的专家可能产生偏执，但事实上精通数门的专家也同样可能产生偏执，因此，仅靠一个人来完成信息的收集、方案的撰写以及最后决策的选择已经不再能适应时代的要求。所以，以决策内部再分工为特点的软专家集团制应运而生，咨询与决策成为两个相互独立的系统。

对于一个领导者或一个领导集团能否充分利用咨询系统，是其决策能否科学化的关键，而决策是否科学又会直接关系到他们的决策目标能否实现。

（二）组织中的监督系统

如果说咨询系统的出现为决策科学化提供了可能，那么监督系统的独立则为决策科学化和执行专门化提供了有力的保证。而更为重要的是,监督系统的独立是一个组织有负反馈机制的关键所在。

在专制的组织中,也曾建立过某些监察机构,如监事会以及为监督组织收入和开支的正当性而设置的内审机构等,但这些监察机构是以君权为中心的,本质上也是服务于专制制度的。它们并不享有独立的监察权,因此,也不能对组织形成一种有效的反馈机制。其结构如图 8-2 所示。

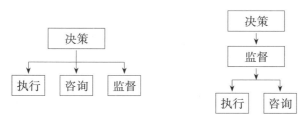

图 8-2　专制制度下的监督系统

以上无论是哪一种形式,决策权都是高高在上、不受监督的绝对权力。在这样的组织中,因为缺少受制约的决策权,没有独立的监督和咨询形成的反馈机制,所以不能根据环境的变化而进行自我调整,更谈不上自我发展了。

现今一些管理学家和领导者都很重视一种被称作“金鱼缸”的效应。即组织的一切活动都必须像金鱼缸一样透明,其目的在于增加组织活动透明度,使组织活动处于最广泛的监督之下。因为只有建立了最广泛的监督机制,一切与目标相违背的行为活动才能得到迅速的察觉和修正,才能使组织自身长期处于稳定而富有生机和活力的状态之中。

第三节　组 织 协 调

组织运行是否顺利,在很大程度上取决于组织的内外关系是否协调。就企业来说,内部协调就是各部门在生产经营过程中,按照组织的规章制度进行控制,以达到相互和谐配合的效果;外部环境对企业日益重要却又无法控制,但掌握其变化规律,因势利导,利用积极的一面,避开消极的一面,使双方关系协调,则是可以做到的。组织内部协调(又称为组织整合)主要通过培养员工的组织观念、正确处理权责关系、加强沟通工作、相互理解与让利等方法达到;组织的外部协调则主要是通过增强政策法规观念、尊重用户权益、诚实对待伙伴关系、重视沟通理解等方法,来获得满意的协调关系。

一、组织整合

部门与层次划分是组织分工的重要表现。伴随着组织的分工,组织的内部协调日益重要。组织内部协调是指一个组织内上下左右、各个部门和人员,都要朝着有利于完成本单位以及整个组织目标的方向而共同努力,故又称为组织整合。

组织整合的需要程度由三大因素决定:一是工作的相互依赖性;二是组织内部的分工程度;三是组织合作带来的利益诱惑。

（一）工作的相互依赖性

每一个组织都是由若干部门和基层工作小组组成的，这些部门和小组之间都是相互联系、相互依存的。一个组织下属各部门的相互信赖性越大，组织内各人之间的工作依赖性就越大，就越要求密切的合作。没有协作，就无法完成个人、部门和整个组织的目标和任务。著名的组织管理专家汤姆森曾对一个组织内的相互依赖关系进行了详细分析。他指出，组织的工作依赖关系主要表现为三种形式：

1. 并列式相互依赖

组织内各单位之间只有共享资源和共担目标的关系，彼此间相互联系很少，相互影响也较小。例如，一家银行内可能设有农业贷款部、工业贷款部和商业贷款部。这些按顾客类别设立的部门，彼此的工作和活动都相对独立，各部门都有自己的贷款利率标准。这些部门的成功与否，虽然不会影响其他部门的收益，但会影响整个银行的收益（因为各部门的收益是整个银行收益的一部分），并对其他部门的人员调动和利润调整等产生影响。所以，并列式的单位（包括制造业组织中按业务、地区等设立的事业部），也应该具有全局的观点。

2. 顺序式相互依赖

前后工作之间存在一种链条般的衔接关系，其中任何一个环节的中断都会导致整个活动失败。例如，纺织厂的纺纱、织布、印染等各序列作业场地之间，以及机械加工组织中按程序阶段设立的铸锻、金加工和装配车间之间，都是顺序式的相互依赖关系。

3. 交互式相互依赖

这是一种往返双向式的关系，乙单位从甲单位接受投入后要将产出返送回甲单位，这样前后环节间的相互依赖程度就非常高。例如，机械加工过程中的车、磨、钻等工序之间，往往来回交叉以完成工作。再如，一个医院下属的各部门（如外科、内科等）都要把需开刀的病人送往手术室，病人在手术后返送回有关的病房。通过这种形式循环的各个部门之间就产生了紧密的相互依赖关系。

以上三种相互依赖关系的程度是渐次提高的，它们所需的整合与协调也要相应增强。从减少协调费用的角度考虑，应使交互联结的工作尽可能邻近，并使其相关的活动包容于最低层次的部门组合中；顺序联结的可次之；并列联结的再次之。这是部门设计过程中将分工和整合问题统筹考虑的重要方面。

（二）组织的分工程度

组织内部分工的程度会使整合与协调的需要和难度加大。组织的分工主要表现在如下三个方面：

（1）纵向上的分工。这是指组织划分为各个不同的等级层次的情况。在大中型组织中，从总经理到一般职工，中间可能有六七个甚至更多的层次，而小型组织则可能仅有二三个管理层次。组织层次越多，说明组织的纵向分工程度越高，结构复杂程度越大。从组织上下的工作关系和信息沟通角度来看，前者的纵向分工和结构复杂程度要比后者高许多，其整合和协调的问题也更多、更重要。

（2）横向上的分工。这可以从工作专业化分工的程度和职能部门的数目上反映出来。对生产和业务作业及管理工作都进行了精细的分工，配备有生产制造、市场营销、财务会计、研究开发、人事和采购等各种专业人员的组织，比由老板或经理包揽一切管理工作的组织，无疑具有更高的分工程度。而工作的组织方式或部门化方式的不同，以及部门设置的数量，则更进一步地显示了组织分工的程度及综合协调的难度。比如，按职能划分部门的组织比其他类型的组织，其分工的程度和协调的难度都更大。只设置"六部二室"的组织比设有20多个职能部门的组织，其分工的程度相对低，协调的难度也小。专业化分工和职能化部门共同决定了组织结构的复杂性，从而直接影响着整合需要。

（3）空间上的分工。这是指组织单位在地理区域上的分布范围。组织的所有机构都集中在一个地点，这是地区分布最简单的情况。如果不仅在国内各地，而且在若干个国家和地区设有分支机构，则地区分布就更为复杂。缺乏地理上的直接接触和日常通讯联系，自然会使组织的整合和协调的问题更加突出。

组织的分工之所以会带来整合的困难和要求，不仅仅是因为它扩大了组织的协调面，更主要的是引起了如下的差异和分歧：

（1）对组织目标和实现目标手段认识上的差异。如财务部门认为成本控制是组织成功的关键，而销售部门则强调多样化的、高品质的业务是至关重要的。

（2）时间导向上的差异。如生产部门急于处理眼前出现的问题，而研究开发部门则要着眼于未来。

（3）人际技巧上的差异。如生产部门需要作出快速的决策，因此喜欢应急的沟通与明确的答案，而研究开发部门则倾向于轻松自在的沟通，以更多地激发思想和提出各种备选方案。

（4）正规化程度上的差异。如生产部门具有严格、明确的绩效和行为标准，而人事部门则只有一些笼统的工作标准。

（5）文化因素上的差异。如跨国公司不得不正视和面对东西方国家在价值观与思想行为方式上的差别，在求同中取得发展。

以上各方面的差异越是显著，相互之间就越难以产生共同的工作语言，从而就越需要组织采取各种强有力的手段予以整合和协调，以便形成统一的整体。

（三）合作带来的益处

尽管有研究表明，组织内部一定的冲突、竞争能帮助组织成员明确目标、期望值和行为，并且能帮助组织对如何实现组织的目标进行更好的决策，但最新的观点却认为合作是获得高业绩的最佳途径。合作给组织及其员工带来了益处，这样，组织内部协调就更具有意义。

（1）合作提高了工作效率。部门的雇员不会为了实现自己的目标而忧心忡忡；相反，他们能够集中于组织的整体目标。

（2）合作获得雇员的团结和满意。在合作的条件下，对雇员而言，"我们感觉"和团体内部认同的行为发生在组织的整个内部。成员被吸引在组织这个整体之下而不仅仅是某个团体之下，并且成员因为既是团体的成员也是整个组织的成员而感到满意。高水平的主管人员能够带来人员的合作。因为可以从合作中得到更多，所以，雇员们更加喜欢合作的安排，他们的工作也更加令人满意。

（3）合作促进了组织目标的实现。在合作状态下，因为不存在部门间相互竞争中的精力耗费，组织能够实现总体目标。

（4）合作促进了创新和创造性，它帮助组织迅速地开发新的技术、产品和服务。当技术部门、市场部门和生产部门的人员可以共享信息、思想和工作时，公司就能够快速向以时间和速度为基础的竞争市场提供新的产品；另外，部门间的合作使公司能够跟上当今快速变化的竞争性环境。当今最成功的组织都是最大限度地促进了合作的组织。

二、组织整合的主要手段

（一）组织整合的协调方式

协调是组织任务和目标实现的根本保障。当一个人独自工作的时候，协调可以在他自己的头脑里进行。但在两个或两个以上的人共同工作的时候，为了实现共同的目标和任务，组织就必须用整合的手段以达到所需要的协调。一般而言，组织协调的方式包括如下五种：

1. 通过组织等级链的直接监督

随着组织中劳动者人数的增加和劳动分工协作关系的发生，通常需要推出一个人来负责统一指挥和监督其他人的活动，以达到行动上的配合一致。这个独立于作业活动而存在的指挥和监督人员，就是组织中脑力劳动与体力劳动开始分离后出现的第一个管理者。

随着组织规模的扩大，在最高管理者与作业人员之间往往又产生若干层次的中层管理者，这样就形成了组织监督管理的等级链体系。例如，一个海运公司设有装货和卸货两个小组，在这两个小组之上，同时各配备一个专门的管理人员来协调装、卸工作。通过等级链进行的直接监督，是组织实施整合和协调的常用手段。

2. 通过程序规则的工作过程标准化

随着组织规模的进一步扩大，单纯依靠等级链上的各层次管理者来进行监督和协调已不能满足需要。为了减轻等级链的负担，可以把所要进行的工作的内容、过程制定成详细的程序和规则，即通过规定标准的工作方法来达到各方面行动的协调配合。例如，汽车装配生产线就是通过工作程序的标准化来达到各工种的协调配合的。

3. 通过计划安排的工作成果标准化

工作过程标准化适用于那些简单、常规的工作。如果某项工作的过程不易分解，无法规定标准化的工作内容和程序，这时，就需要变控制工作过程为控制工作者按照一定的程序从事自己的工作，只要产出的成果达到既定的标准要求，就能保证前后工序的顺序衔接。例如，一台由几百上千种元器件组装成的彩色电视机，只要对每个部门生产的零部件的规格大小、技术要求、质量标准及产出数量、进度等做出明文规定，并严加审核、把关，那么，零部件制造与最后总装配之间的协调配合就有了基本的保障。

4. 通过教育培训的职工技能标准化

如果工作过程和产出的成果都无法预先规定出妥当的标准，这时，只能通过工作者技能素质的控制来确保工作的协调进行。这种方式就是对从事某一工作所必须具备的知识、能力、经验等"投入"作出标准化的规定，在招收、聘用人员时遵照执行，并在任职过程中定期地加以检查、考评和培训，由此来保证工作活动达到统一的要求。例如，医院中的外科手术，其主刀医生、麻醉师和护士之间不用言语的默契配合，就是通过他们各自的多年职业教育和训练形成的。因为他们都经过专门的培训，心中明白在该项专业工作进行中彼此应该做些什么。因此，工作知识和技能投入的标准化实际上是对工作过程标准化的一种内化和替代，是组织实现控制和协调的一个间接机制。

5. 通过直接接触的相互调整

这是下级工作人员之间通过直接的接触和沟通而主动调整各自的行动,以取得彼此的协调配合。例如,两人同划一条船,这两个划船手可以通过手势、面部表情和语言沟通,密切配合地把船划向远方。再如,在组织的生产作业与物资供应两个系统之间,如果让作业管理人员直接与物资供应站联系供货事宜,要比通过两个系统共同的主管来进行监督协调节省时间。在许多情况下,横向的调整和协调可以对纵向的监督、控制和协调起到一定的补充甚至替代作用。

(二)组织整合手段的演化

组织整合的手段和协调的方式是由简单到复杂不断演化和发展的,随着组织规模的扩大,工作复杂性的提高和劳动分工的细化,组织的整合和协调机制也在不断发生变化,其序列关系可简单概括为如图 8-3 所示的演化过程。

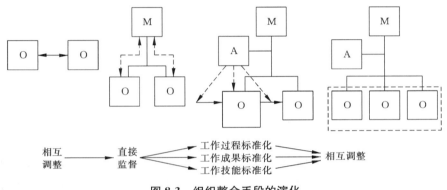

图 8-3 组织整合手段的演化

(1)在组织发展的初期,简单的协作可以通过工作者(图中以 O 表示)之间的直接接触和相互协调来取得。随着组织人员的增加,劳动分工和工作协调日趋复杂化,只依靠个人之间的相互调整已不足以满足需要,必须有一名或多名管理者(图中以 M 表示)来对全体工作人员的行动作统一的指挥和监督。

(2)当组织规模进一步扩大后,管理层次明显增多,通过逐级的直接监督协调下层人员的活动,很容易使等级链上的管理人员负荷超重。为了减轻直线管理人员的负担,组织管理队伍中逐渐分工出专门从事标准操作方法研究、产出计划和控制、人员招聘和培训等辅助管理工作的职能人员(图中以 A 表示),由他们帮助推行工作过程、成果和技能的标准化。

(3)标准化协调方式因为缺乏灵活性,所以难以应付可能出现的复杂多变的局面。这时,具有高度应变能力的相互协调机制可能重新成为组织协调的一种重要机制。不过,与最初的相互调整主要是依靠简单的直接接触来取得协调不同,现代组织已发展出了联络职位、任务小组、项目小组乃至矩阵组织这些正规设置的结构性横向协调机制。

① 联络职位。与两个部门的人员间随机性横向沟通不尽相同,联络职位是某一部门的人员被派往需要加强联系的另一部门中工作,以加强这两个部门之间的活动协调。比如,采购部门将具有采购经验的人派到工程技术部门工作,以便向技术人员提供有关零部件选用的知识。这个联络员虽然在行政隶属关系上属于采购部门,但他的工作地点却在工程技术部门。

② 任务小组。它与联络职位的区别在于,任务小组独立于被协调的部门之外,可用来

协调多个部门的工作。例如,新业务开发,成本和质量改进活动,以及建立计算机管理信息系统等。仅靠一个联络员或直接接触调整往往难以达到妥善的协调,所以需要从各层次、各部门中抽调有关人员组成一个临时性的任务小组,以便经常相互磋商,实现各部门力量的良好配合。任务小组通常在组织执行特定的复杂任务时使用,一旦任务完成,这个小组便可解散,组员回到各自所属的部门。

③ 项目小组或矩阵组织。在协调若干个部门间的工作关系上,项目小组或矩阵组织是一种更具永久性的横向整合机制设计。项目小组是在某项基本使命不变但具体任务经常变动的情况下,用以实现各部门工作协作配合的协调机制。项目小组既有一些固定的成员,也可视某些特殊需要临时从有关部门中抽调一些人员参加进来。这种组织比任务小组更具权威性,而且常常掌握一定的经费预算。

三、协作网络

许多组织都在重新思考如何应对纷乱多变的环境。组织内部协调可以通过减少边界和增加合作实现组织目标。同样,组织的外部协调可以通过减少组织与组织之间的边界,增加合作,以便在剧烈的动荡环境中求生存。在新的经济环境中,协作网络正在出现,组织将自己看成是共同创造价值的团队,而不是与所有其他组织处于竞争状态的自主组织。

资源依赖反映了组织关系的传统看法。资源依赖观认为,组织由于重要资源供给原因试图减少对其他组织的依赖,并试图影响环境以得到可用的资源。资源依赖理论认为组织不希望轻易地受其他组织的影响,当组织感到资源或供应有限的时候,它们就会调整战略,改变相互依赖的关系。比如,可从供应商那里购买所有权或订立长期合同,以保证得到必需的资源。组织可能会采取加入行业协会,采取政治性措施等方法,设法使组织减少对外部环境的依赖,进而减少不确定性。

如今,协作网络的观点取代了资源依赖理论。在不确定的国际环境中,公司联合起来,变得更有竞争力,并且共同分享稀缺的资源。为什么现今的公司热衷于组织之间的协作?主要原因是进入市场的时候,可以共担风险、共同开发昂贵的新项目以及在选定的产业和技术领域中强化组织的形象。合作是进行更大的创新、解决更大的问题以及获得更大业绩的前提条件,同时也是进入全球市场的一个重要通道。因此,合作和团队工作正在取代供应商、顾客和竞争者中曾经有过的痛苦的敌对情形。表 8-1 概括了更多的公司从敌对走向伙伴关系的变化特点。

表 8-1　变化中的新型组织关系的特点

项目	传统组织关系	新的组织关系
关 系	怀疑、竞争、互不信任	信任、双方增值、高度承诺
利益目标	价格、效率、只为自己	平等、公平交易、所有人获益
信息分享	有限的信息交流和反馈	通过网络联盟分享关键信息
冲突管理	以法律手段解决冲突	紧密协调、现场解决冲突
参 与	最小量的参与和先行投资	广泛地参与伙伴的产品设计和生产
合 同 期	短期合同	长期合同
合同说明	业务关系的界限	超出合同的业务援助

本 章 小 结

1. 组织制度是组织中全体成员必须遵守的行为准则,包括组织的各种章程、条例、守则、规程、程序、标准等。组织制度是组织运行的保证,也是保证共同劳动得以有效进行的管理手段。

2. 集权是指决策权在组织系统中较高层次的一定程度的集中;与此相对应,分权是指决策权在组织系统中较低层次的一定程度的分散。

3. 授权与分权有一定的区别。授权有艺术,授权后还要控制。

4. 组织运行的有效性取决于组织内外关系的协调。组织协调可能通过组织整合诸多手段及协作网络等来进行,对组织有序运行很有帮助。

复习思考题

(一) 简答题

1. 组织制度的定义是什么? 它具有哪些特点?

2. 组织运行为何需要完整的组织制度体系?

3. 集权有效还是分权有效?

4. 影响分权的因素有哪些?

5. 组织权力运行约束与监督如何展开?

6. 组织整合的方式和手段包括哪些内容?

(二) 选择题

1. 高层经理人员的行为受到( )的约束。

    A. 经理人市场   B. 资本市场   C. 商品市场   D. 货币市场

2. 授权包括的内容是( )。

    A. 分派任务   B. 委任权力   C. 明确责任   D. 自我管理

3. 组织制度所应具备的特点是( )。

    A. 系统性   B. 科学性   C. 时效性   D. 权威性

    E. 合法性

4. 在组织系统优化时所需要考虑的是( )。

    A. 从实际需要出发,以实际情况为基础

    B. 尊重以人为中心

    C. 制度要系统配套

    D. 制度的修订有广泛的群众基础

    E. 定期不定期地重新审视组织制度

5. 组织工作的依赖关系主要表现为( )3 种方式。

    A. 交互式相互依赖   B. 顺序式相互依赖

    C. 交叉式相互依赖   D. 并列式相互依赖

6. 组织的分工主要表现在( )。
　　A. 纵向上的分工　　B. 横向上的分工　　C. 空间上的分工　　D. 职能上的分工
7. ( )是组织整合的主要手段。
　　A. 工作过程标准化　　　　　　　　B. 工作成果标准化
　　C. 工作技能标准化　　　　　　　　D. 工作语言标准化
8. 公司治理结构的 3 个基本部分是( )。
　　A. 股东大会　　　　B. 监事会　　　　C. 董事会　　　　D. 高层管理人员
9. 组织分工会引起( )方面上的差异。
　　A. 人际关系　　　　B. 时间导向　　　　C. 地理因素　　　　D. 文化因素
10. 分权所要考虑的因素是( )。
　　A. 组织规模　　　　B. 人才素质　　　　C. 外部环境　　　　D. 决策重要性

案例　美国通用汽车的组织革命

　　1921 年,被称为"现代组织之父"的美国通用汽车公司总裁斯隆为了提高公司的竞争力进行了组织机构的改革,提出了"集中政策、分散管理"的事业部制,这是第一次管理体制的伟大变革,它是以组织机构形式固定下来的决策与执行的专门化的纵向分工。分工,同时意味着分权,因此,这又是一次集权与分权之间的组织革命。斯隆改革提高了组织效率,但也留下了待解决的问题。

　　1. 通用公司的管理史,集权与分权的平衡

　　通用汽车公司的管理史,实际上是试图在不断变化发展的工业环境之中,设法在集权和分权这两个极端之间达成相互平衡的领导体制发展史。

　　通用公司最初采用的是分权制。通用汽车缔造者杜兰特把许多小企业并入了通用汽车公司,并且允许它们的经营管理一如从前,只要在很模糊的意义上有一点公司的整体观念就行了。这点整体的观念可以在现金的控制方法上窥见一斑。每一个业务单位均自行管理本身的现金,所有收入都存在本单位的账户名下,并从那里支付一切开销。公司没有直接收入,也没有实在的现金调拨程序。它不能随便命令一个部门调出现金给另一个需要现金的部门。而下面企业的所有财会人员都非常精于拖延向上级汇报手头现金余额的伎俩。因此,如果公司需要用现金来支付股息、税款或其他费用,司库就只好自己推测一个部门手里有多少现金,以此决定他能向这个部门索取的数额。他得去找到这些部门的负责人,先讨论一些其他的一般问题,然后在谈话快结束时假装漫不经心地提起关于现金的话题。他们永远会对他提出的索取数额表示吃惊,有时候还会试图抵制,借口拿不出如此巨额的现款。

　　分权的优点是能使企业的决策在接近实际工作的各基层单位进行。但是,它也能引起某种现实的危险,这些决策有可能只是根据某一特定工作部门自身的最佳利益作出的,而对公司整体上的最佳利益却未予考虑。由于存在着讨价还价、相互扯皮的局面,要使公司能以一个整体有效地作出全部现金的决策是件伤脑筋的事。事实上,各部门主管都像是独立部落的酋长,完全不听"王命"了,通用公司的组织简直是一盘散沙。

　　后来,通用公司不得不建立一个高度集权的现金管理体制。即以通用汽车公司的名义开账户,由总会计室负责控制,所有收入一律记入公司贷方,所有支出也都在公司名下的各户头上支付。这样,各户头的主管会计之间便可以在全国范围内迅速而简便地调拨现金。当一个单位急需现金时,就从另一个存有现金的单位调拨过去。至于各地分户头收付金额上下限的规定,公司间结算手续的简化,以及现金预约计划的制定等业务,全部都在公司总会计室的控制之下。

　　集权方式有着指挥灵活和决策迅速等优点,但它同时给最高负责人背上了极为沉重的担子。在许多决策上,这位最高负责人可能表现得像一位天才人物,然而在另一些决策上,他又可能是任意的、非理性的和迟钝的。集权能建立起一系列的协调机制,如协调购置设备,统一广告宣传活动,监督设计和施工等。但是如果不想让总部的管理人员打击各部门的管理积极性,那么分权就显然是必要的。

　　2. 发动机事件与斯隆改革

　　通用汽车公司饱受分权之苦而采用了高度集权管理,然而随之而来的又是一大堆问题,20世纪20年代初关于引擎冷却问题的一场争论使该公司出现的分歧,充分说明了这一点。

　　那时,通用汽车公司部门的研究部门搞出了一种革新型的风冷发动机,并且得到了当时董事长埃尔·杜邦的大力支持。于是,总部决定在全公司范围内推广,硬性要求各分厂全部改产这种新式发动机。然而,各生产单位的主管人员却对此表示抵制。他们的理由是这一新型发动机尚未在生产和使用上得到检验。

　　斯隆自己没有足够的能力在技术上去考察这一新型发动机的优劣之处,但他从管理人员的角度进行了一番分析。他得出的结论是公司的指挥中心如果强行要求下级管理部门执行改型的决定,而毫不顾及后者的抵触情绪,那么便无异于越俎代庖。这样的集权管理显然是不合适的,也是根本不切实际的。因此,他转而全力支持各生产单位的立场,并建议在公司的研究发展部下面组织一个特别机构,以这种新型发动机为基础,迅速研究与之配套的汽车。这个建议被采纳了,但是实际进行的结果证明这种发动机在当时的技术条件下是很不实用的。

　　发动机事件引起了斯隆的思考,他认为高层管理的基本任务是给高级行政人员提供努力工作的动力和个人发展的机会。所谓"动力"主要是通过优先购股权等办法给他们的工作以某种刺激性的补偿;而"机会"则指通过分权化的管理体制使他们得以充分发挥自己的聪明才智。好的领导是建立在集权与分权的和谐一致的基础之上的。

　　为了在这两个极端中达成正确的结构平衡,斯隆提出了"集中政策,分散管理"的事业部制,这是一次管理体制的伟大变革。公司的最高层——董事会或总经理负责企业大政方针的经营决策,而计划、组织、财务、销售等日常管理工作则由各事业部负责。其实质是经营权和管理权的分开,即决策与执行的纵向分工,领导与管理的分离。决策与执行的分离使组织决策和执行都更为有效,既保证了上层统一领导,又保证了下层根据自己的实际情况充分行使自主权,调动了下属执行者的积极性,也使决策能够更有效地付诸实施。这种新的管理体制使通用汽车公司超过当时最大的福特汽车公司而跃居汽车工业之首。

3. 斯隆没有解决的问题

斯隆革命提出的"集中政策,分散管理"的企业事业部制因其实现了决策与执行的分离而大大提高了组织工作效率,因而被世界各国大公司所采用。

哈佛大学企业史教授钱德勒说:"一项制度在这样短的时间内就变得这样重要,这样广泛,这在世界历史上是少有的。"但斯隆的企业事业部制却不能保证决策科学化,不能保证组织的长治久安,因为它贯彻的是决策和执行两权分离,而不是决策、执行和监督三权分离。决策与执行的分离是决策科学化和权力制衡的一个充分条件,但是,只有决策和执行的分离却不足以建立一套自我调节与反馈的机制。决策正确、效能显著,自然皆大欢喜,但决策错误,"一着不慎,满盘皆输"的事并不少见。而因为缺少第三种权力即监督权,决策权与执行权又很可能貌似分离,实质上合二为一,二位一体。如何保障决策科学化和组织的长治久安,这是斯隆没有回答的问题,但又是组织迫切要求解决的问题。

讨论题

1. 通用公司碰到的一系列问题是什么原因造成的?
2. 你认为通用公司应采用什么方法解决这些问题?
3. 试分析某大公司组织结构的优点与缺点,提出改进的建议。

第9章 组 织 变 革

近一个世纪以来,社会环境变化迅速,各类组织机构如企业、政府、学校、医院等规模日益庞大,其活动也越来越复杂。我们正生活在这场革命的初始阶段。这场革命从根本上改变了世界上所有的组织,有的组织将抓住新的机遇获得发展,有的组织则被淘汰。为了适应外部环境变化和内部组织的要求,所有的组织都迫切需要一套新的相应的变革法则,以促进组织的可持续发展。1969年,贝格哈特在《组织发展:策略与模型》一书中提出:组织发展是应用行为科学知识,有计划、有组织的,并且由最高层领导参与的,以增加组织的有效性和健康发展为目的的过程。

第一节　组织变革与发展方向

一、组织变革与组织发展的概念和作用

（一）组织变革的概念和作用

组织是一个由多因素组成的有机体,和其他有机体一样,经历着产生、成长、成熟和衰退的过程。它不断地和周围的环境进行物质、人员、信息的交流,从而使其自身不断地发生变化。一旦组织内部因素及其所处的外界环境发生变化,组织要想求得生存和发展,就必须进行变革。组织变革是指组织管理人员主动对组织的原有状态进行改变,以适应外部环境变化,更好地实现组织目标的活动。这种变革包括组织的各个方面,如组织行为、组织结构、组织制度、组织成员和组织文化等。

组织变革对组织生存和发展具有重大的影响和作用。通过组织变革,使组织的目标和任务更加明确,组织成员的认可和满意度提高,组织更加符合社会发展的要求;通过组织变革,组织完成任务的方法更加明确;通过组织变革,提高组织机构的管理效率。组织作出的决策可更加合理,更加准确,使组织更具稳定性和适应性;通过组织变革,组织的信息沟通渠道畅通无阻,信息传递更加准确,增加组织的自我更新能力。

（二）组织发展的概念和作用

组织变革与组织发展是相互区别,又紧密联系的两个概念。组织发展要通过组织变革来实现,变革是手段,发展是目的。

组织发展是指以变革的方式改进组织行为、提高组织效率的过程。组织的效率一般取决于组织的管理体系和组织结构、组织的技术水平和工作安排体系、组织成员的态度、行为、价值观等文化系统。组织发展就是对这些因素进行的一系列变革,其中改变人的因素、发展

人的潜能和特性是组织发展的本质。

组织变革通过一系列具体方法，调动全体员工的积极性，从而促进和支持组织的发展。组织发展是一个连续不断的动态过程，组织领导者不能期望运用某种方法能在一定时间内解决所有问题，而是需要经历一个由低级到高级的较长的动态过程；它从整个组织系统出发，需要综合运用多学科知识；组织发展主要是调整领导与员工之间、员工之间、部门之间的关系，以创造信任、协作、理解的工作氛围；它一般采用有计划的再教育手段实现自己的目的，通过有目的地改变人的态度，影响人的行为，不断创新规范，推动组织的发展。

二、组织变革的目标

组织不能总是维持原状，变革是一种必然趋势，但这并不等于说，组织变革是完全适应性的，是一个自然进行的过程。组织变革是由人进行的，并且是整个组织有计划的工作。所有的变革都应与整个组织的发展目标紧密联系在一起。实行变革应努力实现以下目标：

（一）提高组织适应环境的能力

能适应环境是组织生存的前提。内外环境变化了，组织也必然要随之变化。但组织的变化是以对环境变化的正确认识为基础的。如果组织的领导者仅仅看到了自身的不适应，急功近利地进行变革，可能得利于一时，但无助于提高组织的真正适应能力。组织变革要通过建立健全组织运行机制，改造组织结构和流程，来增加组织对环境的适应性和适应环境的灵活性。

（二）提高组织的工作绩效

提高组织的适应能力，仅仅是组织变革的基础目标。在提高适应能力的基础上，促进组织自我创新，不断更新组织的知识、技能、结构、行为和心智模式，以获得更高的效率，并通过绩效提高，使组织不断发展壮大，这才是组织的最终目标。

（三）承担更多的社会责任

在现代社会中，单个组织的生存和发展从根本上取决于它同社会的关系。组织不能仅仅追求自己的目标，而置社会责任于不顾。因此，每个组织所承担的社会责任，它所树立起来的社会形象，都成为组织运作的必要前提。例如，日本佳能公司提出了"与全世界和人类共生"的理念，并以此作为基础制定公司战略，从而逐步成为真正的全球企业。一个生产企业，如果只顾赚钱，不顾环境污染和消费者的利益，不关心社会公益事业，其发展必然受到损害。组织的社会责任，也要求组织不断进行调整和变革，并成为组织变革的最高目标。

三、组织发展的趋势

（一）未来组织面临的关键课题

经济的全球化和信息技术的迅猛发展，使得快速、激烈与不确定的变化成为所有组织必须面对的现实。所有面对未来的组织都必须解决如下关键的课题：

1. 不确定性

世界正在日益成为一个相互联系的系统。金融市场、顾客爱好、地缘政治——所有的现象都不再是孤立的"地区"现象。由于全球化通信和媒体的出现，"地区"市场、顾客爱好、政治抱负等正日益发生着快速的变化，这些都导致不确定性的增加，而这是我们在设计组织时必须加以解决的。

2. 人们工作方式的彻底转变

企业组织的目标是使资本、能源、知识协调起来,需要一种杠杆作用使工作完成得比竞争对手更加有效。现在,人类技能和知识的重要性在生产中日益突显,工作中的人-机(器)伙伴关系现在已经很难区分。因此,企业的组织设计必须建立一个框架,使这种人-技(术)伙伴关系发展起来。

3. 技术上的爆发性转变

技术是未来组织设计的关键性因素。我们正在讨论技术上的"根本性巨变"——一种不连续的变化,这不仅仅是从过去得出的推断,而是因为每个月我们都在经历着技术上连续的、递增的变化。我们每天都在依靠全球化的光纤和卫星网,不断地学习、工作和娱乐,正是由于这种全球化的光纤和卫星网,使学习、交流的能力正在以极快的速度飞速发展。组织必须对自身进行再设计,从而比竞争对手更有效地渗入这一"全球化头脑"。

4. 对人性的新关注

在更深的层次上,我们有关人类是什么、人类和智慧的神秘性等观点正在发生着变化。我们经常对我们的发明和建设不满。在组织内部,这种超出工作奖励的新愿望导致了对员工的授权,提高了创造性,强调了组织"软"的方面,如人际关系和整体观。人们渴望超越自己,获得更有意义的东西。这种渴望是组织设计的一个重要组成部分。

5. 极快的变化频率

环境变化的频率正在加快。利用计算机和因特网,我们可以建立快速反应的机制。速度缓慢的、稳定的、自上而下的命令结构正在被员工灵活的独创性所取代,它向员工提出挑战,使他们充分利用自己的大脑。接受授权的小组以难以想象的方式运用人们的技能。在全世界,不同的方法导致了快速的、难以预测的变化。由于全球化的信息技术,这些变化也成了全球性的。

6. 不断地学习

连续的不确定性,以及技术方面快速的变化,要求组织不断地学习和试验。"学习型组织"一词被用在各个地方,但大多数作者对它的含义只有一种片面的理解。一个组织必须学习的方法有许多种。工厂工人的学习与市场营销人员的学习不同,产品设计人员的学习与企业设计人员的学习不同。新的组织结构必须允许它使各种类型的学习最大化,能够获得和传播各种"技能诀窍",这就要求对组织变量进行系统性思考。

 【专栏】 乌卡时代(VUCA)

乌卡时代,即 VUCA,指的是易变不稳定(volatile)、不确定(uncertain)、复杂(complex)、模糊(ambiguous)。乌卡时代是指我们目前正处于一个充满易变性、不确定性、复杂性和模糊性的世界里。"易变性"是指事情变化非常快,"不确定性"是说我们不知道下一步的方向在哪儿,"复杂性"意味着每件事会影响到另外一些事情,"模糊性"表示关系不明确。

乌卡时代的出现主要是科技革命、互联网浪潮、经济危机、地区冲突、全球化带来的社会经济科技等因素的共同作用而造成的。具体而言:①科技信息技术的不断进步导致了易变性。②价值观的开放和多元导致了不确定性。③互联网+时代的不断创新导致了复杂性。④传统的思维习惯导致了模糊性。

处在乌卡时代,组织应该通过持续的学习与创新,培养自己的核心专长与敏捷性,积累人才与知识储备,不断地调整自己实施变革发展,才能应对变化与挑战,才能在变化复杂的情景下健康成长与发展。

（二）未来组织的特征框架

未来组织具有如下特征:

1. 高速度

随着数字化和网络经济的发展,规模经济时代正在向"速度经济"时代转变,谁能在剧烈变化的环境中迅速调整,谁就能赢得胜利,从众多组织中胜出。在大批量生产的工业经济时代,企业竞争取胜的法宝是低成本,而未来竞争取胜的要求是快速度。未来的社会是"快者生存"的时代。这种组织称为"高速度公司",它是能从不断变化的顾客机会中和难以预测的市场环境中迅速调整、果断决策、赢得竞争的企业,其最大特征表现为对市场、技术、创新、决策和人才的快速反应机制。

2. 组织结构扁平化

随着互联网在组织生产经营中的应用,企业的信息收集、整理、传递和经营控制手段的现代化,金字塔式的传统层级结构正在向少层次、扁平式、网络化的组织结构演进。

在当今的企业组织结构的变革中,减少中间层次,加快信息传递的速度,直接控制是一个基本的趋势。如一些跨国公司,过去从基层到最高层有十几个层次,在先进的管理手段使用之后,层次精简为五至六个,大大提高了管理的效率,降低了管理费用。根据这个趋势,有人甚至悲观地预言,未来的时代是不需要中层管理人员的时代。

3. 组织运行柔性化

柔性的概念最初起源于柔性制造系统,指的是制造过程的可变化、可调整性,描述的是生产系统对环境变化的适应能力。后来,柔性就应用到企业的组织结构,指企业组织结构的可调整性,对环境变化、战略调整的适应能力。在知识经济时代,外部环境的变化以大大高于工业经济时代的速度变化,企业的战略调整和组织结构的调整必须及时,应运而生的柔性组织结构使得组织结构的运作带有柔性的特征。

4. 组织协作团队化

在知识型企业中,一种称之为团队的小集体是倍受赞誉的结构。这里的团队指的是在组织内部形成的具有自觉的团结协作精神、能够独立作战的集体。团队组织与传统的部门不一样,它是自觉形成的,是为完成共同的任务,建立在自觉的信息共享、横向协调基础上的。在团队中,没有拥有制度化权力的管理者,只有组织者;在团队中,人员不是专业化的,而是多面手,具有多重技能,分工的界线不像传统的分工那么明确,相互协作是最重要的特征。有了一定的团队精神,团队组织才可能有效地运作。

5. 组织管理人本化

要使组织获得高效率,组织内的每个成员都应该相互信任,对组织目标持充分合作的态度。而在实现目标的过程中,组织内各成员的创造性和参与性应得到尊重,从而使其在成就感的驱动下,对组织的各项工作显示出足够的主动性、积极性和创造性,谋求实现人的全面、自由地发展。因此,更多的分权和授权会像发展技术潜力一样,快速地发展人的潜力,因为任何组织的能力都是个人能力的总和,最大化每个人的价值就是最大化组织的价值。

6. 学习型组织

知识时代的组织必须不断地学习,组织要运用能在所有层次上促进学习和实验的知识基础来支持。组织以极快的速度学习着做竞争对手所做的事情。组织保持领先的唯一办法就是比对手更快、更好地学习。阿里·德·格斯在领导皇家荷兰壳牌策划时曾说过:"比你的竞争对手更快学习的能力可能是唯一的持久性竞争优势。"彼得·圣吉在其 1990 年出版的《第五项修炼——学习型组织的艺术与实务》一书中,以全新的视野考察人类群体危机最根本的症结所在,认为我们片面和局部的思考方式及由此所产生的行动,造成了目前切割而破碎的世界,为此需要突破线性思考的方式,排除个人及群体的学习障碍,重新就管理的价值观念、管理的方式方法进行革新。

第二节　组织变革的动因与阻力

一、组织变革的动因

(一) 组织外部环境的变化

组织是从属于社会大环境系统的一个子系统,它无力控制外部环境,而只能主动适应外部环境。适者生存是市场竞争的自然法则。外部环境变了,整个组织就要进行相应的变化。只有以变应变才会获得新的发展机遇。导致组织变革的外部环境变化的因素主要有:①科学技术的进步;②国家有关法律、法规的颁布与修订;③国家宏观经济调控手段的改变;④国家产业政策的调整与产业结构的优化;⑤国际、国内经济形势的变化;⑥国内政治形势及政治制度的变化;⑦国际外交形势及本国外交政策的变化;⑧国际、国内市场需要的变化及市场竞争激烈程度的加剧。

(二) 组织内部条件的变化

影响组织变革的内部因素主要包括:①管理技术条件的改变;②管理人员的调整与管理水平的提高;③组织运行政策与目标的改变;④组织规模的扩张与业务的迅速发展;⑤组织内部运行机制的优化;⑥组织成员对工作的期望与个人价值观念的变化等。

以上这一切都会影响到组织目标、结构及权力系统等的调整和修正,从而引起组织的变革,而且有些变革是全面而深刻的。比如,当汽车制造厂产品单一且规模较小时,它往往实行的是集权型的直线职能制的组织结构;当产品品种增多,市场变化加快,且生产批量急剧扩大时,直线职能制显然就不适应了,这时必须建立分权型的事业部制,就是结构上的一种质的改变。

(三) 组织成员的期望与实际情况的差异

管理学家霍尔顿认为,组织成员的期望与组织的实际情况之间至少存在六点差异:

(1) 成员希望得到富有挑战性并能促进个人成长的工作,但组织仍然倾向于工作简化以及专业化,因而限制了成员的成长与发展。

(2) 成员逐渐倾向于能够相互影响的管理模式,他们希望公平、平等地相待,但组织仍然以等级层次、地位差别和指挥链为其特性。

（3）成员对组织的承诺，逐渐表现为工作本身能产生的内在利益、人性的尊严和对组织的责任，而实际上组织仍在强调着物质的报酬、成员的安全，忽略了成员的其他需要。

（4）成员希望从组织的职位中获得的是目前即刻的满足，但组织当前所设计的职位阶层及职位升迁系统，仍然是假设成员同以前一样，期望获得事后的满足。

（5）成员更关注组织生活的感情面，比如，个人的自尊、人际间的坦诚与温情的表现，然而组织仍强调理性，不注重组织的情绪方面。

（6）成员正逐渐缺少竞争的动力，但经理人员却仍然以成员过去所习惯的高度竞争的方法，来设计职位、组织工作以及制定报酬制度等。

二、组织变革的阻力

组织变革意味着原有状态的改变，意味着破旧立新。面对改革，组织中的一些人必须放弃自己原有的观念、行为方式，适应新的方式。因此，组织变革不可能一帆风顺，势必遇到来自各个方面的阻力。充分认识和了解这些阻力，并设法排除阻力是组织成功变革的基本条件。

（一）变革的阻力

1. 个人方面

组织成员出于各种个人原因，可能抵制或反对变革。个人的能力、态度、性格和期望都会导致他们反对变革。例如，心理方面的阻力。人们一般有一种安于现状的特性。一旦人们熟悉了某种工作方式和人际关系后，就倾向于保持它，任何改变都会使他们感到是对原有安全的威胁，因而丧失原有的心理平衡。如果变革带来了新的领导人和新的同事，人们对这些新人开始总是带着疑虑、不信任的态度，本能地有一种排斥的倾向。对于大多数人来说，由于各种原因，他们仅仅考虑眼前的短期的事情，对于长远的变化没有兴趣。因此，当变革不能给他们马上带来好处时，他们就会反对变革。而在现实生活中，许多变革确实是能带来长期利益的。

2. 经济方面

在组织中谋生，至少是人们在组织内工作的基本目标之一。收入基本上取决于人们在组织中的地位和工作。而大多数组织变革，都会或多或少地改变组织的某些结构和某些工作方式。因此，被涉及的人会感觉到自己在经济上可能要受到损失，因而反对组织变革。

3. 工作方面

如果组织变革涉及工作的性质、技术方面，例如调整工作内容，使用新机器或技术，也会遭到员工的抵制。因为某个职工在熟悉了某项工作后，当组织要求他转到另一工作岗位或使用新方法时，他的工作技术知识可能不太适应，或者他们要重新进行培训才能胜任新的工作岗位。因此，他们宁愿不变革，也不愿适应新的工作。这与人们喜欢安于现状的心理是一致的。

4. 社会方面

由于各种社会关系方面的原因，有的员工也会反对组织变革。这些原因包括：一是人们在工作中会形成多样的非正式人际关系，这些非正式人际关系对于满足员工的需要有很大作用。当组织进行变革时，特别是当进行结构和人员调整时，这些非正式人际关系会遭到破坏，在长期工作中培养起来的友谊、相互谅解和协调关系将不复存在，因此，人们可能抵制变革。二是小群体的力量。霍桑实验已经证明,组织中的小群体或非正式群体,由于长期频繁的交往,会形成独特的非正式规范,如果小组成员不遵守这些准则规范,就会遭到其他成员的排斥打击甚至驱逐。小群体的凝聚力越强,对成员的影响就越大。因此,有些组织成员抵制变革,正是因为他所在的小群体抵制变革。三是组织中的科层结构本身。科层结构本身就带有固定、普遍化的特点,它一般不考虑偶然的、特殊的情况,也不会因人因时而任意改变。因此,当组织进行变革时,往往首先就与现行体制发生冲突。四是组织中的既得利益者。不论组织在什么状态下运作,它之所以能继续运作下去,原因之一是有些人在组织中满足了自身的利益。因此,他们希望组织依照原样运行下去。组织发生变革时,由于各种关系和地位的调整,这些人的利益可能无法继续得到保障,或者是,当组织变革触动了某些人的原有利益时,他们就有可能成为变革的反对者。

（二）排除变革阻力的方法

有对变革的抵制或者说变革阻力并不完全是一件坏事。组织变革是大势所趋,不以人的意志为转移,阻力可能成为一种使变革保持稳定、安全的因素。如果一项变革导致强烈的反对意见,会促使变革推动者更加慎重地审核变革方案,更仔细地考察它的准确性和可行性。阻力提醒人们从事情的反面观察变革,使其更加完备,少出错误。在一定意义上,错误的变革同不变革一样,都会给组织的生存和发展带来损害。阻力的出现,预示变革过程中可能发生问题的地方,使变革推行者早做准备,在一些问题没有扩大之前就予以解决,保证变革的顺利进行。

虽然如此,但还是要注意组织变革中的艺术性,积极地创造条件,采取措施,消除阻力,保证组织变革顺利进行。排除组织变革中阻力的方法主要有以下几点:

（1）保持公开性,增加透明度。对于组织目前所处的运行环境、所面临的困难与机遇等,要坦诚布公,使组织上下达成共识,增强变革的紧迫感,扩大对变革的支持力量,使组织变革建立起广泛而牢固的群众基础,这是保证组织变革得以顺利进行的首要条件。

（2）相互尊重,增进信任。有的变革者总认为人们都会抗拒变革,个个都因循守旧,因此,他们总想通过强制手段,或利益诱导,或巧妙的设计安排,来把人们引入其所无法了解的变革中,这反映了变革对组织成员的不尊重、不信任,无形中会增加许多阻力。实际上,几乎每个人都急切地希望生活环境中发生某种类型的变革。只要我们对变革的力量合理地加以因势利导,及时相互沟通与尊重,变革的阻力就会减小。

（3）加强培训,提高适应性。要通过自上而下的培训教育,使大家学习新知识,接受新观念,掌握新技术,学会用新的观点和方法来看待和处理新形势下的各种新问题,从而增强对组织变革的适应力和心理承受能力,增进他们对组织变革的理性认识,使他们自觉地成为改革的主力军。要使人们深深地认识到,虽然每种变革都会影响到某些人的特权、地位或职权,但如果不实施变革,停滞下来,那将会威胁到整个组织的生存和发展。

（4）启用人才,排除阻力。要大胆启用那些富有开拓创新精神、锐意进取、目光远大且年富力强的优秀中青年人才,把他们充实到组织的重要领导岗位,为顺利地实施变革提供组织保障。

（5）注意策略,相机而动。变革要选好时机,把握好分寸,循序渐进,配套进行。变革是革命,但不等于蛮干,要特别注意策略和艺术,成功的变革不仅可以增进组织的效率,维持组织的成长,同时也可以提高成员的工作积极性,满足成员的合理愿望。

第三节 组织变革方式

一、组织变革的方式

组织变革可采用改良式变革、革命式变革的方式,也可以采用计划式变革的方式。运用什么样的方式进行变革,这取决于每个组织的具体特点。现介绍几种最主要的变革方式。

（一）四因素依赖

李维特认为,组织变革必须要认清变革的对象。在组织的运行过程中,有四个因素是最重要的:任务、技术、结构、人员。

（1）任务。组织的任务是指组织的运行目标和方向。当组织的目标和方向进行调整时,组织的结构也要随之进行变革。在复杂的组织系统内,尚有许多亚层次任务实际上就是各个部门的具体工作任务与目标,这是决定各级部门机构设置的重要因素。

（2）技术。组织系统中的技术因素包括设备、建筑物、工作方法、新技术、新材料、新的质量标准和新的管理技术控制手段等。技术因素的变革,可以间接地促进组织任务的改变,或促进组织技术条件与制造方法的改进,从而影响到组织人员与组织结构。

（3）结构。组织的结构包括组织职权系统、工作流程系统、协作系统、意见交流与信息反馈系统、人力资源管理等专业职能系统,以及集权的程度等。

（4）人员。这是指组织成员的态度、动机、行为、文化素养、职业道德水准、人际关系、受激励的程度、组织文化与成员的价值观念等。人的因素的变化,也许是引起组织变革的最复杂、最深刻、也最难以把握的因素之一。

李维特认为这四个因素相互依赖、相互作用,从而使得组织成为一个动态系统。一个因素的变革势必会影响到其他三个因素的变化。比如技术的进步会要求人的素质提高,而人的素质的提高,又会反过来推动技术的进步、管理水平的提高、结构的优化和运行方式乃至运行方向的改变,从而对组织的任务与目标作调整。这四个因素之间的相互关系可用图9-1来概括。

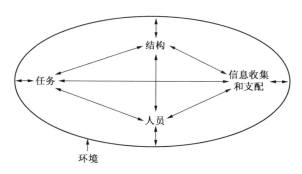

图 9-1 李维特提出的组织变革方式①

---

① 哈罗德·J.莱维特:《现代管理心理学:论组织中的个体、同事和团体》,方展画、刘纯译,上海翻译出版公司1988年版。

因此,进行组织变革必须充分考虑它们之间的相关性,针对不同的因素,采取不同的方式。例如,如果进行任务变革,应采取工作设计等方式;结构变革主要是调整结构,建立新的规章制度,增减机构,重新授权;技术变革应引进新的技术,或改变工艺流程,推广新的操作方法;人员变革则主要指态度协调、动机和行为的变革,通过新的绩效评估设计等方式进行。

（二）权力分配

权力分配方式强调如何进行组织变革。这种方式认为,依赖强制性权力,能够进行成功的变革,这种方式的代表人物是格雷纳。格雷纳认为,在组织变革中运用权力,可分为三种类型:

（1）单方面权力。即组织变革是由掌握最高权力的组织领导人提出要解决的问题和办法,然后通过正式渠道自上而下进行贯彻。例如,可以采用命令的方式,直接贯彻变革的措施和规定完成的时间,以及违反命令的处罚。

（2）权力分享。仍然以权力的权威性、强制性为基础,注重职位和权力运用;但在一定条件下,可与下级适当分享权力。例如,如果下级能干且值得信任,就可以和他分享权力来推动变革。这种方式可有两种具体形式:一是上级制定出若干变革方案,这些方案已决定了要解决的问题和方法,然后交给下级和职工,让大家共同参与,从中选出一个方案。这种形式的意义在于:会在实施过程中得到职工的积极参与,从而会得到员工赞同的变革方案。二是由员工讨论变革要解决的问题和方法,然后由领导作出最终决定。

（3）权力授予。将变革的权力授予下级,由下级决定变革。这种方式也有两种具体形式:一是上下级共同讨论,鼓励员工发表意见,分析问题,提出变革方案,并采用他们提出的适当方案。二是改善人际关系,提高人们工作的自觉性,以期改进工作效果,实现组织目标。

格雷纳认为,在三种权力分配方式中,权力授予是较优的变革方式,因为它体现了权力实施和工作自主之间的平衡。

（三）态度、行为改造

这种方式的倡导者以勒温为代表。他强调组织变革最终要以改变人的知识和技能,特别是改变组织成员的工作态度和行为为基础,只有态度和行为发生改变,组织成员才会支持和积极参与变革。同时,勒温提出了改变组织成员态度与行为的三个步骤:解冻—改变—再冻结。

二、组织变革的程序

一个组织如何实施组织变革呢? 不同的组织行为学家有不同的看法,一般认为,组织变革需经过以下八个步骤,其程序如图 9-2 所示。

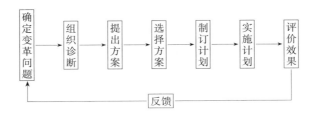

图 9-2 组织变革的程序

（1）确定变革的问题。一个组织是否需要进行变革以及所要变革的内容,必须结合组织的实际情况来予以考虑。如果组织需要变革,在日常的管理实践中和反馈的信息中就会显露出不适应的征兆。主要表现在：

① 组织决策效率低或经常作出错误的决策。

② 组织内部沟通渠道阻塞,信息传递不灵或失真。

③ 组织机能失效,如生产任务不能按时完成,产品质量下降,成本过高,财务状况日益恶化,职能部门严重失调,组织成员的积极性不能充分发挥等。

④ 组织缺乏创新。这些现象表明,组织的现状已不尽人意,如不进行及时地变革,组织的发展将受到严重的影响。因此,组织有必要对出现的问题进行认真的分析,找出引发问题的主要原因,以确定变革的方向。

（2）组织诊断。为了准确地掌握组织需要进行变革的事实和程度,就有必要对组织进行诊断,为保证诊断的质量,可吸收一部分专家参加。诊断可分两步进行：首先,采取行之有效的方式将组织现状调查清楚；其次,对所掌握的材料进行科学的分析,找出期望与现状的差距,进一步确定需要解决的问题和所要达到的目标。

（3）提出方案。变革方案必须要有几个,以便进行选择。在方案中必须明确问题的性质和特点,解决问题需要的条件,变革的途径,方案实施后可能造成的后果等内容。

（4）选择方案。这项工作也就是在提出的方案中选出一个较优的方案,对选出的方案,既要考虑到它的可行性、针对性,也要考虑到方案实施后能带来的综合效益。

（5）制订计划。在选定方案的基础上,必须制订出一个较为具体、全面实施的计划,包括时间的安排、人员的培训、人员的调动、财力和物力的筹备等内容。

（6）实施计划。组织变革是一个过程。心理学家库尔特·勒温从变革的一般特征出发,总结出组织变革过程的三个基本阶段,得到广泛的承认。

① 解冻。解冻就是引发变革的动机,创造变革的需要,做好变革的准备工作。组织的变革会触及每个成员,要使每项变革措施得以在组织内部顺利实施,就必须从改变人的生活方式和自我观念入手,使每个组织成员深刻地理解组织变革的必要性和可行性,自觉地参与和适应组织的变革。为此,组织变革的领导者就必须引导大家对内部环境、组织结构、功能进行认真分析,找出不适应性,激发大家对组织变革的积极性。

② 变革。主要是指新的态度与行为模式被组织成员所接受,并逐渐地变成自己的态度与行为的过程。变革的最有效的方法是推广先进经验,进行典型示范,促进组织成员对角色模范的认同,使他们对新的行为方式产生积极的心理反应。

③ 再冻结。再冻结是在变革工作告一段落后,利用一定的措施将组织成员业已形成的新态度和行为方式固定下来,使之得以巩固和发展。其方式有二：一是个人将新态度与行为融合到自己的个性、感情和品德当中,相对固定下来；二是组织使用强化手段巩固新的态度与行为模式。

（7）评价效果。评价效果就是检查计划实施后是否达到了变革的目的,是否解决了组织中存在的问题,是否提高了组织的效能。

（8）反馈。反馈是组织变革过程中关键的一环,也是一项经常性的工作。反馈的信息揭示的问题较为严重时,需根据上述步骤,再次循环,直到取得满意的结果为止。

勒温最早开始关于变革过程的研究,从 20 世纪 40 年代起,他就在美国开始了组织变革与组织发展的研究。这个模型后来成为人们探讨变革过程的基础。在此基础上，美国行为学家戴尔顿总结了变革过程的四个阶段模型：

（1）制定目标。包括变革的总目标和具体目标，特别是具体目标。

（2）改变人际关系。逐渐消除适应旧状况的陈旧的人际关系，建立新的人际关系模式。不破除旧的人际关系，变革就无法进行。

（3）树立职工的自我发展意识。如果职工的自我发展意识得以确立，他们就愿意参与到组织变革之中，如果组织中的每项变革都征求他们的意见，变革就成为全体组织成员共同努力的事情，变革就具备了广泛的支持基础。

（4）变革动机内在化。即将变革措施转化为员工自觉的行动，转变职工的思想和自觉信念。

不论变革过程是分为三个阶段还是四个阶段，都不是一个简单的变化过程。变革是充满矛盾、冲突的过程。

本 章 小 结

1. 组织变革与组织发展是两个有一定区别但又密切相关的概念，变革是手段，发展是目的。

2. 未来新型组织有高速度、扁平化、柔性化、团队构造基础、以人为本和学习的特性。

3. 组织变革有内外两个方面的影响因素，内因是变革的根本动因，外因是变革的条件。组织变革有很大的阻力，必须采取有效措施与方法克服之。

4. 组织变革方式有多种类型，变革程序也可分为八个步骤。组织变革方式具体有敏感性训练、调查反馈、过程咨询、团队建设、组织协调以及管理方格训练等。

复习思考题

（一）简答题

1. 何谓组织变革与组织发展？两者之间是什么关系？

2. 未来组织有哪些特征？

3. 组织变革的动因有哪些？

4. 组织变革的阻力有哪些？克服这些阻力的方法有哪些？

5. 你认为组织变革有哪些步骤？

（二）选择题

1. 如果组织需要变革，在日常的管理实践中和反馈的信息中就会显露出不适应的征兆。以下正确的有（　　）。

　　A. 组织决策效率低或经常作出错误的决策

　　B. 组织内部沟通渠道阻塞，信息传递不灵或失真

　　C. 组织机能失效

　　D. 组织缺乏创新

2. 戴尔顿组织变革的四阶段模型不包括(　　　　)。

    A. 改变人际关系　　　　　　　　　B. 树立职工的自我发展意识

    C. 权利的分享和分配　　　　　　　D. 变革动机内在化

3. 认为组织变革应该包括解冻、变革和再冻结3个阶段的是(　　　　)。

    A. 勒温　　　　　　B. 戴尔顿　　　　　C. 李威特　　　　　D. 艾诺芬

4. 对于消除组织变革阻力不恰当的方法有(　　　　)。

    A. 让有关人员参与变革的计划,制定变革的方案

    B. 起用富有开拓创新精神的中青年人才

    C. 减少组织成员之间的相互沟通

    D. 阻止变革计划的公开讨论

5. 关于组织发展趋势描述正确的有(　　　　)。

    A. 组织的变化频率将降低

    B. 组织内部各成员的创造性和参与性将得到不断的重视

    C. 组织结构的调整具有柔性特征

    D. 机械性组织将彻底消失

6. 组织变革中将遭遇到的社会阻力包括(　　　　)。

    A. 小群体的力量　　　　　　　　　B. 科层结构本身

    C. 非正式人际关系　　　　　　　　D. 安于现状的心理

7. 关于"团队"的描述不正确的有(　　　　)。

    A. 是在组织内部自觉形成的

    B. 建立在自觉的信息共享、纵向协调基础上

    C. 具有多重技能,分工界限比传统的分工明确合理

    D. 没有拥有制度化权利的管理者

8. 影响组织变革的内部条件变化包括(　　　　)。

    A. 组织规模的扩张与业务的迅速发展

    B. 技术上的爆发性转变

    C. 市场需要的变化及市场竞争的激烈

    D. 以上都不是

9. 关于勒温提出的"再冻结"描述不正确的是(　　　　)。

    A. 发生在组织变革工作告一段落之后

    B. 主要是清除组织成员业已形成的新态度和行为方式

    C. 组织个人将新态度溶解到自己的个性、感情和品德中

    D. 组织可使用强化手段固定新的态度和行为模式

10. 关于组织变革的论述正确的是(　　　　)。

    A. 组织变革就是组织创新

    B. 组织变革是被动的

    C. 组织变革是指以变革的方式改进组织行为,提高组织效率的过程

    D. 组织变革可以提高组织的自我更新能力

案例 美国银行企业的组织结构调整

从 20 世纪 80 年代初开始,由于美国联邦政府放松了对银行业产品和地理区域的管制,美国各银行企业的经营环境都发生了很大的变化,银行和金融服务中不断增强的竞争,以及迅猛发展的技术进步,都迫使各家银行改变经营战略,以实现利润增长和发展的双重目标。

由于激烈竞争的缘故,存款与贷款之间的利息差缩小了,银行不能再通过简单地增加一笔存款或贷款而提高其利润水平。发放更多的新贷款也许只是为了维持存贷平衡,因为低质的贷款正变成坏账,使贷款损失猛增。一些银行并没有及时地意识到,为赢利而展开竞争,避免破产。它们不得不在金融服务行业的经营领域中寻得一席之地;它们必须着眼于总利润,而不能简单地看贷款额的增长幅度。

这些变化迫使许多银行从经营战略的角度得出结论:组织需要更少的集权,更多地关注顾客需要,而且应与市场保持更紧密的联系;必须确定出能获得的产品市场领域,并在企业内组织专门的队伍,为那些能带来高利润的顾客提供营销服务。

从 20 世纪 80 年代以来,许多商业银行开始重组,从职能型结构转变成按顾客类型和需要进行组织的事业部体制。这些银行中很大一部分都由一般经理(即与职能经理相对应的"总经理")来领导各个事业部,事业部经理是直接为某一特定顾客群提供服务的销售和营业人员。这些经理现在要为事业部的营利和资产回报负责,而这也将在他们的个人收入上得到反映。

确定了向事业部型和顾客驱动型结构转变的目标以后,各银行的领导者们便着手考虑如何变革组织结构,以便将可能发生的混乱降到最低限度,同时又要获得各类群体员工的大力支持。因为所拟订的组织变革方案正使企业中的大多数员工感到某种精神上的不适应和利益上的受损害,所以,成功的组织变革就必须考虑采取一些对策和办法来克服阻力,使组织的员工了解自己应该为变革做些什么,并置身于这一变革行列中,推动变革的顺利实施。

银行业的许多领导者认为,他们所涉及的组织变革问题需要自己投入尽可能多的时间。问题是如此重要,使得银行业的领导者们必须采取一种教育的策略,促进高层管理人员和一般员工都充分认识干扰企业运营的问题的严重性和紧迫性,只有这样,组织变革才会有成功的可能,而这种教育和认识,自然会引导企业采取参与的变革策略。

有些银行还聘请了外部顾问担任他们的变革推动人。这些顾问人员在仔细审查变革计划时,常会问及高层管理人员一些平时难得考虑到的问题。顾问人员的"局外者"身份,使得他们能脱身于对企业持续运行看来似乎相当紧要的日常琐碎事务之外,看清组织所面临问题的本质。另外,顾问人员可以从高层领导者的合法权力中,以及他们自身在该领域的专家权力中,取得某种权威来推动变革的进程。

在许多银行组织中,高层管理人员通常要花费两年时间与顾问人员和内部委员会仔细商量诸如银行要在哪些领域开展经营,如何照此要求设立组织结构,以及如何在组织中尽快、尽可能有效地推进所需要的组织变革等问题。

两年以后,各组织层次的管理人员对银行重新确定的经营方针、经营领域、经营成功的关键因素以及将来需要采取的行动方案等都获得了较为全面的了解。这样,每个人都做好了变革的准备,并在激励之下去推选组织结构、管理系统和管理风格等方面所需的变革。

采取教育和鼓励参与策略的银行领导们发现,这些变革发动方式不仅有利于产生更好的决策,同时也有利于顺利地执行这些决策。因为投身其中的人们,都对竞争对手、市场顾客、银行自身的文化和运营能力等有了更好的了解。组织一旦作出了变革的决策,实际负责执行变革决策的管理人员乃至一般员工,他们已经是变革队伍中的一员,已经得到良好的激励去做所需要做的事情。

尽管如此,当高层和中层管理人员开始将已达成共识的变革付诸实践的时候,他们中的许多人才发现,要让守旧的管理人员和一般员工改变其态度和行为并不容易。为使预想的变革得到理解、信任和执行,密切沟通、仔细调整作业流程及建立起有效的激励机制,就变得日益重要了。

文化是许多银行变革中的一个最大阻碍力量。这些银行的员工们已习惯地认为,他们工作的目的是为了更好地生活,他们工作的时间只能严格地从早上 9 点到下午 5 点。辞退,对他们来说是件新鲜而不受欢迎的事。

负责贷款业务的经理们,历年来一直被鼓励去扩展他们的贷款业务,但现在却被要求作出调整,要设法在银行的每一类金融服务项目上都尽可能与每一位顾客保持良好的关系。

银行员工们已经习惯了以资历和工作时间计付报酬,或者实行薪金制。而现在,许多人都要根据其营业和对银行利润的贡献来计付报酬。

银行业的领导者们深深地感到,组织变革的成功不仅依赖于正确的组织设计方案的选择,而且取决于他们对组织变革过程的一种卓有成效的管理和领导能力。组织变革是一件极为重要,且又不那么轻而易举的事情。

讨论题

1. 20 世纪 80 年代后,银行业遇到了什么问题?

2. 你认为银行业应该进行怎么样的组织变革来适应新的形势?

3. 银行业的组织变革会有哪些阻力? 如何消除?

第三篇　管理的过程

第 10 章 科 学 决 策

决策贯穿于组织的所有活动中。科学决策是管理过程的首要内容,也体现了管理的本质。管理成功的关键是明智的决策。从组织角度看,决策是一个错综复杂的动态性活动。

一个组织中的决策可以有许多类型,如战略决策、管理决策和业务决策,程序化与非程序化决策,风险决策等。决策的流程可以分为确定问题和目标、搜集信息、确定决策标准、拟订方案、分析方案、确定和实施方案、评价决策效果七个步骤。组织中的决策还有集体决策与个人决策之分,很难说集体决策就优于个人决策。科学决策的有效性还决定于决策的各种方法以及各种方法的合理选择。

第一节 决 策 概 述

《孙子兵法》中提道:"知己知彼,百战不殆。不知彼而知己,一胜一负。不知彼不知己,每战必殆。"这些 2 500 年前的论述,闪烁着朴实的决策思想。在现代社会的日常生活中,更是充满形形色色的决策。许多人每天作出各种各样的决策,却对决策的本质不甚了解。因此,有必要先介绍一下决策的本质。

一、决策的概念

所谓决策,就是为了实现一定的目标,提出解决问题和实现目标的各种可行性方案,依据评定准则和标准,在多种备选方案中,选择一个方案进行分析、判断并付诸实施的管理过程。即决策就是针对问题和目标,分析问题、解决问题。

科学的决策实际上包含了以下内容:

(1) 决策针对明确的目标。目标必须明确、详细。决策前必须明确所要达到的目标,并仔细辨清组织的整体目标体系中包含的多个具体小目标,也应明确所要解决的问题。如果一开始就缺乏明确的目标,将会导致整个决策过程偏离方向,最终导致不正确的决策结果。

(2) 决策有多个可行方案。决策必须在两个以上的备选方案中进行选择。如果只有一个方案,那就不用选择,也就不存在决策。这些方案应该是平行的或互补的,能解决设想的问题或预定的目标,并且可以加以定量或定性的分析。

(3) 决策是对方案的分析、判断。决策面临若干个可行性方案,每个方案都具有独特的优点,也隐含着缺陷,有的方案还带有很大的风险。决策的过程就是对每个可行性方案进行分析、评判,从中选出较好的方案,进行实施。管理者必须掌握充分的信息,进行逻辑分析,才能在多个备选方案中选择一个较为理想的合理方案。

（4）决策是一个整体性过程。决定采用哪个方案的决策过程,不是个短暂的时段,而是一个连续统一的整体性过程。从初期搜集信息到分析、判断,再到实施、反馈活动,没有这个完整的过程,就很难有合理科学的决策。实际上,经过执行活动的反馈又进入了下一轮的决策。决策是一个循环过程,贯穿于整个管理活动的始终。在整个决策过程中,应随时重视决策的有效性,随时纠正偏差,以保证决策的质量。

依据各种不同的划分标准,决策可以分成许多类型,了解各种类型的决策的特点,有助于管理者合理决策。

二、战略决策、管理决策和业务决策

（一）战略决策

战略决策是对涉及组织目标、战略规划的重大事项进行的决策活动,是对有关组织全局性的、长期性的、关系到组织生存和发展的根本问题进行的决策,具有全局性、长期性和战略性的特点。比如,确定或改变企业组织的经营方向和经营目标,开发新产品,企业上市,兼并企业,开拓海外市场,合资经营,扩展生产能力,高层管理的人事变动等,都是战略决策。战略决策面临的问题较为复杂,主要是协调组织与内外部环境的关系,决策过程所需考虑的环境变化多端,决策方案的设计、研究、分析乃至最后的抉择,都需要决策者高度的洞察力和决策判断能力。必要时,可聘用组织外部人员对方案进行设定和分析,借助“外脑”进行有效决策。

（二）管理决策

管理决策是指对组织的人力、资金、物资等资源进行合理配置,以及对经营组织机构加以改变的一种决策,具有局部性、中期性与战术性的特点。与战略决策相比,管理决策是战略决策的支持性步骤和过程,也是管理中的主要业务决策。管理决策的制定必须纳入战略决策的轨道,为组织实现战略目标服务,比如机构重组、人事调整、资金的分配、市场营销的策划、人力资源的配置和培训等,都属于管理决策的范畴。管理决策不直接或不在短期内影响组织的生存和发展,但它对整个组织的运行起着重要作用,直接影响到组织战略目标的实现。

（三）业务决策

业务决策是涉及组织中的一般管理和处理日常业务的具体决策活动,具有细碎性、短期性与日常性的特点。如果许多业务决策都考虑不周,很难想象经营决策能够顺利执行。例如,设备维修、文件整理、产品的销售服务、职工休假安排等。业务决策是组织所有决策中范围最小、影响最小的具体决策,是组织中所有决策的基础,也是组织运行的基础。业务决策的有效与否,在很大程度上依赖于决策者的经验和常识。

在不同类型的企业组织决策活动中,不同的管理层面对的问题和所授权限不同,所能负责的决策任务也不同。如图 10-1 所示,基层管理者主要从事业务决策,中层管理者主要从事管理决策,高层管理者主要从事战略决策,但这并不意味着基层管理者对战略决策与管理决策可以漠不关心。实践证明,基层管理者必须了解管理决策与经营决策,时刻将业务决策与组织战略目标体系相结合,才能作出合理的业务决策。在民主性组织中,基层管理者常参与战略决策、管理决策。中层管理者在作出管理决策时,为使决策合理,必须对战略决策有深入的理解;同时,他们也必须指导和帮助基层管理者进行业务决策,使全体员工接受决策的结果,职工参与决策,管理民主化,是提高管理效率的有效途径。高层管理者除制定战略决策之外,还通过战略决策来示范并引导管理决策和业务决策,从而促进战略决策的贯彻实施。此外,高层管理者往往具有丰富的经验与超人的洞察力,当下属制定管理或业务决策遇到困难时,他们能给予有力的帮助。

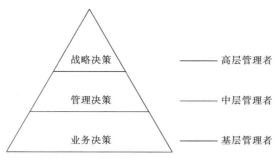

图 10-1　管理层次与决策类型

三、程序化决策和非程序化决策

（一）程序化决策

程序化决策指能够运用常规的方法解决重复性的问题以达到目标的决策。组织运行中面临的问题极其繁多,但有许多问题是管理者日常工作中经常遇到的。在处理这类问题时,管理者凭以往的经验就能找出问题的症结,并提出解决问题的方法。很多组织把这些经验和解决问题的过程,用程序、规范等规定下来,将这些包含了管理实践的规则作为指导以后处理类似问题的依据和准则。程序化决策使管理工作趋于简化和便利,可降低管理成本,简化决策过程,缩短决策时间,也使方案的执行较为容易。程序化决策具体规定了决策的过程,能使大量的重复性管理活动授权到下一级管理层,使最高管理层能避免陷入日常繁忙的事务堆中,有时间考虑组织的重大问题,有精力处理与组织的生存和发展等有关的非常规的重大战略问题。对于组织来说,应尽可能运用程序化决策方法解决重复性问题,并有意地把繁琐的管理事项交给下一管理层处理,以提高管理效率。

（二）非程序化决策

非程序化决策指为解决偶然出现的、一次性或很少重复发生的问题作出的决策。对于组织来说,应对偶然出现的问题加以辨别,确定这些问题是偶然的还是一次性、很少重复发生的问题。当这类偶然性的问题再次出现或出现频率增加时,及时制定出程序性文件,将其纳入到程序化决策范围内。管理者必须依靠非程序化决策寻找到独特的解决办法。如决定是否与另一企业合并,资产如何重组以提高效率,或是否关闭一个亏损的分厂,都是非程序化决策的例子。当管理者面临突发性或是新出现的问题时,并没有经验性、常规的解决方法可循,需要一种应变式的反应。

较低层的管理者主要处理日常熟悉的、重复发生的问题,往往依靠像标准操作程序那样的程序化决策。而较高层的管理者所面临的问题极可能是突发性的。因为低层管理者自己处理日常决策,而把他们认为无前例可循的或困难的决策向上呈送。类似的,管理者将例行性决策授予下级,以便将自己的时间用于解决更棘手的问题。因为高层管理者所面临的许多问题不具有重复性,对高层管理者而言,强烈的利益和权力动机促使他们制定标准程序、规则和领导其他层次管理者的决策。

当然,在现实社会中,极少的管理决策是完全程序化的或完全非程序化的,这仅是两个极端,而绝大多数决策介于两者之间。程序化的决策程序有助于找出那些日常重复性、琐碎问题的解决方案,非程序化决策则能帮助决策者找到独特的突发性问题的解决方案。

四、确定型决策、风险型决策和不确定型决策

(一) 确定型决策

确定型决策是指各种决策方案未来的各种情况都非常明确,决策者确知需要解决的问题、环境条件、决策过程及未来的结果,在决策过程中只要直接比较各种备选方案的可知的执行后果,就能作出精确估计的决策。事实上,在组织中,确定型决策并不多,特别是对高层管理者来说,这是一种理想化的决策活动。一般来说,这种确定性决策可用数学模型求最优解,如库存决策、成本—利润—产销量决策等。

(二) 风险型决策

风险型决策是指决策者不能预先确知环境条件,各种决策方案未来的若干种状态是随机的;但面临明确的问题,解决问题的方法是可行的,可供选择的若干个可行方案已知,各种状态的发生可以从统计得到一个客观概率。在每种不同的状态下,每个备择方案会有不同的执行后果,所以,不管哪个备择方案都有一定的风险。对这类决策,决策者应该在计量化基础上进行辨别、筛选。如企业产品开发、扩大规模的投资决策,都是属于风险型的。

(三) 不确定型决策

不确定型决策是指决策者不能预先确知环境条件,可能有哪几种状态和各种状态的概率无从估计,解决问题的方法大致可行,供选择的若干个可行方案的可靠程度较低,决策过程模糊,方案实施的结果未知,决策者对各个备择方案的执行后果难以确切估计,决策过程充满了不确定性。不确定型决策也可采用数学模型来帮助决策。实际上,大多数组织的决策,都属于不确定型决策。不确定型决策,关键在于尽量掌握有关信息资料,根据决策者的直觉、经验和判断,果断行事。

五、完全理性决策和有限理性决策

不同的决策理论对决策的本质有不同的阐述,目前主要有完全理性决策与有限理性决策两种基本观点。

(一) 完全理性决策

"经济人"假说认为,人类从事经济活动的目的是追求利润最大化,它忽视了人所具有的情感态度及价值观。在"经济人"假说的基础上,形成了完全理性决策理论。这一理论假定决策者具备完全的理性知识,追求效用最大,通过冷静客观的思考进行决策。一个完全理性的决策者,完全客观,合乎逻辑。他认真确定一个问题并会有一个明确的、具体的目标,而且,决策制定过程的步骤会始终导向选择使目标最大化的方案。在理性决策中,问题清楚,决策者被假定为拥有与决策情境有关的完整信息,能确定所有相关的标准,并能列出所有可行的方案;而且,决策者还能意识到每一方案的所有可能的结果。决策者总是选择那些能产生最大经济报酬的方案。为了取得最佳的组织经济利益,决策者首先要取得最大化的经济利益。

（二）有限理性决策

20 世纪 50 年代之后，人们认识到建立在"经济人"假说之上的完全理性决策理论只是一种理想模式，不一定能指导实际中的决策。诺贝尔经济学奖获得者西蒙提出了满意标准和有限理性标准，用"社会人"取代"经济人"，大大拓展了决策理论的研究领域，产生了新的理论——有限理性决策理论。

有限理性模型又称西蒙模型或西蒙"满意"模型。它是一个比较现实的模型，它认为人的理性是完全理性和完全非理性之间的一种有限理性。它的主要观点如下：

（1）手段—目标链的内涵有一定矛盾，简单的手段—目标链分析会导致不准确的结论。西蒙认为，手段—目标链的次序系统很少是一个系统的、全面联系的链，组织活动和基本目的之间的联系常常是模糊不清的，这些基本目的也是个不完全系统，这些基本目的内部和达到这些目的所选择的各种手段内部，也存在着冲突和矛盾。

（2）决策者追求理性，但又不是最大限度地追求理性，他只要求有限理性。这是因为人的知识有限，决策者既不可能掌握全部信息，也无法认识决策的详尽规律。比如说，人的计算能力有限，即使借助计算机，也没有办法处理数量巨大的变量方程组；人的想象力和设计力有限，不可能把所有备选方案全部列出；人的价值取向并非一成不变，目的时常改变；人的目的往往是多元的，而且互相抵触，没有统一的标准。因此，作为决策者的个体，其有限理性限制他作出完全理性的决策，他只能尽力追求在他的能力范围内的有限理性。

（3）决策者在决策中追求"满意"标准，而非最优标准。在决策过程中，决策者定下一个最基本的要求，然后考察现有的备选方案。如果有一个备选方案能较好地满足定下的最基本的要求，决策者就实现了满意标准，他就不愿意再去研究或寻找更好的备选方案了。这是因为一方面，人们往往不愿发挥继续研究的积极性，仅满足于已有的备选方案；另一方面，由于种种条件的约束，决策者本身也缺乏这方面的能力。在现实生活中，往往可以得到较满意的方案，而非最优的方案。

根据以上几点，决策者承认自己感觉到的世界只是纷繁复杂的真实世界的极端简化，他们满意的标准不是最大值，所以不必去确定所有可能的备选方案，由于感到真实世界是无法把握的，他们往往满足于用简单的方法，凭经验、习惯和惯例去办事。因此，导致的决策结果也各有不同。

第二节　决策的有效性、决策责任与决策流程

一、决策的有效性

决策的有效性是指整个决策过程的有效。首先，决策结果必须有效，这要求在整个决策过程中，目标明确，问题清楚，信息情报搜集完整、充分，有合理的决策评判准则。不同的决策者看问题的角度不同，会对决策结果的好坏有不同的结论，因此，必须制定出合理的与目标相吻合的评判准则（必要时可按各种特性给这些准则打分），用评判准则对选定方案进行验证和对决策的结果进行判断，只有这样，才能保证有效地决策。其次，决策过程必须有效，

在拟定和分析方案、确定和实施方案,以及在贯穿于整个决策过程中的追踪和反馈,都需要保证落实,这涉及决策的成本和经济性。

在追求有效化决策时,值得注意的是,利润最大化并不是有效决策的唯一目标。企业作为一个营利组织,追求利润最大化,其决策以一定的利润为目标,无可非议。但除此之外,企业还有维持社会稳定、协调和发展以及其他的目标、职能,如企业战略发展、市场占有量等。作为企业,还需要有一个短期和长期利益相协调的关系,一味地强调短期利润最大化,忽视技术投入和人力资源,忽视企业发展后劲,将给企业带来致命的缺陷。利润只是有效决策目标中的一个要求,而不是唯一目的。

同时,合理的决策方案是有限的。按照西蒙"满意"模型,在现实生活中,人的理性是完全理性和完全非理性之间的一种有限理性。决策的结果要求合理、圆满,但不可能绝对化。一个正确合理的决策至少要考虑各种因素,如掌握相关的信息,正确预测各种变化,决策者训练有素,在时间和成本上有较大的余地等。显然,对于现实的决策而言,不能要求面面俱到。根据有限理性决策理论,决策者永远只能得到一个较优的方案,而不可能得到最优方案。有效的、合理的决策评定思路,是选择相比较而言更好的可行方案。

二、决策责任

决策是决策者提供较好、较合理的决策方案以解决现有问题的过程,其责任重大。决策的责任体现在它完成组织任务、解决问题的有效性上。应该说,决策责任最重要的关键在于承担责任的决策者。优秀的决策者是有效决策的基本条件。一个组织内部的所有员工,都有可能成为决策者。在很多情况下,如集体决策,特别是涉及重大问题的战略决策,其责任者往往是一个决策群。一个优秀的决策群,需要由一批有事业心的人员组成。优秀的决策者必须具备较强的决策能力,包括预测能力、创新能力、协调能力、判断能力、组织能力、应变能力及专门知识。必要时,可设立专家咨询机构,由各类专家学者组成智囊团,负责提供各种可行方案,组织要给予他们充分的独立性和自由性,以保证决策的客观性和有效性。其提供的是供选择的可行方案及预期的方案结果,最后的决定权在于有责任的决策者。目前流行的是利用 ERP 等先进的管理咨询软件及全球网络系统,为决策者提供信息服务库。

三、决策流程

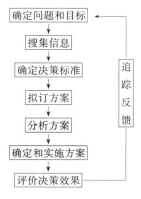

图 10-2　决策流程示意图

管理者为提高决策水平,避免冒险性的决策,必须了解决策的流程,按照科学化、合理化的要求进行有效的决策。决策流程可分为七个步骤,如图 10-2 所示。

(一)确定问题和目标

决策的第一步是发现问题,这些问题应分清主次,是战略决策还是一般业务决策,由哪些决策者承担任务等。必须马上了解该问题的关键问题出在哪里、何时解决以及解决这一问题的利弊如何。在确定问题的同时,确定目标。合理的目标是有效决策的前提,是决策活动的出发点,也是评价决策效果的依据。分清长期与短期目标、主要和次要目标的区别,并注意目标间的衔接,明确目标间的优先顺序,保证资源分配的重点,尽量排除可能的偶然性和主观因素的影响。

（二）搜集信息

确定了问题和目标后，必须着手调查研究，搜集信息，并加以整理和分析。根据既定的目标，积极地收集和整理情报，建立数据库，进行比较，找出差距，发现问题。信息是决策的基础，是有效决策的保证。对于组织内外部的相关信息，都应加以搜集、整理，尤其对于一些核心关键信息，应着重注意。

（三）确定决策标准

确定决策标准，即运用一套合适的标准分析和评价每一个方案。按照确定的目标和问题，把目标分解为若干层次的确定的价值指标，同时指明实现这些指标的约束条件，这些指标实现的程度就是衡量达到决策目标的程度。在决策时，可按照确定的评判方法和标准，给每一个可行方案进行打分评比，并按每一方案的得分高低进行排列，这样会为决策工作的顺利进行奠定基础。

（四）拟订方案

确定了问题和目标，并且搜集和分析信息的过程已顺利完成，就应开始拟订可行方案。拟订方案主要是寻找达到目标的有效途径，因此必须制定多种可供选择的方案，反复比较。每个方案必须有原则性的差异。有关组织发展战略性的重大决策，必须通过各种相互冲突的意见争辩、各种不同可行方案的评判，才能作出满意的决策。拟定各种不同类型的可行方案，可运用头脑风暴法，或采用数学模型，也可建立随机模型和模糊模型。

无论用何种方法拟定可行方案，应同时给出这些方案实施后可能产生的结果，包括有利的和有害的结果及这些结果出现的概率，指出其中发展演变的趋势及利弊比较。

（五）分析方案

决策者必须认真地对待每一方案，仔细地加以分析和评价。根据决策所需的时间和其他限制性条件，层层筛选。可进行重要性程度的评分加权，也可对其中某些关键处的缺点加以修改、补充，更可对一些各有利弊的备选方案优势互补、融会贯通，取其精华，去其不足，使最终的结果更优化。在这一阶段中，依靠可行性分析和各种决策技术，如决策树法、矩阵汇总决策、统计决策、模糊决策等，尽量科学地显示各种方案的利弊，并加以相互比较。

（六）确定和实施方案

确定方案时，在各种可供选择的方案中权衡利弊，然后选取其一，或综合成一，是决策者的重要工作。有时会在方案全面实施之前，进行局部试行，验证在真实条件下是否真正可行。若不可行，为避免更大损失，则需再次考察上述各个活动步骤，修正或重新拟订方案。当方案确定后，就要进行实施。实施方案是最重要的阶段。实施阶段花费的时间和成本，远大于前几个阶段的总和。

方案实施前，需要做好各种必需的准备工作，如果是重大决策，应制定出具体责任决策者对落实部门、人员的监督实施措施。相应的决策者应负起监督实施的责任，掌握新方案的实施情况，尤其在关键阶段、关键时点，要加强控制与监督，以保证组织内实施决策方案的及时性和可操作性。

（七）评价决策效果

方案的评价必须是全方位的，在方案实施过程中要不断进行追踪。若在新方案运行过程中发现重大差异，在反馈、上报的同时，决策者应查明原因，具体分析，根据具体情况区别对待：若是执行有误，应采取措施加以调整，以保证决策的效果；若方案本身有误，应会同有关部门和人员修改方案；若方案有根本性错误或运行环境发生不可预计的变化，使得执行方案产生不良后果，则应立即停止方案的执行，待重新分析、评价方案及环境后，再考虑执行。

反馈也是决策过程中的一个重要环节。通过反馈可对原方案不断地再审查和再改进。当原有决策实施活动出乎所料，或者环境突然发生重大变化时，需要将方案推倒重来。实施了一个时段后，需要对方案运行及预测的结果作个评价，评价可以由个人或专家组负责，目的是审核方案是否达到了预定目标或解决了问题，随时指出偏差的程度并查明原因。值得注意的是，评价和反馈应体现在每一阶段的工作上，而不仅仅是在方案的实施阶段。特别是重大的决策，必须时刻注意信息的反馈和工作的评价，以便迅速解决突发问题，避免造成重大损失。

第三节　集体决策与个人决策

在多种决策方式中，集体决策与个人决策各有利弊，在不同的条件下应选用不同的方式。无论是个人决策还是集体决策，都应依据集体共同的目标去选择。

一、集体决策

决策过程受到来自各个方面的影响。如果决策的整个过程由两个人以上的群体完成，这种决策就称为集体决策。当然决策的执行活动必须由组织来完成。

相对于个人决策，集体决策显然具有很多特有的优点：一个集体将带来个人单独行动所不具备的多种经验和不同的决策观点，提供更完整的信息，产生更多的备选方案；当集体成员来自不同的专业领域时，更容易引发众多的决策观点和方案；而且，让实施决策的人们参与决策制定，将使他们更趋向于接受决策，并在集体良好的氛围下接受这一方案。通常，集体成员会感觉到由集体共同制定的决策比个人制定的决策更为合理。

二、个人决策

如果决策的整个过程由一个人来完成，这种决策就称为个人决策。相对于集体决策，个人决策有其明显的优势。通常，个人决策比集体决策要花费较少的时间、精力。在集体决策过程中，其成员之间的相互影响常会导致效率低下；而且，在集体内部，由于分工不同，成员之间常缺乏平等的相互交流与沟通；并可能会因组织职位、经验、有关问题的知识、易受他人影响的程度、语言技巧、自信心等因素，造成少数成员发挥其优势、支配群体，对最终的决策有过分的影响。而在个人决策中，完全避免了这一从众心理与权威效应。个人决策省时省力，易于控制决策的质量与效率，在个人决策中，责任极其明确，避免了集体决策中责任不清、互相推诿的情况。

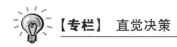

一位满脑子是方法的教授有一次告诉我，"决策制定很容易。只是确定适当的模型，定义变量，代入数字并求出答案。"这种管理决策的方法于20世纪80年代中期达到了登峰造极的地步。当时几乎每一种主要的MBA的培养计划，都集中于向学生教授大量的决策模型。推动这一方法的指导原则似乎是："如果不能使之定量化，它就不存在。"

这一理性决策方法的缺陷是显而易见的。例如，桂格麦片公司应用先进的理性决策模型试图取得宠物食品市场上的领先地位。然而桂格麦片公司的模型，对于竞争对手投资侵占低利润市场的野蛮的、近乎不理性的做法是不起作用的。结果，在20世纪90年代初，桂格麦片公司的利润大幅度下降。

理性模型的本质在于用系统性的逻辑取代直觉。但是由于有了桂格麦片公司的经历后，直觉决策正在赢得商学院和管理人员中新的追随者的青睐。专家们不再不加分析地假定直觉的运用是制定决策的一种非理性或无效的方法了。越来越多的人认为，理性分析被强调得过了头，并且在某些情况下，决策制定能够通过决策者的直觉来改善。故直觉不是要被理性分析所取代——而是这两种方法是相辅相成的。

管理者何时最有可能使用直觉决策的方法呢？有以下八种情况：①存在高度不确定性时；②极少有先例存在时；③变化难以科学地预测时；④"事实"有限时；⑤事实不足以明确指明前进道路时；⑥分析性数据用途不大时；⑦当需要从存在的几个可行方案中选择一个，而每一个的评价都良好时；⑧时间有限，并且存在提出正确决策的压力时。

在运用直觉时，存在一个管理者可遵循的标准模型吗？他们似乎遵从两种方法之一：或是在决策过程之初使用直觉；或是在决策过程结尾使用直觉。

在决策开始时使用直觉，决策者努力避免系统分析问题。他让直觉自由发挥，努力产生不寻常的可能性事件，以及形成从过去资料分析和传统行事方式中一般产生不出的新方案。而决策制定结尾的直觉运用，有赖于确定决策标准及其权重的理性分析，以及制定和评价方案的理性分析。但这一切做完后，决策者便停止了这一过程，目的是为了筛选和消化信息。这种方法被形象地描述为"睡眠决策"，一两天后再作出最后的选择。

三、集体决策与个人决策的比较与选择

当今，越来越多的问题采用集体决策的方式，个人决策占的比重正在不断下降。但是，在许多时间紧迫的关键时刻，集体决策无法取代个人决策；一些不值得花费很大代价的次要问题也常采用个人决策方式。集体决策与个人决策各有各的特点与优势，也各有各的不足，在不同场合发挥着各自无法替代的作用。表10-1从八个方面对集体决策与个人决策的特性进行了比较。

（1）时效性。个人决策因为完全由个人的主观判断、感觉决定，往往在时效上较为紧凑。集体决策时，则需要有足够的时间来进行沟通与讨论，难以迅速作出决策。当决策的紧迫程度非常高时，必须采用个人决策，由一个决策者果断决定，以避免因沟通时间过久而导致决策失效。

表 10-1 集体决策与个人决策的特性比较

特 性	集体决策	个人决策
时效性	较差	较强
质量性	较强	较差
稳定性	较强	较差
责任性	较差	较强
可执行性	较强	较差
民主性	较强	较差
效益性	较差	较强
冒险性	较强	较差

（2）质量性。在个人决策中，由于一个人的信息、知识、经验、创造性一般比不上集体，决策有时容易片面化。除非决策者有极其丰富的经验和敏锐的直觉，一般情况下个人决策的质量较低。而集体决策可以汇集更多的信息情报和广泛的知识、经验与创造性，可以得到更精确的诊断和更丰富的备选方案，进行抉择时考虑更全面，产生漏洞的可能性就会比较小，因此，决策质量相对较高。

（3）稳定性。个人的目标取向是动态的，处在不断的改变中，个人决策常是一种下意识的自然的思维活动，不一定遵从科学的决策程序。因此，个人决策可能反复无常，前后矛盾。集体中，虽然各人的目标取向也是动态的，但多元目标综合起来就会稳定得多，加上集体决策一般采用合理的科学决策程序，比较理性，所以集体决策的稳定性较高。

（4）责任性。在个人决策的情况下，决策者的责任明确，无从推脱。集体决策常会造成责任分散，在决策过程中大家都愿意分析情况、提出方案，但又不愿意承担最后抉择的责任，有时甚至会滥用表决的方式，将责任推给大家，造成无人对决策结果负责的情况。

（5）可执行性。集体决策过程中，参与者能较好地了解所制定的决策，增加对决策实施的认同感和责任感，参与者获得了较多的信息与信任，满足了人们受尊重的需要，因此，更易接受集体作出的决策，执行过程中积极性较高。个人决策后，向组织成员传达时会耗费时间与精力，组织成员有时还会产生误解，执行决策时也可能因为利益关系等种种原因而遇到阻力。

（6）民主性。个人决策常受个人偏见所支配，也会因个人的主观经验、感觉而导致决策偏差；而且，个人的技术、专业知识毕竟有限，不能从多种角度来看待同一问题。集体中各成员由于不同的背景地位，他们会从不同角度思考问题，对决策过程有着多方面的信息输入，因此，集体决策民主性较强，有利于提高决策质量。

（7）效益性。集体决策耗费的时间很多，增加了成本。个人决策相比较而言成本要低得多。因此，在考虑采用集体决策时，必须比较成本与收益，一般只有重要决策才采用集体决策方式，较为简单的决策只要由个人承担即可。

（8）冒险性。集体决策较个人决策具有更大的冒险性，其主要原因是：个人决策时，决策者顾虑到自己的决策后果，不敢贸然采取有风险的决策；但当集体决策时，成员们共同分担责任，他们就不像个人决策那样具有强烈的责任感，能够作出风险较大的决策。集体中较具影响力的领导，常常为了显示自己的才能，而采取风险水平较高的决策。领导个人的冒险意愿,很可能被集体接受。因害怕别人认为自己懦弱,集体成员常会提出较个人决策时更为冒险的方案。

那么,集体决策是否比个人决策更有效呢? 一般来说,集体决策趋向于更精确。有很多实例表明,集体能比个人作出更好的决策。当然这不是说所有的集体决策都优于个人决策,而是集体决策整体上优于集体中平均的个人所做的决策;但在很多情况下,集体决策比不上极其有判断能力的个人的决策。如果决策的效果是以速度来定义的话,那么个人决策更为优越。在集体决策的过程中,大家反复交换意见,虽然民主开放,但耗费了大量时间和成本。如果按照一种方案所表明的创造性程度来说,集体决策比个人决策更为有效,但这要求集体思维都能发挥其创新能力,提供畅所欲言的环境。如果按照最终决策的接受程度来说,参与集体决策的人更多,所以他们有可能制定出更易为人接受的方案。集体决策的效果还受集体成员人数的影响,人数越多,发表各种冲突意见的可能性就越大。一个规模很大的集体群体需要极多的协调时间,促使所有的成员达成一致。专家认为,5～7 个人的集体决策在一定程度上最有效。

离开了效率的评价,效果就无从谈起。集体决策者的效率几乎总是稍逊于个人决策者,因此,集体决策比个人决策消耗的工作时间更多,决策的效率更低。在决定是否需要集体决策时,主要考虑效果的提高是否足以抵消效率的损失。

四、集体决策的常用方法

(一) 德尔菲法

德尔菲法的基本程序如下:成立一个由专家组成的小组,成员之间互相不能沟通讨论;把要解决的问题让每个成员进行不记名预测,然后进行统计分析;再把统计分析的结果反馈给每个成员,要求他们再次预测,接着再一次进行统计分析。上述程序反复进行,直到每个专家的意见基本固定,统计分析的结果与前一次统计分析的结果已经没有大的区别。国内外许多大型企业集团都对德尔菲法感兴趣,视之为一种行之有效的决策方法,尤其在新技术发展和新产品开发的决策上,这种方法卓有成效。但这种方法一般不适于日常决策,它耗时多,占用了较多精力。

(二) 名义群体法

名义群体这一决策法是指在决策制定过程中限制群体讨论,故称为名义群体法。如同参加传统委员会会议一样,群体成员必须出席,但需要独立思考。具体来说,它遵循以下步骤:

(1)成员集合成一个群体,在安静的环境中,群体成员之间互相传递书面反馈意见,在一张简单的图表上,用简洁的语言记下每一种想法,对每一种想法进行书面讨论,但在进行任何讨论之前,每个成员独立地写下他对问题的看法。

(2)经过自己独立思考后,每个成员将自己的想法提交给群体,然后一个接一个地向大家说明自己的观点。

(3)最后,小组成员对各种想法进行投票,用数学方法,通过等级排列和次序得出决策。

在现实生活中,集体决策由于言语交流抑制了个体的创造力,而名义群体成员思路的流畅性和独创性更高一筹,名义群体可以产生更多的想法和建议。该方法耗时较少,成本较低。

(三) 头脑风暴法

头脑风暴法可以克服阻碍创造性方案的遵从压力,是一种相对简单的方法。它利用一种思想产生过程,鼓励提出任何种类的方案设计思想,同时禁止对各种方案的任何批评。

在典型的头脑风暴会议中,一些人围桌而坐。群体领导者以一种明确的方式向所有参与者阐明问题,然后成员在一定的时间内"自由"提出尽可能多的方案,不允许任何批评,并且所有的方案都当场记录下来,留待稍后再讨论和分析。头脑风暴法仅是一个产生思想的过程,后面的电子会议法则进一步提供了取得期望决策的途径。

(四) 在线会议

最新的集体决策方法是将名义群体法与互联网技术相结合的在线会议。会议所需的技术即一系列的计算机终端,将问题在线提交给决策参与者,他们实时在线给出自己的答案。个人评论和票数统计都可在线提交并显示。这种方法的主要优点是快速、有效。

第四节 决 策 方 法

近几十年来,现代社会经济和科技活动的飞速发展带来了决策科学的不断进步,产生了许多决策方法。现代决策技术发展了大量的决策方法,对于不同的情况有不同的决策方法。在确定性情况下,可以用一般最优化方法;在风险性状态下,可使用随机性决策如决策树法等;在不确定性情况下,可使用拉普拉斯准则、乐观准则、悲观准则、遗憾准则等方法取舍方案;另外还有现值分析、矩阵汇总、博弈论、风险分析、优选理论、加权评分等方法。这里介绍几种比较常用的决策方法。

一、决策树法

决策树法是决策问题的树形表达,是以决策收益为依据,通过计算作出选择的一种决策方法。在不确定情况下,企业组织经营中经常需要进行风险决策。运用决策树法对分析多阶段的决策问题十分有效,它指明了未来的决策点和可能发生的偶然事件,并用记号标明各种不确定事件可能发生的概率。它把可行方案、所冒风险及可能的结果直观地表达了出来。

例如:某仪器公司准备开发一种新产品,预计今后十年市场对该产品高需求出现的概率为 0.3,中需求出现的概率为 0.5,低需求出现的概率为 0.2。公司面临三种方案选择:第一,增加技术开发投入,须投资 100 万元;第二,新建车间、投入设备,须投资 60 万元;第三,更新现有设备,须投资 20 万元。各方案在三种不同需求状态下的利润预测如表 10-2 所示。

表 10-2 三种方案的利润预测

方 案	需求状态		
	高需求	中需求	低需求
增加技术开发投入	80	40	−20
新建车间、投入设备	60	30	0
更新现有设备	40	20	10

根据三种可行方案情况画出决策树,如图 10-3 所示。

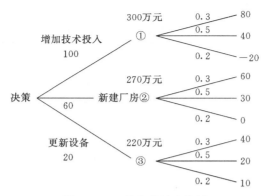

图 10-3　三种方案的决策树

由决策点引出的若干条树枝称为方案枝。由状态结点引出的若干条树枝称为状态枝,状态枝上标明状态的情况和可能的概率。各状态结点的期望收益如下:

方案一的期望值:$[80×0.3+40×0.5+(-20)×0.2]×10-100=300$(万元)

方案二的期望值:$(60×0.3+30×0.5+0×0.2)×10-60=270$(万元)

方案三的期望值:$(40×0.3+20×0.5+10×0.2)×10-20=220$(万元)

由于方案一的期望值 300 万元大于后两个方案的期望值,所以选择方案一,增加技术投入。

以上只是现实生活中的一个极其简单的例子,但有助于我们对决策树有个基本理解。决策树也常用于复杂问题的决策,是决策分析的一种有效工具。

二、矩阵汇总法

利用矩阵汇总法,可把决策中所必须考虑的各种因素汇总起来,通过给各种因素一个重要性权数,以方便决策者作出最佳选择。

例如:某公司有四种产品可以发展,其明年的预计利润与市场占有率各不相同,具体情况如表 10-3 所示。公司因为资金有限,只能全力发展其中的一个产品。公司既不希望只考虑近期利益而忽视长期利益——市场占有率,也不希望过分重视市场占有率而置眼前利益于不顾,而是打算综合权衡利润与市场占有率;公司觉得财务报表必须让股东满意,因此,利润的重要性大于市场占有率,因此,给利润的重要性权数为 0.6,市场占有率为 0.4。

表 10-3　四种产品的预计利润与市场占有率

指　标	产　品			
	A	B	C	D
利润(万元)	200	250	100	180
市场占有率	9%	7%	5%	15%

把利润最高的 B 产品 250 万元利润算作利润指数 100,按比例计算出其他各产品的利润指数,再计算出利润指数加权值。把市场占有率最高的 D 产品的市场占有率作为 100,按比

例计算出其他各产品的利润指数,再计算出市场占有率指数的加权值,将利润指数加权值加起来得到总分。如表 10-4 所示,D 产品总分 83 最高,因此决策发展 D 产品。

表 10-4　四种产品的矩阵汇总表

产品	指　标				
	利润指数	利润指数加权值(利润指数×0.6)	市场占有率指数	市场占有率指数加权值(市场占有率×0.4)	总　分
A	80	48	60	24	72
B	100	60	47	19	79
C	40	24	33	13	37
D	72	43	100	40	83

三、博弈法

目前,博弈论的发展广受关注,尤其是最近几年,博弈论的应用范围不断扩大,成为当今经济管理界和决策理论界的热门话题之一。博弈问题是具有策略依存性(即不同博弈方的策略之间相互影响和相互作用)的决策问题,博弈论就是研究决策主题的行为及其相互决策和这种决策的均衡问题的理论。

例如:某企业现有部分闲置资金,准备进行投资,可考虑两个方案:存入银行或投资证券。现有资金 100 万元,若将资金存入银行,假设每年可获得 10% 的年息即 10 万元;投资于证券风险较大,但预期收益较高,可得 30% 的回报即 30 万元;遇到金融风险时,将丧失回报,而且损失本金的 20%,此概率为 0.3。企业决策者该如何决策呢? 对这个博弈,可引入一个代表随机选择作用的"自然博弈方"。在博弈论中,"自然"作为"虚拟博弈方"来处理,这里的自然博弈方是指决定发生随机变量的概率分布的机制。如果我们以企业投资的收益为正值,以企业投资的损失为负值,则可得该博弈问题的收益矩阵,如表 10-5 所示。

表 10-5　企业投资博弈

企　业	自　然	
	受损事件发生	受损事件不发生
存入银行	10 万元	10 万元
投资证券	−20 万元	30 万元

企业与自然为两博弈方。其中,企业有资金存入银行和证券投资两种策略,自然则有投资损失事件发生与不发生两种可能的选择。在该博弈中,两博弈方可以看作是同时决策的,矩阵中的四个元素分别代表企业在四种可能情况下的收益,而今自然是没有收益的。

如果用博弈论中的扩展形法来表示该博弈,则如图 10-4 所示。

企业投资证券时,收益为 30 万元的概率为 70%(受损事件不发生),收益为 −20 万元(即亏损本金 20 万元)的概率为 30%(受损事件发生),因此,证券投资的收益的数学期望值为 $30 \times 70\% + (-20) \times 30\% = 15$(万元),而闲置资金存入银行的收益为 10 万元。因为 15 万元大于 10 万元,该企业一般应考虑选择将闲置资金投入证券市场。此例只是个简单的个体博弈问题,实际上是个体的最优化问题。当博弈方数量达到四五个以上,信息众多纷杂,博弈问题就变得极其复杂,上述决策就显得过于简化了。

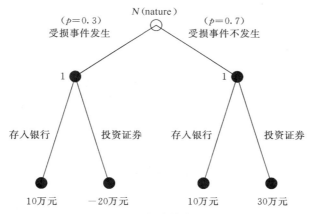

图 10-4　企业投资博弈扩展形图

四、不确定决策法

不确定决策法主要包括等概率决策法、悲观原则决策法、乐观原则决策法及后悔原则决策法。这些决策法都是针对同一情况:各备择方案在不同状况下有不同的决策结果,自然概率无从确定,充满了不确定性。

等概率决策法认为,既然各种自然状态出现的概率无法预测,不妨按机会均等的原则计算各方案的期望值,在此基础上作出选择。悲观原则决策法认为,未来的发展不容乐观,应当采取保守态度,以求稳定发展。因此,首先从各个方案中选出最小的收益值,然后在选出的最小收益值中选择最大的收益值,该收益值所对应的方案就是要采取的方案。乐观原则决策法认为小中取大太保守,若大中取大又太危险。因此,采取折衷的方法,即首先确定一个乐观系数作为主观概率 a,然后计算各方案的期望值,根据期望值的大小选择方案:期望值 $= a \times$(方案 A 第一状态下的最大收益值)$+ (1-a) \times$(方案 A 第二状态下的最大收益值)。后悔原则决策法认为,各个方案在不同的自然状态下,必有一个方案收益值最大,若采取其他方案获得的收益较小,就会后悔。因此,首先计算出各个方案在不同自然状态下的后悔值,然后确定每个方案的最大后悔值,最后在各方案最大后悔值中找出最小收益值与各方案的收益值之差。

本 章 小 结

1. 决策就是为了实现一定目标,提出解决问题和实现目标的各种可行方案,依据评定准则和标准,在多种备择方案中,选择一个方案进行分析、判断并实施的管理过程。

2. 按照不同的标准,企业组织中的决策可分为许多类型,主要有战略、管理和业务决策,程序化和非程序化决策,确定型、风险型和不确定型决策等。

3. 不同的决策理论对决策的本质有不同的阐述。建立在"经济人"假说之上的完全理性决策理论,与建立在"社会人"假说之上的有限理性决策理论,构筑了关于决策的最基本理论体系。

4. 决策的有效性是指整个决策过程的有效。有效科学的决策关键在于承担责任的决策者。决策流程可分为确定问题和目标、搜集信息、确定决策标准、拟订方案、分析方案、确定和实施方案、评价决策效果七个步骤。

5. 集体决策与个人决策各有利弊,可从时效性、质量性、稳定性、责任性等八方面特性去区分。决策时应依据集体共同的目标,在不同的条件下选用不同的方式。集体决策的常用方法主要有德尔菲法、名义群体法、头脑风暴法、在线会议等。

6. 现代决策技术发展了大量的决策方法,比较常用的决策方法有决策树法、矩阵汇总法、博弈法以及不确定决策法等。

 # 复习思考题

(一) 简答题

1. 决策如何分类?

2. 决策的有效性如何体现? 决策的责任何在?

3. 集体决策与个人决策的异同是什么?

4. 集体决策有哪些常用方法?

5. 决策流程分几个步骤? 具体内容是什么?

6. 现代决策方法有哪些?

(二) 选择题

1. 按照决策的层次划分,决策可以分为(　　　)。

    A. 战略决策　　　　B. 非程序化决策　　C. 管理决策　　　　D. 程序化决策

    E. 业务决策

2. 按照决策者对环境条件了解的程度,分为(　　　)。

    A. 确定型决策　　　B. 风险型决策　　　C. 规范型决策　　　D. 程序化决策

    E. 不确定型决策

3. 战略决策又称(　　　),是企业中最重大的决策。

    A. 核心决策　　　　B. 竞争决策　　　　C. 经营决策　　　　D. 常规决策

    E. 业务决策

4. 在(　　　)假说的基础上形成了完全理性决策理论。这一理论假定决策者具备完全的理性知识,追求效用最大,通过冷静客观的思考进行决策。

    A. "自然人"　　　　B. "经济人"　　　　C. "社会人"　　　　D. "管理人"

    E. "综合人"

5. 根据西蒙的有限理性决策理论,决策者在决策过程中追求的是(　　　)。

    A. 最优标准　　　　B. 绝对客观　　　　C. 最大理性　　　　D. 满意标准

    E. 一般标准

6. 进行科学合理的决策,第一个步骤应该是(　　　)。

    A. 确定问题和目标　B. 搜集信息　　　　C. 确定决策标准　　D. 拟订方案

    E. 分析方案

7. 集体决策的常用方法有(　　　)等。

　　A. 名义群体法　　　　　B. 德尔菲法　　　　　C. 决策树法　　　　　D. 头脑风暴法

　　E. 在线会议

8. 比较常用的决策方法有(　　　)等。

　　A. 决策树法　　　　　　B. 抽样调查法　　　　C. 矩阵汇总法　　　　D. 博弈法

　　E. 不确定决策法

9. 一般情况下,集体决策有(　　　)等优点。

　　A. 质量高　　　　　　　B. 一贯性强　　　　　C. 可实施性好　　　　D. 成本较低

　　E. 开放性强

10. 一般情况下,个人决策有(　　　)等优点

　　A. 开放性强　　　　　　B. 果断性好　　　　　C. 责任明确　　　　　D. 成本较低

　　E. 可实施性好

案例　如何走出企业面临的困境

　　红星电视机厂于 1979 年建厂,在建厂开始的 11 个年头里,企业发展非常迅速,被称为"暴发户"。

　　至 20 世纪 90 年代,该厂已拥有职工近 2 000 人,工程技术人员近 200 人,固定资产 5 000 多万元,电视机年生产能力 120 万台,主要产品有各种型号、规格的黑白电视机和彩色电视机,还有电子琴、吸尘器及无线电话机等二线产品。该厂已是具有雄厚实力的国家定点骨干二级企业。

　　自 1989 年 3 月份以来,红星电视机厂却面临着一次严重的企业危机。截至 1990 年 8 月,该厂电视机库存积压已达 16 万多台,特别是 1990 年 3 月国家下调彩电特税以来,不仅使彩电的销售价格下跌,还影响到黑白机销售。形势严峻,再不拿出一套具体可行的生产经营策略对付当前的困境,企业完全停产将不可避免。

　　作为企业的最高领导——电视机厂厂长早就慎重地考虑到了这个问题。为此还组织了几次调研,希望能尽快寻求到有效的解决方案。一天,厂长又召集各部门负责人,就企业的出路与当前的生产经营策略问题展开了更进一步更广泛的研讨,与会人员各抒己见,激烈争论使得企业在这一时期的策略方案渐趋明朗化,但还没有最终的决定。

　　第一种方案的主要代表是有多年工作经验的销售科张科长,他做了如下发言:"据国家有关部门的统计预测资料表明,全国黑白机的需求量将继续超过彩色机的需求量。因此,企业当前应把眼光放在黑白机的生产上,紧盯住广阔的农村乡镇市场。同时,全力抓黑白机的出口,扩大出口基地,面向第三世界国家,以优、以廉取胜,在此基础上兼顾彩电生产。概括起来说,企业目前的经营策略就是:以黑为主,以彩补黑。"

　　张科长在发言中又分析:"我厂是以黑白机起家的,各种产品生产技术已有较高水平,现已拥有两条生产线。生产的 $44HJ_5A$ 型黑白机、$44HJ_1B$ 型黑白机、$44HJ_1C$ 型黑白机、$44HJ_6$ 型黑白机、JDD-121 型和 JDD-124 型 31 厘米黑白机以及 $35HJ_1$ 型和 35 厘米黑白

机都是企业的拳头产品,其中 $44HJ_1$ 型和 $44HJ_6$ 型黑白机分别于 1986 年、1989 年荣获国家银质奖。从彩色机生产来看,近几年国家仍将对彩电生产实行'定点定额控制',限制各厂的生产量。况且本厂彩电质量亦很难和电子行业的'五朵金花'抗衡。所以说,我们就应该充分发挥自己的优势,一手抓黑白机的广阔农村市场,一手抓黑白机的出口,打入国际市场。

在抓黑白机的农村市场方面,本厂有过成功的经验,那是 1986 年,全厂组织了全方位的以中层干部为主的调查组到广大农村调查,下去的人员与农民同吃同住,大力宣传本厂产品,同时采取分片包干的办法,提出普及电视村的口号,经过不懈的努力,当年黑白机产量 16 万台全部销空,并开辟了广大县、镇、村的销售市场,克服了当年的滞销,渡过了难关。在当时全国 59 家电视机定点生产厂 25 家亏损的情况下,本厂营利396 万元。这个成功的例子对现在仍有指导意义。现在我们就应对广大农村市场再作一次彻底调查,摸清需求量、需求心理及电视机普及率低的地区,以便我们去占领这些市场。

抓好黑白机出口方面,应组织好与韩国、荷兰菲利浦的合作业务,扩大对孟加拉、泰国、美国等国家的整机、散件、技术的出口,建立出口基地。只要我们这样做了,我厂走出困境是有希望的。"

张科长的这一方案确实颇具可行性,但企管处的王处长对此却持不同意见。他说:"我们当前应该全力支持彩电的发展与推销。因为,目前黑白机产品的市场寿命周期已进入衰退期,具体表现是,黑白机在城市已基本饱和,普及率已达 80%,在农村也无多大市场,因为目前农村是有钱人买彩电,没钱人根本买不起电视,所以说,农村市场虽很大,但能有购买能力的市场却不大。"为了能说明问题,他还列举了近几年来城镇居民每百户拥有电视机的数据及曲线(见表 10-6 和图 10-5)。

表 10-6 城镇居民每百户拥有电视机数

年 份	1983	1984	1985	1986	1987
总量(台)	83.15	87.42	84.07	92.83	99.40
彩电(台)	2.59	5.38	17.21	27.41	34.63
黑白(台)	80.56	82.04	66.86	65.42	64.77

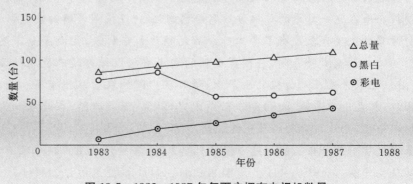

图 10-5 1983—1987 年每百户拥有电视机数量

接着王处长又说："由此看来,真正能使企业长期保持生机的还是彩色电视机,而且我厂现有三条彩电生产线,这也是一个雄厚的基础。当然,生产彩色机也有不少困难。例如,企业需要外汇引进彩管及元器件,每年需要外汇约 5 000 万美元,现国家只能给 1 300 万~1 500 万美元,缺口很大。但这些问题是可以解决的。具体做法是:争取增加彩电生产数量。这一点随着企业规模的不断扩大,产品知名度的不断提高,市场需求量的不断增加,得到解决还是不困难的。再是抓好黑白机的出口,换取更多的外汇,借以弥补企业外汇的不足,这叫做以黑养彩。我厂黑白机在国际市场享有较高声誉,市场占有率正在不断提高,自 1986 年以来,我厂的黑白机已销往 13 个国家和地区,总创汇额达 800 多万美元。因此,基于上面分析,我厂应全力抓好彩电的生产和销售工作。在经销方法上,可采取与黑白机相似的做法。如,加强广告宣传,做好售后服务,适当降低价格等。同时实行销售人员定点、定额承包责任制,把销售效益和本人奖金、工资挂起钩来。这样做不但可以增加彩电销售量,也可解决彩电积压严重这一现状。总之,我们应把精力侧重于彩电,黑白机只能作权宜之计,不能作为长期发展目标。走'以彩为主,以黑养彩'的道路,全力开拓国内、国际市场,走出困境还是可行的。"

听了王处长提出的方案,曾在企管处工作多年,现分管销售的崔副厂长却另有一番见地。他说:"首先让我们来看一看 1990 年上半年主要经济指标完成情况:工业总产值 1.72 亿元,完成年计划的 39.5%,比去年同期下降 35%;电视机产量 21.3 万台,完成年计划的 35.5%,比去年同期下降 25.3%,其中彩电 5.1 万台,比去年同期降低 39.3%;产品销售收入 1.3 亿元,比去年同期下降 50%;利税总额 2 400 万元,比去年同期下降 8.5%,利润 400 万元,比去年同期下降 74%。

从以上的经济指标可以看出,电视机的生产经营状况极为严峻,基于目前这种黑白机和彩电销售不畅,市场严重疲软的现状,我厂当前应抓好多角化经营,发展生产二线产品,而不能在一棵树上吊死。

我厂的二线产品有基础,品种也多,如,XH-49 型多功能电子琴,XH-D600 型真空吸尘器,V-60D 型、V-1505 型、U-4200 型单工手持式无线电话、V-800 型、U-800 型单工车载式无线电话、V-1525D 型双工基地式无线电话,这些产品差不多都已批量投产,因此,发展这些较为适销对路的产品,可在很大程度上缓解乃至解救企业面临的困境,对黑白机和彩色机目前可采取'紧缩战略'。这样可以做到东方不亮西方亮,堤内损失堤外补。再者,从企业长期发展来看,多角经营也是一种必然趋势。"

时钟清脆地响起来,下班时间到了,会议告一段落,人们纷纷散去,厂长舒展了一下筋骨,点燃一支烟,带着焦急的心情,又陷入了沉思:厂务会议上提出的解决方案,各具道理,都有一定的可行性与说服力。如,黑白机市场并非绝对滞销,适销对路的产品仍有很大市场。当时,全国家庭有 7 000 万部电视机,尚有 1.8 亿户没有电视机,这个潜在市场将随着收入的递增,供电率、电视信号覆盖率的提高而逐步形成购买力,而且广大农村目前仍以黑白机购买意向为主体,所以"以黑为主,以彩补黑"的方案不无道理。侧重发展彩电也是一条好路子,因为企业发展,就是要靠产品的更新换代,人们的需求档次也在不断提高,所以除一两种高技术、高质量的黑白机能维持下来外,将来大部分企业还是以生产彩电为主导方向的,所以"以彩为主,以黑养彩"也有一定道理。至于发展二线产品,不但在企业遇到困境时能帮助其跳出苦海,就是在市场高峰时期也能更充分地利用生产能力,增加企业效益,丰富企业产品,同时还可起到防患于未然的作用,这也不是没有意义的方案,但从不利的方面分析,我国目前相当一部分农民收入较低,相当一部分地区没通电,或电视信号覆盖不到,这也是影响黑白机在农村销售的一个问题。发展彩电前景虽好,但厂家多,竞争激烈再加上国家定点控制,这也是一个不可忽视的问题。发展二线产品,一则不是我厂的主导产品,二则与其他厂比在技术、声誉、市场占有方面都不及人家……

总之,经过反复讨论,问题分析得越来越清楚,但究竟采取什么样的方案,还需要大家认清形势,增强信心,放下包袱,献计献策,再确定一个比较妥善的、全面综合的、具体可行的方案。

讨论题

电视机厂面对的困难十分严峻,分析一下,形成困难的主要原因是什么?试比较一下三个解决方案的优劣并进行决策。

第 11 章　制 定 计 划

计划是管理过程中的一个重要环节也是管理的一项基本职能,管理的其他活动只有在计划确定了之后才能进行,并且都随计划和目标的改变而改变。制定计划是先于其他管理活动的工作,在管理工作中处于重要的地位。

计划是组织对未来活动的事先安排。根据不同的标准,计划可以分成不同的类型。不同层次不同类型的计划在组织中形成计划体系。计划总是与时间相关联。制定计划是一件不容易的事,需要技术和方法,并按照一定的程序进行。

第一节　计划的概念、内容与作用

一、计划的概念与内容

计划是组织根据环境的需要和自身的特点,确定组织在一定时期内的目标,并通过计划的编制、执行和监督来协调、组织各类资源以顺利达到预期目标的筹划。计划的内容包括确定组织的目标;制定系统策略以实现这些目标;开发一个全面的分层次的计划体系以综合和协调组织的各项活动。因此,计划既涉及目标(做什么),也涉及实现目标的方法(怎么做)。

具体计划是为实现目标而进行的各层次的具体活动安排,是计划最基础的内容。计划工作中的目标和策略只有经过逐层展开并发展成为各层次的具体计划,才能有效组织和协调组织的各项资源,来实现组织的目标。

二、计划的作用

为什么管理者需要进行计划工作？这是因为计划在管理工作中有以下的重要作用:

(1)为组织成员指明方向,协调组织活动。计划工作协调了组织成员所作的各项努力,当组织所有成员了解了组织的目标和为达到目标他们须作出什么贡献时,他们就能开始协调各自的活动,将各人的力量朝向组织目标的方向,这可避免缺乏计划导致的组织成员力量的内耗,利于有效实现组织的目标。

(2)预测未来,减少变化的冲击。计划工作促使管理者展望未来,预见变化,考虑内外环境变化给组织带来的冲击,从而制定适当的对策,减少组织活动中的种种不确定性,降低变化给组织带来的不利影响,甚至还能变不利为有利,抓住变化带来的机会。

(3)减少重复和浪费性的活动。计划工作明确了组织成员的活动的目的和手段,避免了多项活动并行过程中出现的种种不协调现象,并可减少重复和浪费性的活动。

（4）设立目标和标准以利于控制。如果管理者不清楚要达到什么目标，也就无法判断是否达到了目标。正是由于在计划工作中设立了目标和标准，管理者才能在管理工作中将实际的绩效与目标进行比较，发现已经和可能发生的偏差，采取必要的纠偏行动。没有计划就无法对组织活动实施控制。

对计划的作用，应有一个全面、正确的认识。一般来说，正式的计划是和组织的较高利润、良好的财务状况相联系的。高质量的计划工作和对计划的良好执行能产生较好的组织绩效。而且计划并不像人们所想象的那样，会降低管理工作的灵活性。计划工作意味着承诺，但只有管理部门把计划工作看成是一次性行为，它才是一种限制。计划工作应是一种持续的活动。推理明晰、构想清晰的正式计划比存在于一些高层管理人员头脑中模糊的假设要容易修改得多。但对计划的作用不能作不客观的夸大，计划并不是万能的。计划工作不是作未来的决策，它涉及的是当前决策对将来的事件的影响。计划工作涉及未来，但计划工作的决策是现在就作出的，计划工作并不能消除组织内外的变化。管理人员不管做什么，变化总是客观存在的，管理者从事计划工作是对各种变化和风险进行预估，并对它们作出有效的反应，所以计划工作不能做到完全预言和控制未来。然而，尽管管理者由于有限理性，很多情况下不能确切预知未来，尽管那些超出管理者思考和控制的因素可能干扰制定最佳的计划，但是计划工作迫使管理人员通盘思考问题，对未来出现的情况作出相对理性、合乎情理的推论和预测，在管理工作中会拥有更多的主动性。

三、计划的地位

尽管所有的管理职能在实际管理工作中交织在一起，形成一个管理系统，但是计划具有它的独特地位，这主要体现在以下两个方面：

第一，计划工作的首要地位。计划工作要为全部的组织活动确立必要的筹划。管理人员必须先制定好计划，才能确定组织需要何种结构和人员，按照什么方针去领导组织成员，以及采用什么样的控制措施。如果要使所有其他管理职能发挥效用，必须安排好计划。计划和决策是密不可分的，计划是决策的载体，决策的成果由计划体现出来。计划和控制更是不可分割的，计划提供控制工作的标准，没有计划，没有事先制订出的一套标准，就不可能对组织活动进行衡量，比较并纠偏。

第二，计划工作的普遍性。无论是什么组织，也无论是组织中哪个层次的管理者，要想实施有效管理，就必须要做好计划工作。组织中的每一位管理者尽管职权和管理范围存在不同，但都拥有制定计划的部分权力和责任，都要进行计划工作。计划工作是全体管理人员的一项职能工作。

第二节 计 划 体 系

一、计划的类型

按照不同的标准，可将计划划分为不同的类型。认识计划的多样性，有利于充分发挥计划的功能,制订有效的计划。

（一）按计划的期限划分

可分为短期、中期和长期计划。人们一般习惯上将一年以内的计划称为短期计划,二至五年的计划称为中期计划,五年以上的计划称为长期计划。当然这一划分标准并不是绝对的。

（二）按计划的广度划分

可分为战略计划和作业计划。战略计划是指应用于整体组织,为组织设立总体目标和寻求组织在环境中的地位的计划。两者在时间框架和涉及范围上是不一致的。战略计划趋向于包含持久的时间间隔,覆盖较宽的领域和不规定具体的细节。此外,战略计划的一个重要任务是设立目标方向,而作业计划则假定目标已经存在,仅是提供实施目标的方案。

（三）按计划的明确性程度划分

可分为指导性计划和具体计划。指导性计划只规定一般性的指导原则,不把管理者限定在具体的目标上,或是特定的行动方案上。这种计划为组织指明了行动方向,但不提供实行的操作指南,具有内在的灵活性;而具体计划则具有明确规定的目标和一套可操作的行动方案。组织通常根据面临的环境的不确定性和可预见性程度的不同,选择制订这两种不同类型的计划。

（四）按制订计划的组织层次划分

可分为高层管理计划、中层管理计划和基层管理计划。高层管理计划是由组织中的高层管理人员制订的,一般以整个组织为目标,着眼于组织整体的、长远的安排,一般属于战略计划;中层管理计划是由中层管理人员制订的,一般着眼于组织中各部门的定位及相互关系的确定,既可能包含各部门的分目标等战略性质的内容,也可能有各部门的工作方案等作业性质的内容;基层管理计划是由基础管理人员制订的,着眼于每个岗位、每个员工及每个工作时间单位的工作安排,是属于作业性的内容。

（五）按组织的职能业务划分

可分成生产计划、营销计划、财务计划和人事计划等。企业组织要从事生产、营销、财务、人事等方面的活动,就要相应地为这些活动和职能业务部门制订计划。

二、计划的权变因素和应急计划

计划的有效性是受多种权变因素影响的,不同类型的计划所适应的环境和组织自身的状况是不同的。

（一）计划的权变因素

1. 组织的层次

图 11-1 表明了组织中的管理层次与所从事的计划工作的类型之间的一般关系。在大多数情况下,基层管理者的计划活动主要是制订具体的、可操作的作业性计划。当管理者在组织中的等级上升时,他的计划角色就更具战略导向。高层管理者主要制订战略性、方向性的战略计划。中层管理者制订的计划内容介于高层与基层管理者的计划之间。

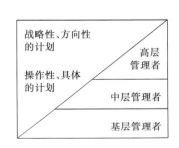

图 11-1 组织层次与计划

2. 组织的发展阶段

每个组织均有其生命周期,先是形成期,然后是成长期、成熟期,最后是衰退期。如图 11-2 所示,在组织发展的不同阶段上,计划的类型应在计划的时间长度和明确性上做相应的调整。

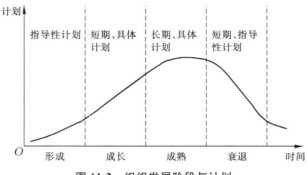

图 11-2　组织发展阶段与计划

在组织的形成期,组织目标具有一定的尝试性,各类不确定性因素很多,所以,计划需要很大的灵活性,管理者应当更多地依赖指导性计划,只提出重点,使管理者可以随时按需要进行调整,而不把管理者限定在具体的目标和行动方案上。在组织的成长期,各种不确定性因素大为减少,虽然仍以短期计划为主,但计划更为具体明确了。当组织进入成熟期,处于相对稳定阶段,可预见性最大,最适用于长期、具体的计划。当组织进入衰退期时,组织面临的变化和不确定性又增多,这时计划应从长期、具体转入短期和指导性内容。

3. 环境的不确定性程度

环境的不确定性越大,计划就更应具有指导性,计划期限也应更短。假如环境要素诸如社会、经济、技术、法律或其他方面发生了迅速、重大的变化,精确规定计划实施方案,反而会成为组织活动的障碍。而且,变化越大,计划就越不需要精确,管理就越应当具有灵活性。

4. 未来承诺的期限

最后一个权变因素也和计划的时间有关。当前计划越是影响到对未来的承诺,计划的期限也应越长。这里涉及承诺原则,即计划包含的期限,应尽可能延长,以最大限度地预测未来,使得在该期限内能够实现当前的承诺。计划期过长或过短都是低效率的。管理者不是为将来的决策作计划,而是为当前决策的未来影响作出安排。

(二) 应急计划

由于计划制订是建立在对组织自身特点及环境状况假设的基础上的,而组织自身和环境都存在不确定性,有时会使计划变得不再合适。各种偶发事件可能会改变现行计划的结果,所以要为这种情况作计划,制定权变性方案,即应急计划。管理者要为各种可能出现的偶发事件预先准备好应对方案,一旦出现某种特殊情况,就可以使用某一方案。应急计划的目的是有备无患,不至于在事件发生后才仓促作出反应。尽管并不是所有的情形事先都能预料到,但是管理人员通过理性的判断来预估可能发生的事件是有效开展计划工作所必需的。

应急计划工作的机制分三个阶段进行:在第一阶段,组织的基础计划即正常计划被提出,在制订这些计划的过程中,管理人员得考虑各种偶发事件及其发生的概率,各种随机事件均应加以考虑。在第二阶段,正常计划正在加以实施,这时需正式确认那些最为重要的偶发事件,只有那些最有可能发生并对组织会产生重大影响的事件才应被引入应急计划工程过程中,为这些偶发事件制订出相应的应急计划。第三阶段,若形势有变,就实施应急计划;若形势正常,则仍采取正常计划。应急计划的工作机制如图 11-3 所示。

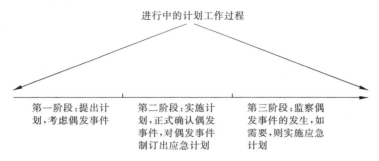

进行中的计划工作过程

第一阶段:提出计划,考虑偶发事件　　第二阶段:实施计划,正式确认偶发事件,对偶发事件制订出应急计划　　第三阶段:监察偶发事件的发生,如需要,则实施应急计划

图 11-3　应急计划工作机制

三、计划的表现形式

计划的表现形式是多种多样的,不同形式的计划可组成一个如图 11-4 所示的层次体系。

（一）组织的使命

一个组织的使命,可以看作是一个组织的最基本的目标,也是一个组织存在的意义之所在。每个组织均有由社会赋予它们的基本职能,即其社会使命。组织也有使其成员生存、发展的使命。企业的使命一般来说是生产和分配商品和服务,使命的具体内容则体现在组织选择的服务领域或事业之中。杜邦公司的具体使命是"通过化学方法生产更好的产品",而金佰利公司则认为它的企业使命是生产和销售纸张和纸张产品。

使命
目标
战略
政策
程序
规章
规划
预算

图 11-4　计划的层次体系

（二）组织的目标

组织的目标是指组织活动所要达到的预期结果。在通常情况下,人们可以把组织的目标细化,从而得出多方面的目标,形成一个相互联系,并且有等级层次之分的目标体系。组织的总目标可以层层分解为更具体的总目标、部门目标及个人目标。组织中不同层次的管理人员涉及不同类型的目标。组织目标除了具有层次性外,还具有多重性。从深层次来看,所有组织的目标都是多重的。企业除了关注利润外,还追求市场份额的扩大和满足职工的福利等。即使在组织各级目标体系中,目标也是多种多样的。现代组织是一个复杂的社会机构,它需在多重的目标和需要之间求得平衡。过分强调某一个目标,会忽视其他目标。靠单一的标准是难以有效衡量和评价一个组织是否成功履行其使命的。

（三）组织的战略

战略是组织为了达到总目标而采取的行动和利用资源的总筹划。战略的目的是通过一系列的主要目标和政策,去决定和传达指望成为什么企业的情景。战略并不打算确切地概述这个组织怎样去完成它的目标,这是具体计划的任务,而战略提供的是指导思想和行动的框架。战略一词来源于军事术语,引用到管理学中,仍具有竞争对抗的含义。所以组织在制定战略时不可能是"闭门造车",而要仔细研究其他的相关组织,特别是主要的竞争对手的情况，为取得竞争中的优势地位而制定自身组织的战略。

（四）组织的政策

政策是管理者决策时考虑问题的指南，它能保证决策与目标保持一致。政策帮助组织成员事先决定问题，不需要每次重复分析相同的情况。政策是指导决策的，所以允许对某些事情有酌情处理的自由。管理人员可以部分下放对事情处理的决定权，但管理人员仍应对下属人员保持控制。在正常情况下，组织中的各层都有政策，从组织的重大政策、部门的主要政策等，到适合于最小部门组织的小政策。组织中的政策也分许多种类，如营销政策、财务政策和生产政策等，在这些政策中还可进行更具体的细分。组织的政策体系形成一个指导管理思想的等级网络。政策可以用书面形式公布，也可能只能从管理者的活动中间接体现出来。但是为了保持政策的一致性和整体性，将组织的政策用书面形式写下来是很有必要的。这可使所有管理人员均能确切了解组织的有关政策，并充分理解自己部门的决策将对其他系统所产生的影响。

（五）组织的程序

程序是制订处理未来活动的一种必需方法的计划，它规定了某些经常发生的问题的解决方法和步骤。程序是按时间顺序对必要的活动进行的排列，它是一种经过优化的计划，是通过大量经验事实的总结而形成的规范化的日常工作过程和方法，程序可以提高工作的效率。程序往往能较好地体现政策的内容。由于程序确定了一个管理人员在一个特定的情况下应采取的行动，所以相对政策而言，它们要具体得多。组织中的各个部门均有程序，但存在很大差别。程序在基层更为具体，数量也更多，这主要是出于加强控制的目的，并使得基层管理人员较少地拥有自行处理权，也使得他们能有效地完成日常的例行工作。

（六）组织的规章

规章是一种最简单的计划。它是控制人们在工作中的态度和行为的一种特定的规范。规章通常在应该怎样行动或禁止什么行动上规定得非常具体，没有酌情处理的余地。规章通过建立行动指导准则，达到简化管理人员工作的目的。规章不像程序，规章是指导行动，而不说明时间顺序，实际上可以把程序看作是一系列的规章。

（七）组织的规划

规划是为在组织总体目标内特定的重点工程或任务所制订的一套专用计划。它是一个综合性的计划，包括目标、政策、程序、规则、任务分配，要采取的步骤，要使用的资源，以及完成既定行动方针所需的其他因素。

（八）组织的预算

预算是一系列用货币数字表示预期结果的报表，它可以称为一份"数字化"的计划。预算勾勒出组织对未来一段时期的现金流量、收支等的具体安排，这是很多组织基本的计划工作手段。由于预算采用的是数字形式，所以编制预算可迫使管理者精确制定计划。

第三节　计划的时间与跨度

计划是对未来事件做出的安排，因此计划总是与时间概念紧密结合在一起。我们在讨论计划与时间问题时主要涉及两个方面：一个是计划实施的时间安排问题，即计划的时机问题；二是计划本身的期限问题，即计划的时间跨度问题。

一、计划的时机

许多计划在其他各个方面都是完善的，仅仅是由于安排活动的时机不对，以至于在应用中失败。有许多企业推出的新产品遭到失败，就是因为研究开发、生产的周期过长，等到产品上市时，需求状况已发生较大变化，错过了市场良机。时机是整个计划工作中必须要考虑的一个因素，应特别重视。

(一) 计划时机问题的三种状况

计划时机问题有三种主要的情况：

（1）该行动不与其他活动在时间上有联系。在这种情况下，管理人员只需为每一个单独的决策选择付诸实施的适宜时机，不需顾及其他活动的进行情况。

（2）该行动与计划中的其他各项活动内容在时间上有联系，但联系不是很紧密。在这种情况下，管理人员只需对行动的时间设立一个上限或下限，而不需制订一个周密的行动方案。

（3）该行动与其他活动在时间上紧密相联，是一系列活动中的一个必要步骤。在这种情况下，行动的时机将会强烈地受到为全部进程制定的方案的影响。这时就要对在某一指定时间里采取某一步骤所产生的影响给予评价。大多数活动都有一个最易于完成的时机，如果把时机安排得早于或迟于最佳时机，不仅会影响该行动的效果，还会影响整个一系列计划活动。

管理人员在计划工作中，需要判别各活动的计划时机问题的属性，从而在计划过程中把握好计划中各活动的行动时机。

(二) 提高计划时机选择的方法

管理人员可以通过以下两个方法来提高计划时机选择的质量：

1. 改进预测

计划是对未来做出的安排。管理人员对未来的预测越接近即将发生的现实，就越能选择合适的时机，成功的可能性就越大。但人们预言未来的能力总是有限的，社会、经济、技术变化的速度在加快，对预测工作的要求远远超出了人们的预测能力。

改进预测最简单有效的法则就是"采取客观的观点并收集所有可用的资料"。人们一般在预测时总有一些先入之见，这些偏见的存在将影响我们预测的客观性。所以必须克服这种思维的偏见，坚持让事实来说话。在预测时要尽可能收集有用的相关资料，不应匆忙下结论。

2. 保持灵活性

即使在预测较充分可靠的情况下，管理人员在制定计划的时候也应尽量留有一定的余地，保持一定的灵活性，避免可能出现的重大失误。一种方法是不到必要的时候，尽量避免作出承诺。这种方法适用于计划的各项活动在时间序列上可分解成一系列步骤的情况。管理人员将行动计划在前一步骤行动完成以后才做出，这样在验证了前一步骤活动无重大差错的情况下，才开始计划下一步活动，保持了行动的灵活性。另一种方法是保持两个或几个备选方案。这种方法适用于计划的内容与时间上是连续进行，不能分割的情况。根据现实情况的变化状况,采用不同的行动方案。当然这种方法会使组织为制订多种方案而增加成本。

二、计划的跨度

管理人员在计划制订过程中,经常会遇到决定计划时间跨度的问题。计划应是长期的,还是短期的? 两者之间该如何协调? 这些问题表明计划期限的长短是多种多样的,计划期限的选择是重要而且是较难回答的。在有些情况下,一周的计划都可能是宽松的,而在另一些情况下,可能要作长达几年的计划。因此,即使在同一组织,同一时间,都可能存在各种不同的计划期限。

（一）长期、中期和短期计划

这三种按计划的时间跨度即计划的期限划分的三种类型的计划,在前面已有介绍,但这三类计划的差别不仅仅在于时间方面,而在于它们所揭示的计划的目标和内容上。

（1）长期计划。长期计划的内容主要涉及组织的长远目标和发展方向。对一个企业组织来说,长期计划往往要包括其经营目标、战略、方针、远期的产品开发计划、规模等。总的来说,长期计划只规定组织的长远目标及达到长远目标的总的方法,而不规定具体做法。目前已有越来越多的企业编制了自己的长期计划。

（2）中期计划。中期计划根据组织的长期计划进行编制,主要起衔接长期计划和短期计划的作用。长期计划以问题、目标为中心,中期计划则以时间为中心,具体说明各年应达到的目标和应开展的工作。中期计划为长期计划提供具体内容,又为短期计划指明方向。

（3）短期计划。短期计划比中期计划更为详尽,更具操作性,在执行中灵活选择的范围较小。它主要说明计划期内必须达到的目标,以及具体的工作要求,要求能够直接指导各项活动的开展。

（二）长、中、短期计划的协调

长期计划为组织指明了方向,中期计划为组织指明了路径,而短期计划则为组织规定了前进的步伐。组织在制订计划时将这三者进行有机的结合具有极为重要的意义。

短期计划的制订必须要有助于实现中、长期计划。那种只顾眼前情况的决策,不考虑对长远目标的影响,会造成计划工作的许多浪费,其实质是阻碍了中、长期计划的实现,或者要改变长期计划去适应短期决策。所以管理人员应该不断地检查和修改当前的决策,看看这些短期计划是不是有利于中、长期计划,以便使决策与公司的长期目标保持一致。在一个组织中,长期计划和短期计划之间的关系应是"长计划、短安排",即为了实现长期计划中提出的各项目标,组织必须制订相应的一系列中、短期计划,而中、短期计划的制订必须围绕着长期计划中所提出的各项目标,这样才能有效发挥短、中、长期计划的作用,有效达到组织的目标。

第四节　计划的流程与方法

一、计划流程

虽然各类组织编制的计划内容差别很大,但科学地编制计划所遵循的步骤却具有普遍性。管理者在编制任何完整计划时,实际上都将遵循如图 11-5 所示的步骤。即使是编制一些小型的简单计划,也应按照如下完整的思路去构想整个计划过程。

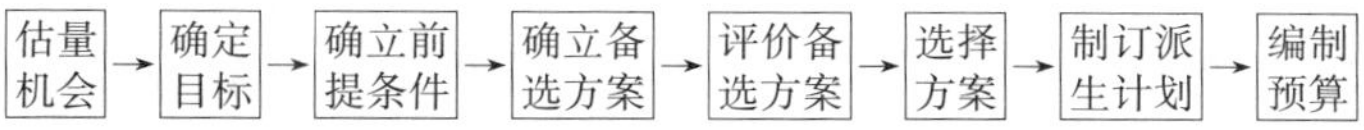

估量机会 → 确定目标 → 确立前提条件 → 确立备选方案 → 评价备选方案 → 选择方案 → 制订派生计划 → 编制预算

图 11-5　计划流程

（一）估量机会

严格地说,估量机会不属于编制计划过程的一个组成部分,它要在编制实际计划之前进行。但是留意外界环境中和组织内的机会是编制计划的真正起点。管理者应该考虑将来可能出现的机会,并对这些机会进行全面了解,管理者应了解组织的长、短处及组织的期望。这些都是确定切合实际的组织目标所必须考虑的问题。作为企业,应了解市场上的各种因素,竞争状况及顾客的需要,企业自身的强弱项等。例如,一家公司的经营业绩出现了严重滑坡,该公司对此进行分析,发现主要原因是公司主要产品在市场上已供大于求,市场竞争者过多,消费者的需求也已发生明显变化;而该公司规模不大,具有"船小好调头"的优势。因此,该公司的机会就是通过追踪顾客需求,发展新兴产品,而不是在原有产品上苦苦挣扎,这样才能在未来的竞争中占有一席之地。估量机会就是根据环境和组织的现实情况对可能存在的机会作出现实的判断。

（二）确定目标

管理者接着就要确定整个组织的目标,也就是规定计划预期的结果,并且要确定为达到这一目标,需要做哪些工作,重点在哪里,如何运用战略、政策、程序、规则、预算等计划形式去完成计划工作的任务。

目标的选择是计划工作中极为关键的内容,一份成功的计划不可能出现目标上的偏差。在目标的制定上,首先要注意目标的价值。各类计划设立的目标应与组织的使命和总目标有价值上的一致性,这是对计划目标的基本要求。其次要注意目标的内容及其优先顺序。有时组织中会有几个目标共存,它们各自的重要性可能是不同的,而不同目标之间在组织中的优先顺序将导致不同的行动内容和资源分配的先后顺序。因此,恰当地确定哪些成果应首先取得,即哪些目标优先,是目标确定过程中的重要工作。最后,目标应有明确的衡量指标,不能含糊不清,对目标应尽可能进行量化,以便度量和控制。

目标有其层次性,组织的总目标要为组织内的所有计划指明方向,而这些方向又根据反映组织总目标的方式,规定了各个主要部门的目标,而部门目标又控制着其下属各部门的目标,如此等等,从而使得整个组织的全部计划内容控制在组织的总目标体系内。

（三）确定前提条件

确定前提条件是要确定整个计划活动所处的未来环境。计划是对未来条件的一种"情景模拟",确定前提条件就是要确定这种"情景"所处的状态和环境。这种"情景模拟"能够在多大程度上贴近现实,取决于对它将来所处的环境和状态的预测能够多大程度地贴近未来的现实,也就是取决于确定前提条件这一计划工作步骤的质量。

由于将来是极为复杂的,要把一个计划的将来环境的每个细节都作出假设,是不切合实际的,较为实际的做法是将前提条件限于那些对计划来说是关键性的,或具有战略意义的假设条件。

（四）确定备选方案

每一项活动一般均有不同的解决方式和方法，编制一个计划，需要寻求和检查可供选择的行动方案。这需要集思广益，开拓思路，因为有些方案不是马上能看得清楚的。但有时问题不是寻找可供选择的方案，而是减少可供选择方案的数量，以便可以分析最有希望的方案。管理者通常必须进行初步检查，以便发现最有成功希望的方案。

（五）评价备选方案

在找出了各种备选方案和检查了它们的优缺点后，下一步就是根据计划的目标和前提条件，权衡利弊，对各种备选方案进行评价。评价备选方案的尺度有两个：一是评价的标准；二是各个标准的相对重要性，即权数。在多数情况下，存在很多备选方案，而且有很多有待考虑的可变因素和限制条件，这会使得评价比较困难。

（六）选择方案

这是采用计划的关键一步，也是制定计划的真正关键。做出正确的选择需要建立在前面几步工作的基础上。为了保持计划的灵活性，选择的结果往往可能是两个或更多的方案，并且决定首先采取哪个方案，并将其余的方案也进行细化和完善，作为后备方案。

（七）制订派生计划

选择好方案后，计划工作并没有完成，还须为涉及计划内容的各个部门制订支持总计划的派生计划。几乎所有的总计划都需要派生计划的支持和保证，完成派生计划是实施总计划的基础。例如，一家航空公司为在激烈的市场竞争中赢得优势，决定新购一批客机以增加航班，获得经营的规模优势。这一基本计划需要制订很多派生计划来支持，如雇用和培训各类人员的计划，采购和配置零部件的计划，建立维修设施的计划，制订飞行时刻表计划，以及广告、筹资和办理保险的计划。

（八）编制预算

计划编制的最后一步工作就是要把计划转变为预算，使计划数字化。预算是汇总组织各种计划的一种手段，将各类计划数字化后汇总，方能分配好组织的资源。预算用数字表述计划，并把这些数字化的计划分解成与组织的职能业务相一致的各个部分。这样预算就与计划工作相联系，预算将资源使用权授予组织各部门，但又对资源使用状况进行控制。预算就是将计划压缩成一些数字以实现管理的条理化，它使管理人员清楚地看到哪些资源将由谁来使用，将在哪些地方使用，并由此涉及哪些费用计划、收入计划或实物投入量和产出量计划。管理人员只有明确了这些，才能更自如地授权以便在预算限度内去实施计划。

二、现代计划方法

计划制订的效率高低和质量好坏在很大程度上取决于所采用的计划方法。过去人们常常采用定额换算法、系数推导法和反复平衡法等传统计划方法制订计划。定额换算法就是根据有关的技术经济定额来计算确定计划指标的方法。系数推导法是利用过去两个相关经济指标之间长期形成的稳定比例来确定有关指标的方法，也叫比例法。反复平衡法是从内在关系出发考虑各项目标之间的相互制约关系，经过反复试算求得平衡。

现在，传统的计划方法仍有其一定的用武之地。但由于现代组织要面对更加复杂和动荡的外部环境，组织规模也在不断地扩大，传统的计划方法已不能完全适应现代计划工作的要求,各种现代计划方法应运而生。由于它们可以帮助组织确定各种复杂的经济关系,提高综合平衡的准确性,并能采用计算机辅助工作,加快计划工作的速度,已为越来越多的管理人员所采用。下面简要介绍其中的三种常用的方法。

（一）滚动计划法

滚动计划法将短期计划、中期计划和长期计划有机地结合起来,根据近期计划的执行情况和环境变化情况,定期修订未来计划。由于在计划工作中很难准确地预测未来,计划期限越长,这种不确定性就越大。为提高计划的有效性,可以采用滚动计划法。其具体做法如下:在计划制订时,同时制订未来若干期的计划,但计划内容采用近细远粗的方法,即把近期的详尽计划和远期的粗略计划结合在一起。在近期计划完成后,根据计划执行情况和环境变化情况,对原计划进行修订和细化。以后根据同样的原则逐期向前滚动。

滚动计划法加大了计划编制的工作量,但其优点是明显的,这种方法推迟了对远期计划的决策,增大了对未来估计的准确性,提高了计划的质量;同时,它使长、中、短期计划相互衔接,保证了组织能根据环境的变化及突发事件及时进行调节,使各期计划能基本保持一致,大大增强了计划的弹性,从而提高了组织的应变能力。

（二）运筹学方法

这种方法的核心是运用数学模型,力求把相关因素用变量形式反映在模型中,然后用数学和统计学的方法在一定范围内解决问题。运用运筹学方法于计划工作包括以下步骤:

（1）根据问题的性质建立相应的数学模型,同时界定主要变量和问题的范围。为了简化问题和突出重点影响因素,需要做出各种假定。

（2）根据模型中变量和结果之间的关系,建立目标函数作为比较结果的工具。

（3）确定目标函数中各参数的具体数值。

（4）进行求解,即找出目标函数的最大或最小值,以此得到模型的最优解,即问题的最佳解决方案。

运筹学方法广泛地用于解决有限资源如何合理运用以实现既定的目标的问题,典型的运筹学方法当推线性规划法。

（三）网络计划技术

网络计划技术包括以网络为基础制订计划的各种方法,如关键路线法（CPM）、计划评审技术（PERT）和组合网络法（NT）等。网络计划技术将一项工作分解成多种作业,然后根据作业的先后顺序进行排列,通过网络的形式对整个工作进行统筹规划和控制,从而使用较少的资源,用最短的时间完成工作。

网络计划技术比较适合于包含上万项作业、需要众多单位配合的大型工作项目。它的优势体现在以下几个方面:它能把整个工程的各项任务的时间顺序和相互关系清晰地表示出来,指出完成工程的关键环节和路线,使管理人员在制订计划时既可统筹安排,又不失去重点;它通过调动非关键路线上的人力、物力和财力,加强关键作业,对工程的时间进度与资源利用实行优化;可事先评定达到目标的可能性,指出实施中可能发生的困难点及其影响,减少了计划完成的风险;便于组织和控制,特别对于复杂的大项目,可分成许多子系统来进行控制。

本 章 小 结

1. 计划是管理过程的重要环节,也是最基本的管理职能之一。计划的内容包括确定组织的目标和策略及分层次的计划体系。计划指明方向,预见未来,减少浪费,便于控制。计划工作在管理中具有首要地位和普遍性。

2. 依照不同的标准,可将计划分为不同的类型。不同类型的计划,其有效性受组织的层次、发展阶段、环境的不确定性程度和未来承诺的期限等权变因素的影响。不同表现形式的计划构成一个计划层次体系。

3. 计划总是与时间概念紧密相连。这表现在计划的时机问题和计划本身的期限问题上。

4. 掌握计划编制的步骤和方法是计划工作的必需技能,编制各类计划其实都可以遵循一种统一的步骤,这些步骤构成了计划编制流程。计划的方法有很多,滚动计划法、运筹学方法和网络计划技术是其中 3 种常用的现代计划方法。

复 习 思 考 题

(一) 简答题

1. 如何客观地评价计划在管理工作中的作用?

2. 计划在管理中的地位如何? 它与管理的其他工作之间的相互关系如何?

3. 计划的表现形式有哪些? 它们之间存在怎样的相互关系?

4. 计划编制过程中有哪些步骤? 遵循计划编制流程为什么能提高计划工作的有效性和科学性?

(二) 选择题

1. 计划的内容包括(　　)。

　　A. 确定组织目标

　　B. 制定全局策略以实现这些目标

　　C. 开发一个全面的分层次计划体系

　　D. 选定优秀的领导

2. 计划的作用是(　　)。

　　A. 为组织成员指明方向,协调组织活动

　　B. 预测未来,减少变化的冲击

　　C. 减少重叠和浪费性的活动

　　D. 设立目标和标准以利于控制

3. 按计划的广度分,计划分为(　　)。

　　A. 战略计划　　　　B. 作业计划　　　　C. 指导性计划　　　　D. 具体计划

4. 按计划的组织层次分,计划分为(　　)。

　　A. 高层管理计划　　B. 中层管理计划　　C. 基层管理计划　　D. 应急计划

5. 计划的权变因素包括(　　)。

    A. 组织的层次　　　　　　　　　　B. 组织的发展阶段

    C. 环境的不确定性程度　　　　　　D. 未来承诺的期限

6. 长期计划、中期计划与短期计划的区别主要有(　　)。

    A. 时间长度不同　　B. 目标不同　　C. 广度不同　　　　D. 内容不同

7. 根据本书的说法,3 种常用的现代计划方法包括(　　)。

    A. 滚动计划法　　　　　　　　　　B. 运筹学法

    C. 网络计划技术方法　　　　　　　D. 德尔菲法

8. 评价备选计划方案的尺度有(　　)。

    A. 评价的标准　　　　　　　　　　B. 各个标准的相对重要性

    C. 权数　　　　　　　　　　　　　D. 方案的可行性

9. 计划总是与时间概念紧密相连,这表现在(　　)等几个方面。

    A. 计划的时机问题　　　　　　　　B. 计划的期限问题

    C. 计划的广度问题　　　　　　　　D. 计划的方法问题

10. 滚动计划法的优点是(　　)。

    A. 推迟了对远期的决策　　　　　　B. 加大了计划编制的工作量

    C. 增大了对未来估计的准确性　　　D. 提高了计划的质量

案例　明年的生产计划方案该怎么订

    浦江光学仪器厂是一家新型综合性的光学仪器制造企业,属多品种、小批量生产类型。全厂现有职工 3 600 人,技术力量雄厚,设备齐全,能够生产多种大型精密、光机电结合的光学仪器。其主要产品有光学计量仪器、显微镜仪器、物理光学仪器等 6 大类、80 多个品种。建厂 30 余年来,该厂走过的是一条蓬勃发展的路,共生产各种光学仪器 24 万多台,创造利税 22 614 万元,并多次获得市仪表局、市政府、机械工业部、国家计量局的表彰和奖励,成为同行业中的佼佼者。

    然而,最近两天杨厂长在确定下年度生产计划方案上,却有些举棋不定了。体制改革前国家统购统销时,企业制订生产计划比较容易。计划科只要按上级下达的指令性计划安排生产即可,不需要考虑销售问题。体制改革以来,企业由生产型转向生产经营型,制订计划要考虑的因素大大增加了。多年来,该企业一直沿用一套长期以来形成的、以产品为导向的制订计划的方法,已经越来越不适应现实需要,必须加以改革。近两年来,这个厂产值呈低幅度上升,利润却下降了。前年工业总产值 2 584 万元,利润 778.2 万元;去年总产值 2 600 万元,利润 630.7 万元。利润下降,固然有原材料涨价、生产成本提高等多方面因素影响,但计划制订的正确与否也是个关键问题。怎样使明年的生产计划更趋于科学、合理,这正是杨厂长所思索的问题。

    前天下午,厂部召开了下年度生产计划方案讨论会。这次会议和以往不同。除了充分准备外,还扩大了与会人员的范围,因为此次年度计划的制订难度较大,内外条件复杂,不确定因素多,平衡难。而计划制订的正确与否直接关系到企业下年的经济效益,关系到企业能否稳定地向前发展,因此必须认真对待和严密论证。

计划科朱科长说:"从外部形势看,目前销售市场变化迅速。出口创汇难度大,行业竞争加剧,企业负担加重;从内部看,生产能力跟不上,新产品开发难,批量试制上场慢。鉴于这些因素,根据市场销售情况和厂里现有的生产能力,同时考虑到各车间的生产周期性、各工种负荷均衡性、原材料供应的保证程度和技术准备等,在进行综合平衡的基础上,我们编了 A、B、C 三个下一年度生产计划方案供大家讨论。"朱科长说着,向与会人员提供了一些资料,如表 11-1、11-2、11-3 所示。

表 11-1 A、B、C 三个方案部分产品比较表

产品代号	下年计划产量(台)			销售科建议产量(台)	本年计划产量(台)	单位产品总工时(分)
	A 方案	B 方案	C 方案			
2XAⅡ	2 800	2 250	3 000	2 000	1 750	5 622.02
2XC	800	800	800	800	500	8 753.19
19JC	60	60	60	60	46	67 949.28
19JA	60	60	60	100	120	73 758.2
19JE	30	10	40	10	20	
3C	—	30	—	30	……	……
……		……	……	……	……	……
合计	13 275	13 405	13 315			

表 11-2 A、B、C 三个方案主要指标比较表

方案	产量(台)	商品产值(万元)	利润(万元)	产值利润率(%)	全部产品总工时(分)	品种(个)
A	13 275	2 621.465	757.460 5	28.84	128 251 290.2	34
B	13 405	2 655.255	745.307 5	28.07	132 403 911.7	36
C	13 315	2 609.785	758.708 5	29.02	127 463 531.8	31

表 11-3 A、B、C 三个方案主要项目排列表

名次	品种	产量	商品产值	利润	利润率	工时
1	B	B	B	C	C	B
2	A	C	A	A	A	A
3	C	A	C	B	B	C

在展示了这些资料之后，朱科长继续说道："我们制订出三个计划方案主要是为了便于大家就此广泛讨论、集思广益，以便最终确定适合企业情况的最佳生产方案。三个方案的侧重点各不相同：C方案侧重于效益、B方案侧重于销售、A方案介于二者之间，是个折衷方案。至于我们计划科的观点，下面由本科计划员王明来讲一下。"

计划员小王说道："我们计划科认为采用C方案作为明年的生产计划比较合适。大家从A、B、C三方案项目列表中可以看到，C方案虽然产量、产值都不是最高，但所耗工时最少，效益最好。企业生产的中心任务是提高经济效益。只有通过不断提高经济效益，才能增加积累，发展生产，才能改善职工的生活条件，为社会创造更多的物质财富。所以经济效益是第一位的，我们在安排各种具体产品时，充分考虑了这一点。比如，销售科建议生产计量仪器中的非接触式球径仪（3C）30台，但我们在A、C两方案中均没作安排。其原因主要是考虑到效益问题。这种产品已经几年不生产了，技术资料不全、设备工装也不配套，重新上马，许多技术问题一时难以解决，而且生产这种产品准备工时很长，是生产工时的2～3倍。工作量大、工艺复杂，效益相对其他品种而言较低，每台售价8 000元，利润却只有25%左右。如果安排这种产品，势必影响计划完成，耽误交货期。考虑到弊大于利，所以没作安排。

再比如，万能工具显微镜19JA的安排也是这样。销售科建议生产100台，但在方案中均安排60台。而19JE产品，销售科建议生产10台，但A、C方案分别多安排20、30台。为什么这样安排？其原因在于19JE是在19JA的基础上改型换代的，属于新开发产品。多安排19JE目的在于向用户推广新产品。让新产品逐渐占领市场，老产品逐渐退出来。不断进行产品的更新换代，是企业长期占领市场、获取长期高效益的关键！因此，推广新产品关系到企业的市场竞争能力和企业今后的长期发展。基于这种考虑，我们在安排计划时作了有意识的调整，降低了19JA的产量，提高了19JE的产量。

总之，对于一些产值高、利润大的产品和一些有利于提高企业长期经济效益的产品，我们尽量多作了安排。其他一些和销售科提出的建议数有出入的品种，我们也都是从这一基点出发进行安排的。当然，我们的具体安排在考虑利润的同时，也考虑了销售的可能性，并且和企业的生产能力进行了平衡。多安排的品种数量是建立在市场销售还有很大潜力可挖的基础上的。少安排的或不安排的品种数量因其生产成本高、消耗工时多、利润少，我们认为，通过加强销售工作，采取适当的促销手段，配合得力的推销人员，开辟潜在市场，按C方案生产，销售不成问题。"

销售科科长老肖紧接着阐述了销售科的意见。他说："三个方案各有利弊。如单纯从效益和工时着眼，C方案显然可取。但是我们认为决定企业年度生产计划，不能把着眼点仅仅放在效益上，应该首先考虑销售的可能性。当今市场竞争激烈，变化多端，产品的销售状况很难预测。由于新产品不断涌现，今天畅销的产品，明天也许变成滞销品。用户的需求多样化、复杂化，因此制订生产计划不仅仅要考虑企业能否获利、获利多大，还须考虑销售是否有保证。如果没有销售作保证，利润就是一句空话！以销定产、满足用户需要，为社会提供适销对路产品，是我们企业进行生产的主要目的。我们是社会主义企业，不能唯利是图。制订计划不能仅仅局限于一个企业小范围上获利最大，要考虑到全社会的效益。于国、于民有用的产品就应该生产，这才是根本！而且C方案也缺乏严密性。例如，新产品 19JE,从推广新产品角度看,多安排当然有理,但必须有销售的可能性。目前,用户对 19JE 这种新产品还不够了解,习惯于使用 19JA。据市场调查,明年 19JA 的需求将更大。所以应以 19JA 为主。至于向用户推广新产品,以适应将来的发展,这需要一个介绍和引导的过程,不能一下子就增加 30 台 19JE。因为其单价为 3 万元,30 台则为 90 万元。这意味着要冒 90 万元的风险。万一这种新产品推销不出去,必然造成积压,从而浪费大量资金。考虑到企业的经济效益,这笔账不能不算! 所以 C 方案不足取,我们认为采取 B 方案,作为下一年生产计划比较合适。这样可以保证产销平衡,企业不至于冒太大的风险。”

产品开发部张主任接着发言讲道:“我认为 B、C 方案都有其道理,但也都存在着不足。C 方案单纯讲效益,对销售考虑不足,计划自身带有冒险性;B 方案单纯强调销售的保证程度,有些保守,缺乏开拓市场、争取用户的进取精神。所以我认为 A 方案比较合适。A 方案产量低,产值、利润、品种、工时都居中,根据我厂面临的内、外部形势,明年将是我厂生产情况最严峻的一年,因此我们制订计划一定要慎重、稳妥。近两年产值增长幅度很小,平均只有 5.9%,利润则呈明显下降趋势,就目前掌握的情况分析,明年如不采取强有力的措施,利润将进一步下降。目前从企业内部看,生产能力同产值的增长越来越不能同步。由于近几年来在设计、工艺、加工手段等方面所采取的技术措施跟不上生产发展的步伐,生产能力不足的问题日益严重。现在产值一上升,能力缺口就增大,实际生产能力不仅得不到补充,甚至有下降趋势,所以为稳定生产,谋求长期发展,我们必须从下年开始深入挖掘企业内部潜力,在对现有生产能力填平补齐的基础上,力争生产能力再提高一步。在恢复、发展生产能力的同时,大搞开源节流,推行现代管理方法,降低成本,提高利润,尽量使产值和利润的增长趋于同步。A 方案产值、利润居中,而产量和工时都比较低,便于我们进行生产能力的填平补齐和其他各项工作。因此我认为下一年生产计划采用 A 方案比较妥当。”

杨厂长听了三位同志的发言,深深地陷入了沉思。三个方案各有千秋,到底采用哪个方案,他一时举棋不定,看看难以在会上取得一致的意见,便宣布休会了,因为他需要独自冷静地想一想……

讨论题

1. 请问你对本案例有何看法?
2. 案例给出的资料是否充分?
3. 如果你是厂长你会选哪一个方案? 为什么?

第 12 章 统 一 领 导

一个组织中的人们往往追随那些他们认为可以提供满足自身需要的人,正是人们愿意追随他,才使他成为管理主体,成为领导者。领导者是管理主体中的高层,是组织的核心,领导活动是管理中的高层次活动,它以法定的权力决定并影响社会和组织成员的行为。因此,职权是领导产生影响力之本。在领导活动的全过程中,主要有五个构成要素:领导者、被领导者、职权、客观环境和领导的行为,其中起决定作用的是职权,管理风格是这些因素构成的综合体。

第一节 领导的职能与权力

纽曼和小萨默认为,领导"系指管理人员个人积极地与部属共同进行工作,以指导和激励部属的行为,使其能符合既定的计划和职务;了解部属的感情以及部属在按计划行动时所面临的各种问题。"美国管理学家孔茨、奥唐奈也将领导概括为一种影响力。人群关系和行为科学理论认为领导是一个动态行为过程,领导者通过其领导艺术对被领导者产生影响力,从而引导组织成员提高行为效率,共同实现组织目标。

一、领导的职能

领导和管理的概念常常被混淆,但领导与管理是不同的,好的领导与薄弱的管理不能产生好的效果,有效的管理但领导不力也不能达到组织目标。管理是维持组织运行的既定规则与活动,它使组织得以正常运转,没有行之有效的管理,企业将在千头万绪中一片混乱;管理则恰恰给组织带来秩序和效率。而领导则有所不同,相对而言,领导的职能与作用更主要反映在对环境的应变和引导组织内的变革中。巴纳德较早地研究了领导的职能,"经理人员的职能,就好像相对于身体其余部分的,包括大脑在内的神经系统一样。神经系统指挥着身体的各种活动,以便使身体更有效地适应于环境,维持生存。"巴纳德认为,对应于组织的各项要素,经理人员的职能可以归结为以下三个方面:

(一) 维持信息交流

组织中存在大量的信息流:命令的传达,执行效果的反馈,上下级的沟通,数据资料的上传下达等。由于信息交流只有通过人的中介才能实现,所以寻找行使管理职能的人是建立信息交流手段的具体措施。建立和维持信息交流体系①的问题始终是把经理人员和管理职位这两个方面结合起来的重要问题,也是领导职能的中心问题。单是解决了这个问题还不能说完成

---

① 巴纳德认为这是管理组织的首要任务。

了领导职能的全部工作。但是,如果这个问题没有解决,其他的所有工作都不能完成。

（二）促使个人提供必要的努力

这项职能主要有两类工作:一是促使人们同组织建立协作关系;二是在人们同组织建立起协作关系以后,使之提供服务。促使人们同组织建立协作关系的工作是组织对尚在组织以外的人做工作。这类工作之所以必要,不仅由于新组织和现有组织的成长需要获得人员,而且由于必须补充不断发生的人员流动等造成的人员减少。这类工作具体包括两个部分:①把人们吸引到组织中来以使人们服务的工作能够在达到的范围以内;②当人们进入这个范围以后,对他们做工作。与此同时,尽管在绝大多数组织中,特别是新的、快速发展的、"人员更替率"高的组织中,招募工作很重要,但在已建立起来和持续存在的组织中,使其成员能够提供恰当数量和质量的服务通常更为重要,员工提供的服务才是组织真正的要义。

（三）提出和制定目标

领导的另外一项职能就是为组织提出和制定组织未来成长的目标。组织目标确定之后,目标就成为行为的方向,是一系列连贯行动后达成的预计状况。领导人员在实施此项职能时,是需要组织给予授权的。

巴纳德的观点大致总结了经理人员的职责。值得一提的是,领导的功能更体现在对组织外部环境的应变以及对复杂事物的管理上。21 世纪,企业面对的是日新月异的知识经济时代,技术进步一日千里,国际竞争愈演愈烈,这些都对领导者提出了更高的要求,例如敏锐的洞察力,果断的行动力,巨大的影响力等。具备这些素质的领导,才能适时地推动企业变革,不断适应新的环境变化,使企业立于不败之地。

二、领导的权力

（一）职权与领导权力

西方管理学中强调领导的影响力,领导的影响力主要来源于两方面:职权和权威。领导是管理中的高层次活动,它以法定的权力决定和影响社会、组织及其成员的行为。因此,职权是领导产生影响力之本。在领导活动的全过程中,主要有五个构成要素:领导者、被领导者、职权、客观环境和领导的行为,其中起决定作用的是职权,领导是这些因素构成的综合体。领导所处的法律地位和担任的职务,享有的法定权力,是领导履行职责,产生影响力的重要依据和前提条件。领导的权力来自职务,随职务变化而变化,是"制度化的权力",单向支配,具有强制性,没有这种权力就很难完成责任。责任是权力的依据,权力是完成责任的保证,二者相称,互为条件。如果有权无责,权力就会被滥用;反之,有责无权,则难以产生号召力。领导必须依靠一定的职权支撑,才能开展各种组织、指挥、控制、协调等活动。领导影响力的发展要经历顺从、认同、内化三个阶段。领导的影响力的大小在很大程度上取决于拥有职权的大小,彼此相称,相辅相成,职权大影响大,反之亦然。因此,领导的影响力是职位的影响力。

具体来讲,职权主要涉及合法权、奖赏权和惩罚权三种。

（1）合法权,就是组织中等级制度所规定的正式权力,被组织、法律、传统习惯甚至常识所认可。它通常与合法的职位紧密联系在一起。

（2）奖赏权,就是决定提供还是取消奖励、报酬的权力。谁控制的奖励手段越多,他的奖赏权就越大。奖赏权源于被影响者期望奖励的心理,即部属感到领导者能奖赏他,使他满足某些需要。被影响者是否期望这种奖赏是奖赏权的一个关键。

（3）惩罚权，就是指通过精神、感情或物质上的威胁，强迫下属服从的一种权力。惩罚权源于被影响者的恐惧，部属感到领导者有能力将自己不愿意接受的事实强加于自己，使自己的某些需求得不到满足。惩罚权在使用时往往会引起怨恨、不满、甚至报复行动，必须谨慎对待。

（二）非职权与领导权力

经济学家厉以宁认为，企业家应具备超人的眼光，付诸实施的决断和协调组织的能力，也就是说企业家不是一种职业称呼，而是由多种优良的专业素养集成的人，专业素养的核心又反映在精神素养上。精神素养体现在熊彼特所说的创新精神、敬业精神和合作精神上。可见，成为一个有影响力的领导者实属不易。领导的影响力与权威的关系可喻为根与叶的关系，根深叶茂，根浅叶少。职权是实际影响与指挥他人或集体的一种力量，往往是通过强制手段而产生影响作用的。如果滥用职权，即使有权也无"威"。所以说，有职权的领导未必都有权威。职权与权威两者相辅相成，相互促进。一般而言，领导的权威主要来自领导者的个人素质。领导者的地位、技术、能力以及领导艺术是下属接受和信任领导权威的基础；领导者的态度、指示和建议正确与否，影响下属接受和信任领导权威的程度；领导体制不顺、权责不清、素质不高，也是影响领导权威的重要因素。就是说，领导权威与其地位、才智、能力相称，领导者个人的德、能、智、资、绩与领导的职权有效地结合起来，才能有力地提高领导权威。

具体来讲，与组织的职位无关的非职权权力主要有专长权、个人魅力、背景权和感情权等。

（1）专长权。知识就是力量。从某种意义上讲，知识就是权力，谁掌握了知识，具有了专长，就是有了影响别人的专长权。这种权力源于信息和专业特长，人们往往会听从某一领域专家的忠告，接受他们的影响。谁掌握的知识、信息越多，谁拥有的专长权就越大。专长权与职位没有直接的联系。

（2）个人魅力。这一权力与其他权力不同，是一种无形和很难用语言来描述或概括的权力。它是建立在超然感人的个人素质之上的，这种素质吸引了欣赏它、希望拥有它的追随者，从而激起人们的忠诚和极大的热忱。

（3）背景权。背景权是指个人由于以往的经历而获得的权力。只要人们知道他的特殊背景和荣誉，在初次见到他的时候，就倾向于听从其意见，接受其影响。

（4）感情权。感情权是指个体由于和被影响者感情较融洽而获得的权力。

（三）领导与管理的异同

领导是管理的一个方面，属于管理活动的范畴，但是除了领导，管理还包括其他内容，如计划、组织、控制等。人们常把领导者与管理者混为一谈，但其实他们并不是完全相同的。领导者不一定是管理者，管理者也并不一定是领导者。领导从根本上来讲是一种影响力，是一种追随关系。人们往往追随那些他们认为可以提供满足自身需要的人，正是人们愿意追随他，才使他成为领导者。因此，领导者既存在于组织中，也存在于一定的群体中；既存在于正式组织中，也存在于非正式组织中。管理者是组织中有一定的职位并负有责任的人，他存在于正式组织之中。有的管理者可以运用职权迫使人们去从事某一件工作，但不能影响他们去工作，他并不是领导者；有的人并没有正式职权，却能以个人的影响力与魅力去影响他人,他是一位领导者。为了使组织更有效,应该选择领导者来从事管理工作,也应该把每个管理者培养成好的领导者。

第二节　领导的内容

一、领导的一般内容

在管理过程中,领导影响人们自觉热情地为组织目标而努力,领导者为了促使人们最大限度地实现组织目标,其工作的一般内容主要包含五个方面:先行、沟通、指挥、浇灌和奖惩。

（一）先行

领导者不是站在群体的背后推动群体前进,而是站在群体之前,鼓舞引导群体,使群体追随领导者,齐心协力地去实现组织目标。领导要鼓舞引导群体,自己就得先行。就像置身于一个难以辨认方向的沙漠之中的群体,一般成员不知该向何处去,这时就需要领导者起到先行的作用,指出泉水和绿洲的所在,并带领群体前进。先行通常包含三方面内容:

1. 设计

领导者好比是轮船的设计师、航行路线的设计者,他要设计组织的系统与架构,设计组织的目标。远航要有好的船,要有好的航线,如果船的设计不良,结构不坚固,航线设计不科学,就无法渡过汹涌的大海;如果组织的设计不完善,组织目标设计不科学,组织就无法生存,更谈不上发展。

2. 决策

为了实现组织的目标,并且尽可能地满足组织成员的需要,领导者必须为组织指明方向,构思组织的战略规划,制定组织的战术措施,这一切均离不开决策。

3. 榜样

这在困难时刻显得格外重要。在余下时间不多而比分落后的球队中,在突出的自然灾祸(如火灾、地震、沉船)的面前,在被敌军围困的孤城中,领导者必须具有领袖气质,从容镇定地指挥应对,用自己的榜样来稳定群体的情绪,渡过危境。

（二）沟通

没有人与人之间的沟通就不可能实行领导。领导者只有通过向部属传达感受、意见和决定才能对其施加影响;部属也只有通过沟通才能使领导者正确评估他自己的领导活动,并使领导者关注部属的感受与问题。

人与人之间的沟通除了为领导者收集正确决策所必需的信息,并及时对决策进行反馈之外,还有许多重要作用:搞清部属的情感,因为部属的情感对顺利完成工作的重要性不亚于物质条件和环境因素,而一般的图表数据很难反映部属的情感,面对面的沟通是了解和掌握部属情感不可或缺的重要途径;通过与部属保持密切的接触,领导者可以不断重新评价组织系统及其运行的有效性,当发现有陈旧过时或不合时宜的情况,能够及时予以修正;个人之间的双向沟通,可以密切领导者与部属之间的情感联系,加强组织凝聚力,从而提高士气。

实践证明,要使双向沟通达到效果,领导者做到认真倾听和正确表达是至关重要的。

1. 认真倾听

领导者为了更多更全面地从部属处获得信息与感受,他必须学会倾听。许多领导者喜欢在交谈的一开始就向部属说出自己的看法,这样很可能因为他的地位与权势抹杀了由下至上的沟通,因为部属倾向于向上司提供受其青睐的信息。要做到认真倾听,需要领导者具有从他人的角度思考问题的能力。

为了做到认真倾听,以下原则具有很大的参考价值:

(1) 耐心地听对方的话,无论是你认为错误的或离题的。

(2) 设法摸清对方所表露的情绪与事情的前因后果。

(3) 简要而确切地复述对方的感受,或当对方提到你感兴趣的关键问题时,将对方的话改成疑问句,比如用这样的句式:"你觉得没有前途?""你是说职务重叠?"等,引导和鼓励对方继续讲下去。

(4) 避免对事实的争辩。

(5) 对方拐弯抹角或随声附和一些陈词滥调,这一定是有话没说,必须敏感地抓住这些线索,努力听出弦外之音。

(6) 避免将自己的情绪卷入对话之中。

2. 正确表达

正确表达包含两方面的内容:一是领导者必须清楚地把自己的意思表达出来,从而使别人真正理解你的意思;二是领导者要注重表达的效果,要设法让别人接受自己的想法。在领导工作中,以下建议对领导者正确表达思想、传递信息是很有用的:

(1) 领导者必须了解和掌握下属的态度与兴趣,对其处境十分敏感,采用下属易于接受的方法表达自己的想法,因为下属如何理解信息,取决于信息的内容,但更取决于他脑子里已经具有的想法。

(2) 语义明确。领导者应该尽量避免使用深奥的词汇或技术术语,因为上下属之间交流并不是为了卖弄学问或测验下属的文化水平。对于重要的信息,领导者最好用不同的语汇或新的例子重复一下,以使别人正确理解。

(3) 通过行为来传送意思。领导者应该言行一致,如果不一致,下属就会认为领导者的话只是形式上的,他们就不易于去接受;但如果领导者以行动表明他要说的意思,那么他的信息就真正具有了意义,才易于被下属接受。

(4) 注意反馈验证。为了验证表达是否正确,信息是否被下属正确接受,领导者必须始终注意任何能够得到的反馈,可以通过观察下属是否按信息的要求行动,也可以通过研究其他各种报告和成果来获取反馈信息,发现问题并及时予以纠正。

(三) 指挥

领导者对组织目标进行了设计,对日常工作作出了决策,通过沟通把有关的政策和决策传递给下属,为使下属在实践中执行好组织的决策,领导者的指挥工作显得格外重要。在组织中,经常用的一种正式的指挥方式是命令。命令对一个组织的指挥工作来说是不可缺少的,即使在以人际关系为导向的民主组织中也是如此。因为即使是员工参与程度很高的决策也需要领导者将最后的结论变为命令,否则员工会感到没有把握和无所适从。

为了使领导工作有效,领导者下的命令应该符合三个基本条件:第一是完整,第二是清晰,第三是可执行。这些要求看似简单,但令人吃惊的是在许多情况下,领导者下的命令常常达不到这些要求。经常是领导者告诉下属应该怎么做,却忘掉了要求达到的数量、质量或限期等方面的信息。有时候,领导者还会下达无法执行的命令,这样的后果更为严重,会造成下属的情绪低落与不满,影响领导者的威信。领导者下达的命令应该清楚完整,十分明确,同时还应通过沟通来验证下属对命令的理解是否正确。指挥工作并不是在发出命令后就完成了,领导者还必须为下属实施命令创造条件,还要进行后续跟踪检查,保证命令得到执行或更改不适合的命令。

（四）浇灌

所谓浇灌,就是领导者创造出一种下属自动合作的情感反应。与买水果时斤斤计较的讨价还价不同,下属对上级的自动配合是依靠下属对领导者的感情,对工作或组织的积极态度。一个下属追随领导者的计划通常不经过太多的考虑,而只是觉得与他信任的领导者合作是一种令人满意的行动,因为他相信自己的需要可以从领导者那里得到满足,他会受到领导者的公平对待。但这种自动合作的情感需要长期浇灌,因为感情是由一种诱发机制长期培育而来的。领导者必须以自己的行动日复一日、年复一年地来浇灌下属的情感,培育他们的自动合作精神。经过良好浇灌的组织可以产出好的成果,克服所遇到的困难。

为使浇灌有效,在浇灌的过程中应遵循以下一些守则:

1. 注重友谊和信任

要使浇灌有效,领导者首先需要获得下属的信任,因为只有获得了下属的信任,领导者的浇灌措施才能被下属接受并化为行动,而领导和下属之间真诚的友谊是营造这种信任感的基础。

2. 力求公平与一贯

领导对所有下属,不论亲疏,都一视同仁、公平对待,这是树立合作精神的基础。在工作中任人唯亲,缺乏公平,这将很快使合作化为乌有。领导者行为的前后一贯可促使下属形成常规行为模式,知道什么行为会产生什么后果,从而减少不确定感,这将增加下属的安全感和自信心。当然一贯不是僵化,领导者的行为必须依据环境的变化作出适应性调整,但这种调整应尽量轻缓,并让下属知道调整的原因,以使下属较快地适应这种调整。

3. 强调积极面

表扬先进和批评错误同样是为了建立期望的下属行为模式,但经常批评,会使人沮丧,为使下属情绪高涨,领导者更应注意发现下属的成绩,及时加以表扬肯定。为了肯定下属的积极面,领导者可采用多种方式,表扬是一种有效的方式,也可将表扬与批评结合在一起使用。

4. 支持下属

如果下属知道他能够在需要时得到领导者的支持和帮助,他就会具有安全感和充满信心。因此,领导者应注意及时给下属必要的支持,这将有助于获得下属的人心,从而使他们愿意服从领导,按照领导的意图行事。

5. 让下属参与决策

下属的参与程度越高,其归属感也就越强,与公司计划合作的倾向也会越强烈。

6. 及时与下属沟通信息

领导者应及时与下属沟通信息,特别是那些与下属切身利益有关的信息,从而增强下属的主人感,有利于浇灌的有效性。

（五）奖惩

奖赏权与惩罚权是职位权力的主要组成部分,组织中奖励和惩罚的任务是由领导者承担和实施的。通过奖惩,增强领导者的影响力,达到组织预定的目标,因此,奖励和惩罚是领导工作的重要组成部分。

1. 奖励

奖励是对组织秩序的一种维护,是调动下属积极性,以保证组织目标得以顺利实现的重要手段。领导者如何有效运用奖励手段,我们在激励一章中将作进一步阐述。

2. 惩罚

如同任何社会都要制裁违法者,以维持社会秩序一样,在组织中违背组织规则的人要受到惩罚,以维护组织的秩序。领导者在实施惩罚时应注意,惩罚本身不能直接使人产生领导者所期望的行为,事实上某些惩罚方式可能还会增加组织达到目标的难度。惩罚的目的是为了改进人们未来的行为,无论是对被惩罚者,还是对组织中其他人。惩罚是为了避免同类问题的再次出现,因此,在采取惩罚行动时要注意以下几点:

（1）及时惩罚。纠正错误的最佳时间是在错误发生后不久,因为一切还都记忆犹新。有时错误发生后,还需时间了解事情经过,但当事情一旦了解清楚应立即给予惩罚,切勿久拖不决,使最终实施的惩罚失去作用。

（2）人们应当预先知道要求他们做什么和不应该做什么,因为大多数人认为对一件下属没有意识到犯错的行为进行惩罚是不公平的;在对错误行为进行惩罚时,应再次强调应该如何做。

（3）所有的惩罚必须前后一致,对所有人应一视同仁,不带个人感情。

以上三条可称为"热炉子法则":你如果去摸一个热炉子所得到的惩罚是立即的、事先确知的、前后一致的和不带个人感情的。

二、领导的具体内容

领导的具体内容包括塑造组织文化,提升组织凝聚力;制定战略规划,推进组织长远发展;构造组织核心能力,保持竞争优势;进行管理创新,提高效率;促进组织学习,率领员工达成组织目标。

（一）塑造组织文化

领导应重视并积极开发组织文化这种资源,使组织获益。组织文化资源不同于其他资源,物质资源越开发越少,应用越多越趋于枯竭,唯有文化资源才能生生不息。组织文化不是写出来的,它是在组织发展过程中,在组织领导与全体员工长期工作中积累和培植起来的。领导的一项具体内容就是要通过塑造组织文化,凸显文化的导向功能、约束功能、凝聚功能、激励功能和辐射功能。

（二）制定战略规划,推进组织长远发展

领导的另一项具体内容就是要依据组织的资源状况、组织的实际情况以及与理论假设的吻合度,确立组织现在到未来发展的定位、能力或者资源目标趋向,制定好战略规划,推进组织的长远发展。

(三) 构造组织核心能力,保持竞争优势

美国著名战略学家普拉哈拉德和哈默把核心能力解释为一组先进技术与诀窍的和谐组合。组织的核心能力是组织重要的无形资源,是组织长期竞争优势的源泉,它在组织的成长与发展过程中发挥着关键作用。知名组织的成功无一不是拥有源自其核心能力之上的长期竞争优势。在产品生命周期日渐缩短,企业经营日益国际化以及信息日渐爆炸的今天,竞争的成功不再是转瞬即逝的产品开发或市场战略的结果,而是具有不断开发新产品与开拓新市场的特殊能力的体现。组织核心能力对组织的成长与发展具有重要意义。因此,在市场竞争日趋激烈的今天,领导的具体内容中重要的一项应涵盖组织核心能力的形成、运用、巩固与创新。

(四) 进行管理创新,提高效率

管理创新是指创造一种新的更有效的资源整合范式,这种范式既可以是新的有效资源整合以达到组织目标和责任的全过程式管理,也可以是新的具体资源整合及目标制定等方面的细节管理。管理创新就是通过有限资源的优化配置提高整体效率。这一效率可以在众多指标上得到反映,例如奖金周转速度加快,资源消耗系数减少,劳动生产率提高,经济效益上升,等等。此外,管理创新还有助于降低组织的交易成本,拓展市场,稳定组织,推动组织发展,等等。

领导者往往由于其所处的特殊地位,会对管理创新产生重大的影响,或在管理创新过程中扮演重要的角色。他们也许有新颖的创意,并在自己任职期间设计具体操作方案并加以实施,他们也可以鼓励和推动在组织中进行管理创新。

第三节　领 导 的 风 格

在领导组织的过程中,领导者对权力的运用方式称作领导风格或管理风格。《财富》在题为《CEO 为什么失败》的报道中对某名噪一时的跨国公司的 CEO 的失败作了一个简明的概括,他们并不缺乏敏捷和眼光,他们的失败仅仅是因为一些简单但却致命的缺点。这些缺点具体是:缺乏对坏消息(亏损或利润下降)的处理能力、缺乏处理人事的能力、疲劳综合征、决策的局限性、缺乏财务知识、错失良机等。市场沉浮,商海无情,领导者也不可能成为任何领域的专家,有所不为,才能有所为。领导人如何形成适应环境的管理风格呢? 对此,西方学者对领导风格作了大量的研究,进行了各种各样的分类,产生了多种理论。虽然各种理论都有不同的表述方式与侧重点,但究其实质则是同一个理论体系发展中的不同阶段和不同视角而产生的。

一、连续统一体理论

美国学者坦南鲍姆和施米特在 1958 年提出了领导连续统一体模型。他们指出,领导风格并不是只有独裁和民主这两种极端的方式,而是在这两种极端之间,以领导者为中心还是以部属为中心的程度不同而存在着一系列领导方式。这些方式有相应的对部属的授权程度和决策方式,如表 12-1 所示。

表 12-1 领导连续统一体模型

以领导者为中心						以下属为中心
领导者的职权运用						
						下属的自由度
领导者专断地作出决策,并宣布执行就可	领导者作出决策,但要说服部属予以执行	领导者作出决策,并根据下属的问题进行解决	领导者提出试验性的决策,可根据下属的意见进行修改	领导者提出问题,征求意见,最后再作出决策	领导者规定问题的范围,在范围之内,领导者与下属共同决策	领导者允许下属在职权范围内自由行动

表 12-1 中所示的七种领导风格,没有哪一种总是正确的或错误的,也没有哪一种是最好的或最坏的。在不同的领导者、下属和情景之中,有不同的最适合的领导风格。此外,组织环境和社会环境也会对领导风格产生影响。坦南鲍姆和施米特认为,一个成功的领导者,不一定是专权的人,也不一定是放任自由的人,而是能够针对不同环境采取恰当措施的人。例如,一个好的化学实验室主任,在设计危险化学品的使用时,他是专制的,但设计制定研究方向与计划时,他又是民主的。

二、管理方格论

布莱克和莫顿在 1964 年提出了管理方格图,他们用一张 9×9 的方格图,每一个方格表示一种管理风格如图 12-1 所示,纵坐标表示对人的关心程度,分为 9 级。图中显示了五种典型的管理风格。

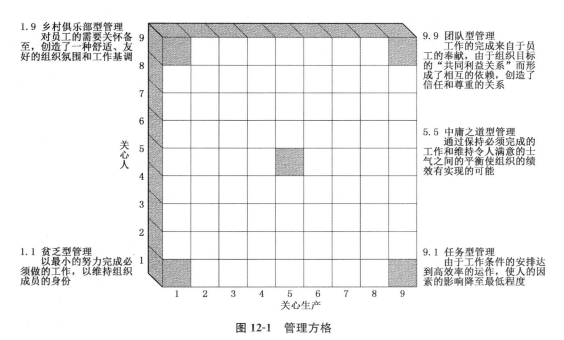

图 12-1 管理方格

（1）1.1 型：贫乏型管理。领导者对工作和对人都极不关心，多一事不如少一事，只维持自己职务所必需的最低限度的工作。

（2）9.1 型：专权式管理（任务型管理）。领导者对工作极为关心，但忽略对人的关心，强调有效地控制下属，努力完成各项工作。

（3）1.9 型：乡村俱乐部型管理。领导者对人极为关心，重视同下属的关系，强调部属与自己的感情，而忽略工作的效果。

（4）5.5 型：中庸之道型管理。领导者既对工作关心，也对人关心，但强调适可而止，缺乏强烈的进取心，乐意维持现状。

（5）9.9 型：理想型管理（团队型管理）。领导者对工作和对人都极为关心，既重视组织的各项工作，又能通过沟通与激励，使部下自觉自愿齐心协力。这是一种理想的领导风格。

布莱克和莫顿还提出，哪种管理风格最有效果要看实际工作，最有效的管理风格并非一成不变，而要依情况而定。这种管理方格图理论能够使领导者较为明确地认识到自己的管理风格，找到改进管理风格的努力方向，也可以用来有效地培训未来的领导者。

 【专栏】 学习"三国"中的管理方式

小时候听"三国"的评书，虽然不是全部能懂，但印象最深的就是诸葛亮。当时只觉得他的一句"山人自有妙计"，早已经把这个人物神化了。那么，把诸葛亮的用人之道，用在企业的管理之中，可以吗？

提起诸葛亮，就不能不提曹操。两个人是竞争对手，斗了那么长时间，仁者见仁、智者见智。曹操和诸葛亮的管理能力可谓各有千秋，曹操在领导下属时，通常会广泛地征求意见，然后再从长计议。而诸葛亮却与之相反，他具备多方面的卓越才能，大小事情都能有条不紊地安排下去，让下属各司其职，大事小情都了然于心。那么，在现代的企业管理中，哪一种方式更能取得实效呢？

先说曹操，每次在遇到重大问题的时候，他都要广泛地征询谋士们的意见。这样做，可以有效地减少因决策失误而导致不可挽回的失败局面。而且，从现代的管理学角度来看，对谋士的重视，也就是对人才的鼓励，让他们的才华得到发挥，也就是更好地激励他们的工作热情。试想，如果老板高薪聘用了一批优秀人才，但是每次遇到事情老板连招呼都不打一声就作出决定，那么，手底下的人该怎么想？恐怕，待遇给得再高，也留不下人吧。

与之相比，诸葛亮的做法就是另外一种风格了。作为一个全能的高层决策者，诸葛亮可以说凡事不胸有成竹就不会轻易做决定。可能因为自己太聪明了，所以什么事情都不会与下属研究讨论。一旦事情在他的脑海里已经形成一种模式，那么他就会直接分工，张三该做什么，李四该做什么。别说是和人商量，找人论证了，甚至被他差出去的武将文官连自己具体要干什么都不知道，或者干脆就不知道自己为什么要那么干。一句话，"山人自有妙计"，你就别问了。

当然，并不是就绝对建议管理者要向曹操学习而否定诸葛亮的做法。毕竟，斗智斗勇的结果，还是"山人"略胜一筹。

其实，从一种公平的角度出发，曹操和诸葛亮都是大智慧之人，他们的用人经验，在现代都值得很多企业学习和借鉴。哲学中讲求的事物两分法，就是要求在看待事物的时候，要全面而客观，这样在吸取经验的时候才能够吸收一些好的经验，同时从不好的里面得到教训。

　　诸葛亮用人,虽然不能做到像曹操那样事事和人商量、充分尊重人才,但起码他的运筹帷幄没有人不服气。毕竟,在他的指导下,每件事情都做得接近完美。曹操在用人的时候,虽然能充分激发人才的工作积极性,但他的疑心太重,"宁可我负天下人,不能天下人负我"。因此,为他做事的人,难免"如履薄冰"之感要强一些。

　　正确的管理方法,既要让手下为你出主意,同时也要做到领导心中有数,凡事还需要掌控大局。

三、权变理论

　　领导者个体的基本领导风格是影响领导成功的关键因素之一,为了领导成功,而对领导现象进行研究,从而产生了权变理论。权变理论定义了领导的两个维度:任务行为和关系行为。以这两个维度为基础,权变理论推出了菲德勒模型、赫塞和布兰查德模型、情境领导模型(情境理论)、路径-目标理论和领导者-参与模型。虽然这些模型对领导行为的具体类型划分有所不同,但关于领导风格的划分是一致的,都是将领导风格划分为关系取向型和任务取向型,各种模型的侧重有所不同。

(一)菲德勒模型

　　菲德勒认为,对领导风格研究的注意力应该更多地放在环境变量上,虽然不存在一种普遍适用的最佳领导风格,但在每种情况下都可以找到一种与该特定环境相适应的有效领导风格。菲德勒分析了环境因素,发现主要有三个因素影响领导风格有效性。一是上下关系,即领导者能否得到下属的信任、尊重和喜爱,能否使下属自动追随他。二是职位权力,即领导者所处的职位提供的权力是否明确和充分,是否得到上级和整个组织的有力支持。三是任务结构,即群体的工作任务规定是否明确,是否有详尽的规划和程序,有无含糊不清之处。通过将这三种主要的环境因素加以组合,菲德勒得出八种不同的环境类型,如表 12-2 所示。

表 12-2　不同环境下的有效领导类型

环境的有利程度	最有利——————————————————————————→最不利							
上下关系	好				差			
任务结构	明确		不明确		明确		不明确	
职位权力	强	弱	强	弱	强	弱	强	弱
环境类型	1	2	3	4	5	6	7	8
有效的领导风格	任务导向型				关系导向型			任务导向型

　　菲德勒的研究结果表明,在对领导者有利和最不利的环境类型下,如类型 1、2、3 和 8,采用任务导向型效果较好;在对领导者环境条件一般的情况下,采用关系导向型较有效。例如,一架将着陆的飞机,整个机组任务明确,机长上下关系融洽、职权充分,属于环境类型 1,这时机长只要下命令就可以了,根本不用征询机组人员是否要降落。又如,一个司机走出驾驶室来指挥混乱的交通,他既不认识其他司机,也无职位权力,如何疏解堵塞又没有特定程序,属于最不利的环境类型 8,那位司机只能果断指挥,如果向大家征询下一步该如何办,每位司机都希望自己的车先开走,那结果就可想而知了。再比如,一个外面调来的新任厂长,

虽然职权很大,任务明确,但没有良好的上下关系,属于类型 5,这位厂长最明智的选择是先以关系导向来处理问题,别一上来就发号施令。

菲德勒还强调,领导风格是固定不变的,提高领导者的有效性只有两条途径:一是替换领导者以适应情境,二是改变情境以适应领导者。其后的大量研究对菲德勒模型的总体效果进行了考查,并取得了十分积极的效果,有相当多的证据支持这一模型,但是,该模型也存在一些欠缺,需要增加变量来加以改进和弥补。

(二)赫塞和布兰查德模型

赫塞和布兰查德将菲德勒模型向前推进了一步,他们更具体地将领导风格分为 4 种类型:

(1)指示(高任务—低关系)。领导者定义角色,告诉下属应该干什么、怎么干以及何时何地去干。

(2)推销(高任务—高关系)。领导者同时提供指导性与支持性的行为。

(3)参与(低任务—高关系)。领导者与下属共同决策,领导者的主要角色是提供便利条件与沟通。

(4)授权(低任务—低关系)。领导者提供极少的指导或支持。

(三)情境领导模型

情境领导模型是一个依据下属的成熟度水平选择正确领导风格的权变理论。这个成熟度的定义是,个体对自己的直接行为负责任的能力和意愿,当下属的成熟度水平不断提高时,领导者不但可以不断减少对活动的控制,还可以不断减少关系行为。在第一阶段中,下属需要得到明确而具体的指导。在第二阶段中,领导者需要采取高任务—高关系行为。高任务的行为能够弥补下属能力的欠缺,高关系行为则试图使下属在心理上"领会"领导者的意图。在第三阶段中出现的激励总是运用支持性、非指导性的参与风格可获得最佳解决。最后,在第四阶段中,领导者不需要做太多事,因为下属既愿意又有能力担负责任。

(四)路径-目标模型

路径-目标模型已经成为当今最受人们关注的观点之一,它是罗伯特·豪斯开发的一种领导权变模型。该理论认为,领导的工作是帮助下属达到他们的目标,并提供必要的指导和支持以确保各自的目标与群体或组织的总体目标一致。"路径-目标"的概念来自这种信念,即有效领导者通过明确指明实现工作目标的途径来帮助下属,并为下属清理各项障碍和危险。豪斯确定了 4 种领导行为,如表 12-3 所示。

表 12-3　领导行为模型

指导型领导	支持型领导	参与型领导	成就导向型领导
指定下属完成工作的时间安排,并对如何完成任务给予具体指导,让下属了解他们的期望	友善,表现出对下属需要的关怀	与下属共同磋商,并在决策之前充分考虑他们的建议	设定富有挑战性的目标,并期望下属实现其最佳水平

(五)领导者参与模型

领导者参与模型是 1973 年维克多·弗罗姆和菲利普·耶顿提出的,这种模型主要指出了领导者与决策参与者的关系。由于认识到常规活动和非常规活动对任务结构的要求各不相同,研究者认为领导者的行为必须加以调整以适应这些任务结构。弗罗姆和耶顿的模型是规范化的,它提供了根据不同的情境类型而遵循的一系列的序列规则,以确定参与决策的类型和程度。与菲德勒模型不同的是,这一模型反对把领导的行为视为固定不变的,他们认为,领导者可以根据不同的情境调整他们的领导风格。

 本 章 小 结

1. 领导者是能够影响他人并拥有职位权力的人。

2. 领导的职能作用是维持信息交流、促成个人提供必要的努力、提出和制定目标。领导权力涉及职权和非职权。获取权力的策略涉及同有权势的人形成联盟、施惠、不激怒别人、从危机中获益、谨慎地寻求顾问、争取最关键的工作、不断地提高自己。

3. 领导的内容涉及一般内容和具体内容。领导的一般内容包括先行、沟通、指导、浇灌和奖惩。领导的具体内容包括塑造组织文化,提升组织凝聚力;制定战略规划,推进组织长远发展;构造组织核心能力,保持竞争优势;进行管理创新,提高效率;促进组织学习,率领员工达成组织目标。

4. 在领导组织的过程中,领导者对权力的运用方式称作领导风格或领导方式。有关领导风格的理论主要是领导连续统一体理论、领导方格论、权变理论。

 复习思考题

(一) 简答题

1. 领导与职权的关系在不同的组织中是否不同?差异点是什么?

2. 领导的主要内容是什么?

3. 领导风格对领导效果的影响程度如何?

4. 如何成为成功的领导者?

(二) 选择题

1. 领导的职能归纳起来就是要处理好( )三个方面的关系。

    A. 与上司及其下属的关系　　　　　　　　B. 与人的关系

    C. 与事的关系　　　　　　　　　　　　　D. 与时间的关系

2. 领导工作的内容除了先行、沟通、指挥和浇灌之外,还包括( )。

    A. 激励　　　　　　B. 惩罚　　　　　　C. 鼓励　　　　　　D. 奖惩

3. 能力学派主要有两个代表性的观点,分别是( )。

    A. SWOT 分析框架　　　　　　　　　　　B. 核心能力观

    C. 整体能力观　　　　　　　　　　　　　D. 顾客矩阵

4. 权变理论认为,对领导研究的注意力应该更多放在( )上。

    A. 行为变量　　　　B. 环境变量　　　　C. 未来变量　　　　D. 人的因素

5. 领导的影响力的基础是( )。

    A. 权威　　　　　　B. 权势　　　　　　C. 施惠　　　　　　D. 权力

6. 领导活动的全过程中,起决定作用的是(　　)。

    A. 职权　　　　　　　　B. 领导者　　　　　　　C. 客观环境　　　　　　D. 领导行为

7. 管理创新包括了新经营思路、新组织机构、(　　)、制度创新。

    A. 新管理人员　　　　　　　　　　　　B. 新管理方式

    C. 新管理模式　　　　　　　　　　　　D. 新组织文化

8. 组织中的职位权力主要有3种:(　　)、奖赏权和惩罚权。

    A. 管理权　　　　　　B. 等级权　　　　　　C. 合法权　　　　　　D. 继承权

9. 领导的作用主要是实现组织目标;在满足组织需要的同时,尽可能满足(　　)的需要。

    A. 组织长远发展　　　　　　　　　　　B. 组织与个人的共同发展

    C. 组织成员　　　　　　　　　　　　　D. 共同目标

案例　哪种领导类型最有效

ABC 公司是一家中等规模的汽车配件生产集团。最近,董事长对该公司的三个重要部门经理进行了一次有关领导类型的调查。

安西尔

安西尔对他本部门的产出感到自豪。他总是强调对生产过程、产出量控制的必要性,坚持下属人员必须很好地理解生产指令以得到迅速、完整、准确的反馈。安西尔遇到小问题时,会放手交给下级去处理,当问题很严重时,他则委派几个有能力的下属人员去解决问题。通常情况下,他只是大致规定下属人员的工作方针、完成怎样的报告及完成期限。安西尔认为只有这样才能有更好的合作,避免工作重复。

安西尔认为对下属人员采取敬而远之的态度对一个经理来说是最好的行为方式,所谓的"亲密无间"会松懈纪律。他不主张公开谴责或表扬某个员工,相信他的每一个下属人员都有自知之明。

据安西尔说,在管理中的最大问题是下级不愿意接受责任。他的下属人员可以有机会做许多事情,但他们并不是很努力地去做。

他表示不能理解他的下属人员如何能与一个毫无能力的前任经理相处,他说,他的上司对他们现在的工作运转情况非常满意。

鲍　勃

鲍勃认为每个员工都有人权,他偏重于管理者有义务和责任去满足员工需要的学说。他说,他常为他的员工做一些小事,如给员工两张下月在伽利略城举行的艺术展览的入场券。他认为,每张门票才15美元,但对员工和家人来说却远远超过15美元。通过这种方式,也是对员工过去几个月工作的肯定。

鲍勃说,他每天都要到工厂去一趟,与至少25％的员工交谈。鲍勃不愿意为难别人,他不喜欢过于死板的管理方式。

鲍勃说,他已经意识到在管理中有不利因素,但大都是由于生产压力造成的。他的想法是以一个友好、粗线条的管理方式对待员工。他承认尽管在生产效率上不如其他单位,但他相信他的雇员有高度的忠诚与士气,并坚信他们会因他的开明领导而努力工作。

查　理

查理说他面临的基本问题是与其他部门的职责分工不清。他认为不论是否属于他们的任务都安排在他的部门,似乎上级并不清楚这些工作应该谁来做。

查理承认他没有提出异议,他说这样做会使其他部门的经理产生反感。他们把查理看成是朋友,而查理却不这样认为。

查理说过去在不平等的分工会议上,他感到很窘迫,但现在适应了,其他部门的领导也不以为然了。

查理认为纪律就是使每个员工不停地工作,预测各种问题的发生。他认为作为一个好的管理者,没有时间像鲍勃那样握紧每一个员工的手,告诉他们正在从事一项伟大的工作。他相信如果一个经理声称为了决定将来的提薪与晋职而对员工的工作进行考核,那么,员工则会更多地考虑他们自己,由此而产生很多问题。

他主张,一旦给一个员工分配了工作,就让他以自己的方式去做,取消工作检查。他相信大多数员工知道自己把工作做得怎么样。

如果说存在问题,那就是他的工作范围和职责在生产过程中发生的混淆。查理的确想过,希望公司领导叫他到办公室听听他对某些工作的意见。然而,他并不能保证这样做不会引起风波而使事情有所改变。他说他正在考虑这些问题。

讨论题

1. 你认为这三个部门经理各采取了什么领导方式? 这些模式都是建立在什么假设的基础上的? 试预测这些模式各将产生什么结果?

2. 是否每一种领导方式在特定的环境下都有效? 为什么?

第13章 实施控制

组织愈来愈庞大、环境变化愈来愈快、人际关系也愈来愈复杂,要把所有分散的资源整合起来,仅靠决策、计划、领导、激励是不够的。管理过程中控制工作是非常重要的,它是管理有效性的保证。控制一般有反馈控制、同期控制和前馈控制三种类型。对一个组织的管理来说,这三种类型的控制都是必不可少的。控制的过程一般有三大步骤,即确定标准、衡量并分析结果、采取行动,以保证目标的实现。现代组织除了对人、财务、作业、信息等方面进行控制外,还需要对"内部人控制"进行控制。

第一节 控 制 系 统

控制是监视各项活动保证其按计划进行,并纠正各项偏差的过程。控制是管理的基本工作之一,控制通过对组织内部的管理活动和管理效果进行衡量和校正,以确保组织的目标以及为此而拟定的计划得以实现。早期的管理控制采用工业工程方法,利用对计量、分析物质、动作、时间等因素的控制以提高效率,例如泰勒发明的计件工资制等工作研究方法。经过长期的发展,控制论成为管理学的分支。这一学科方法群基于控制论和信息论的基本思想,强调系统状态的控制、反馈、信息的传输、处理、存贮等。

一、控制的重要性

在管理实践中,人们都深切地体会到,没有控制就很难保证计划的顺利执行,而如果各个计划都不能顺利执行,组织的目标就无法实现,因此控制工作在管理活动中起着非常重要的作用。

显然,如果每个计划都能够完全顺利地被实施,并且达到了预期的目的,那么控制工作的重要性就不存在了,但问题是几乎所有的计划都不可能完全顺利地得到实施,这主要是由于以下两方面的原因:

(1)组织内部因素的改变。这是指组织中的人、财、物等资源供给配量的状况或者人员行为的结果等与计划中的条件或假设不符,具体包括人员能力的发挥、资金的供给、相关部门的配合等各方面组织内部的因素。这些因素与计划中的条件或假设不符就会导致计划不能顺利实施。例如,员工的士气会影响预计的工作进度,资金周转的意外困难会影响整个投资计划的实施,等等。

(2)外部环境因素的影响。即使组织内部各项因素运行正常,但外部环境如经济、政治、自然、社会等环境的变化,也会影响计划的实施,使得计划执行的实际过程和结果与计划目标不相符合。例如,银行贷款利率的调高会影响融资计划,汇率的波动可能要影响原来制订的出口计划,等等。

由于以上两方面的原因,计划常常不能顺利地执行,而控制工作的目的就是要发现计划执行中的问题和偏差,并且采取纠正措施,使得原计划能够得到顺利的执行。

例如事业部型组织如不能建立起一套有效的管理控制体系,则失控现象必然会发生。各事业部间的冲突,使有限的财力、物力和人力资源不能合理分配和有效使用。事业部的发展就会偏离总公司的策略和总体计划。一些事业部的领导会利用授予的权力谋取本事业部甚至个人的利益而牺牲公司的整体利益。

医治控制危机的良药是建立一套完整有效的管理和控制机制。这是组织由"人治"到"法治"的一个质的转变。规范和合理的计划、报告及控制体系,包括对事业部及其经理的经营目标设置,成绩考核及激励机制的明确定义并实施。同时,总部还应强化对资金、人力和技术开发等关键性共同资源的管理,以保证有限的资源能投入到符合组织发展战略,最具潜力的领域。同时,对一个日益庞大而变得松散的组织来说,组织宗旨、组织文化和价值体系可以成为比行政关系更为有力的维系。

二、控制的基本内容

控制的内容也就是控制的对象,美国管理学家斯蒂芬·罗宾斯将控制的内容归纳为对人员、财务、作业、信息和组织的总体绩效五个方面的控制。

(一) 对人员的控制

组织的目标是要由人来实现的,员工应该按照管理者制订的计划去做,为了做到这一点,就必须对人员进行控制。对人员控制最常用的方法是直接巡视,发现问题马上纠正。另一种有效的方法是对员工进行系统化的评估,通过评估对绩效好的予以奖励,使其维持或加强良好表现;对绩效差的就采取相应的措施,纠正出现的行为偏差。

人本管理的实施正在悄然兴起,多数组织领导深知,组织的管理归根到底是对人的管理,是如何调动和发挥个体的积极性和最大潜能的问题。过去的管理偏重于人的体力、智力因素,只注意用经济手段控制人的行为,片面强调物质利益在管理中的作用。研究欧洲企业,可以看到一个显著变化,欧洲企业追求"管理平衡",向管理就是控制的传统管理理论进行挑战,走出传统的"控制管理",实施"指导与激励管理",并将二者融为一体。按照传统的控制管理,经理的主要工作就是控制员工的行为,以确保圆满完成公司既定的工作任务。欧洲企业家认为,在知识经济时代,人们的知识、思维非常活跃,现代科学信息和知识覆盖了企业生产经营的全过程。因此,管理不仅仅是"控制",更重要的是"指导与激励"。经理工作从控制转到激励上来,更能开创企业新局面,带来更新的管理效率与效益。德国康采恩公司负责人事的部门经理认为,企业管理的核心对象是人,唯有激发人的潜能,才能保证企业兴旺,而其中的核心是倡导"知识超越"管理。戴姆勒-克莱斯勒公司总裁说:"公司的业绩尤其来源于尽快获取、掌握和保存最有价值知识的高级管理和技术人才,指导与激励的对象首先是让他们发挥作用。"为激励人才,欧洲大企业均建立了相应机制。例如,在企业管理层中设立"知识主管";实行人才"终身教育",员工"充电",老板出钱;报酬和奖励向"智能"倾斜,从事高新技术产业的员工报酬高出社会平均报酬 50% 以上等。

（二）对组织绩效的控制

组织绩效是组织上层管理者的控制对象,组织目标的达成与否都从这里反映出来。无论是组织内部的人员,还是组织外部的人员和组织(如证券分析人员、潜在的投资者、贷款银行、供应商以及政府部门),都十分关注组织的绩效。要有效实施对组织绩效的控制,关键在于科学地评价、衡量组织绩效。一个组织的整体效果很难用一个指标来衡量,生产率、产量、市场占有率、员工福利、组织的成长性等都可能成为衡量指标,关键是看组织的目标取向,即要根据组织完成目标的实际情况并按照目标所设置的标准来衡量组织绩效。

现代企业普遍追求大型化、集团化,企业兼并风潮锐不可当。然而,庞大的现代企业虽然有了规模效应,却丧失了灵活机制,组织臃肿,带来了大企业病,这与瞬息万变的市场要求是相矛盾的。现有大中型企业的亏损问题除政策性、历史性原因外,其关键的症结还是出在内部管理落后上,例如,①分工过细、管理跨度较窄、部门林立、科层繁复、机构臃肿、人浮于事。②信息传递失真,决策失误,反馈困难。③组织结构僵化,官僚主义盛行,多谋寡断,议而不决,扯皮推诿,协调困难。④组织成为超稳态结构,懒于进取和变革。⑤对社会、政治、宏观微观经济、技术等环境变化和发展趋势以及竞争态势反应呆滞。显然,这样的组织是根本不适应社会变革和中国当前发展需要的。现今的大型企业集团必须以资金为纽带、以流程为基础,面向 21 世纪、面向知识经济社会,重新整合再造,从而产生一个全新的企业,而不是把原有的若干个企业通过资产重组简单合并。总之,管理的效率体现为组织运动的有效性,而现行我国企业组织(包括其他组织)滞后于社会的发展,已成为新时期生产力发展的桎梏,因此,企业生产组织和管理组织必须作战略性的变革,才能适应未来社会的要求,适应未来竞争的发展。

20 世纪 90 年代以来,在美国和其他工业发达国家兴起了一场轰轰烈烈的流程再造运动,并被誉为继全面质量管理运动之后的又一次企业管理革命。它的特点是从根本上对原有过细的专业分工和业务流程进行重新考虑和设计,以期彻底抛弃原有的作业流程,针对顾客需求,再造一个或几个新业务流程,使品质、效率、成本、服务等经济目标获得改善。

（三）对财务的控制

为保证企业获取利润,维持企业的正常运作,必须要进行财务控制。财务控制包括审核各期的财务报表,保证一定的现金存量,保证债务的负担不致过重,保证各项资产都得到有效的利用等等。预算是最常用的财务控制衡量标准,因此也是一种有效的控制工具。

（四）对作业的控制

所谓作业,就是指从劳动力、原材料等资源到最终产品和服务的转换过程。组织中的作业质量在很大程度上决定了组织提供的产品或服务的质量。作业控制就是通过对作业过程的控制,来评价并提高作业的效率和效果,从而提高组织提供的产品或服务的质量。组织中常见的作业控制有:生产控制、质量控制、原材料购买控制、库存控制,等等。

（五）对信息的控制

随着人类步入信息社会,信息在组织运行中的地位越来越高,不精确的、不完整的、不及时的信息会大大降低组织效率。因此,在现代组织中对信息的控制显得尤为重要。对信息的控制就是要建立一个管理信息系统,使它能及时地为管理者提供充分、可靠的信息。

三、控制系统

信息技术的迅猛发展使社会各层面的活动量大大增加,知识流大大加速。时间的压力要求作出快速反应和决策以保持企业的竞争力。传统的等级制严重地阻碍了这种反应和决策,只有网络管理系统才能适应这种迅猛变化的局面。中层管理人员越来越缩减,已成为西方企业的一种普遍趋势。随着信息网络、知识网络的发展,管理信息系统正在给组织的控制系统带来深刻的变革,并将成为适应知识经济的发展和全球化的主流控制模式。

有效的控制系统一般要符合以下特性:①准确性。控制系统应能提供准确的数据,是可靠的。②适时性。有效的控制系统必须能够提供及时的信息。③经济性。控制系统必须符合"成本—收益"原则,保证经济效益。④灵活性。能适应环境的变化,把握机会。⑤通俗性。不会造成理解的偏差,影响控制的效果。⑥客观性。控制的标准合理且能达到,激励员工表现得更好。⑦战略全局性。注重组织整体利益,有战略高度地控制关键点。

信息浪潮带来了管理的变革,控制系统的变革。发生这次管理革命的技术基础是信息交流和共享的网络化。由于信息网络覆盖了企业内部各个部门、各个岗位,每个职工通过网络可以得到企业内外与自己业务有关的任何信息,从而大大节省了指令、报表、数据等在不同职能部门和作业流程之间的流转与延误,缩短了整个生产周期,精简了管理机构和人员,使专业分工所产生的金字塔组织逐渐转变为扁平式的团队组织,经理人员的角色也主要由监督与控制转变为指导与激励。通过创新流程来革新企业控制系统,更能适应以顾客为主导、竞争激烈、变化快速为特征的现代企业经营环境,其产生的绩效将是总量的飞跃,而不是局部的提高。

第二节　控　制　模　式

根据控制时点的不同,控制可以分为反馈控制、同期控制和前馈控制。

一、反馈控制

反馈控制是一种最主要的传统控制方式。它的控制作用发生在行动之后,其特点是把注意力集中在行动的结果上,并以此作为改进下次行动的依据。其目的并非要改进本次行动,而是力求能"吃一堑,长一智",改进下一次行动的质量。

反馈控制的过程首先从预期和实际工作成效的比较开始,找出偏差并分析其原因,然后制订出纠正的计划并进行纠正,纠正的结果将可以改进下一次的实际工作的成效或者将改变对下一次工作成效的预期。可见,在评定工作成效与采取纠正措施之间有着很多的重要环节,每个环节的工作质量,都对反馈控制的最终成果有着重大的影响。

反馈控制的对象可以是行动的最终结果,如企业的产量、销售额、利润等;也可以是行动过程中的中间结果,如新产品样机、工序质量、产品库存,等等。前者可称为端部反馈,后者称为局部反馈。通过反馈能够发现被结果掩盖的一些问题,例如对产量的控制,产量的增长可能只是由于劳动时间的大大加长,这就掩盖了实际劳动生产率反而有所下降的严重情况。

因此,反馈对于及时发现问题、排除隐患有着非常重要的作用。

在组织中使用反馈控制的例子很多,产成品的质检、人事的考评、对各类财务报表的分析稽查等,都属于反馈控制的内容。这类控制对组织运营水平的提高发挥着很大的作用。但反馈控制最大的弊端就是它只能在事后发挥作用,对已经发生的对组织的危害却无能为力,它的作用只是类似于"亡羊补牢";而且在反馈控制中,偏差发生和发现并得到纠正之间有较长一段时滞,这必然对偏差纠正的效果发生很大影响。例如,营销部门可能在 8 月份的报表中发现了上一季度中分销渠道存在的一些问题,需要采取纠正措施,但这是两个月以前的问题,现在究竟有何变化呢? 这些都无从知晓,这必然要影响到控制的效果。虽然在日常管理活动中反馈控制仍然是管理者采用最多的控制形式,但是,由于它存在着上述缺陷,在一般情况下管理者应该优先采用其余两种控制形式。

二、同期控制

同期控制的控制作用发生在行动之中,即与工作过程同时进行。其特点是在行动过程中,一旦发生偏差,马上予以纠正。其目的就是要保证本次活动尽可能地少发生偏差,改进本次而非下一次活动的质量。

同期控制被较多地用于对生产经营活动现场的控制,由基层管理者执行。同期控制通常包括两项职能:一是技术性指导,即对下属的工作方法和程序等进行指导;二是监督,确保下属完成任务。在同期控制中,由于需要管理者即时完成包括比较、分析、纠正偏差等完整的控制工作,所以,虽然控制的标准是计划工作确定的行动目标、政策、规范和制度等,但控制工作的效果更多地依赖于现场管理者的个人素质、作风、指导方式以及下属对这些指导的理解程度等因素。因此,同期控制对管理者的要求较高。此外,同期控制的内容还与被控制对象的特点密切相关,对简单劳动或是标准化程度很高的工作,严格的现场监督可能会收到较好的效果;但对于高级的创造性劳动,管理者应该更侧重于创造出一种良好的工作环境和氛围,这样才有利于计划的顺利实现和达到组织目标。

随着计算机应用的普及以及信息技术的日益发展,实时信息可以在异地之间迅速传送,这样就使得同期控制得以在异地之间实现,而突破了现场的限制。例如,一些超市实行计算机联网,能将商品的库存信息马上反映到供应商那里,以便及时地得到货源的补充;一些医院能进行远程手术,在手术中通过信息网络将病人的各项生理指标传送给异地的专家小组,使得专家小组能够控制手术的进行。

三、前馈控制

如前所述,反馈控制的最大缺点就是只有当最终结果偏离目标之后,控制才可能发挥作用;而且偏差发生和纠正偏差之间存在的时滞也往往会影响偏差纠正的效果。因此,管理者更希望有一个控制系统,能在问题发生之前就告知管理者,使他们能够马上采取措施以使问题不再发生,这种控制系统就是"前馈控制"。

前馈控制的控制作用发生在行动之前,其特点是将注意力放在行动的输入端上,一开始就能将问题的隐患排除,"防患于未然",可见前馈控制的效果正是管理者追求的目标。

显然,实行前馈控制,必须建立在对整个系统和计划透彻分析的基础之上,管理者必须对下列两方面的内容了然于胸:

（1）系统的输入量和主要变量。这包括行动中的各项需求因素和要求的各项条件是什么？其中波动的可能性最大、同时对行动结果影响最大的因素是哪些？计划对它们的要求是什么？等等。

（2）系统的输入量和输出结果的关系。这包括以上这些输入量是如何影响输出结果的？如果输入量发生波动，那么输出结果将会如何改变？等等。

在前馈控制中，管理者可以测量这些输入量和主要变量，然后分析它们可能给系统带来的偏差，并在偏差发生之前采取措施，修正输入量，避免最终偏差的发生。可见前馈控制是以系统的输入量为馈入信息，而反馈控制则是以系统的输出量为馈入信息，前者是控制原因，后者则是控制结果。

组织中运用前馈控制的例子是很多的，比如，工厂在需求高峰来临之前，已添置机器，安排人员，加大了生产量，以防供不应求；公司在预计到产品需求量下跌之前就开始准备开发新产品等。事实上，前馈控制是一个非常复杂的系统，它不仅要输入影响计划执行的各种变量，还要输入影响这些变量的各种因素，同时还有一些意外的或事先无法预测的影响因素，这些因素虽然事先无法了解，但它们的影响必须在事先就进行提防。具体地说，要进行有效可行的前馈控制，必须满足以下几个必要条件：

（1）必须对计划和控制系统进行透彻、细致的分析，确定重要的输入变量。

（2）必须建立清晰的前馈控制的系统模型。

（3）注意保持模型的动态性，经常检查模型以了解所确定的输入变量及其相互关系是否仍然反映实际情况。

（4）必须经常收集系统输入量的数据并输入控制系统。

（5）必须定期评估实际输入量和计划输入量之间的差异，并评估其对最终结果的影响。

（6）必须采取行动，不但应指出问题，还应采取措施来解决它们。

第三节　控　制　过　程

一、确定控制标准

著名管理学家德鲁克提出了以自我控制为中心的目标管理。目标管理就是使管理人员和职工在工作中进行自我控制并达到工作目标的一种管理技能和管理制度。他认为，古典的管理学派偏重于以工作为中心，忽视了人的一面，行为科学学派又强调以人为中心，忽视了同工作的结合。因此，德鲁克提出了目标管理的建议。目标管理则是综合了以工作为中心和以人为中心的管理技能和管理制度，使职工在工作中发现兴趣和价值，从工作中满足其自我实现的需要，同时实现企业的目标。德鲁克认为，目标管理的核心是通过对成就的评价进行自我控制，自我控制意味着更强的激励，所以，在企业所有重要的领域中都应该提出一些明确而共同的衡量标准。

控制标准，是实施控制的基础，离开了标准，就无法对活动进行评估，控制工作也就无从谈起。控制标准的类型很多，可以是定量的，也可以是定性的，一般情况下，标准应尽量定量化或数字化,以确保控制的准确性。控制标准一般分为:①时间标准,即完成一定工作所需的时间限度。②生产率标准,即在规定生产时间里所完成的工作量。③消耗标准,即完成一定工作所需的有关消耗。④质量标准,即工作应达到的要求或是产品或劳务所应达到的品质标准。⑤行为标准,即对员工规定的行为准则要求。

在实际工作中,常用的制定标准的方法有以下三种:

(1) 统计方法,即根据工商企业的历史数据记录或对比同类企业的水平,用统计学的方法确定标准,这种方法常用于拟定与工商企业经营活动和经济效益有关的标准。

(2) 工程方法,指以准确的技术参数和实测的数据为基础制定的标准,这种方法主要用于生产定额标准的制定上。

(3) 经验估计法,指由经验丰富的管理者来制定标准,这种方法通常是对以上两种方法的补充,标准的制定是全部控制工作的第一步,一个周密完善的标准体系是整个控制工作的质量保证。

二、衡量

(一) 衡量工作

有了完备的标准体系,第二步工作就是要收集实际工作的数据,了解和掌握工作的实际情况。在衡量工作中,衡量什么以及如何去衡量,这是两大核心问题。

事实上,衡量什么的问题在衡量工作之前就已经得到了解决,因为管理者在确立标准时,随着标准的制定,计量对象、计算方法以及统计口径等也就相应地被确立下来了,所以简单地说,要衡量的是实际工作中与已制定的标准所对应的要素。

关于如何衡量,这是一个方法问题,在实际工作中有各种方法,常用的有如下几种:

(1) 个人观察。个人观察提供了关于实际工作的最直接的第一手资料,这些信息未经过第二手而直接反映给管理者,避免了可能出现的遗漏、忽略和信息的失真。特别是在对基层工作人员工作绩效的控制时,个人观察是一种非常有效,同时也是无法替代的衡量方法。但是个人观察的方法也有许多局限性:首先,这种方法费时费力,需要耗费管理者大量的劳动;其次,仅凭简单的观察往往难以考察更深层次的工作内容;第三,由于观察的时间占工作总时间的比例有限,往往不能全面了解各个方面的工作情况;最后,工作在被观察时和未被观察时往往不一样,管理者看到的有可能只是假象。

(2) 统计报告。统计报告就是将在实际工作中采集到的数据,以一定的统计方法进行加工处理后而得到的报告。特别是在计算机应用技术越来越发达的今天,统计报告对衡量工作有着很重要的意义。尽管如此,统计报告的应用价值还是要受两个因素的制约:一是其真实性,即统计报告所采集的原始数据是否正确,使用的统计方法是否恰当,管理者往往难以判断;二是其全面性,即统计报告中是否全部包括了涉及工作衡量的重要方面,是否遗漏或掩盖了其中的一些关键点,管理者也难以肯定。

(3) 口头报告和书面报告。这种方式的优点是快捷方便,而且能够得到立即的反馈。其缺点是不便于存档查找和以后重复使用,而且报告内容也容易受报告人的主观影响。两者相比,书面报告要比口头报告来得更加精确全面,也更加易于分类存档和查找,报告的质量也更容易得到控制。

(4) 抽样检查。在工作量比较大而工作质量又比较平均的情况下,管理者可以通过抽样检查来衡量工作,即随机抽取一部分工作进行深入细致的检查,以此来推测全部工作的质量。这种方法最典型的应用是产品质量检验。在产品数量极大或者产品检验具有破坏性时,这是唯一可以选择的衡量方法。此外,对一些日常事务性工作的检查来说,这种方法也非常有效。

在选取上述方法进行衡量工作的同时,要特别注意所获取信息的质量问题,信息质量主要体现在四个方面:

(1)准确性,即所获取的用以衡量工作的信息应能客观地反映现实,这是最基本的要求。

(2)及时性,即信息的加工、检索和传递要及时,过分拖延的信息会使衡量工作失去意义,从而影响整个控制工作的进行。

(3)可靠性,即要求信息在准确性的基础上还要保证其完整性,不要因遗漏重要信息而造成误导。

(4)适用性,即应根据不同管理部门的不同要求向他们提供不同种类、范围、内容、详细程度、精确性的信息。衡量工作是整个控制过程的基础性工作,而获得合乎要求的信息又是整个衡量工作的关键。

(二)分析衡量结果

衡量工作的结果是获得了工作实际进行情况的信息,那么分析衡量结果的工作就是要将标准与实际工作的结果进行对照,并分析其结果,为进一步采取管理行动作好准备。

比较的结果无非有两种可能:一种是存在偏差,另一种是不存在偏差。实际上并非与标准不符合的结果都被归结为偏差,往往有一个与标准稍有出入的浮动范围。一般情况下,工作结果只要在这个容限之内就不认为是出现了偏差。一旦工作结果在容限之外,就可认为是发生了偏差。这种偏差可能有两种情况:一种是正偏差,即结果比标准完成得还好;另一种是负偏差,即结果没有达到标准。正偏差当然是件令人高兴的事,但如果是在控制要求比较高的情况下,对其也应进行详细分析:仅仅是因为运气好,还是因为员工的努力工作?原来制定的计划有没有问题?是否是因为标准太低?这些问题都有进一步分析的必要。在实际工作中,甚至可能出现结果是好的(只是一些偶然因素造成的),但重点控制的工作过程中的一些关键环节实际上比预期的要糟,而这些环节将会成为影响今后工作成果的决定性因素。在这种情况下,仍应将工作结果作为负偏差来分析。如果工作结果出现负偏差,那么当然更有进一步分析的必要。

正因为工作的结果是由各方面因素确定的,所以偏差的原因也可能是各种各样的。例如某公司的季度销售额发生滑坡,原因可能是营销部门工作的放松,或制造部门产品质量的下降,或竞争对手实力的加强,或宏观经济调整引起的行业性需求疲软,还可能是因为本季度制定的计划不切合实际。因此,管理者就不能只抓住工作的结果,而应该充分利用局部控制,将工作过程分步骤分环节地进行考虑,分析偏差出现的真实原因。一般来讲,原因不外乎三种:一是计划或标准本身就存在偏差;二是由于组织内部因素的变化,如营销工作的组织不力、生产人员工作的懈怠等;三是由于组织外部环境的影响,如宏观经济的调整等。事实上虽然各种原因都可以归结为这三点,但要作出具体分析,不仅要求有一个完善的控制系统,还要求管理者具备细致的分析能力和丰富的控制经验。分析衡量结果是控制过程中最需要理智分析的环节,是否要进一步采取管理行动就取决于对结果的分析。如果分析结果表明没有偏差或只存在正常的正偏差,那么控制人员就不必再进行下一步,控制工作到此也就可以完成了。

三、采取管理行动

控制过程的最后一项工作是采取管理行动,纠正偏差。偏差是由标准与实际工作成效的差距产生的,因此,纠正偏差的方法也就有两种:改进工作绩效,或修订标准。

(一) 改进工作绩效

如果分析衡量的结果表明,计划是可行的,标准也是切合实际的,问题出在工作本身,管理者就应该采取纠正行动。这种纠正行动可以是组织中的任何管理行动,如管理方法的调整、组织结构的变动、附加的补救措施、人事方面的调整等等。总之,分析衡量结果得出是哪方面的问题,管理者就应该在哪方面有针对性地采取行动。按照行动效果的不同,可以把改进工作绩效的行动分为两大类:立即纠正行动和彻底纠正行动。前者是指发现问题后马上采取行动,力求以最快的速度纠正偏差,避免造成更大损失,行动讲求结果的时效性;后者是指发现问题后,通过对问题本质的分析,挖掘问题的根源,即弄清偏差是如何产生的,为什么会产生,然后再从产生偏差的地方入手,力求永久性地消除偏差。可以说,前者重点纠正的是偏差的结果,而后者重点纠正的是偏差的原因。在控制工作中,管理者应灵活地综合运用这两种行动方式,特别注意不应满足于"救火式"的立即纠正行动,而忽视从事物的原因出发,采取彻底纠正行动,杜绝偏差的再度发生。在实际工作中,有些管理者热衷于"头痛医头,脚痛医脚"式的立即纠正行动方式,这种方式有时也能得到一些表面的、一时的成效,但由于忽视了分析问题的深层原因,不从根本上解决问题,最终无法避免"被煮青蛙的命运",这是值得管理者深思的。

(二) 修订标准

在某些情况下,偏差还有可能来自不切实际的标准。如果标准订得过高或过低,即使其他因素都发挥正常,也难以避免实际与标准的偏差。这种情况的发生可能是由于当初计划工作的失误,也可能是因为计划的某些重要条件发生了改变等。发现标准不切实际,管理者可以修订标准。但是管理者在作出修订标准的决定时一定要非常慎重,防止被用来为不佳的工作绩效作开脱。管理者应从控制的目的出发作仔细分析,确认标准的确不符合控制的要求时,才能作出修正的决定。不切实际的标准会给组织带来不利影响,过高的实现不了的标准会影响员工的士气,而过低的轻易就能实现的标准又容易导致员工的懈怠情绪。

采取管理行动是控制过程的最终实现环节,也是其他各项管理工作与控制工作的连接点,很大一部分管理工作都是控制工作的结果。

第四节　对控制者的监控

一、有限理性与机会主义行为

人不能未卜先知,因为人是有限理性的。一般而言,人首先是利己的,机会主义行为时有发生,这是人性的弱点,由此,对人的控制就显得非常必要了。

（一）有限理性

有限理性这一概念的提出是西蒙的贡献。经济人是能对稀缺作出适应性反应的人。经济人的行为不仅仅是理性判断的结果，也可以是非理性的回应。即使在人类的理智能力大大提高的今天，人仍然不能洞穿所有的自然规律，因为人是有限理性的。

这种有限理性首先来自人类的理性能力本身的有限性。在稀缺条件下的早期人类，作选择更多的是从非理性的意识开始。本能、习惯、习俗和从众等非理性行为正是人类早期适应稀缺而产生的心理反应。这些非理性的反应是从不断的试错过程中形成的经验，又以一定的文化形态，在早期人类中一代一代传递并积累起来。随着人类智能的发育，理性能力不断地提高，在稀缺条件下进行选择时，才能更多地依赖于理性的思考。但是先知先觉的人总是少数，未来的不确定性是人的理性所不可完全预见的，人的行为经常是对环境变化的滞后反应。且人类认识的提高需要有一个学习过程，包括反复的试错。

再者，客观上信息的不对称也导致了人类的有限理性。在复杂的现代社会，信息爆炸，工作节奏加快，达成交易和制定决策所允许的时间是有限的，收集信息的成本高昂，使得信息的收集不可能完全。如果允许有思考的时间，信息会更充分，人的决策可能更加理性化。可以说信息的不对称在一定程度上制约了人的理性选择。

（二）机会主义行为

伴随着有限理性，机会主义行为让人防不胜防。共同信息是人们之间有效合作的前提，但是在很多情况下，这些共同信息依赖于各人的不对称的私人信息。在市场交易中，一项交易往往涉及交易者的行为，这些都是私人信息。交易者为获得更多的交易剩余，有可能有意隐藏这类私人信息，并不惜使交易伙伴不仅得不到交易剩余，而且蒙受巨大损失。这类问题通常被称为机会主义。有意隐藏私人信息的，一般称为逆向选择，也称隐蔽信息；有意隐藏私人行为的，一般称为道德风险，也称隐蔽行为。这两种市场行为都会导致高昂的事后制度成本，并往往使市场的帕累托均衡不能实现。费方域教授对机会主义有过如下阐述："机会主义与自利不同。自利者虽也最大限度地追求自己的利益，但他却永远不会食言或有意歪曲他掌握的信息。相反，在有可能增加自己利益的时候，一个机会主义者却会违背任何戒条。例如，他会不守信用，有意发出对人误导的信息，或者拒绝向别人透露他持有的而别的需要的人却缺少的信息。"由于机会主义的存在，就使在合作之前难以达成充分的共同信息，导致事后的这一类制度成本。

在经济学家威廉姆森的理论中，交易的几个维度即资产的专用性、交易频率、交易的小数目条件与机会主义行为产生的可能性呈相关关系。专用资产的出现，提高了对市场交易伙伴的依赖性；资产专用性程度越高，价值越大，拥有专用性资产的厂商对交易伙伴的依赖性也就越大；对交易伙伴具有更大依赖性的厂商，被交易伙伴的机会主义行为所损害的可能性也就越大。因此，使用专用性资产的厂商，虽然降低了生产费用，但同时却大大提高了市场的交易费用。同样，交易频率越低、交易数目越小的交易，机会主义行为产生的概率越高。正如威廉姆森所分析的，这时企业宁愿采取纵向的一体化的形式替代市场机制。

二、内部人控制

"内部人控制"这一概念源于日本，是由青木昌彦提出来的。日本公司的控制权掌握在经营者手中，形成"内部人控制"。产生这一现象是由于两方面的原因：

一方面源于企业内部。日本企业的经营者并不是企业的所有者,制度上无须向股东解释投资决策,致使决策缺乏监督。企业中法人持股占主体以及法人间的相互交叉持股,使得持股法人力量常常相互抵消,因此在股东大会上一般不会反对公司议案;个人股东因其持股量有限而不足以形成有效的反对意见。集团内法人相互持股已达控股地位这一事实,形成了集团内企业经营者相互协调监督的机制,内部审计师和外部会计师的工作也只是例行公事。因此,董事会几乎不受集团外的股东或所有者的监督和控制,股东大会形同虚设。作为最终所有者的个人股东完全被架空,日本公司的个人股东不像一般意义的所有者,更像股票投资者或债权人,他们并无经营监督权,只能享受股票升值带来的好处。

另一方面,证券市场未能对企业经营起有效监督作用。由于股份控制权为集团内的银行和其他法人企业所持有,因此日本公司的经营稳定性很强,极少发生恶意并购事件。股票的价格波动也不能对企业的经营者形成有效的压力,因为日本企业超过 60% 以上的股份为法人持有,由于法人的持股行为并不是为了追求高额的短期投资报酬率,而是一种维持股权结构稳定的长期行为,这使得日本公司股票的流动性极差,证券市场在整体上不能起到促进资源的优化配置和改善经营者绩效的作用。由于缺乏社会压力,日本企业经营透明度低,财务资料披露不充分,经营决策失误难以发现,缺乏有效的制度保障,导致"内部人控制"现象严重。

我国企业中同样存在"内部人控制"问题,产生这一现象的原因归结起来有如下两点:

(1) 委托代理矛盾。这首先表现在委托人与代理人的目标函数的不同。委托人追求投资回报的最大化;代理人也即企业的经理人员的目标函数则是自身利益的最大化,他们可能根据其偏好经营企业,偏离委托人的意愿。同时,代理人掌握着企业的经营控制权,较委托人更有信息优势,信息不对称显然存在,而作为失去企业经营控制权的委托人却要承担企业经营的最终盈亏责任。信息的不对称,权责的不对等,契约的不完备,使得企业的内部人有可能产生机会主义行为,损害外部人的利益。

(2) 制度缺陷。制度的缺陷包括企业内公司治理结构不完善和市场机制的不健全两方面。从企业内部看,公司治理结构不完善,上市公司的董事会成员中经理人员的比例相当高,所有者与经营者的分离使得在产权上对经营者的监督与控制薄弱,造成内部人控制。上市公司董事长、总经理年度报酬与每股收益和净资产收益率相关性非常低。上市公司的内部人控制问题与股权向国家股股东或法人股股东的集中有关,由于国有投资主体的缺位,随着股权的集中,内部人控制度呈现出增大的趋势,国有股在公司中所占比例越大,公司的内部人控制就越强。

从企业外部看,市场机制对企业内部人的监督约束激励机制不健全。企业经营者的行为约束主要体现在自我约束上,经理人市场有待形成,经理人员的任免不能由市场裁决,市场还不能发挥对内部人的有效控制。

三、对"内部人控制"的控制

内部人控制再加上机会主义行为会对企业组织造成严重的后果,经理人员对企业的长期发展不甚关心,行为短期化,缺少长期投资和技术改造的动力或者扩张过度;财务透明度低,使侵蚀企业利润、侵占和转移企业资产成为可能。所有这些都极不利于企业的长期发展。为解决这一问题,就要对"内部人控制"进行控制。

首先,建立合理的公司法人治理结构,强化内部监督。现代公司制采用董事会、监事会、总经理的决策权、监督权和经营权的"三权分设,内部制衡"的法人治理结构,来实现对代理人的监督控制与激励。建立合理的公司法人治理结构,强化内部制衡尤为重要。建立科学的现代公司治理结构,首先要避免董事长兼任总经理、所有权与经营权合一的现象,因为这意味着内部制衡的削弱;其次,监事会应独立于董事会,使其更好地肩负起监督董事会及经理人员的使命;最后,要真正发挥职工、职代会的监督作用,强化其监督权力。解决国家股的产权主体问题,改变股权过度集中于国家股股东的状态,逐步统一完善证券市场,也是控制"内部人控制"中亟待解决的问题。

其次,强化外部的控制监督机制。外部的市场机制、法律制度、工商税务等政府部门,以及会计、审计、认证、评估等中介组织的监督,能对控制"内部人控制"发挥一定的作用。英美等国的企业监督制度,主要是通过外部力量,即机构投资者、外部董事、独立审计师和会计师、严格的法律和以政府为主导的庞大的证券监察体系对企业的经营实施监督。英美等国的企业监督是以公开市场和法律监督为主的,为了建立一套对经营者有效的监督约束机制,欧美等国的证券管理机构都从公司制度上要求增加独立的外部董事的比例,并在董事会中建立以外部董事占多数的审计委员会和经理人选委员会等,以加强监督。创造公平的市场竞争环境,让企业的真实经营业绩充分表露出来;加快完善证券市场,利用股票价格的升降和敌意收购或代理权竞争来约束经营者的行为;严格规范企业的财务制度,建立高透明度的财务关系,防止内部人侵害外部人利益的行为,都是行之有效的措施。

本 章 小 结

1. 控制可以定义为,监视各项活动保证其按计划进行,并纠正各项偏差的过程,控制是管理的基本工作之一,是通过对组织内部的管理活动和管理效果进行衡量和校正,确保组织的目标以及为此而拟定的计划得以实现。

2. 控制包括对组织、人、财务、作业、信息的控制。根据控制时点的不同可以将控制分为反馈控制、同期控制和前馈控制。

3. 控制过程主要分为三个步骤:确定标准,衡量并分析结果,采取管理行动。

4. "内部人控制"的产生源于委托代理矛盾与制度缺陷,所以应从两方面控制"内部人控制"。

复习思考题

(一) 简答题

1. 简述控制的定义与内容。

2. 简述控制的过程及流程。

3. 控制的模式有哪几种? 其特征是什么?

4. 如何控制"内部人控制"?

（二）选择题

1. 不超过 3% 的废品率属于（　　）标准。

  A. 时间   B. 消耗   C. 生产率标准   D. 质量

2. 控制"内部人控制"是对（　　）进行有效控制。

  A. 股东   B. 董事   C. 监事   D. 经理

3. 对一批数量为 2 000 颗的电池，应采用的衡量工作方法为（　　）。

  A. 肉眼观察   B. 下属作口头报告

  C. 抽样检验

4. （　　）的效果是管理者真正想要达到的效果。

  A. 同期控制   B. 前馈控制   C. 反馈控制

5. 反馈控制中的重要问题是（　　）。

  A. 改进下一次活动的质量   B. 管理者的个人素质与应变能力

  C. 了解系统的输入量和输出结果 D. 熟知系统的输入量和输出结果的关系

6. 同期控制中的重要问题是（　　）。

  A. 减少发现问题到解决问题的时滞

  B. 管理者的个人素质与应变能力

  C. 比较本次工作成果与上次工作成果

  D. 预测下次活动需要的输入量

7. （　　）这种衡量工作的方法能够为管理者提供最直接的第一手资料。

  A. 个人观察   B. 统计报告

  C. 口头报告和书面报告   D. 抽样检查

案例　巴林银行倒闭的教训

  里森是巴林银行的一名高级员工，过去曾经为公司创造了不少业绩。巴林银行的许多高层管理者，完全不去深究可能存在的问题，而一味相信里森，并期待他为巴林套利赚钱。尤其具有讽刺意味的是，在巴林银行破产的两个月前，即 1994 年 12 月，于纽约举行的一个巴林银行金融成果会议上，250 名在世界各地的巴林银行工作者，还将里森当成巴林银行的英雄，对其报以长时间热烈的掌声。

  1995 年 1 月 18 日，日本神户大地震，其后数日东京日经指数大幅度下跌，里森一方面遭受更大的损失，另一方面购买更庞大数量的日经指数期货合约，希望日经指数会上涨到理想的价格范围。1 月 30 日，里森以每天 1 000 万英镑的速度从伦敦获得资金，已买进了 3 万口日经指数期货，并卖空日本政府债券。2 月 10 日，里森以新加坡期货交易所交易史上创纪录的数量，已握有 55 000 口日经期货及 2 万口日本政府债券合约。交易数量越大，损失越大。

  所有这些交易，均进入"88888"账户。账户上的交易，由于里森兼任清查之职权予以隐瞒，但追加保证金所需的资金却是无法隐藏的。里森以各种借口继续转账。这种松散的制度，实在令人难以置信。2 月中旬，巴林银行全部的股份资金只有 4.7 亿英镑。

1995 年 2 月 23 日,在巴林期货的最后一天,里森对影响市场走向的努力彻底失败。日经股价收盘降至 17 885 点,而里森的日经期货多头风险部位已达 6 万余口合约:其日本政府债券在价格一路上扬之际,其空头风险部位亦已达 26 000 口合约。里森为巴林银行所带来的损失,在巴林银行的高级主管仍做着次日分红的美梦时,终于达到了 8.6 亿英镑的高点,造成了世界上最老牌的巴林银行终结的命运。

新加坡在 1995 年 10 月 17 日公布的有关巴林银行破产的报告及里森自传中的一个感慨,也是最能表达我们对巴林事件的遗憾。报告结论中的一段:"巴林集团如果在 1995 年 2 月之前能够及时采取行动,那么他们还有可能避免崩溃。截至 1995 年 1 月底,即使已发生重大损失,这些损失毕竟也只是最终损失的 1/4。如果说巴林的管理阶层直到破产之前仍然对'88888'账户的事一无所知,我们只能说他们一直在逃避事实。"

里森说:"有一群人本来可以揭穿并阻止我的把戏,但他们没有这么做。我不知道他们的疏忽与罪犯级的疏忽之间界限何在,也不清楚他们是否对我负有什么责任。但如果是在任何其他一家银行,我是不会有机会开始这项犯罪的。"

一家历史十分悠久的大银行倒闭了,它留给人们很多教训、很多启示。健全的管理制度是银行运行的基础,有力的监管措施是银行成功的保证,显然,巴林银行在这方面做得十分不够。

讨论题

1. 你认为巴林银行倒闭的根本原因是什么?
2. 案例最后,里森说的一番话有何意义?
3. 银行家及企业高层管理人员应从中吸取什么教训?

第14章 绩效评价

绩效评价是以提高组织员工的绩效为目的，通过开发团队、个体的潜能使组织不断向目标推进的管理方法。绩效评价是一系列以员工为中心的干预活动，它可以激励员工，使他们的工作更加投入；促使员工开发自身的潜能，提高他们的工作满意度；通过不断的工作沟通和交流，发展员工与管理者之间的建设性的、开放的关系，促进形成一个以绩效为导向的组织文化。绩效管理的最终目标是充分开发和利用每个员工的资源来提高组织绩效，即通过提高员工的绩效达到改善组织绩效的目的。

第一节 绩效评价概述

一、绩效的概念

绩效是人们在管理活动中最常用的概念之一，人们对它有不同的理解和解释，目前主要有两种观点。

一种观点认为绩效是在特定的时间内，由特定的工作职能或活动产生的产出，也就是说，管理绩效是管理工作或管理过程所达到的结果，是一个人的工作成绩的记录。国外不少学者认为，管理绩效应该定义为工作的结果，因为这些工作结果与组织的战略目标、顾客满意感及所投入资本的关系最为密切。这是从工作结果的角度来理解绩效。

另一种观点则对绩效是工作成绩、目标实现、结果、生产量的观点提出了挑战，认为应该从行为角度来定义绩效，即"绩效是行为"。比如将绩效定义为"人们所做的同组织目标相关的、可观测的事情"或者"绩效是具有可评价要素的行为，这些行为对个人或组织效率具有积极或者消极的作用。"上述认为绩效不是工作成绩或目标的观点的依据是：第一，许多工作结果并不一定是个体行为所致，可能会受到与工作无关的其他因素的影响；第二，员工没有平等地完成工作的机会，并且在工作中的表现不一定都与工作任务有关；第三，过分关注结果会导致忽视重要的过程和人际因素，不适当地强调结果可能会在工作要求上误导员工。

事实上，这两类定义方法都有其合理之处，行为是产生绩效的直接原因，而组织成员对于组织的贡献，则是通过其工作的结果来体现的。在管理活动中，大量的工作或行为可以用其结果来度量和评价；但对于某些特定的工作、任务来说，直接评价其结果比较困难或者根本无法做到。那么，评价将不得不以工作的行为或工作行为中表现出来的个人特性来进行。

我们认为，在绩效管理的具体实践中，应采用较为宽泛的绩效概念，即包括行为和结果两个方面，行为是达到绩效结果的条件之一。行为由从事工作的人表现出来，将工作任务付诸实施。它不仅仅是结果的工具,行为本身也是为完成工作任务所付出的脑力和体力的结果,并且能与结果分开进行判断。这就告诉我们,当对个体的绩效进行管理时,既要考虑投入(行为),也要考虑产出(结果);绩效应该包括应该做什么和如何做两个方面。为此,我们采取一种综合的方法来定义绩效,兼顾工作行为和结果。即:绩效是人们所做的同组织目标相关的、可观测的、具有可评价要素的行为,这些行为受到企业的业务性质、战略取向、战略目标和工作性质等所要求的规定和标准的约束和引导,并且这些行为对个人或组织目标具有积极或消极的作用。

综合上述观点,管理中的绩效大体包括三个方面的含义:一是工作产出或结果,如高层管理团队在一年内所实现的公司的价值增长额,销售人员一定时期内完成的销售额,生产工人单位时间的生产量;二是工作行为,如及时上交月度报表,对下属进行培养;三是与工作相关的员工个性特征或特质,如敬业精神、创新意识和团队合作。

在组织管理中,绩效是一个多维度的概念,体现在组织的不同层面,包括组织整体绩效、团队绩效和个体绩效等。层面不同,绩效所包含的内容、影响因素及其评价标准和方法也不同。比如,从组织整体的层次上,股东和潜在的投资人关注企业的经营业绩特别是股东回报,政府关注的是组织提供的就业岗位及是否遵守了环境保护法规等,员工关注的是工作的稳定与薪酬状况等,这些都是组织层次绩效的体现。一个生产或运作过程、一个职能或部门、一个工作团队等,也都有各自的绩效;个人层次是组织人力资源管理最关注的方面,也是绩效评价目前主要的任务所在。本章将集中介绍个人层次的绩效评价,并适当涉及一些其他层面绩效评价的方法和内容。

二、绩效评价的目的和意义

绩效评价是组织管理的核心职能之一,它是收集、分析、评价和传递有关某一个人在其工作岗位上的工作行为表现和工作结果方面的信息情况的过程。在组织的管理实践中,通过绩效评价,可以显示每一个员工的工作结果及其对组织贡献的大小。由于组织的目标最终要通过其众多员工的具体努力才能实现,因此对每一个员工的努力成果和工作绩效进行合理的评价,据此激励、表扬先进,鞭策后进是非常必要的。在现代企业管理中,绩效评价已成为鼓励员工积极性、获取竞争优势的一个重要来源。

绩效评价是有效管理员工以确保员工的工作行为和产出与组织目标保持一致,进而促进个人与组织共同发展的持续过程。因此,它不仅仅是一套表格、一年一度的评价以及奖励计划,而更重要的它是贯穿于组织管理全过程的一种基本管理理念。绩效评价和绩效管理对一个组织的正常运营过程具有重要的作用,其目的和意义主要体现在以下几个方面。

(一)为组织的战略实施提供基础性支撑

组织战略需要与部门、团队以及个人的行动联系起来,才能把战略转化为行动,促进战略目标的实现。通过绩效评价和绩效管理,可以把组织中个体的目标和组织整体战略目标结合起来,同时也把众多组织成员的单个行为与组织的战略实施过程联系起来,通过员工的行动推动组织战略顺利实施。

为实现这一目的,组织首先要识别和确认成功实施战略的关键因素,根据这些关键因素来定义绩效,把目标与关键因素具体化为工作绩效指标;然后,通过沟通,让员工理解工作绩效标准或成功标准是什么,通过什么途径、方式或努力能达到这种标准。这些标准可以是一系列任务、目标或结果,也可以是一系列行为,但必须明确并使员工能够接受,使员工了解努力的方向,明确要取得的成果和执行该战略所必需的技能、行为等。最后,建立绩效评价和反馈体系。通过该体系,使员工的技能得到最大限度的发挥并展现出最佳的行为表现,产生预期的成果。

绩效管理的最终目的是最大可能地取得个人和组织的成功。组织领导者通过持续的管理过程,为员工建立清晰的目标,提供支持,不断反馈和沟通,并承认或认可员工的努力,促进个人绩效不断改进和提高,从而确保实现组织战略目标。

（二）为人力资源管理决策提供依据

通过绩效管理所获得的信息,特别是绩效评价结果,常常用于人力资源管理的有关决策,如薪资调整、晋升、员工调任或辞退等,通过这些决策来认可个人表现。

1. 绩效评价是人员任用的依据

人员任用的原则是因事择人、用人所长、容人之短。要判断人员的德才状况、长处短处,进而分析其适合何种职位,必须对人员的心理素质、知识素质和业务素质等进行评价,并在此基础上对人员的能力和专长进行推断。也就是说,绩效评价是"知人"的主要手段,而"知人"是用人的主要前提和依据。

2. 绩效评价是决定人员调配和职务升降的依据

人员调配之前,必须了解人员使用的状况,人事配合的程度,其手段就是绩效评价。人员职务的晋升和降低也必须有足够的依据,这也必须有科学的绩效评价作保证,而不能只凭领导人的好恶轻率地决定。通过全面、严格的评价,发现一些人的素质和能力已超过所在职位的要求而适合担任更具挑战性的职位,则可晋升其职位;发现另一些人的素质和能力已不能达到现职的要求,则应降低其职位;发现还有一些人用非所长,或其素质和能力已发生变化,则可进行横向调动。

3. 为人力资源开发提供信息

通过绩效评价,可以发现员工绩效不足及其原因,然后通过反馈和沟通,帮助员工认识不足并指导其改进。同时,在绩效评价和绩效管理的过程中,能够识别培训需要,发现可开发的潜力,进行有针对性的人力资源开发。培训的前提是准确地了解各类人员的素质和能力,了解其知识和能力结构、优势和劣势、需要什么、缺少什么,为此也必须对人员进行评价。

4. 是对组织成员实施激励的重要工具

绩效评价是确定奖惩、报酬的依据。没有科学、公正的绩效评价,奖惩、报酬就没有依据。因此,绩效评价是一个组织确定对其成员进行奖惩和发放报酬的基础。绩效评价的好坏,会在很大程度上影响一个组织的激励效果,进而影响全体组织成员的积极性和士气。奖罚分明是组织激励的基本原则,要做到奖罚分明,就必须要科学、严格地进行评价,以评价结果为依据,决定奖和罚的对象以及奖和罚的等级。

评价本身也是一种激励因素,通过评价,肯定成绩,指出长处,鼓舞斗志,坚定信心;通过评价,指出缺点和不足,批评过失和错误,指明努力的方向,鞭策后进,促进进取,使组织成员保持旺盛的工作热情,出色地完成组织目标。以良好的绩效评价为基础,可以创造组织内平等竞争的氛围,使员工能够在一个公平、公正的环境下开展竞争,提高各自的绩效,从而提高组织的竞争力。

三、绩效评价管理的基本流程

绩效评价管理的基本流程,包括制订绩效计划、进行动态持续的绩效沟通、实施绩效评价、提供绩效反馈以及指导绩效改进五个环节,如图 14-1 所示。

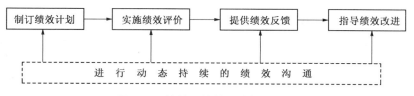

图 14-1　绩效评价管理的基本流程

制订绩效计划是绩效评价管理过程的起点,绩效计划是主管与员工合作,对员工下一年应该履行的工作职责、各项任务的重要性等级和授权水平、绩效的衡量、经理提供的帮助、可能遇到的障碍及解决的办法等一系列问题进行探讨,并达成共识的过程。在绩效计划中,绩效评价标准的确定是关键,即组织必须在充分沟通的基础上,就期望员工达到的绩效水平及其衡量达成一致意见。

所谓动态持续的绩效沟通,就是经理和员工共同工作,以分享有关信息的过程。这些信息包括工作进展情况、潜在的障碍和问题、可能的解决问题的措施以及经理如何才能帮助员工等。首先,在进行绩效考核之前,组织管理者应该认清目标,分析工作,然后制定绩效标准,并把标准告知员工加以讨论。其次,考核过程中,主管应该与员工双方就计划的实施随时保持联系,全程追踪计划进展状况,及时为员工排除遇到的障碍,必要时修订计划。这是绩效管理体系的灵魂和核心。考核结束后,上下级之间也应该对考核结果进行沟通,以便找出每个人工作的优点、差距,并确定改进的方向和措施,然后设定新目标。总之,通过沟通,组织要让员工很清楚地了解绩效考核制度的内容、制订目标的方法、衡量标准、努力与奖酬的关系、工作业绩、工作中存在的问题及改进的方法。当然,更要聆听员工对绩效评价的期望及呼声,这样绩效评价才能达到预期目的。

绩效反馈和指导绩效改进两个环节的含义是,绩效评价所提供的绝对不仅仅是一个奖罚手段,更重要的意义在于它能为组织提供一个促进工作改进和业绩提高的信号。绩效考核的一个重要目的是发现员工工作中的问题并进行改进,所以考核工作结束后,要针对考核结果进行分析,寻找问题,并提供工作改进的方案以供员工参考,帮助员工提高工作绩效。此时,主管充当的是辅导者的角色。所以在进行绩效考核时,不能停留在绩效考核资料的表面。绩效考核所得到的资料可能仅仅是某些潜在管理问题的表面现象。正确地进行绩效管理,关键不在于考核本身,而在于组织的管理部门如何综合分析考核的资料并将其作为绩效管理过程的一个切入点,这才是最有价值和最有积极意义的,这也就是绩效诊断。如果通过绩效考核发现了绩效低下的问题,最重要的是找出原因。员工是查找原因的重要渠道,这时,组织要努力创造一个以解决问题为中心的接纳环境,鼓励员工实事求是地指出组织存在的问题,积极出谋划策,改善组织的绩效低下问题。一旦查出原因,主管和员工就要齐心协力排除问题。

总之,绩效评价是一个动态的持续的过程。绩效评价不是为了考核而考核,必须能激发员工的发展并能整合为组织的成长。

第二节 绩效评价的标准

从上述绩效评价管理的流程看,评价标准是整个绩效评价系统中至关重要的构成要素和基本环节。无论是绩效的考核测量,还是绩效的反馈与沟通,离开了评价标准就无从谈起。评价标准是对管理绩效加以定量和定性判断、衡量的标尺,以保证绩效评价和管理的客观性、公正性。因此,如果没有科学的绩效评价标准及其有效的实施运用,整个绩效评价和管理体系就无法正常运转。

一、绩效评价标准制定的原则

绩效评价标准的制定必须遵循一定的原则。如若背离科学原则和方法,就有可能出现脱离管理实际的机械化、形式化倾向,降低绩效评价的有效性。

严格来说,绩效评价标准的制定应该包括两个方面的工作:一是关键绩效指标的确定。通常来说,管理工作中的绩效指标主要有四种类型:数量、质量、成本和时限。表 14-1 中列出了企业中常见绩效指标的典型例子以及对这些指标进行度量的方式。二是制定绩效指标的评价标准。确定绩效指标与制定相应的评价标准,在实践过程中往往一起完成。绩效指标指的是从哪些方面对管理绩效进行衡量或评估;而绩效评价标准则指的是采用什么样的方式对各个指标进行评价,或者说在各个指标上分别应达到什么样的水平。指标解决的是需要评价"什么"的问题,标准解决的是要求组织成员做得"怎么样"、做到"何种程度"的问题。

表 14-1 绩效指标的类型

绩效指标类型	示　例	度量方式
数量	产量 销售额 利润	工作业绩记录 财务数据 财务数据
质量	破损率 独特性 准确性	生产记录 上级评估 客户评估
成本	单位产品成本 投资回报率	财务数据 财务数据
时限	及时性 到达市场时间 供货周期	上级评估 客户评估 客户评估

一般地说,在制定绩效评价标准时有一个重要原则,即 SMART 原则。SMART 是五个英文单词第一个字母的缩写。

(1) S 代表 specific,意思是指"具体的",即绩效评价指标应尽可能具体化、细化,符合某一工作、任务的特定情况。抽象的、一般性的或者是难以刻画具体工作特定情形的指标都无法用来作出有效的绩效评价。例如,在产品设计方面,通常有"产品的创新性"这样的指标,这就属于抽象的没有经过细化的指标,如果经过细化就可能至少包括这样的指标——在性能上提供竞争对手没有的三种以上的功能,至少设计出三种在外观上不同的款式等。

（2）M 代表 measurable,意思是指"可度量的",即绩效评价指标最好是量化的,可以明确测度的。一般来说,绩效评价要尽量用数据来"说话"。有些工作产出没有办法给出数量化的指标,那么就需要给出一些行为化的指标。比如服务和管理工作,考核标准往往会因不具体而流于形式,这时工作就必须做细,将指标具体化,这样才能使绩效评价真正起到有效监督、为人事决策提供依据等作用。例如,为会议提供服务这样的活动就难以给出数量化的指标,就可以用一些行为化的指标进行界定,如在会议开始之前准备好会议所需的一切设施,在会议的过程中无需为寻找或修理必要的设施而使得会议中断等。

（3）A 代表 attainable,意思是"可实现的",即绩效评价指标应当是适度的。既不能太高,也不能太低,形象一点说就是"使劲跳一跳就可以摘到树上的果子"。从评价指标上来说,应该是在部门或员工个人可控制的范围内,而且可以通过部门或个人的努力来达成的。如果考核评价所选择的指标毫无挑战性,员工不费吹灰之力就能够达到,这样评价就失去了意义;相反,如果评价指标是一个过高的目标,员工无论怎么努力都不能达到,他们就会产生"破罐子破摔"的想法——反正也达不到要求,干脆不干了,绩效评价同样也就失去了价值。

（4）R 代表 realistic,意思是指"现实的",即评价指标的选择和制定必须建立在对组织以往实际情况和未来发展进行科学、客观分析的基础之上,而不是主观臆断的结果。比如,利润指标的确定,就要对企业往年的财务数据、生产情况、市场变化等诸多因素进行综合考虑。

（5）T 代表的 time-bound,意思是指"有时限的",即评价指标是有时间限制的。这有两层含义:其一,对绩效评价来说,考核指标中应有时间内容,如"每天生产十件产品""每月销售 20 万元",否则就失去意义;其二,绩效评价指标相关的资料必须能够定期和迅速地得到。如果不能做到这一点,那么某些评价就将失去时效性,从而就很难具有较大的价值。

表 14-2 体现了在确定绩效评价指标时应如何运用这些重要的原则。

表 14-2　制定绩效评价指标的原则

原　　则	提倡的	不提倡的
具体的 （S）	切中目标 适度细化 随情境变化	抽象的 未经细化 复制其他情境中的指标
可度量的 （M）	数量化的 行为化的 信息具有可得性	主观判断 非行为化描述 数据或信息无从获得
可实现的 （A）	在付出努力的情况下可以实现 在适度的时限内实现	过高或过低的目标 期间过长
现实的 （R）	可证明的 可观察的	假设的 不可观察或证明的
有时限的 （T）	使用时间单位 关注效率	不考虑时效性 模糊的时间概念

在绩效评价指标的基础上,应进一步明确绩效评价的具体标准。绩效标准与绩效指标在制定原则上有相似之处,除上述原则之外,制定绩效标准的过程还应符合以下几点要求。

（一）认知性原则

绩效标准的认知性原则的涵义在于,绩效标准应该具体明确。在编制标准时,应充分考虑组织内部使用的方便性,采用标准的内容和形式,应尽量简化,切忌繁琐冗长;用词准确,应简明易懂,切忌模棱两可。这样可以帮助主管领导和下属员工对绩效标准有清楚明了的认识,让员工明确组织对他们的期望以及如何实现这种期望。这样,绩效标准才具有可操作性,也才能达到绩效评价和绩效管理的最终目标。在实际操作中,无论是评价者还是被评价者对绩效标准的正确意义往往都含混不清,并习以为常,从而使考核流于形式。因此这一点更需注意。

（二）有效性原则

这是指绩效标准应涵盖绩效的所有相关方面,即包含所有与工作绩效相关的信息。在有效性方面常见的两种错误是:标准过窄,即遗漏某些重要的绩效信息;标准过宽,即包含了不相关信息。

（三）可靠性原则

这是指依据绩效标准可获得一致的评定结果,它分为内在可靠性、重复（新）测量的可靠性。前者是指不同的人根据同一标准对同一位员工的绩效进行评价应得到基本一致的结果,后者是指在不同时间依据同一标准进行重新评价应得出基本一致的结果。

（四）可接受性原则

这是指标准的使用者能够接受该标准。因此,所有使用绩效标准的人都需要有机会参与标准的制定过程,使绩效标准得到接受和支持。绩效标准应当是得到大家认可的,是经过员工同意而制定的。主管领导和下属员工都应该认同绩效标准的的确确是公平的,这对激励员工十分重要。否则员工会将考核认为是管理者控制、监督自己的工具,从而产生抵触情绪。

（五）文本性原则

绩效标准应落实到纸面上,成为可供稽查的依据。标准要形成文字。主管与部属都应各执一份彼此同意并写好的工作标准。

二、常用的绩效评价标准

绩效评价应根据工作内容、性质和评价目的的不同,而采取不同形式的评价标准。绩效评价标准一般包括三个部分:评价要素、评价等级和标准主体。标准主体又称为标体,即规范化行为或对象的程度和相对次数,它是绩效评价标准的主要部分。常用的评价标准包括以下几种类型。

（一）分档式标准

分档式标准又称为分段式标准,即将每个要素分为若干个等级,然后将指派给要素的分数分为相应的等级,再将每个等级的分值分布若干个小档（即幅度）。分档式标准是一种简易标准,其特点在于分档较细,编制和使用都比较方便。

比如,在企业绩效评价中,"标准流程操作的准确性"这一要素可以划分为"从无差错""基本正确""有时出错""经常出错"四个等级,再将每一个等级划分为上、中、下三档;对某一特定员工（或团队）评价时，先确定属于哪一个等级，然后再确定其业绩表现属于哪一个细分档次，由此可以得出评价的具体分值。

（二）评语式标准

评语式标准的编制，首先要将要素的内涵确定，然后进行分解。评语式标准编制的关键是分解要得体，每个方面要具有典型的代表性，其次是评语要清晰明确，能够准确区分业绩表现。在绩效评价实践中，此类型标准又可分为积分评语标准和期望评语标准两种。

1. 积分评语标准

这是指将要素分解为若干个子要素（也可称为小指标），给每个子要素指派独立的分数，各子要素相加就是对该要素的评价，如表 14-3 所示。

表 14-3　积分评语标准实例

结　构	要　素	分　值	评　价　标　准
能力结构	用人能力	4	① 对本部门人员能够合理安排，做到用人所长（1 分）； ② 注意培养人才（1 分）； ③ 能够选拔、推荐人才（1 分）； ④ 正副领导能够相互尊重，合作意识强（1 分）

2. 期望评语标准

即指根据职位职责所要求达到的能力素质和工作水准，将每一个要素划分为若干等级，每一个等级制定相应的评语，代表每一个具体工作中该要素的期望水平。比如对工作中的"书面表达能力"这一要素进行评价，可以制定出不同级别的期望评语标准，如表 14-4 所示。

表 14-4　工作任务中的书面表达能力评价

评价要素	等　级	期　望　评　语
工作任务中的书面表达能力（以书面方式与组织成员或客户交流的能力）	第一级	能清晰、准确书写简单的词组和句子（如发货标签）
	第二级	能清晰、准确书写复杂句子（如申请、订单等）
	第三级	能清晰、准确书写一般性报告和文本
	第四级	能清晰、准确书写常用的较复杂报告和文本（如市场情况报告）
	第五级	能清晰、准确书写专业性的复杂报告和文本（如服务手册、技术说明书、市场营销方案等）

（三）量表式标准

量表式标准和分档式标准有类似之处，在绩效评价中使用较为广泛。通常做法是将绩效评价的不同要素划分为若干等级，不同的评价要素有不同的权重，同一要素中的不同等级赋以高低不等的量化分值，如表 14-5 所示。

表 14-5　量表式评价标准示例

评价要素	描　述	完全不符合	符合	中立	不符合	完全不符合
团队领导能力	团队成员协作精神强，配合默契	□	□	□	□	□
	为每一位团队成员创造发挥才干的机会	□	□	□	□	□

（四）对比式标准

在绩效评价中,对比式标准的主要特点是在设定绩效指标时同时考虑两类标准:基本标准和卓越标准。基本标准是指组织期望被评价者在工作任务中所应达到的基本要求,这一标准应该是每一个被评价者经过努力都能够达到的绩效水平。卓越标准(或称为理想标准)是指对被评估者未作硬性要求的高绩效水准,一般来说,卓越标准所规定的绩效水平并不是每个被评估者都能达到,但这一标准应该是"可望"而非"不可及"的。通过设定卓越标准,可以促使评价对象不断树立更高的努力目标。对卓越标准评价的结果往往和一些激励性较强的奖酬措施挂钩,如额外的奖金、职位提升等。这种对比式评价标准的具体运用例子,如表 14-6 所示。

表 14-6　绩效评价中基本标准和卓越标准的对比使用

评价对象	基本标准	卓 越 标 准
打字员	打字速度不低于 100 字/分钟 版式、字体等符合要求 无文字及标点符号错误	提供美观、节省纸张的版面设计 主动纠正原文中的错别字
营销人员	正确介绍产品或服务 完成基本的销售目标 汇款及时 不收取客户的礼品或回扣	对每位客户的偏好和需求等作详细的记录和分析 为客户提供超值服务,维持长期稳定的客户群

（五）行为特征标准

比较典型的行为特征标准是以关键事件作为评价的标准(critical incident technique, CIT),就是通过长期大量的观察和记录,从许多具体行为中提炼出该项工作的关键行为,作为评价的标准。例如,商店营业员的服务态度要素,可选择接待顾客这一关键行为。比如顾客对营业员说:"我要买××品牌洗衣机。"该店正好卖完了,营业员可以有以下不同的态度和行为:

5——营业员了解到附近的商场也卖完了,就再通过业务部门同供应商联系了解什么时间有货,然后告知顾客。

4——营业员打电话到附近商场,了解一下是否有货,然后告诉顾客。

3——营业员说,我们商场卖完了,你到附近的商场去看看,或许还有。

2——营业员说,刚卖完,您过几天再来看看。

1——营业员说,卖完了;说完就走了。

0——营业员不理睬顾客,不耐烦地走开了。

行为特征标准取决于对员工行为的观察技能,如果关键行为选择失当,整个标准就会失效。

三、绩效评价中的常见问题

有效的绩效评价系统可以给组织的管理和发展带来极大的价值。但是,要确立科学合理的评价标准,维持绩效评价系统的有效运转,使组织达到较高的绩效管理水平,却是一项富有挑战性的任务。在具体的管理实践中,许多组织的绩效评价往往流于形式,发挥不了应有的作用,有时甚至给整个组织带来一些负面效应。

由于绩效评价实质上是评价者和被评价者之间互动的过程,因此在这一过程中主观判断的影响不可避免。即使绩效评价指标及评价标准是科学客观的,那么在不同评价主体实施运用过程中,主观因素也可能导致最终的绩效评价结果出现偏差。这种经由人的主观判断过程所作出的评价结果和客观、准确、没有偏见或其他外来影响的评价结果之间的差别,称之为评价错误(rating errors)。主要的评价错误包括:

（一）偏见错误

偏见错误是评价人根据其对员工的肯定或否定的印象而不是根据员工的实际工作表现对其作出评价。导致带偏见的评价结果的原因可能有三种:

（1）第一印象,带有第一印象偏见的管理者可能一开始就对下属有对其有利或不利的判断,然后在此印象上忽视或歪曲该组织成员的实际工作绩效表现。例如,一位管理者对来自名牌大学的工商管理硕士第一印象非常好,认为他一定会有非常出色的表现,能成为模范员工。一年之后,虽然该员工的很多工作目标都没有达到,但管理者给他评的分还是比较高,这就是第一印象所导致的评价错误。

（2）肯定和否定光环效应,是评价人把员工工作的某一方面的好或坏的行为推演到对他其他方面的工作评价。假设一个秘书在人际交往时很令人讨厌,但他会熟练运用各种计算机软件,还是个优秀的打字员。该秘书的主管经常收到其他员工和顾客对他的投诉。在做绩效评价的时候,主管对该员工全面评价可能就是否定的。

（3）类我效应,指评价人的一种倾向,容易对和他们类似的员工做肯定评价。有这种偏见的主管对在态度、价值观、背景或兴趣方面和他们相似的员工的评价倾向于过高。比如,其子女和经理的子女上同一所小学的员工可能在绩效评价时的得分比没有子女的员工得分高。如果有"类我"错误或偏见的主管在评价时倾向于和他是同样种族、性别、国籍或宗教的员工,就很容易导致歧视偏见。

（二）对比错误

当主管把一个雇员和其他雇员进行比较,而不是和具体、明确的绩效标准进行比较的时候,该主管就犯了对比错误。这种对比是一种错误,因为雇员只需要达到最低可接受标准。即使其他员工的表现都是优秀或较好,该员工只要工作表现达到最低可接受标准,就能得到满意的分数。

（三）中心趋势错误

如果主管把所有员工都评为一般或接近一般,他们就犯了中心趋势错误。这种错误最常出现在评价人被要求书面证明和解释极端行为——得分特别高或特别低的时候。因此,人力资源专业人员应该要求主管证明其每一级别的评价,而不只是极端的级别。

（四）宽容或苛刻的错误

评价人有时不管员工的实际表现,把每个员工都评为两端的级别。有宽容性错误的经理倾向于把每个员工的表现都评得比实际与客观标准比较的结果高。如果主管长期犯这样的错误,员工实际得到的绩效评价就会高于他们应得的客观结果。相反,如果评价人把每一位被评价人的绩效表现都评得比实际与客观标准比较的结果低,那么它就犯了苛刻性错误。

第三节　绩效评价的方法

当前组织所使用的绩效评价方法很多,不同的绩效评价方法各有其侧重,分别适用于对员工的能力素质特性、工作表现、行为以及绩效结果等不同情况下的度量和评价。

一、特征评价方法

特征评价方法是评价者对评价对象的工作特征和能力素质结构进行评价。该方法关注的是员工所具有的那些特性可以满足组织战略需要,这些特性在多大程度上与组织的成功相关联。这种方法首先以员工个人为对象,确定一系列特征,如工作质量、工作数量、可靠性、主动性、合作、领导责任、创新意识等;其次,对这些特征进行评价。常用的评价技术方法如图表评价尺度法。以该方法为例,特征评价法的基本程序是:

首先,设定绩效因素。这里是指与绩效相关的个人特性,如知识、沟通技能、管理技能、工作质量、团队合作、创造性、解决问题的能力等。

其次,设计评价尺度。通常采用 5 点尺度,即优秀、很好、好、正常、差,分别用 5、4、3、2、1 或者赋予一定分数,如 100～90(优)、90～80(很好)、80～70(好)、70～60(正常)、60 以下(差),来表示各种绩效水平。

最后,对每项绩效因素根据评价尺度打分或画钩并给出简短评语,每项因素得分之和即为评价结果。

特性评价方法是目前使用最为广泛的绩效评价法,具有很多优点。例如,评价方法比较直观,建立和实施都很简单,并且适用于各种不同类型的工作。

该方法的缺陷也比较明显,例如,缺乏有效评价、管理绩效的标准,难以准确确定绩效指标与组织战略的一致性;绩效标准模糊,不同评价者可以作出不同理解和解释,影响评价结果的可信度;员工如何支持组织目标、如何改进绩效缺乏具体标准;评价者难以说服被评价者认可其绩效评价的等级。因此,该方法的关键是绩效因素的选择要恰当,并且在评价之前要具体统一对各个评价特性定义的理解。如果与工作绩效相关的特性选择准确,并且在评价过程中保持对同一评价特性的统一理解,那么就可以基本保证评价结果的可信度。

二、比较评价方法

比较评价法是通过员工之间的相互比较,对员工工作绩效进行评价和排序的方法。它包括四种具体的评价技术。

(一)简单排序法

简单排序法又称等级评价法,它是根据总体标准或总的业绩表现直接对两个及两个以上的员工进行判断和比较,并排出顺序。例如,将组织中业绩最好的成员排在最前面,业绩最差的员工排在最后面。

排序法简便易行,花费时间和成本少。但如果被评价的人数较多,做起来就比较困难。而且,在排序的过程中,对最优和最差绩效容易比较和进行排序,而对平均绩效水平的员工之间的差异则不易比较;尤其当大多数被评价成员的绩效水平比较接近时,排序过程就更难以把握。对此,一种简便的替代方法是,首先,选出绩效最优和最差的员工;然后,选择次优和次差的,依次进行下去,直到将所有的员工排序完成。在评价实践中,如果需要评价的人数太多,显然无法使用这种方法,此时可以选择小组评价法。

（二）配对比较法

配对比较法是指评价者把每一个评价对象和其他每个对象都进行比较,并找出每一对中绩效表现较好的那一个。表 14-7 是一个配对比较的示例。这种方法是根据评价对象在每一对比较过程中被评为较好的次数多少来确定评价等级,在示例中,D 员工的工作表现最好,因为他被评为绩效表现较好的次数最多,其次是 A 员工(两次较好)和 B 员工(一次较好)。

表 14-7　配对比较评价示例

使用说明:对下面每一对员工进行比较,请在过去一年中工作表现较好的员工姓名后标"✓"(按照该岗位工作描述中的职责作为判断标准)	
A 员工 ✓	B 员工 ✓
B 员工 ____	C 员工 ____
A 员工 ✓	B 员工 ____
C 员工 ____	D 员工 ✓
A 员工 ____	C 员工 ____
D 员工 ✓	D 员工 ✓

配对比较法适用于评价人数较少,而且又是从事相同或类似工作的组织成员。

（三）小组排序评价法

当需要评价的人数太多,无法采用简单排序法时,可以使用小组排序评价法。小组排序法分两步进行,首先,对小组绩效比较和排序,把被评价者按工作场所、工序、工作性质等分组,以小组为单位进行比较排序,然后,对小组成员的绩效比较和排序,通过这两个步骤,可以大大减少评价次数。

采用小组排序法经常出现的问题是如何进行分组,随之产生的问题是,最差组中的最优绩效员工不一定比最优组中较差员工的绩效水平高。为了避免这一现象的发生,通常采用多种方法进行多次评价。

（四）强制分类法

强制分类法就是要求评价者将不同绩效水平的员工按百分比归类,即强制性地将同一部门中所有员工的业绩表现按照一定的概率分布"定位"到不同的类型中去。例如,规定 5% 为表现不好的,20% 为平均水平的,50% 为好的,25% 为优秀的。这种整体判断通常建立在对员工相对绩效的主观判断基础上。

强制分类法的优点是避免评价者的感情倾向,即总是给予下属集中的较高或平均水平的评价而不愿意把下属评价过低,造成难以区分不同员工的绩效差异。这种方法的一个主要缺陷是评价者必须按分布规定而不是实际绩效把员工归类,因而总是保证少数人获得高评价,而总有一些员工得到低评价。容易造成员工不满和员工间的不良竞争。强制分类法的另一缺陷是假定所有的部门都有同样的优秀、一般和较差表现的绩效结果分布,如果一个部门的员工绩效表现都十分优秀或者整个部门所有成员的业绩都很平淡时,这种评价方式就会带来诸多问题。

从总体上看,各种比较评价方法的主要优点是简便快捷,易为使用者接受,特别适用于区分员工绩效差异,从而为提薪或晋级提供依据。因此,它经常被用于差别性奖励时的绩效评价中。该方法的主要缺陷为:与组织战略目标联系不紧密,可靠性和可信性依赖于评价者的主观判断,反馈缺乏具体性,不利于判断员工之间的具体差异,对员工发展没有帮助;在很多场合下,员工不愿意接受评价结果,因为这种结果建立在群体间相互比较的基础上,而不是个人绩效的绝对标准之上。

三、行为评价方法

行为评价法是对员工有效完成工作所需要的行为表现作出判断与评价的一种方法。该类型方法要求首先运用各种方法识别和界定有关工作成败的各种关键事件——有效的工作行为和行为结果,然后评价者对员工行为进行观察,并记录下被评价者在这些关键事件方面的表现,最后据此对员工的工作绩效进行评价。

与前述特征法和比较法不同,行为评价法是针对客观的工作行为进行测评。因此,如果设计应用得当的话,行为评价方法的结果相对而言不受评价者的主观错误和偏见的影响。常用的行为评价方法主要有行为定位(锚定)等级量表法、行为观察评价法等。

(一) 行为锚定等级量表法

行为锚定等级量表法又称行为期望量表法,它是将传统的业绩测评表和关键事件标准相结合形成的一种规范化绩效评价方法。这种方法以等级分值量表为基本工具,辅之以关键行为和事件描述,然后分级逐一对人员绩效进行评价。表 14-8 是行为锚定等级量表法的应用举例。

表 14-8 用行为锚定等级量表法评价工程师的专业能力

绩效要素(维度)	分值	关键行为(事件)
专业能力	9	运用全部技术技能,可以出色地完成所有任务
	8	
	7	大多数情况下能运用大部分技术技能,可以很好完成大多数工作
	6	
	5	能够运用某些技术技能,完成大多数任务
	4	
	3	运用技术技能有困难,通常能够完成大多数计划
	2	
	1	不清楚如何应用技术技能,一般无法完成工作

一般来说,建立行为锚定等级量表法通常要求按照以下五个步骤来进行:

(1) 界定关键事件或行为。首先要求对该项工作任务了解的人员(一般是工作任务具体承担者或主管)对工作中代表优良绩效和差劣绩效的关键事件(行为)进行收集、整理和描述。

(2) 建立绩效评价维度。上述人员把关键事件进行归类合并,分成若干绩效维度或者绩效要素。

（3）重新分配关键事件。在上述人员确定的关键事件和绩效评价维度的基础上，由另外一个小组把关键事件重新分配到他们认为最合适的上述已界定的绩效维度类别中。若该小组 50%～80% 的人对某一关键事件的归类与第二步中的归类相近，该关键事件即可保留，其位置也可最终确定下来。

（4）评价关键事件。由第二组人员对关键事件进行评定，确定它们所代表的绩效水平，通常采用 7 点或 9 点等级尺度评定法。

（5）建立最终的行为锚定等级量表。每个绩效维度上的关键事件都按绩效水平进行排列，每个关键事件代表一种绩效水平，称为"行为锚"。通常情况下，每个绩效维度最终有 6～7 个关键事件作为"行为锚"。

和传统的绩效评价方法相比，行为锚定等级量表评价方法的优点非常明显。具体来说，主要表现在以下几个方面。

第一，与一般的业绩评定量表相比，该方法不是单纯使用数字或描述尺度（如优秀、好、一般等），而是用工作行为的具体例子来描述每种特性的不同绩效水平，这有助于明确界定"优秀"这种工作绩效到底是什么样子，从而使评价过程的主观性大大减少，评价结果更有说服力。

第二，更准确地评价绩效水平。由于行为锚定等级量表是由非常了解工作及其要求的人来开发、设计的，因此，它能比较准确地衡量工作绩效水平。

第三，标准清晰、客观。不同尺度代表不同绩效水平，可以清楚地表明绩效层次。

第四，容易形成良好反馈，便于绩效改进过程中的充分沟通。用关键事件描述绩效水平，可以清楚地告知被评价者的绩效状况，如果只评价等级，没有具体行为例子，则反馈没有实际意义，可接受性低。

第五，能够引导和监控员工行为。行为锚的确定可以使员工明确组织所期望的工作行为，从而明确努力方向。

行为锚定等级量表法的主要缺点是：开发费时、费力；容易误导评价者的信息取向，因为评价者往往只回忆与"行为锚"最相符的行为而忽略其他行为。此外，员工可能同时表现出同一绩效维度上的不同行为，使评价者陷入困境。

（二）行为观察评价法

另一种常用的行为评价方法为行为观察法，它是在行为锚定等级量表法的基础上演化而来。两者的区别主要体现在三个方面：第一，行为观察量表中的每一种行为都是由评价者加以界定或评定的；第二，行为观察法的评价对象是能反映工作绩效的所有必要的具体行为，而行为锚定等级量表法对每个绩效维度只用一种行为评价，确定绩效水平；第三，行为观察法要求评价员工在评价期内所表现出的每个行为的频度，而行为锚定等级量表法则是确定出最能反映个人绩效的某个行为。

行为观察法具备行为锚定等级量表法相似的优点，能够给予员工明确的绩效反馈，指出行为努力的方向。同时，由于在评价过程中评价者不是选择和确定最能描述一个员工绩效水平的典型行为，而是通过指出员工表现出的各种行为的频率来测定工作绩效，因此它能够更好地克服各种主观判断所造成的偏差。

和行为锚定等级量表法类似，行为观察量表的开发和保持非常困难也很费时。此外，要得到精确的评价，评价者必须定期对员工进行仔细的观察。如果主管人员同时负责管理多名员工的话，这种定期观察在实际操作中可能不可行。

四、360 度反馈评价方法

"360 度反馈评价"也称全景式反馈或多源评价,是基于上级、下属、同事、客户以及自我等多方面信息,提供反馈并评估绩效的方法。具体评价过程一般是,由被评价者上级、同事、下属和客户等对被评价对象了解、熟悉的人,不记名对被评价者进行评价,被评价者也进行自我评价,然后由专业人员向被评价者提供反馈,以帮助被评价者提高能力、水平和业绩。360 度反馈评价方法流程如图 14-2 所示。

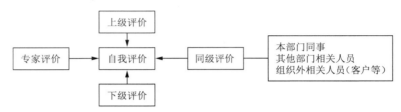

图 14-2 360 度反馈评价方法

这种评价模式比单一评价来源的评价方式更为公正、真实客观、准确可信。对一个组织而言,绩效评价的信息来源主要有五个方面:①组织成员自身(即被评价者);②组织成员的上级;③组织成员的同级(本部门和其他相关部门);④组织成员的下级;⑤组织外部相关人员(客户、专家群体等)。不同的信息来源各有其优点,但也存在各自不同的缺陷或弊端,如表 14-9 所示。在特定对象的绩效评价过程中,只有从不同角度、不同来源获得所有反馈信息,分析和使用这些信息,才能克服错误的自我概念、盲点与偏见,作出正确评价。

表 14-9 绩效评价中不同的信息来源及特点

绩效评价的信息来源	优　　点	缺点或局限
直接上级	① 了解员工的工作目标 ② 通常处于最佳位置来了解员工的工作绩效,有机会频繁观察员工行为 ③ 对特定的部门负有管理责任	① 可能会强调业绩的某一方面而忽视其他方面 ② 可能操纵对员工加薪或提升决策的评价
下　级	① 处于一个较为有利的位置来观察上级的管理绩效 ② 激励管理者注意下级需要,改进管理方式	① 下级有可能担心遭到报复而隐瞒真实信息或舞弊 ② 在小范围内评价信息的保密很困难
同　级	① 对彼此的业绩了解,容易作出准确评价 ② 同事的评价压力对成员来说是一个有力的绩效促进因素 ③ 同级评价可包括众多观点且不针对某一个特定员工	① 实施评价需大量时间 ② 区别个人和团队的贡献会遇到很大困难 ③ 可能会有明显的私心
组织外部成员（客户等）	① 评价比较客观 ② 促使员工对外部作出灵活反应	① 只适用于特定方面的评价 ② 不可能充分了解员工的工作
自我评价	① 处于评价自己绩效的最佳位置 ② 促使自我改进和提高 ③ 使员工变得更加积极主动	① 寻找理由为自己开脱 ② 隐瞒或夸大实际情况

360 度反馈评价是一个相关群体共同参与的过程,它既强调结果也强调工作过程和个人努力程度,有助于强化管理者和普通员工的自我意识,促进组织变革和组织改善。通过这种评价方式可客观地了解被评价对象在职业发展中的不足,激励他们更有效地发挥自己能力,赢得更多发展机会。从组织角度看,通过正规的 360 度反馈评价来加强管理者与周围人的沟通,提高相互信任水平,那么它的组织文化就会更加富有参与性,从而能迅速地对内部、外部客户需求作出反应。

(一) 360 度反馈评价方法的优点

(1) 具有更多的信息渠道。与传统的考评方法相比,该方法可以更容易地发现员工的优点和存在的问题。

(2) 能帮助人们通过技能和各种"软性"的尺度对绩效作出评估,这一点具有相当吸引力。以前,不少组织的绩效考核由上级主管人员来完成,这种考核方式难以保证考核的客观性和公正性,而 360 度绩效评估能使被评估人通过上级、同事直接的报告,以及组织外的其他人的报告了解到人们对自己的绩效评价,从中得到很大的帮助。

(3) 重视团队内部和外部(顾客)的评价,推动了全面质量管理。以经理人为例,经理人能够从客户那里了解对自己的规划、政策、满足客户要求以及革新能力的反馈意见。这些意见既可以帮助他们提高个人的绩效水平,也可以为组织人事决策提供依据。因此,这种反馈是评估其他方面的有益补充。

(4) 通过 360 度反馈评价,员工可以从周围的人那里获取多方面的反馈信息,可以增强员工的自我发展意识,有助于更快、更有针对性地改进工作绩效。

(二) 360 度反馈评价方法的缺陷

(1) 收集信息的成本较高。360 度绩效反馈涉及的数据和信息比单渠道反馈法要多得多,因此,收集和处理数据的成本很高。

(2) 来自不同方面的意见可能会发生冲突。在综合处理来自各个方面的评价时要特别注意事实依据。

(3) 在评价过程中,员工可能会由于彼此的利益而相互串谋,导致评价信息失真甚至信息舞弊。

(三) 实施 360 度反馈评价方法应注意的问题

如上所述,360 度反馈评价方法本身还存在一些局限性,如果过分依赖或片面强调这种评价方式,有可能适得其反,造成评价者与被评价者关系紧张,对组织绩效产生负面影响。360 度反馈评价只有在同其他绩效评价方法配合使用时,才能最大限度地发挥作用。因此,组织在实施 360 度反馈评价时应注意以下问题:

1. 评价目的

实践证明,当 360 度反馈评价用于不同目的时,同一评价者对同一被评价者的评价会不一样;反之,同样的被评价者对同样的评价结果也会有不同反应。当评价的主要目的是服务于员工发展时,评价者所作出的评价会更客观和公正,被评价者也愿接受评价结果。当评价的主要目的是进行奖惩管理,如用于员工的提升、薪资确定时,评价者往往会考虑个人利益得失,所作评价相对来说难以客观公正;而被评价者也会怀疑评价的准确性和公正性,从而造成公司人际关系紧张。因此,360 度反馈评价在实践中更适用于对员工发展的评价,而不是直接用它与奖惩管理挂钩。

2. 评价者的选择

360 度反馈评价是让被评价者的上级、同事、下属和客户等对被评价者进行评价,但并不是所有的上级、同事、下属和客户都适合做评价者。要选择与被评价者在工作上接触多、没偏见的人充当评价者。即使这样也不一定要求所有评价者对被评价者的所有方面进行评价,可让被评价者确定由谁来对他的哪些方面进行评价。如被评价者的客户服务意识可能由客户来评价更合适;被评价者的人际关系可能由同事来评价更合适。

3. 结果反馈

360 度反馈评价能不能改善被评价者的绩效,很大程度上取决于评价结果的反馈。一方面应就评价的准确性、公正性向评价者提供反馈,指出他们在评价过程中所犯的错误,以帮助他们提高评价技能;另一方面应向被评价者提供反馈,以帮助他们提高工作能力和业绩。在评价完成之后应及时提供反馈。要和被评估者展开坦诚的对话,这是一种信息的双向交流。一般可由被评价者的上级、人力资源管理人员或外部专家根据评价结果面对面地向被评价者提供反馈,帮助被评价者分析在哪些方面做得比较好,哪些方面有待改进,如何来改进。还可比较被评价者的自评结果和他评结果,找出差异并帮助被评价者分析原因。如被评价者对某些评价结果确实存在异议,可由专家通过个别谈话或集体座谈形式,向评价者进一步了解相关情况,然后再根据座谈情况向被评价者提供反馈。

五、平衡计分卡评价方法

平衡计分卡(balanced score card,BSC)是 1992 年由美国哈佛大学的卡普兰教授等人提出的一种全新的企业绩效评价体系。它是与企业长远目标紧密联系、综合了影响企业成功的关键财务指标和非财务指标所组成的一种业绩衡量系统。

之所以称之为平衡计分卡,是因为它所包含的绩效衡量指标兼顾了影响绩效的长期与短期的因素、财务与非财务的因素、外部与内部的因素等多个方面,能够多角度地为企业提供信息,综合地反映企业的业绩。其绩效评价指标体系包括财务、客户、内部运营过程、学习与成长四个方面的内容,其核心思想是通过这四个指标之间相互驱动的因果关系,全面反映企业战略实施与具体运营的轨迹,实现绩效评价—绩效改进以及战略实施—战略修正的双向循环。平衡计分卡不仅为企业提供了一种新的绩效评价系统框架,同时也为企业的战略管理与绩效评价之间建立内在联系提供了思路和方法,是绩效评价体系称为企业战略管理的有机组成部分。平衡计分卡评价方法作为一种绩效评价工具,其基本框架如图 14-3 所示。

传统的绩效评价系统通常以财务报表所提供的数据为基础,计算出有关的财务指标,对企业的业绩进行反映和评价。在过去近一个世纪里,传统的以财务为核心的业绩衡量在提高生产效率、降低成本、扩大利润等方面为企业作出了巨大的贡献。然而,财务报表通常将雇员技术和积极性、客户的满意和忠诚度、完善的内部经营等无形资产排除在外,因为它们难以货币计量,而这些难以货币计量的无形资产恰恰是企业成功的关键性因素。企业的决策者逐渐认识到一个好的绩效衡量体系应该与企业的战略目标紧密联系在一起,不仅从财务角度进行评价,还要从非财务的角度对企业的绩效进行衡量,引导人们去关注关键性的成功因素。平衡计分卡评价方法正是顺应了绩效评价和管理的这一发展要求。

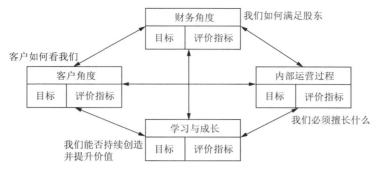

图 14-3　平衡计分卡评价方法的基本框架

本 章 小 结

1. 管理绩效包括行为和结果两个方面,这些行为和结果对个人或组织效率具有积极或消极的作用。在组织管理中,绩效是一个多维度的概念,体现在组织的不同层面。

2. 绩效评价是组织管理的核心职能之一,它是收集、分析、评价和传递有关某个人在其工作岗位上的工作行为表现和工作结果方面的信息情况的过程。绩效评价管理的基本过程,包括制订绩效计划、进行持续沟通、实施绩效评价、提供绩效反馈以及指导绩效改进五个环节。

3. 评价标准是整个绩效评价系统中至关重要的构成要素和基本环节。绩效评价标准的制定必须遵循一定的原则。常用的评价标准包括分档式标准、评语式标准、量表式标准、对比式标准、行为特征标准等几种类型。

4. 不同评价主体的主观因素所产生的评价错误,可能导致最终的绩效评价结果出现偏差。

5. 常用的绩效评价方法包括特征评价、比较评价、行为评价、360 度反馈评价以及平衡计分卡等多种类型。

复习思考题

(一) 简答题

1. 如何理解管理绩效是行为和结果两个方面的统一?

2. 什么是绩效评价? 绩效评价的意义和作用何在?

3. 对不同类型的绩效评价方法加以比较,并说明其利弊。

4. 在你的学习生活中是否也存在不同类型的绩效评价? 你认为它们所采取的评价标准、评价方法以及评价的过程是否合理? 为什么?

(二) 选择题

1. 绩效评价管理的基本流程包括:(　　)。

　　A. 制定绩效计划　　B. 实施绩效评价　　C. 提供绩效反馈　　D. 指导绩效改进

　　E. 进行动态持续的绩效沟通

2. 管理工作中的绩效指标主要有（　　）。
　　A. 数量　　　　　　B. 性质　　　　　　C. 成本　　　　　　D. 时限
　　E. 质量
3. 制定绩效评价标准时的 SMART 原则，包括（　　）几方面的内容。
　　A. 具体的　　　　　B. 可度量的　　　　C. 可实现的　　　　D. 现实的
　　E. 有时限的
4. 绩效评价主要的评价错误包括（　　）。
　　A. 偏见错误　　　　B. 对比错误　　　　C. 中心趋势错误　　D. 类我错误
　　E. 宽容或苛刻的错误
5. 绩效评价的常见方法包括（　　）。
　　A. 特征评价方法　　　　　　　　　　B. 比较评价方法
　　C. 行为评价方法　　　　　　　　　　D. 360 度反馈评价方法
　　E. 平衡积分卡评价方法

案例　摩托罗拉(中国)公司的绩效评价

　　摩托罗拉原名加尔文制造公司，成立于 1928 年。1947 年改名为"Motorola"，从 1930 年代开始作为商标使用。摩托罗拉总部设在美国伊利诺伊州绍姆堡，位于芝加哥市郊。摩托罗拉是世界 500 强企业之一，是全球芯片制造、电子通讯的领导者，也是全球第一款手机(大哥大)的发明者和手机行业曾经的领导者。

　　作为一家大型跨国公司的中国公司，摩托罗拉(中国)公司像摩托罗拉公司在全球其他地方的公司一样，对其在中国的员工采取规范严格的绩效评价，并将绩效评价与薪酬管理、培训开发等人力资源管理的核心环节紧密联系在一起。

　　1. 绩效评价的目的

　　摩托罗拉员工的薪酬和晋升都与绩效评价紧密挂钩，但是摩托罗拉对员工评价的目的绝不仅仅是为员工薪酬调整和晋升提供依据。摩托罗拉绩效评价的目的是使个人、团队业务和企业的目标密切结合；提前明确要达到的结果和需要的具体领导行为；提高对话质量；增强管理人员、团队和个人在实现持续进步方面的共同责任；在工作要求和个人能力、兴趣和工作重点之间寻找最佳的契合点。

　　2. 绩效评价的标准

　　摩托罗拉业绩评估的成绩报告表也就是评价标准是参照美国国家质量标准制订的。绩效评价是事后的，但在评估前各个部门根据这个评价标准，针对具体业务制订自己的目标。摩托罗拉各个部门与员工每年制订的工作目标包括两个方面，一个是战略方向，包括长远的战略和优先考虑的目标；另一个是业绩，它包括员工在财政、客户关系、员工关系和合作伙伴之间的一些工作绩效指标，也包括员工的领导能力、战略计划、客户关注程度、信息和分析能力、人力资源发展以及工作过程等方面的内容。绩效评价就是要看部门与员工制订目标的执行状况，所以摩托罗拉每月会考核员工的目标执行情况，评价关注员工在工作中的联系紧密的合作伙伴，摩托罗拉称之为"key workpartner,"他们彼此之间能够相互推动工作。跨部门同事和同部门同事之间有紧密联系，使考核达到 360 度的平衡。

3. 绩效评估的过程

摩托罗拉年终评估在来年的 1 月份进行,个人评估是每季度一次,部门评估是一年一次,年底对业务进行总结。根据成绩报告表的情况,公司年底决定员工个人薪水的涨幅,也根据业绩晋升员工。摩托罗拉常年都在选拔干部,一般比较集中的时间是每年 2、3 月份,挑选出管理精英,送到总部去考核学习。

绩效评价的质量如何与管理者的关系很大。摩托罗拉非常注重管理者的素质,因为管理者是制度的执行者,所以选拔管理者有许多明确的条件。例如摩托罗拉对副总裁候选人的要求有四点:第一是个人的道德素质高;第二是在整个大环境下,能够有效管理自己的人员;第三是在执行总体业务目标时,能够执行得好,包括最好的效果、最低的成本、最快的速度;第四是需要能够创新,理解客户,大胆推动一些项目,进行创新改革。摩托罗拉重视管理者的素质,如果管理手段不妥,犯了严重的绩效评价过失,摩托罗拉会将管理者撤掉。

另一方面如果员工对绩效评价有不公之感,可以拒绝在评估结果上签字。每个员工的评价表会有自己的主管和主管的主管签字,所以他的上级会知道其中有问题,并会参与进来,了解其中情况,解决存在的问题。

4. 避免绩效评价误区

和其他公司一样,有些人在工作中的焦点不是客户,而是怎样使他的老板满意。这种情况也导致评估有误区,出现两种不好的情况:一种是员工业绩比较一般,但是老板很信任他;另一种是后加入团队的员工,成绩很好,但是没有与老板建立信任的交情。如此人力资源部的细致工作就变得非常重要了。人力资源部要花很多精力在工作表现前 25 名和后 25 名的人身上。有时候如果这个人很有能力,老板不重视,人力资源部会帮他找一个好老板。

5. 绩效评估是为了激励

在摩托罗拉公司业绩评估是员工等级变化的关键因素,因此业绩评估就有了很大的激励效用。公司内部是"等级森严"的,员工之间的等级在"摩托罗拉人"心目中具有异常重要的地位。在摩托罗拉,薪金是绝对保密的,而其内部的等级却并不仅仅在发工资的时候才被提及,甚至《大家庭》(公司内部报纸)在通知领取独生子女费的名单时也会注明 G05、E07 之类的级别。这好像让谁都知道不同的等级意味着差别,又好像差别并不总与等级有关,同时又让等级无所不在地被强调。这个小小的手法的意味在于,摩托罗拉用这种身份的符号在吸引高素质人才的同时,也策略地激励着员工最大的积极性。从这一点来说,摩托罗拉的级别有些像代表尊严的军衔或者爵位,划分越细,档次越多,对员工的吸引力和动力就越强烈。只要存在可以看到的等级差别,提升自己就是每一个有自尊的人无法规避的欲望,更不用说摩托罗拉里的这些二十多岁、为自己感到骄傲的年轻人。

但摩托罗拉对员工的提升较为谨慎,因为它需要保持每一个干部和最低层的领班都拥有良好的声誉,《大家庭》上的一篇文章说得明白:"每一个管理者都必须是这个岗位上对摩托罗拉最有用的人。"对于这样一个讲平等的"大家庭"而言,如何让形形色色的成员在不平等的海洋中感受到平等,不仅关系到公司的生产效益,也关乎企业文化能否富于持久的亲和力。因此,在摩托罗拉,提升程序像开除员工一样复杂。此外,摩托罗拉强有力的培训给许多人提供了成长的空间。在摩托罗拉,技术人员可以搞管理,管理人员也有做技术的,做管理的和做技术的在工资上有可比性。在许多企业,大家都看着职业经理人的位置,因为拿钱多,在摩托罗拉,做技术的和做经理的完全可以拿钱一样多。摩托罗拉对许多职能部门都有专业职称评定,例如在法律部、人力资源部可以评经济师、副教授、教授等。摩托罗拉曾有 1 377 名有摩托罗拉内部职称的专业人员,分布在八个不同的事业单位。

讨论题

 1. 请你评价一下摩托罗拉公司绩效评价体系的有效性。

 2. 摩托罗拉公司是如何使绩效评价与其他管理环节紧密挂钩的?

 3. 你认为绩效评价在组织中运用可能会遇到哪些问题? 为什么?

第15章 有 效 激 励

激励是激发和鼓励人朝着所期望的目标采取行动的过程,它是整个管理活动中至关重要的一项内容。管理的核心在于人,组织的生命力来自组织中每一个成员的热忱,如何激发和鼓励员工的创造性和积极性,是管理人员必须解决的问题。只有把人的积极性真正调动起来,管理的目标才能够真正达到。而人的积极性和最大潜能的发挥,则离不开有效激励。

第一节　激励的本质与目的

作为管理者,要在管理过程中运用有效的激励,实现良好的激励效果,就必须对激励的内涵、本质及其目的有一个全面的理解和认识。

一、激励的概念

尽管"激励"一词在管理实践过程中广泛使用,但要给它下一个精确的定义却并不容易。对"激励"的看法也是众说纷纭,比如,有的人认为"激励"就是不断加强对员工行为的监督和控制,使其严格地按照组织目标行事;有的人认为"激励"就是增加员工收入和改善工作条件;还有的人则认为"胡萝卜加大棒"就是激励等。这些看法既有正确的一面,但也存在对"激励"简单化甚至是片面的认识。

"激励"从字面上看含有激发鼓励之意,在具体的管理实践中可以把"激励"简单通俗地理解为激发和鼓励组织成员积极性的过程。在管理学中,关于"激励"的更为严格和精确的定义,往往来自心理学和行为科学领域。

一般地说,所谓"激励"(motivation),就是激发人的动机,使人有一股内在的动力,朝着所期望的目标前进的心理活动过程。从组织行为学的角度来看,激励就是激发、引导、保持、规划组织成员的行为,使其努力实现组织目标的过程,而组织成员的努力是以能够满足个体的某些需要为前提条件的。大多数管理学者认为,激励就是主体通过运用某些手段或方式让激励客体在心理上处于兴奋和紧张状态,积极行动起来,付出更多的时间和精力,以实现激励主体所期望的目标。激励的目的是为了调动组织成员工作的积极性,激发他们工作的主动性和创造性,以提高组织的效率。

社会中的任何组织都是由人组成的,所以任何组织都离不开管理。管理的基本职能就是把组织中具有分工协作关系的人(组织成员)协同起来以达成分散的个人所达不到的目标。所谓管理的职能,无论是计划、组织、领导、指挥或控制,其直接对象都是"活生生"的人,管理者必须通过激发他们的能动性、积极性和创造性,才能真正在他们之间建立起合理有效的分工协作关系,实现孤立的个人所不能达到的组织目标。因此,洞悉人性,把握人性,通过激励每个组织成员实现组织目标,是管理者的必备素质和技能。从这个意义上来说,"管理"与"激励"密不可分,以激励为核心更是对人进行管理的最根本特性。

二、激励的基本出发点:对管理中人性的理解和把握

激励的对象是组织中活生生的"人",而不是没有思想、没有意识的"物"。因此,要理解激励的本质,首先要对管理中的人性有一个清晰的把握。管理学关于激励的行为(心理)科学研究视角和方法论,首先关注的焦点是"人性""需要""动机""目标"和"结果"等这样的个人行为要素及其关联机制,认为这些才是决定激励效率的基本要素,是组织激励过程和机理的基础和关键环节。

管理中的人性假设,即为管理中的人性观。它是指管理者对被管理者的需求、工作目标、工作态度的基本估计或基本看法,是管理者对被管理者的人性的认识和判断。人性假设是管理者对被管理者实施管理的依据、基础或前提。对被管理者人性的认识和看法,决定了管理者对被管理者的态度、管理原则、方法与手段。在西方的管理理论中,人性假设从"受雇人""经济人""社会人""管理人""自我实现的人""复杂人"等,经历了一个不断演变发展的过程,体现了人们对管理活动中人性认识的不断深化。现代管理的核心思想就是"以人为本",其基本的人性假设的内涵和管理学意义是:①人们是他们自身利益和行为合理性的最知情者和最佳判断者,他们各自有不同的目标追求,其需要是复杂多样的。②人不仅是复杂的,而且是随时间、环境的不同而高度可变的。③人能够对各种不同的管理手段、策略和挑战作出自己的反应。④人是管理的目的而非手段,任何组织目标的达成都必须通过满足组织成员的需要和利益才能够真正实现。

人性,即人的本性或本质,是人通过自己的社会性的生命活动,形成或获得的全部属性的综合。在每一个人身上,人性既有自然属性的表现,也有社会性的心理属性表现。就前者而言,人的本能的欲念、冲动、渴望、追求往往支配于人,常常成为人的行为的内在驱动力。人的心理属性则更为复杂,包括了人的感觉、知觉、思维、情绪、意志、气质、性格、需要、动机、态度以及价值观等一切心理现象的总和,体现出人性的本质。需要产生动机,动机激发人的行为,而人的兴趣、态度、理想、信念、价值观又对人的行为产生巨大影响。因此,个性意识倾向是人们行为的心理动力因素,制约着人的全部心理活动和行为的方向与社会价值。

在现实生活中,人性又是丰富多彩、异常复杂的。首先,人的自然属性和心理属性互相影响、互相作用、互相渗透,紧密交织在一起,它们之间构成一个有机的结构整体,共同对人的行为导向产生作用。其次,不同个体的需要、动机、兴趣、态度、理想、信念、价值观等心理特征存在差异,从而使不同个体的目标追求和行为也千差万别。再次,人性具有两面性。即积极的和消极的两种倾向,向善和向恶的两种可能性。人性的这种两面性既存在于个体身上,即每一个人身上,其人性有积极与消极、向善与向恶的两面性;同时也存在于群体之中,因为群体是多个个体的总和。最后,人性又是复杂可变的。人性可以不断完善与发展,人性的两面也可以相互转换。因此,人性是一个开放的结构,可以塑造,可以改善,可以发展,可以促其朝向好的、美的人性变化。

如前所述,管理的核心问题在于人的积极性的调动以及员工潜力和能力的最大程度发挥。但是,如何才能真正调动人的积极性? 如何才能使员工的潜力和能力得到充分发挥?从管理中人性的复杂性角度看,激励实质上就是管理者认识人性、理解人性以及不断地影响

和塑造人性的过程。首先，只有对组织成员的不同的人格属性有了比较清楚的理解，管理者才能真正知道被管理者在想什么、需要什么，以及他们的追求是什么。其次，员工在组织环境中所作出的具体行为和行动只是其心理属性及其变化的外在表现形式，激励的有效性就在于通过作用于员工人性方面的深层因素来影响其行为的内在驱动力，从而真正激发其工作的积极性。最后，成功激励的最本质特征就在于它可以通过创造一种良好的组织氛围，使组织成员复杂多变的人性得到不断的完善、发展和升华，激励使组织成员的行为受到一种强大的精神力量的支配，只有如此，个体的努力才是发自内心的、自觉的，从而才能使个体的潜力和能力得到最大限度的发挥，并且在追求组织目标的过程中实现自己的需要。

三、激励的过程

要理解激励的本质，还需要对有关个人行为的基本概念和周期模型有一个清晰的理解。激励的基本组成因素是需要、驱动、动机和目标导向的行为。

所谓"需要"，在生理和心理学意义上是指个体在其生存和发展所必须具备的内在要素或外在条件得不到满足时，大脑神经中枢所感知的生理失衡或心理紧张状态。例如，物质生活条件缺乏会使人感到生存环境"紧张"而痛苦，从而产生"挣钱"改善物质条件获得幸福生活的"需要"。需要是任何行为受到激励的前提。人们有各种各样的需要，而且不同需要的程度也不同。人的大多数需要，尤其是工作背景下的需要，都是后天的次生性需要，是外界环境诱发的。可以认为，需要是人与客观环境之间积极相互作用和交往过程的产物。

所谓"动机"，则是由需要引起的、促进个体采取某种满足需要行为的内在驱动力，它与个体的人性属性和社会文化环境约束有关。"动机"与"需要"紧密相关，动机以需要为基础，有动机必有需要；许多情况下，很难区分何者是"需要"，而何者为"动机"。动机实质上是由需要驱使、刺激强化和目标诱导各种因素相互作用的一种合力。它具有三个特征：①动机与实践活动有密切关系，人的一切活动、行为都是由某种动机支配的；②动机不但能激起行为，而且能使行为朝着特定的方向、预期的目标行进；③动机是一种内在的心理倾向，其变化过程是看不见的，通常只能从动机表现出来的行为来逆向分析动机本身的内涵和特征。

在特定的社会环境约束下，一个人的系列动机中在某时刻最为强烈的动机即"优势动机"，就会变成其"目标"，目标引导人们去采取行动，这就是所谓"行为"。行为的结果无外乎两种情况：达到目标，动机实现，需要满足，产生"满足感"或"成就感"，从而紧张心理得到松弛；否则，就会产生"不满足感"或"失落感"。然后，反馈结果会影响下一周期行为，当一个目标达到后，新的需要就会出现，紧接着又伴随着紧张等心理。因此，需要的满足是一种持续的周期性过程，如图 15-1 所示。

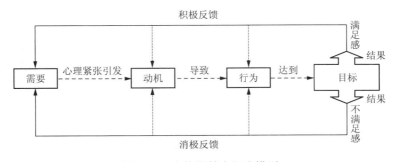

图 15-1　个体的基本行为模型

从个体的基本行为模型来看,激励实质上就是动机的激发过程。激励就是要把内驱力、需要、目标三个相互影响、相互依存的要素衔接起来,构成动机激发的整个过程,从而最终影响人们的行为。从这一过程看,激励由下列五个要素组成。①激励主体,指施加激励的组织或个人。②激励客体,指激励的对象。③目标,指激励主体期望激励客体的行为所实现的成果。④激励因素,又称激励手段,或激励诱导物,指那些能导致激励客体去进行工作的东西,可以是物质的,也可以是精神的。激励因素反映人的各种欲望。⑤激励环境,指激励过程所处的环境因素,它会影响激励的效果。

综上所述,激励的实质就是通过设计一定的机制,对组织成员的需要和动机施加影响,从而强化、引导或改变人的行为,使个人与组织目标最大限度地一致起来。激励可以看作是这样一种过程:即从满足人的多层次、多元化"需要"出发,针对不同个体设定绩效标准和奖酬值,以最大限度地激发组织成员的工作"动机"和热情,调动个人的精神动力,使他们按照组织所要求的"行为"方式去积极地、能动地和创造性地运用其人力资源,从而最大化地实现组织的预期目标。

四、激励的目的

(一) 实现个人需要与组织需要的协调统一

由上可见,激励与个人需要密不可分,个人需要是激励的基础,需要引发动机,进而产生行为。在具体的管理实践过程中,个人的需要和目标往往与组织的需要和目标并不一致,有时甚至矛盾重重。比如,组织成员可能希望休息休闲的时间多多益善,而整个组织可能需要员工加班加点才能完成既定的目标;员工可能希望与同事聊天以满足自己的社交需要,而企业则可能需要员工保持规范安静的工作秩序等。激励工作的目的就在于:一方面要强化那些有利于组织目标实现的个体需要。例如,一个销售人员可能既想好好地去干一番事业,又想多花点时间享受家庭生活,对于处在这种矛盾状况中的销售人员,销售经理通过制定奖励措施,通过说服等手段来激发其事业心,强化其前一种需要,从而使其产生有利于组织目标的行为。另一方面,激励工作的目的则是在一个更高的层面上实现个体需要与组织需要、个人目标与组织目标的协调统一。为了所谓的组织目标而扼杀或牺牲组织成员的个体需要,或者盲目片面地满足组织成员的需求而忽视组织目标的实现,都不是成功激励的目的。激励是指管理者对组织成员或其下属的需要,采取外部诱因进行刺激,并使之内化为按照管理要求自觉行动的过程。这一激励过程既保证了个人需要的满足,同时又通过随之而来的个人积极性的充分调动与发挥,实现组织的目标。

(二) 影响和引导组织成员的动机

强化了需要不一定就能得到预期的行为,因为可能有多种行为都能提供同一满足。如一名销售员想要得到更多的报酬,他可以更加努力地工作以获得更多的提成或奖励,也可以考虑保持现状而业余再兼一份销售工作,甚至干脆就跳槽到另一家收入更高的公司,甚至有更糟的情况,他会违反公司的纪律,以不正当的手段谋取更高的收入。激励的目的就在于通过各种合理有效的机制和途径去影响和塑造组织成员的"优势动机",杜绝其不良动机,使其最终所产生的行为符合组织目标的发展方向。

(三) 为组织成员提供行动条件

要鼓励员工行动就应该为他们的行动提供条件,帮助他们实现目标。例如,要让一名销售员提高其销售业绩,就应该为他提供各种产品和客户信息,通过激励措施,让其他有关部门配合他的工作,这样为其实现目标提供良好条件,从而提高他的工作积极性,获取工作业绩。

第二节 激励理论

管理学中的激励理论主要基于心理学、行为科学、社会学等领域对人的需要、动机以及行为比较丰富的研究成果,迄今已形成相对完整的理论体系。从理论研究的侧重点看,可以划分为几种不同类型:①内容型激励理论,着重探讨决定激励效果的各种基本要素,研究人的需要的复杂性及其构成,包括需求层次理论、双因素理论等;②过程型激励理论,侧重于研究激励实现的基本过程和机制,包括期望理论、公平理论等;③结果反馈型激励理论,主要研究对一个人行为评价所产生的激励作用,有强化理论等。

一、内容型激励理论

(一) 需要层次理论

美国心理学家马斯洛在 1943 年所著的《人的动机理论》一书中,提出了需要层次理论。他将人的需要由低到高划分为以下五个层次:

(1) 生理的需要,包括人体生理上的主要需要,即衣食住行等生存方面的基本需要,这是最低层次的需要。在一切需要中,生理需要是最优先、最基本的。

(2) 安全的需要,指对人身和财产安全、工作和生活环境安全等的追求以及规避各种社会性、经济性损害的倾向。

(3) 归属的需要,包括对社会交往、友谊、情感以及归属感等方面的需要。人是社会人,他需要与社会交往,成为“社会的一员”;希望获得友谊和爱情,得到关心与爱护。

(4) 尊重的需要,包括两个方面,一是内在的尊重要求,如自尊、自律、自主等;二是外在的尊重要求,如社会地位、社会认可、受他人尊敬等的需要。

(5) 自我实现的需要,指努力促使自我成长,尽力发挥自己的潜能,作出力所能及的最大成就的需要,这是最高层次的需要。自我实现需要会产生巨大的动力,使其努力去实现目标。

马斯洛需要层次理论的基本观点可以概括为如下几点:

(1) 人的需要是分等分层的,呈阶梯式逐级上升。马斯洛认为在低层次需要得到满足之后,人才能产生更高一级的需要,即人按上述五个层次由低到高逐步追求需要的满足。人的最基本的需要是生理需要,低层次的需要满足的程度越高,对高层次需要的追求就越强烈。人在不同的发展阶段,其需求结构也是不同的,如图 15-2 所示。

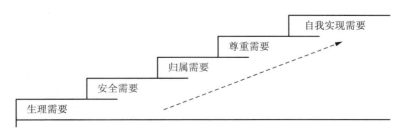

图 15-2 马斯洛的需要层次理论

（2）需要的存在是促使人产生某种行为的基础，人的行为是由其当时的主导需要决定的。当一个人无所求时，也就没有什么动力与活力；反之，若一个人有所需求，就必然存在着激励的因素。五个层次的需求是人生来就有的，但每一个人的需求强度、显露程度可能不同。另外，即使是同一个人，在不同的情况下也会有不同的需要，从而促使他优先考虑某种需求。正因为人的需要是不同的，所以要调动人的积极性，就必须针对不同的人，引导其满足不同层次的需求。对大多数人的共同需要，可以采用相同的方法来激励，而对不同的需要则要采取不同的方法，切忌"一刀切"。

（3）当某种需要得到满足以后，这种需求也就失去了对其行为的激励作用。当某一层次的需要得到满足以后，下一层次尚未满足的需求就会成为人们行动的动机。高层次的需求，不仅内容比低层次需求广泛，实现的难度也大。

对马斯洛的理论尽管还有不少争议，但由于他对人的需要进行了系统的研究，为以后各种激励理论的提出奠定了基础，需要层次理论自身也就成为最著名、最经典的激励理论。

（二）奥尔德弗的 ERG 理论

尽管马斯洛的需要层次理论广为流传，但在后续的大量实证研究中并没有得到非常有力的支持。为了克服该理论的局限性，奥尔德弗于 1969 年对马斯洛的需要层次进行了重新构造，提出人的核心需要可分为存在（existence）、关系（relatedness）和成长（growth）这三类，因此该理论简称为 ERG 理论。

（1）存在需要，指关系到人的机体存在或生存的基本物质性要求，包括衣食住行及组织提供的相应手段等。它实际上包括了马斯洛理论中的"生理需要"和"安全需要"两个层次。

（2）关系需要，指人保持和发展人际关系的需要，它包含了马斯洛理论中的"归属需要"以及"尊重需要"中的外在部分。

（3）成长需要，指个人固有的、内在的自我发展和自我完善的需要，包括了马斯洛理论中"尊重需要"的内在部分和"自我实现的需要"。

和传统的需要层次理论相比较，ERG 理论能够更为准确地描述人的需要和激励之间的相互关系。ERG 理论不强调需要的层次顺序，认为并不存在严格的阶梯式由低到高追求需要满足的倾向，即人们并不是只有当低层次需要得到充分满足后才去追求更高层次的需要，对不同层次需要的要求可能同时并存。例如，甚至在生存和关系需要没有得到满足的情况下一个人也可以为成长而工作。而且，ERG 理论认为，当较高需要的追求受到挫折时，人们可能会退而求其次，增强对低层次需要的要求。

（三）显示性需要理论

莫瑞于 19 世纪 30 年代提出的显示性需要理论，对人的需要和激励提出了一系列重要的观点。①人的需要是多种多样的，可以通过不同的方向和强度显示出不同的特点。②和马斯洛的看法不同，莫瑞认为，人的大部分需要都是社会性的，即通过后天学习或经验获得，而不是生来就有的，因此这些需要往往要通过个人所处环境因素的激发才能显示出来。例如，一个具有较高成就需要的员工只有当其所处的环境适宜时（例如组织委以他极具挑战性的任务），才会促使他追求这种需要；否则的话这种需要可能只是潜在的。③该理论认为，人们的某一特定行为往往同时受到多种需要的共同驱使，而绝不仅仅是单一层次或单纯的阶梯式顺序。

因此，多种需要可以同时作为激励因素。当然，不同的人其偏好及偏好结构不同，具体的需要层次结构是多样的,也会随所处的社会环境、人生状态变化而变化,不同社会文化中的人需要种类的排列顺序是不一样的。

(四)成就需要理论

麦克利兰认为马斯洛过分强调个人的自我意识和内在价值,而忽视了人的社会属性。他在批判吸收马斯洛理论的基础上,进一步从管理的社会性特征角度提出自己的需要理论。

他将人的社会性需要归纳为三个层次,即成就需要、社交需要和权力需要。

(1)对成就的需要。极需成就的人一般喜欢表现自我,对成功有一种强烈的需求。他们愿意接受挑战,给自己树立具有一定难度的目标。对待风险采取一定现实主义的态度,宁愿承担所做工作的个人责任,对他们正在进行工作的情况,希望得到明确而又迅速的反馈。

(2)对社交的需要。极需社交的人通常从友爱中得到快乐,并总是设法避免被某个团体拒之门外带来的痛苦。作为个人,他们往往关心保持一种融洽的社会关系;与周围的人保持亲密无间和相互谅解;随时准备安慰和帮助危难中的伙伴,并喜欢与他人保持友善关系。

(3)对权力的需要。麦克利兰发现,具有较高权力欲的人,对施加影响和控制表现出极大的关心,这样的人一般寻求领导者的地位;他们十分健谈、好争辩、直率、头脑冷静、善于提出要求、喜欢讲演,并且爱教训人。

麦克利兰认为,成就需要高的人大都属于中产阶层,如:经理、自由职业者、专家、学者等。麦克里兰特别关注三种需要对于管理者的意义。他认为,这三种需要对一个成功的管理者来说缺一不可。其中,成就需要对于一个管理者来说非常重要,通过训练培养较强的成就感,能使管理者倾向于承担个人责任、希望获得工作反馈和喜欢适度冒险或挑战性的工作环境;但一个高成就需要者不一定就是最优秀的管理者,一个优秀的管理者还需要有高权力需要和一定的从属需要。

(五)激励-保健双因素理论

20世纪50年代末,美国心理学家赫茨伯格对九个企业中的203名工程师和会计师进行了1844人次的调查,发现使受访人员不满意的因素多与他们的工作环境有关,而使他们感到满意的因素通常是由工作本身所产生的。

表15-1左半部分表示,在1844件使被调查者感到非常不满意的事件中,导致他们产生工作不满意(消极的工作态度)的因素(按出现频率由高到低排列);右半部分表示在1753件让被调查者感到非常满意的事件中,导致他们产生积极的工作态度的因素(按出现频率由高到低排列)。在所有导致工作不满意感(消极的工作态度)的因素中,69%是保健因素,31%是激励因素;所有导致工作满意感(积极的工作态度)的因素中,81%是激励因素,19%是保健因素。

赫茨伯格发现,对于工作感到满意的因素与不满的因素是有明显区别的。当被调查者对工作满意时,他们倾向于认可与工作内在有关的因素,诸如富有成就感、工作成绩得到认可、工作本身具有挑战性、负有重大责任、充满晋升机会、认可发展前景等;而当感到不满意时,他们则倾向于抱怨那些属于外在条件方面的因素,如公司政策不合理、监督管理不当、与主管关系不协调和工作条件有问题等。根据调查结果,赫茨伯格提出了激励-保健双因素(motivation-hygiene factors)理论,其主要观点是:

表 15-1 赫茨伯格保健-激励双因素统计分析

所有导致工作不满意的因素中 保健因素(占 69%)	所有导致工作满意感的因素中 激励因素(占 81%)
政策与行政因素	成就感
监督	获得认可
与主管关系	工作挑战性
工作条件	责任心
薪酬	晋升机会
同事间的人际关系	成长
个人生活	
与下属的关系	
地位	
安全保障	

(1)"满意"的对立面是"没有满意","不满意"的对立面则是"没有不满意"。赫茨伯格修正了传统的认为满意的对立面就是不满意的观点,认为满意与不满意是质的差别。他把影响人的工作动机的种种因素分为两类,能够使员工感到满意的因素称为激励因素,会使员工感到不满意的因素称为保健因素。激励因素多是与工作本身的性质有关的因素,多与工作内容联系在一起,包括成就感、得到认可和赞赏、工作本身的挑战性和趣味性、个人的成长与发展、责任、晋升等。保健因素是指防止人们产生不满意的因素,多与工作环境和工作条件相关,包括公司政策、上司监督、薪金、人际关系、工作条件等,这类因素若不改善,就会导致员工不满。但满足了员工这方面的需要,就会消除不满。

(2)激励的确要以满足需要为前提,但并不是满足需要就一定能产生激励作用。给予赞赏、责任和发展的机会(有激励因素),员工会感到满意;不表扬、不授权(无激励因素),员工也不会感到不满意,而只是没有满意感。工作有报酬(有保健因素),员工不会感到满意,而只是没有不满意感,但若光让干活却无报酬(不具备保健因素),员工就会不满意。由此可见,保健因素的满足只能防止人们产生不满情绪,消除工作中的"不满意"因素并不必然带来工作"满意"。

(3)激励因素的满足,才能真正激发人的积极性。激励因素是以人对工作本身的要求为核心的,如果通过激励因素的改善使工作本身富有吸引力,那么往往就能给职工以很大程度的激励。因此,只有强化成就感、认可、敬业精神、责任心和晋升机会等这样令人"满意"的"激励因素",才能发挥有效的激励作用。

可以看出,赫茨伯格的双因素论与马斯洛需要层次论是兼容的,他所说的保健因素和激励因素分别相当于马斯洛的前三个层次的需要和后两个层次的需要。双因素理论实际上可以看作在一般性研究需要层次的基础上,进一步实证分析了哪些需要才能真正成为引导人们提高工作效率的"动机"。

保健-激励双因素理论告诉人们:满足各种需要所引起的激励强度和效果是不一样的,在工作中一些基本的需要满足是必要的,缺乏它们会导致员工"不满",但这些"保健因素"仅仅构成激励的基本前提。管理激励的核心问题在于如何最大程度挖掘和发挥真正的"激励因素"的作用。

对于哪些属于激励因素,哪些属于保健因素,赫茨伯格是根据对美国 20 世纪 50 年代末部分工程师和会计师的调查得出的,并不一定符合各国的实际。对于每一个人来说,需要因人而异,不同的人激励因素和保健因素也会各不相同,对一个人来说是激励因素,对另一个人可能属于保健因素。因此在实际运用时,应区别对待不同人的保健因素和激励因素,才能提高激励效果。

二、过程型激励理论

过程型激励理论侧重从组织目标与个人目标相关联的角度,研究激励实现的基本过程和机制。主要有弗洛姆的期望理论与波特和劳勒的激励模型。

（一）期望理论

激励的期望理论是著名心理学家和行为科学家弗洛姆 1964 年在其名著《工作与激励》中首先提出来的。该理论的基本观点是:①人是理性的,一个人决定采取何种行为与这种行为能够带来什么结果以及这种结果对他来说是否重要紧密相关。个人从事某项工作的动机强度是由其对完成该项工作的可能性、获取相应的外在报酬的可能性(期望值)的估计和对这种报酬的重要程度(效价)来决定的。即人们的努力与其期待的最终奖酬有关。②激励效应取决于个人通过努力达成组织期望的工作绩效(组织目标)与由此而得到的满足个人需要的奖酬(个人目标)相一致、相关联的程度。一致程度或关联性大,则激励效应就大,否则就小。③激励是一个动态的过程,当一个人对期望值、效价的估计发生变化时,其积极性也将随之变化,如图 15-3 所示。

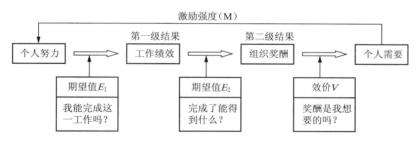

图 15-3　弗洛姆的期望理论

设 E 为期望值,即个人对通过行动实现某一特定结果的可能性的判断。这里的期望值又可以分解为两级:第一级期望值指个人对付出努力后能达到组织所期望工作绩效水平(组织目标)的主观概率(可用 E_1 表示)。第二级期望值指个人达到组织期望绩效水平后能得到其所需要的结果(个人目标)的主观概率(可用 E_2 表示);V 为效价值,效价是指某人对目标价值的估计。对同一个目标,由于各人的需要不同,所处的环境不同,他对该目标的价值估计也往往不同。效价反映了一个人对某一结果的偏爱程度。效价的大小反映了行动的结果对个人的价值大小(不同奖酬在当事人心目中的相对重要性赋值);M 为激励力量,即动机的强度,它表明一个人愿意为达到目标而努力的程度。那么,弗洛姆的激励——期望理论模型可表示为:

$$M = V \cdot E = V \cdot (E_1 \cdot E_2)$$

从图 15-3 中和公式中可以看到,只有当期望值和效价都比较高时,才会产生较大的激励力量。也就是说,只有当事人认为自己的努力可以取得较好的业绩,好的业绩又会带来某种特定的奖励,且这种奖励对本人具有很大吸引力时,激励作用最大。

弗洛姆模型提供了一个关于激励过程的具有较大综合性和应用价值的理论框架。激励的期望理论告诉人们:

(1) 激励强度的大小取决于个人努力行为与组织工作绩效及吻合个人目标的奖酬三者之间的关系。

(2) 奖酬设置应因人而异,因为不同人的效价维度范围和权重取值是不同的,管理者应关注大多数成员认为效价最大的激励措施,设置激励目标时应尽可能加大其效价的综合值。

(3) 根据效价大小的不同,适当调整期望概率与实际概率的差距以及不同人实际所得不同效价的难易程度,拉开和加大组织的期望值与非期望行为的差异,这样会增强激励效应。

(二) 公平理论

公平理论又称作"社会比较理论",是美国心理学家亚当斯在其 1965 年发表的《社会交换中的不公平》一书中提出的。

公平理论的基本内容是:人是社会人,一个人的工作动机和劳动积极性不仅受其所得报酬绝对值的影响,更重要的是还受到相对报酬多少的影响。人们都有一种将自己的投入和所得与他人的投入和所得相比较的倾向。其中,投入主要包括工龄、性别、所受的教育和训练、经验和技能、资历、对工作的态度等方面。而所得主要包括薪酬水平、机会、奖励、表扬、提升、地位以及其他报酬。每个人都会把自己所得的报酬与付出的劳动之间的比率同其他人的比率进行比较,也会把自己现在的投入-所得比率同过去的投入-所得比率进行历史比较,并且将根据比较的结果决定今后的行为。

所谓"公平",就是员工把自己的工作绩效和所得报酬,拿来与他人的工作绩效及所得报酬进行主观比较时,由此产生的一种积极性心理平衡状态;相反,"不公平"是指比较时所产生的一种消极的、不平衡心理状态。因此,公平感实质上是一种主观价值判断,在不同的社会文化背景和意识形态下,其标准也会有很大差别。员工评价自己是否得到了公正的评价,在一般情况下是以同事、同行、亲友、邻居或自己以前的情况等作为参考依据的。当他们把自己的投入产出比与别人或自己以前的投入产出比进行比较时,若发现比率相等,心里就比较平静,认为自己得到了公平的待遇;当发现比率不相等时,内心就会感到紧张不安,从而会被激励去采取行动以消除或减少引起心理紧张不安的差异。

假如当事人 A 以 B 为参考进行比较,其过程如下:

第一种情形:

$$\left(\frac{O}{I}\right)A < \left(\frac{O}{I}\right)B \rightarrow 不公平感 \rightarrow 行为改变$$

第二种情形:

$$\left(\frac{O}{I}\right)A = \left(\frac{O}{I}\right)B \rightarrow 公平感 \rightarrow 不改变行为$$

第三种情形:

$$\left(\frac{O}{I}\right)A > \left(\frac{O}{I}\right)B \rightarrow 不公平感 \rightarrow 行为改变$$

其中:O 代表产出,I 代表投入。

公平理论指出,在管理激励的过程中,管理者必须对员工的贡献(投入)给予恰如其分的承认,否则员工就会产生不公平感。感受到"不公平感"的不同当事人就可能会产生逆向的或消极的行为,以消除由此而产生的紧张不安。如"怠工""拆台""窝里斗"或干脆"走人"等。具体如下:

(1)采取一定行动,改变自己所得报酬的预期或者改变自己未来的投入。如投入精力去"争好处"、要求增加薪酬或者消极怠工、推卸责任等。

(2)采取一定的行动,改变别人的投入或所得。比如,"他拿得多他去干,反正我不干"等。

(3)通过某种方式进行自我安慰。如换一个比较对象,以获得主观上的公平感:与张三比是吃亏了,但若与王五比,似乎还可以,"比上不足,比下有余"等。

(4)在无法改变不公平现象时,可能采取发牢骚、制造人际关系矛盾等行为。

因此,公平理论说明,公平感是影响人们行为倾向和激励强度的一个极为重要的社会因素,在管理激励的过程中必须给予高度重视。

(三)波特-劳勒的综合激励过程模型

波特和劳勒于 1968 年在需要理论、期望理论和公平理论等的基础上,构造出一种更加全面的激励过程模型。它为人们分析和认识管理激励的一般过程和机制提供了一个清晰的综合性理论框架。

波特-劳勒模型认为,工作绩效是一个多维变量,它除了受个人努力程度决定外,还受如下四个因素影响:①个人能力与素质;②外在的工作条件与环境;③个人对组织期望目标的感知和理解;④对奖酬公平性的感知等。波特-劳勒综合激励过程模型如图 15-4 所示。

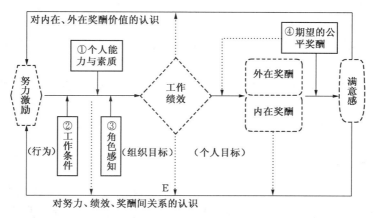

图 15-4　波特-劳勒综合激励过程模型

在图 15-4 中:

(1)努力激励指个人所受到的激励强度和由此产生的对工作付出的努力程度。一个人的努力程度即激励所发挥的力量,取决于效价(对奖酬价值的认识)和期望值(对努力、绩效、奖酬之间关系的认识,即通过努力达到绩效和该绩效导致个人所需特定结果的可能性),它相当于期望理论中的激励力量。个人努力程度一方面取决于个人对报酬价值的主观评价,另一方面还取决于个人对可能获得报酬的期望概率。

（2）工作绩效指工作表现和取得的实际成果。它不仅决定于个人的努力程度，还决定于其他因素和条件，包括个人的工作能力和素质、工作条件以及对所承担角色的感知理解等。由于个人在这些方面存在差异，因而即使付出了同等的努力，其工作成果也不会相同。工作绩效的取得与否或难易程度又会影响未来个人对该类工作期望值的认识，如果由于个人的努力，取得了预期的工作成果，通过信息反馈，就会提高其对此项目标的期望概率，进而提高该任务目标对个人的激励强度。

（3）奖酬来自工作成果和绩效，它包括内在奖酬和外在奖酬。前者指工作本身产生的报酬，即尊重、自我实现、成就感等需要的满足；后者指工作之外的如薪酬、工作条件、职业保障等方面需要的满足。内在报酬与外在报酬同个人对报酬的公平感结合在一起，影响着个人的满足。其中，公平感又受个人对工作成果自我评价的影响。个人最终的满意程度取决于所得到的报酬以及个人对公平程度的认识，而这个满意程度又会影响到下一轮工作中对效价的认识。

（4）满意感是个人的一种内在的认知状态，表明个人在实现了预期的目标和报酬所得的满意感觉。当个人从实现目标和报酬中得到了满足时，就会使其对此项目标所得报酬的评价提高，进而又会提高此项目标对个人的激励，使其对此项目标更加努力。

上述模型把工作成果（绩效）和满意感、组织目标和个人目标直接联系起来。这就要求组织的管理者在设定工作目标时，要正确估计不同员工的满足水平，使工作成果所得的报酬与其满足水平相适应，使组织目标与员工个人目标相联系，以加强满足与工作成果的联系，激起员工对工作成果的期望，达到管理激励的预期目的。同时，在设定工作目标时，还要正确估计其实现目标的条件，使之通过努力能够达到预期的工作成果。否则，由于目标难以实现，得不到预期的工作绩效，因而员工得不到满足，就会使员工感到失望而不愿努力。

从模型中可以看出，激励不是一种简单的因果关系，而是一个涉及内外部多种因素互动的复杂过程。因此要使激励产生预期效果，就必须综合考虑需要内容、奖励内容、奖励制度、组织分工、目标设置、公平考核等一系列因素，还要注意个人的主观价值判断在激励中的反馈。

激励过程理论表明，激励是一种环环相扣的复杂管理过程，在进行人力资源管理时，"结果公平"，即个人对内在、外在奖酬价值的主观评价，固然对激励效果起着非常重要的作用，但产生公平结果的"公平过程"，对激励效果同样重要、甚至更重要。

三、结果反馈型激励理论

除了上述过程型激励理论之外，结果反馈型激励理论也从另一个角度对激励行为作了一定的研究。前面的理论主要着眼于如何激发人的动机，使其产生组织所希望的行为，而结果反馈型激励理论则主要着眼于如何引导和改造人的行为，使其朝组织所希望的方向发展。这类研究的代表性理论有强化理论、归因理论和挫折理论等。

（一）强化理论

心理学家认为，人具有学习能力，通过改变其所处的环境，可以保持和加强积极的行为，减少或消除消极行为，把消极行为转化为积极行为。哈佛大学的斯金纳据此提出了强化理论，它是以学习原则为基础，理解和修正人的行为的一种学说。所谓强化，从其最基本的形式来讲，指的是对一种行为的肯定或否定的后果（奖励或惩罚），它至少在一定程度上会决定这种行为在今后是否会重复发生。

强化理论认为,过去的经验对未来的行为具有重大影响,人们会通过对过去的行为和行为结果的学习来"趋利避害",即当行为的结果对他有利时,它就会趋向于重复这种行为;当行为的结果对他不利时,这种行为就会趋向于减弱或消失。根据这一原则,就可以通过不同的强化途径,对人们的行为进行引导和激励。

（1）正强化。正强化是指对管理者所期望的、符合组织目标的行为及时加以肯定或奖励,从而导致行为的延续和加强。正强化的刺激物不仅仅是物质性的奖励,精神鼓励、表扬、充分的信任、安排挑战性工作、提升或给予学习提高的机会等都可以成为正强化的有效激励载体。

（2）负强化。负强化是指通过人们为了避免出现不希望的结果,而使其行为得以强化。例如,下级努力按时完成任务,就可以避免上级的批评,于是人们就一直努力按时完成任务;上课迟到的学生都受到了老师的批评,不想受到批评的学生就努力做到不迟到。

（3）不强化。不强化是指对某种行为不采取任何措施,既不奖励也不惩罚。这是一种消除不合理行为的策略,因为倘若一种行为得不到强化,那么这种行为的重复率就会下降。如果一个人老是抱怨分配给他的工作,但却没人理睬他,也不给他调换工作,也许过一段时间他就不再抱怨了。

（4）惩罚。惩罚就是对不良行为给予批评或处分。惩罚可以减少这种不良行为的重复出现,弱化行为。但惩罚一方面可能会引起怨恨和敌意;另一方面随着时间的推移,惩罚的效果会减弱。因此在采用惩罚策略时,要因人而异,注意方式方法。

强化理论是影响和引导员工行为的一种重要方法,通过表扬和奖励可以使动机得到加强,行为得到鼓励;通过批评、惩罚等可以否定某种行为,使不好的行为越来越少。"奖"起着正面引导的作用,"惩"则起着劝阻和警告的作用。奖励与惩罚就好像一条航道上的左右两个航标,是保证船只的正确航行所必不可少的。在运用强化理论进行表扬、批评时,要注意以正强化为主,及时准确,方式因人而异。

（二）归因理论

归因理论最早是美国心理学家海德发展起来的。归因就是对某种行为的结果找出原因。在管理过程中,管理者可以利用归因理论来改变人的认识,达到改变人的行为的激励效果。

归因理论认为,人们的行为获得成功或遭到失败主要归因于四个方面的因素:努力、能力、任务难度和机遇。这四个因素可以按内外因、稳定性和可控制性三个维度来划分。从内外原因方面来看,努力和能力属于内部因素,而任务难度和机遇属于外部因素;从稳定性来看,能力和任务难度属于稳定因素,努力和机遇属于不稳定因素;从可控制性来看,努力是可控制的因素,任务难度和机遇则不以人的意志为转移。国外学者的研究表明:人们把成功和失败归因于何种因素,对以后工作积极性有很大影响。也就是说,如果把失败的原因归结为相对稳定的因素、可控的因素或者内部因素,就会容易使人动摇信心,而不再坚持努力行为;相反如果把失败的原因归结为相对不稳定的因素、不可控因素或外部因素,则人们比较容易继续保持努力行为。因此,归因理论可以给管理者很好的启示,即当员工在工作中遭遇失败时,如何帮助他寻找正确的原因,引导他保持信心,继续努力,以争取下一次行动的成功。

（三）挫折理论

心理学上将挫折解释为个人从事某项活动时遇到障碍或干扰,使其动机不能获得满足的情绪状态。挫折的结果有利也有弊,从有利的方面来讲,它引导个人的认识产生创造性的变迁,提高解决问题的能力。但挫折过大,则可能使人们心理痛苦,产生行为偏差。挫折的产生,源于外在和内在两个方面的因素。不同的人有不同的挫折容忍力,面对挫折时可能会采取积极态度,也可能会采取消极态度甚至是对抗态度,由此产生的行为方式也各不相同,如表 15-2 所示。

表 15-2　面对挫折时的行为反应

		自我解脱
面对挫折时反应的行为表现	防卫性适应方式	逃避现实
		压抑欲望
		转移替代
		反向行为
	不良适应方式	攻　　击
		固　　执
		冷　　漠
		退　　化

为了避免挫折可能导致的严重后果,在管理工作中一方面应尽量消除引起挫折的环境,避免使员工受到不应有的挫折;另一方面,当员工受到挫折时,应尽量减低挫折所引起的不良影响,提高员工对挫折的容忍力,引导其行为向积极的方向发展。

第三节　薪酬设计与激励

广义上讲,薪酬分为货币类报酬和非货币类报酬两种类型,货币类报酬是指组织成员的薪酬、津贴以及奖金等;非货币类报酬则十分广泛,包括组织成员所获得的成就感、满足感或良好的工作氛围等。本节中所使用的是薪酬的狭义概念,仅指货币类报酬。

薪酬是一个组织对其成员进行激励的最基本手段之一。薪酬对员工极为重要,它不仅是员工的一种谋生手段,而且它还能满足员工的价值感。因此,薪酬在很大程度上影响着一个人的情绪、积极性和能力的发挥,它本身是非常重要的激励因素和手段。心理学家研究表明,当一名员工处于较低的岗位(薪酬)时,他会积极表现,努力工作一方面提高自己的岗位绩效,另一方面争取更高的岗位级别。在这个过程中。他会体验到由于晋升和加薪所带来的价值实现感和被尊重的喜悦,从而更加努力工作。因此,合理有效的薪酬体系,对于组织成员会产生巨大的激励作用,直接影响其积极性的发挥。

一、薪酬设计的影响因素

薪酬体系设计是整个组织激励制度安排中至关重要的组成部分,明确的薪酬体系能够给组织内外部利益相关者提供有效的信息,薪酬的分配和发放可以有力地说明每一个组织成员的价值及其对公司的重要性,由此产生巨大的激励作用,并最终促成预期的经营绩效。另一方面,组织在进行薪酬体系设计时必须充分考虑多种因素,才能发挥薪酬的激励效应,使薪酬与绩效之间紧密关联。影响薪酬体系设计的因素主要包括外部环境、组织自身、工作性质和成员个体等四个方面。

（一）外部环境因素

分析、预测经济、政治、法律、技术及其他社会因素对组织影响力的大小,是薪酬设计的起点。①经济环境。经济景气、萧条的循环变动会影响到企业人力资源政策的调整,例如,劳动力的供求状况直接影响到劳动力的价格,经济发展水平的高低和居民收入的预期等会极大地影响薪酬制度设计和福利管理等政策的制定。②社会环境。在组织中,成员的工作心态会随着社会价值观的转变发生很大的变化,同时为适应社会的进步,员工的教育和技能水平也会不断提升,因此组织在相应的薪酬制度方面必须对组织成员的变化有适当的调整。③政治法律环境。随着各种与人力资源及薪酬管理相关的政策法令逐步健全,劳动者合法权益的保障更加严密和科学,劳动者的权利意识也日益高涨,组织的薪酬设计必须适应这一环境变化的要求。④科技环境。科技的突破与改进会对组织产生巨大的影响,要鼓励科技创新,调动骨干人员的积极性,引进和留住关键人才,组织就必须在薪酬制度上予以充分考虑。

（二）组织因素

人们习惯将组织按照生命周期分为创业期、成长期、成熟期和衰退期等,薪酬设计应该配合组织生命周期的不同阶段而有所不同。在创业阶段,薪酬制度设计的优劣对于奠定整个组织的发展基础非常重要;通常情况下,创业期和衰退期的组织更注重依据工作业绩来设计薪酬制度,这是因为创业期需要发展资金积累;而衰退期的组织处于重组阶段,人心涣散,对人员的培训投入效果不会太有效;而组织处于成长期阶段时,除业绩项目之外,薪酬设计对员工工作能力提升等因素要比生命周期其他阶段更加关注,在这一时期,因新人的增加和中层人员的培养,需考虑绩效评估和奖酬制度对员工的长期激励作用;在成熟阶段,为了保持员工高度工作动机和绩效,则需要对奖酬制度作进一步的适应性调整。

（三）工作因素

薪酬设计需要结合考虑不同工作性质的差异,才能发挥有效的激励效应。通过薪酬设计,使工作内容丰富化、具有挑战性及适度的弹性,用合理的薪酬制度明确责权利关系,会提高员工的工作动机和兴趣。

对于强调积极性、创造性、解决问题的能力以及适应变化能力的工作,要使员工发挥最佳工作状态,组织必须努力营造出一种环境氛围,使工作和生活质量、值得去做的工作、合理的薪酬和福利、学习和发展机会等综合发挥激励作用。面对这些要求,进行分配制度调整势在必行,而更值得关注的是在知识经济时代,对于组织发展过程中的关键人才,特别是注重自我价值实现的高层管理者和知识型员工来说,单纯的高薪未必见效,必须通过科学的薪酬制度安排来调动其积极性。例如,目前流行的给予高层管理人员和技术人才股权激励、股票期权激励等,就属于这种类型。

（四）个体因素

一般来讲,组织中的每个成员对组织绩效都有其独特的贡献价值,薪酬设计一定要能提供组织成员个体人力资源的发展方向,并赢得全体组织成员的共识,以使每个员工都有成就感,追求组织目标的实现。除个人激励外,组织还面临着团队激励的挑战。由于高素质人才一般来说都有较强的个性和自己独立的价值观念,因此在组织中如何将具有各种不同个性的人才团结在一起,形成团队合力,这也给薪酬体系设计带来了新的问题。

二、薪酬设计的一般原则

组织的薪酬设计必须符合以下几个基本原则,才可能做到科学合理,发挥其应有的激励效果。

(一) 内部一致性原则

所谓薪酬设计的内部一致性原则,是指薪酬的设计和实施应使组织成员确信,组织每一位成员所获得的报酬都体现了他们的"价值"。也就是说,组织所分配的薪酬反映了每个成员的工作对组织绩效所作出的总体贡献。由于某些工作要比其他工作更有机会为组织作出贡献,所以从事这些工作的人就应该获得更多的薪金。例如,大多数人会同意制造企业中的工程师应比打字员的薪酬高,因为前者的工作更重要,即他们对企业中产品生产所作出的贡献更多,因为产品生产是企业的首要目标之一。因此,内部一致性原则就是承认不同性质的工作或任务对组织绩效的贡献存在差异,从而在薪酬分配上应予以准确体现。

要使薪酬设计达到内部一致,组织必须首先通过系统化的工作评估确定每一项工作的总体重要性或价值,评估涉及完成该工作所需的技能和努力、工作的困难程度、工作人员所承担责任的多少等。工作评估判断必须准确和公正,因为它与每个组织成员所得到的报酬直接相关,并且也是能否使组织薪酬设计真正达到内部一致性的前提。

(二) 外部竞争性原则

所谓外部竞争性原则,是指当某一特定组织成员与其他组织从事类似工作的人员所得报酬相比较时觉得公平,并获得满足感。薪酬设计要具有外部竞争性,该组织首先必须了解其他组织付给成员的报酬,然后决定它们想要达到何种程度的外部竞争性,再制定与这一决定相一致的薪酬制度安排。首先,通过薪酬调查了解其他组织或竞争对手付给可以作为参照的类似工作的薪金信息,然后在此基础上结合组织自身的实际情况制定自己的薪酬政策,并以此为依据进行薪酬设计。确定薪酬政策是设计薪酬体系的关键性的一步。如果薪酬水平定得太低,有可能会影响组织成员的士气,失去激励效应,甚至使组织遭受人员流失的严重问题。然而,如果薪酬水平定得太高,则又可能加大组织的成本负担,最终组织竞争力下降。

(三) 尺度统一原则

尺度统一原则是指薪酬分配所涉及的各项经济技术指标、劳动定额等的制定原则要一致。考核指标、考核方法对每个员工一视同仁,在制度面前人人平等,该给(基本薪酬、奖金、津贴、升级等)的一定要给,不该给的一定不给,该罚的一定要罚。

(四) 动态激励原则

动态激励原则体现在两个方面:一是指整个薪酬制度虽然应有一定的稳定性,但也不是一成不变,当生产(工作)中客观情况有变化,应该灵活掌握,不要僵化执行。例如,当工人提出技术革新、合理化建议等提高了劳动效率等,在相应的薪酬制度有关内容上就应及时作出反映。二是指随着组织成员职业生涯的发展、追求目标或需要的改变,薪酬体系中的手段和方式也应随之变化,从而给组织成员以持久的、动态的激励。

（五）简单明了原则

薪酬制度的简单明了主要是指让员工人人清楚薪酬和劳动成果之间的联系。实践证明,在繁琐的薪酬制度下,员工弄不明白和不了解薪酬制度对自己劳动成果的利害关系,其劳动热情必然不高;相反,薪酬制度简明扼要、直截了当,员工一看就知道自己的努力目标是什么,应该怎样去做,对自己的劳动可以得多少薪酬心中有数,其劳动积极性必然高涨。

三、薪酬设计的不同方式

一般来说,不论采取哪种薪酬制度安排,某一特定组织成员的薪酬构成一般包括基本薪酬、奖金、津贴和补贴四个部分。

基本薪酬通常根据工作的技术水平、需要付出的努力程度、所承担的责任以及工作环境等因素来确定,它是计算其他薪酬类收入的基础。奖金是对组织成员作出优秀的业绩贡献而给予的效率薪酬,它是为了奖励和刺激组织成员提高努力程度和提升绩效水平的动力。津贴是对组织成员在特殊劳动环境下工作所给予的附加薪酬,是为了补偿其健康和精神损失,也是为了吸引和稳定这部分成员安心工作。补贴一般是为了保证组织成员实际薪酬和生活水平不下降或鼓励其长期在本组织内工作而设置的,如物价补贴、工龄补贴等。不同组织对采取何种方式来设计薪酬体系存在许多差异,但基本可分为两大类,即固定部分和动态部分,两者共同构成了影响和激励员工的因素。在管理实践中,薪酬设计的具体方式多种多样,下面列举几种类型加以说明。

（一）业绩薪酬制

业绩薪酬指薪酬的考核和分配不只考虑工作结果或产出,它还关注实际工作效果。组织成员个人的业绩是依照预先设定的目标,或是对比岗位描述和工作描述中所列的各项任务,利用一定的绩效评价手段进行测量的。作出这种评估后,根据结果分配报酬。与业绩挂钩的薪酬可包括一次性支付数量,还可能有按照基本薪酬若干比例计算的奖金,该比例由业绩质量高低决定,或者是加快薪酬基本档次的上调。

要有效地实施业绩薪酬体系,组织需要具备若干条件:①为使业绩衡量成为一项有意义的活动,必须使个人之间的业绩有显著差异;②薪酬范围应该足够大,以便拉开成员间薪酬的差距;③评估人员应能够准确设定业绩标准,并能精确地进行绩效评价。

（二）激励薪酬制

激励薪酬,又称可变薪酬,是因组织成员部分或完全达到某一事先制定的工作目标而给予的奖励,即根据成员是否达到某种事先建立的标准、个人或团队目标或公司收入标准而浮动的报酬(和基本薪酬不同)。

有效的激励薪酬制度是建立在三个假设基础上的:①个人和工作团队对组织的贡献的差别不仅在于他们做的是什么,而且在于他们做得好不好;②组织经营的最终结果在很大程度上取决于组织内部个人和团队的工作表现;③为了吸引、保留和鼓励表现好的个人,并且公平对待所有成员,公司需要根据成员的相对工作表现来予以奖励。

激励薪酬和业绩薪酬相类似的一点是它们都是增加组织成员的基本薪酬,区别在于激励薪酬是一次性的。公司通常用激励薪酬来控制薪酬成本或提高员工生产力。为了控制成本,公司可以用激励薪酬来代替每年增加的业绩薪酬、资历薪酬或固定薪酬,这样公司只需要在生产力、利润或其他考核公司是否成功的指标上升到可以抵消成本时,才增加薪酬。

激励薪酬主要分为三类:①个人奖励计划。这类计划奖励独立工作的员工。有些公司采用计件制度。计件制通常是针对生产人员。根据计件制,员工的薪酬取决于他或她在一段给定的时间内生产的产品数量。②团队奖励计划。这类计划鼓励员工之间的互相支持和协作。团队奖励适用于制造业和提供服务的环境中互相依靠的工作班组。在收益分享计划中,团队成员分享团队提高生产力、生产质量或节约成本的成果。③全公司奖励计划。这类计划把员工的薪酬和公司短期内(通常是 3 个月)的业绩联系在一起。

(三) 基于能力的薪酬制

以能力为基础的薪酬是奖励员工获得与工作相关的能力、知识或技术,而不是奖励他们成功的工作绩效。通常是指两种最基本的以人为本的薪酬方案:知识薪酬和技能薪酬。有时以能力为基础的薪酬方案同时包括了这两种分别奖励员工成功获得的知识和技术的以人为本的薪酬制度。有时,公司是根据雇员展示其能力的工作表现增加他们的薪酬,从而使以能力为基础的薪酬方案和传统的业绩薪酬方案相结合。

知识薪酬计划用于奖励成功学习了某些课程的管理、服务或专业的人员。联邦快递公司的知识薪酬方案就是奖励那些学会计算运费和处理从美国发往国外的包裹文件的员工。技能薪酬大多用于从事体力劳动员工,在他们掌握了新技术以后,增加他们的薪酬。例如,工会和承包商对木匠都采取技能薪酬方案。只要木匠掌握了更多高级的木工技术,例如做橱柜,就可以赚到更多的工资。

技能和知识薪酬方案都是用来奖励员工可以应用到工作中提高生产力的技术或知识的范围、深度和种类。这一特征体现了知识薪酬和业绩薪酬的差别,业绩薪酬是奖励员工的工作绩效。换句话说,知识薪酬是奖励员工作出工作贡献的潜能。根据美国薪酬协会的统计,知识薪酬方案是目前美国发展最快的人力资源管理创新项目之一。从 1990 年起,在《财富》500 强企业中,包括通用电气公司、戴姆勒-克莱斯勒公司等近半数的企业都在一部分员工中实行了知识薪酬或技能薪酬方案。

(四) 股权激励

股权(或其他相关方式)作为一种薪酬设计安排,主要用于对高层管理者、经理人或组织中的关键人才进行长期激励。

按照基本权利义务关系的不同,股权激励方式可分为三种类型:①现股激励。通过公司奖励或参照股权当前市场价值向经理人出售的方式,使经理人即时地直接获得股权。同时规定经理人在一定时期内必须持有股票,不得出售。②期股激励。公司和经理人约定在将来某一时期内以一定价格购买一定数量的股权,购股价格一般参照股权的当前价格确定。同时对经理人在购股后再出售股票的期限作出规定。③股票期权激励。公司给予经理人在将来某一时期内以一定价格购买一定数量股权的权利,经理人到期可以行使或放弃这个权利,购股价格一般参照股权的当前价格确定。同时对经理人在购股后再出售股票的期限作出规定。

对不同股权激励进行比较可以看出,现股和期股激励的基本特征是"收益共享、风险共担",即经理人在获得股权增值收益的同时,也承担了股权贬值的风险,因此这种激励方式将引导经理人努力工作,并以较为稳健的方式管理企业,避免过度地冒险。由于受经理人承担风险能力和实际投资能力的限制,这种股权激励形式下股权的数量不可能很大,相应地可能会影响激励的效果。在股票期权激励方式中,经理人不承担风险,因此期权数量设计不受其风险承担能力的限制。通过增加期权的数量,可以产生很大的杠杆激励作用。这种激励方式将鼓励经理人"创新和冒险",另一方面也有可能使经理人过度冒险。

由于激励特点的不同,不同股权激励的适用场合也不同。企业规模大小、业务成长高低、行业特点、环境不确定性大小、经理人作用大小、经理人自身特点和公司对经理人要求的不同,都对是否适用特定形式的股权激励产生影响。

本 章 小 结

1. 激励指激发人的动机,使人有一股内在的动力,朝着所期望的目标前进的心理活动过程。激励的基本组成因素是需要、驱动、动机和目标导向的行为。

2. 激励可以看作是这样一种过程:即从满足人的多层次、多元化"需要"出发,针对不同个体设定绩效标准和奖酬值,以最大限度地激发组织成员的工作"动机"和热情,调动个人的精神动力,使他们按照组织所要求的"行为"方式去积极地、能动地和创造性地运用其人力资源,从而最大化地实现组织的预期目标。

3. 激励理论包括:①内容型激励理论,着重探讨决定激励效果的各种基本要素,研究人的需要的复杂性及其构成,包括需求层次理论、双因素理论等;②过程型激励理论,侧重于研究激励实现的基本过程和机制,包括期望理论、公平理论等;③结果反馈型激励理论,主要研究对一个人行为评价所产生的激励作用,有强化理论等。

4. 薪酬是一个组织对其成员进行激励的最基本手段之一。合理有效的薪酬体系,对于组织成员会产生巨大的激励作用,直接影响其积极性的发挥。

复习思考题

(一) 简答题

1. 如何理解管理工作中激励的本质和内涵?

2. 结合实际谈一谈对各种激励理论的理解。

3. 根据身边的某一事例,描述一下激励的完整过程。

4. 薪酬设计对于激励工作有何意义?

(二) 选择题

1. 导致激励绝对性的因素是( )。

    A. 生活水平的不断提高   B. 人的认识

    C. 人的惰性   D. 信息的不对称

2. 需要的特征包括指向性、( )。

    A. 多样性   B. 无限性   C. 可控性   D. 可变性

3. 马斯洛的"需要层次理论"包括了安全需要、尊重需要和( )。

    A. 体力需要   B. 社交需要

    C. 生理需要   D. 自我实现的需要

4. 常用的强化手段的类型包括（　　　）。

    A. 正强化　　　　　　　B. 超强化　　　　　　　C. 负强化　　　　　　　D. 消退

5. 目前企业管理中较为常见的激励方式除了奖励、培训以外，还包括（　　　）。

    A. 思想工作　　　　　　　　　　　　B. 适当的工作安排

    C. 民主管理　　　　　　　　　　　　D. 期权制

6. 在激励的过程中，除了要遵循物质利益原则、公平原则之外，还必须遵循（　　　）。

    A. 利益均衡原则　　　　　　　　　　B. 利益最大化原则

    C. 差异化原则　　　　　　　　　　　D. 多样化原则

7. 不属于对于管理人员报酬激励的是（　　　）。

    A. 长期奖励　　　　B. 特别福利　　　　C. 认可和赞赏　　　　D. 在职消费

8. 工作激励包括的具体形式是（　　　）。

    A. 修正员工的行为　　　　　　　　　B. 端正员工的态度

    C. 变更工作时间　　　　　　　　　　D. 工作再设计

9. 不属于文化激励的是（　　　）。

    A. 思想工作激励　　　B. 价值观激励　　　C. 榜样激励　　　D. 组织道德激励

10. 挫折理论对管理工作实践具有较强的（　　　）。

    A. 理论意义　　　　B. 实际意义　　　　C. 操作性　　　　D. 实用价值

案例　华为公司的企业文化和激励体系

    深圳华为公司成立于 1988 年。经过短短十几年，华为公司就迅速崛起，成为中国最大的通信设备供应商之一。华为员工 60% 以上是具有硕士、博士学位的高级技术管理人员，85% 以上是大学本科毕业生，华为以每年 40% 的人才递增速度创造了企业 100% 速度增长的业绩。在华为成长发展过程中，最突出的一个特点就是华为经过十几年的努力，在企业内部营造了一种充满创业气氛和创新精神、内耗小、活力大的良好企业文化平台和激励体系，它渗透和体现在华为的战略、管理以及内部机制中，成为企业发展壮大的一个基础性条件。

    在华为发展过程中，它的企业文化和激励体系主要体现在：

群体奋斗、艰苦创业的市场意识

    华为是从市场缝隙中经过自己的艰苦奋斗一步一步成长起来的。整个企业上上下下充满了"狭路相逢勇者胜"的危机意识、市场意识，企业不断向员工宣扬只有奋力开拓市场，企业才能获得生存和发展的理念。很多第一代创业者现在说起当初进华为的心情，感慨万千，一言难尽，但都充满了自豪感和神圣感。应该说初创时期进华为，企业的人格魅力肯定要比待遇更具吸引力。

    一位早期来华为工作从事 C&C08 万门机开发的员工刘先生这样说："我第一次走进华为时，就被它深深地吸引住了，尽管那时工资不高，甚至发不了工资。但我还是决心留在华为，第一次听任正非老总讲话，让我热血沸腾，这是许久不曾有过的感觉。"从 2000 门模块交换机到 8 模块、到 16 模块、32 模块万门机的开发，刘先生都是主力。是华为实现了他的梦想。华为也在这群青年人梦想的实现中逐步成长为实力强劲、有持续发展后劲的通信企业。像刘先生这样有如此感慨的技术开发人员不止一个。是华为给他们创造了一个坚实的发展平台,他也在这个发展平台中建起了公司的技术平台。

公平、公正的内部竞争机制

一方面,华为给人才提供了能够真正施展才华的机会,在自己的发展中形成了自己的用人路线和培养方法。即便是那些学历较高的青年学生,也不一定就能从事某项负责工作,而是需要从基层做起,从实践中浮出水面。这种从实践中来到实践中去的循环机制,使很多已经走上中高层岗位的青年人至今感触良多。具有博士学历的生产总部配套车间主任李家龙,所学专业为数学,1991年4月进入公司,经过一个多月的技术培训和文化引导,李博士进入西乡生产总部配套车间,对于通信产品生产工序一无所知的李博士,从基层做起,放下博士的架子轻装上阵,边干边学,从最简单的器件、母板、电线电缆做起,不耻下问,很快成为生产管理的行家里手,被提升为生产配套车间主任。

另一方面,则通过干部能上能下,内部劳动力市场,淘汰5%的落后分子等机制,实现人才的合理配置、流动,使员工的潜能充分发挥。1996年初,华为市场部全体正职干部集体辞职,坦诚希望公司重新考察自己,由此拉开了华为干部整训工作的序幕,也说明华为良好的干部政策和用人制度已经形成。

合理的内部激励机制

华为强调奉献,但奉献与回报是成正比的。以员工创造价值的高低来作为奉献的尺度,以创造价值的多少来作为回报的先决条件。以此为宗旨,华为建立了一整套创造价值、评价价值、分配价值的动力机制。这个机制认为,价值是由劳动、知识、企业家和资本共同创造的。华为公司的全部实践,便是用转化为资本的形式,使劳动、知识及企业家的管理和风险的积累贡献得到体现和报偿。

激励的方式有多种,利用股权的安排使越来越多的共同奋斗者利益得到体现,利用股权合理安排形成公司的中坚力量和保持企业家群体对公司的有效控制。有了这个根本原则,华为的分配条件就形成了以知识为资本形式的股金,把劳动、知识转化为资本而参与分配,按照管理与风险、劳动奉献等因素综合考虑,以职权、工资、奖金、股份、红利、利润以及其他待遇共同组成从业人员利益回报的综合体。这样,杜绝了在分配上的平均主义,鼓励有知识、有才干、有奉献精神和奉献技能的人多劳多得。在股权分配上以才能、责任心为倾斜的重点。

华为鼓励精诚协作、讲究奉献的团队精神,华为的可贵之处在于把这种东西通过一些具体的机制落到了实处。如提倡奉献,但相应又提出"决不让雷锋吃亏"。也就是说,奉献与回报成比例关系是其激励制度的核心内容。"不让雷锋、焦裕禄吃亏"的华为名言,成为激励华为员工的重要精神力量。

讨论题

1. 激励体系在华为公司的快速发展过程中起了什么样的作用?
2. 作为一家以高素质人才为主导的企业,你认为华为公司激励体系的最大特色是什么?
3. 随着公司的发展,你认为华为公司的激励体系还应该朝着什么样的方向改进和完善?

第四篇　管理的方式

第 16 章　塑造共同愿景

一个组织由众多有自己利益的成员所组成,他们为了组织共同目标的实现而一起努力,在这个过程中相互之间的矛盾与冲突不可避免。要减少矛盾与冲突,增强组织的凝聚力,最佳的方式是在组织内塑造共同愿景。共同愿景是一种表示组织未来发展成功的目标、任务、事业或使命的景象,是组织全体成员共同发自内心的愿望或意愿,是组织凝聚力的核心。

第一节　组织的共同愿景

一、共同愿景的概念

"共同愿景"的英文为 shared vision,本意是大家共同分享的、共同愿望的景象。那么组织的共同愿景的本义就应该是组织所有成员共同的愿望和共享的景象。组织全体员工所拥有的共同愿望的景象究竟是什么呢?

组织的战略是描述组织未来发展的行动方案,换句话说,战略方案本身描述组织未来的一种景象,从这个意义上看,组织战略算不算是组织的共同愿景呢?

组织的精神如"IBM 就是服务""产业报国"等,表达的似乎是组织员工共同需要的产物,表明特定组织的一种价值取向,这算不算是组织的共同愿景呢?

一个创新的想法,一个绝妙的主意,对组织而言可能非常重要,例如如何上市,拓展市场的新方式等,展示组织未来的一个方面的状态,这又算不算是组织的共同愿景呢?

准确地说,组织的战略、组织的精神、一个创新想法都不能算作组织的共同愿景。所谓组织的共同愿景是指组织中所有成员所共同发自内心的意愿,这种意愿不是一种抽象的东西,而是具体的能够激发所有成员为组织这一愿景而奉献的任务、事业或使命,它能够创造巨大的凝聚力。组织共同愿景的这一概念实际上包含着以下几层含义:

(1) 组织共同愿景所表示的景象实为组织未来发展成功的目标、任务、事业或使命。它不一定包含具体的行动方案或行动策略,但它一定是比较具体的,未来通过努力是可以实现的。如果这种景象虽描述得十分漂亮宏伟,但无论如何努力都达不成的话,这种景象就难以成为激发组织成员为之努力与奋斗的内在力量。就好像目前年销售收入不到 20 亿美元的企业,说要在未来三年进入世界 500 强,景象固然不错,但由于它的不可能性,就难以成为组织所有成员的愿望。反之,如果这种景象描述得并不十分宏伟,但大家争取一下便可实现,那么它反倒成了激励的力量。从这个意义上说,战略未必能成为企业的共同愿景是由于它可能过于超前或宏伟,不能成为全体成员发自内心的愿望。

（2）组织共同愿景是全体成员共同发自内心的愿望或意愿。每个组织成员都有自己的个人愿望或意愿,在这样的愿望和意愿中,有许多是不相一致的,也有许多是一致的,但这许多的一致中未必能表达出组织的根本利益和根本的要求所在,因此,找到或构建这样一种共同的发自内心的愿望就显得十分困难。

（3）组织共同愿景概念的第三层含义是:真正的共同景象或愿望能够使全体成员紧紧地联在一起,淡化人与人之间的个人利益冲突,从而形成一种巨大的凝聚力。只有当人们致力于实现某种他们常常关切的事业、任务或使命时,他们才会忘掉自己的私利,才会不顾一切地团结起来。凝聚力不是嘴上说一说就有的,它产生于共同愿景,就好像"劫富济贫、替天行道、有难同当、有福同享"成为梁山好汉的共同愿景时,才会产生犹如兄弟般的凝聚力一样。我们有些企业提出了自己的理念、精神口号,如"团结、奋斗、创业""服务顾客""创造幸福"等,不可谓不用心良苦,但到企业一看便知,这只不过是口号而已,员工照样拖沓、精神不振,管理者照样一张报纸、一杯茶。

二、组织共同愿景的特征和效用

具有上述内涵的组织共同愿景的概念,表明它非同一般,这可从其特征和效用中体现出来。

（一）孕育无限的创造力

由于组织的共同愿景是组织全体成员发自内心的愿望,并由此产生了对全体成员长久的激励,如果全体成员真正把这一共同愿望当作自己努力的方向,那么全体成员就会真正产生无限的创造力。彼得·圣吉博士在其著作《第五项修炼》中指出:之所以如此,是因为"共同愿景会唤起人们的希望,特别是内生的共同愿景。工作变成是在追求一项蕴含在组织的产品或服务之中,比工作本身更高的目的——苹果电脑使人们透过个人电脑来加速学习,AT&T 借由全球的电话服务让全世界互相通讯,福特制造大众买得起的汽车来提升出行的便利。这种更高的目的,亦能深植于组织的文化或行事作风之中"。"愿景令人欢欣鼓舞,它使组织跳出庸俗、产生火花"。

日本企业在学习了美国的企业管理方法手段之后,曾创新了许多新的管理方式方法,开拓了巨大的国际市场。这些成功给人巨大的启示,这就是日本企业在确立本企业管理模式时,注重了全体员工的集体主义观念,并用"年功序列制""终身雇用制""企业提升制"等制度把全体员工融为一个大家庭,结果员工们把企业看作是自己的家,有了创造力的持久激励源。尽管日本的企业尚未明白共同愿景为何,但现实中它们确实在向这方面努力,因而也就有了日本企业在世界市场上的成功,也就有了日本企业"不可战胜"的神话。

（二）激发强大的驱动力

无数的事实可以证明这么一个真理:如果没有一个强大的拉力把人们拉向真正想要实现的目标,维持现状的力量将牢不可破。事实上,一个共同愿景通常建立一个高远而又可逐步实现的目标,它引导人们一步步排除干扰,沿着正确的方向达到成功的彼岸。正如弗利慈所形容的:"伟大的愿景一旦出现,大家就会舍弃琐碎之事。"若没有一个伟大的梦想,则整天都是些琐碎之事。另外,共同愿景培育出承担风险与实验田精神。赫门米勒家具公司总经理的赛蒙说:"当你努力想达成愿景时,你知道需要做哪些事情,但是却常不知道要如何做,于是你进行实验。如果行不通,你会另寻对策、改变方向、收集新的资料,然后再实验。你不知道这次实验是否成功,但你仍然会试,因为你相信唯有实验可使你在不断尝试与修正之中,一步步地接近目标。"

好的共同愿景可以产生强大的驱动力,驱动组织的全体成员产生追求目标愿景的巨大勇气,并把这种勇气转化为发自内心的行为动力。可口可乐公司永远要做软饮料世界第一的愿景,对可口可乐公司的员工的确产生了巨大的驱动力,人们在可口可乐员工身上感到了一种作为可口可乐一员的自豪和自家人的亲切感觉,可以体会到他们要做得比百事可乐更好的巨大愿望与勇气,而这种精神面貌及感觉在一般的国有企业员工身上很难感受得到,这就是差异。在上海的报刊上曾讨论过一则有名的案例,即"斯米克斯"现象。斯米克斯是一家外国企业,近年在上海投资兴办许多外商投资企业。有一家国有企业,其员工平时工作懒散、无精打采混日子,一天忽然听说本企业将与斯米克斯公司合资,而且已经正式签约,即将进行调整运作,结果第二天一大早员工们个个精神抖擞,工作时努力积极,工作效率比平常提高一倍以上。厂长感到很奇怪,也引起了新闻界的注意,于是就有了这么一个大讨论。尽管合资未必是一个很好的共同愿景,但合资本身可能给员工展示了良好收入以及严格管理、混日子的要下岗这样一个景象,于是便有了一种驱动力。

(三)创造未来的机会

共同愿景是全体成员发自内心的未来欲实现的愿望或景象,这种具有未来特性的愿望或景象实际上为组织的未来发展提供了机会。系统科学已向我们证实,许多短期不错的对策或策略,可能会产生长期的恶果,而采取消除组织近期不良症状的对策,可能会导致人们舍本逐末的倾向,就好像如果对产品的价格大战不加以一定限制的话,实际上将导致社会资源配置的低效率和低效益。所以,现代组织的共同愿景实际是要给定组织一个长远的经得起推敲的未来,而这种未来应该是充满了挑战、机会和风险,不是一般的战略规划所给定的那种。

战略规划(strategic planning)应该是企业长期前瞻性的思考,但它经常是反应式与短期性的。对当代战略规划提出最尖锐批判的两位学者,伦敦商学院的哈默尔与美国密歇根大学的普拉哈拉德指出:"虽然战略规划被认为是使组织变得更能掌握未来的方法,但大多数的管理者都承认,在压力较大时,他们的战略规划解决今日的问题,多于创造明日的机会。"典型的战略规划过于强调分析竞争者优劣势、市场利基和公司资源等,都无法培育出长期行动所需要的一种哈默尔与普拉哈拉德所谓的"值得全心追求的目标"。从这个角度看,战略规划与共同愿景依然有很大的区别,但战略规划本应是提出组织未来的发展规划。

三、共同愿景的构成及其关系

(一)共同愿景的构成

组织共同愿景有如此大的效用,那么一个良好的共同愿景一般包含哪些部分,如何构成?一个优良的共同愿景具体由以下四个部分构成:

1. 景象

所谓景象就是未来组织所能达到的一种状态及描述这种状态的蓝图、图像。例如"GE永远做世界第一",这是通用电气公司希望未来达成的状态,具体描述这种状态则可以从产品、市场份额、销售收入、员工收入、利润等方面具体进行。显然,景象应具有一定的气魄和诱人的特性,它应该给人以希望,给人以激励,而不应该给人空话连篇、永远体会不到的感觉,也正是如此,景象才能够成为全体成员发自内心的共同愿望;才应该产生于全体成员个人愿望之上。

2. 价值观

价值观的英文 value 源自法文的动词 valoir,也就是"值得"的意思,这个字逐渐衍生出了与勇气、价值相关的意思。此处的价值观是指组织对社会与组织的一种总的看法。例如,松下公司认为其企业从不追求利润,利润只是自己企业对社会有贡献,社会给企业的一种回报。这就是松下公司的价值观,在这种价值观的引导下,松下公司有不同于别的企业的追求,有不同于别的企业的行为和行为途径。如果这个企业的价值观是个人奋斗第一,那么将引导员工们互相竞争从而抛弃良好的合作,沉溺于过分斤斤计较的行为方式。显然,价值观与景象是有很大相关性的。从某种意义上说,价值观不同,追求的景象就会不同或至少具体实现这种景象的方式途径会不同。

3. 使命

共同愿景的另一个组成部分就是使命。所谓使命是组织未来要完成的任务过程。使命代表了组织存在的根本理由,例如,宝钢人的使命就是要把宝钢建成世界一流的钢铁联合企业,宝钢人就是因这个使命而存在的。现代企业的使命与每个企业所处的环境、行业、市场等具体情况有关,但有一点是肯定的,这就是只有具有使命感的员工才可能创造出巨大效益,才可能有持续的内在动力。使命应具有令人感到任重道远和自豪的感觉,而这又与景象和价值观相关。没有良好的景象,使命感会消失殆尽;没有良好的价值观,使命感不会持久。就好像如果把追逐金钱看作是唯一价值追求的话,当金钱很多时,使命感就会淡化。

4. 目标

这里的目标是指组织在努力实现共同愿望或景象过程中的短期目标,这种短期目标可以说是总的愿望的阶段性具体目标,代表了成员们承诺的将在未来几个月内一定要完成的事件。这种目标不仅仅从组织未来发展的角度得出,而且一定从组织员工个人目标中产生,在员工们追求自己目标的同时实现了组织的目标,或在实现组织目标的过程中实现了自己个人的目标。短期目标的不断实现与不断地向共同愿景靠拢也就引导了成员们持续地努力和奉献。

(二) 共同愿景之间的关系

共同愿景的四个部分是相互关联、有机结合的,其具体结合方式可用图 16-1 表示。从图 16-1 这一共同愿景构造图中可以看到以下几点:

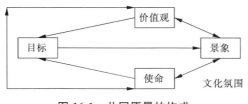

图 16-1　共同愿景的构成

(1) 价值观与使命两者支撑了景象本身,也就是说景象具体是什么,很大程度上受到价值观与使命的约束。反之,景象一旦确定也就给定了使命,表达了组织的价值观。因此,没有价值观的景象是苍白无力的景象,而一个景象如果不能给组织成员以使命感的话,这个景象就难以成为共同愿景中的共同景象。从这个意义上看,构建共同愿景需要组织首先有自己良好的价值观。

(2) 宏大的景象决定了阶段性的行动目标,但价值观和使命对目标构成和目标实现也有重大影响。可以说价值观决定了目标选择,决定了目标实现的方式途径(这种途径方式有时确有道德与不道德之分),而使命及使命感则给定了行为主体为实现此目标的内在激励动力。良好的共同愿景应该拥有良好的价值取向,拥有崇高的使命,若非此就谈不上共同愿景。

(3)价值观与使命本身是互动的关联的两部分。一方面,良好的价值观是与崇高的使命相配合的。价值观很不合时代,即使行为主体有"使命",恐怕也未必崇高。另一方面,使命和使命感会强化人们对企业和自己的看法,提升自己的价值判断力,就好像以振兴民族工业为己任的使命,必定会使行为主体在完成这一使命中升华他对民族工业及竞争、管理、市场、企业等的认识。

(4)文化氛围。共同愿景实际上也是在一定的组织文化背景下的产物。无论是价值观、使命,还是景象和目标,都带有本组织文化的深深烙印,是本组织文化的产物。组织的文化氛围又带有文化特征,就像美国企业的文化一定带有美国文化特征一样。文化氛围对于共同愿景来说是一种广泛的土壤,一个组织如果没有优良的文化特征,就成长不出很好的共同愿景。所以,广义地说,构造组织共同愿景首先是构建组织自己的文化。

我们知道了共同愿景的一般构造,并不意味着共同愿景就可以构建了,因为组织的共同愿景一定是组织自己创新的结果,是组织在实践中逐步摸索而最终创立,从而进一步引导组织走向未来过程中的产物。

第二节　构建共同愿景的方式和途径

对于现代组织的成功而言,共同愿景具有重要地位,因为它具有一种内在的张力,能使组织全体员工具有神圣的使命感和为组织愿景奉献的持续动力。那么如何才能创建自己良好的共同愿景呢? 创建共同愿景的一般方式与途径究竟是什么呢?

一、构建共同愿景的基本方式

构建共同愿景的基本方式是指推动共同愿景形成的一般方面,这些方面既有一定的相互联系,又有一定的相对独立性。

(一) 从个人愿景到共同愿景

个人愿景是个人对自己未来发展的一种愿望,通常包括对家庭、组织、社区、民族甚至世界未来的看法以及自己的个人利益和未来。个人愿景植根于个人价值观、关切与热望、利益之中,它是个人持续行为的内在动力。一方面,并不是每个人都有自己的愿景,有的人可能整天浑浑噩噩、饱食终日,今朝有酒今朝醉,而有的人则可能为自己未来构想的目标努力奋斗、竭尽全力,正是如此,社会和组织中才会有各类不同成就的个人。另一方面,所有有个人愿景的人也会由于其个人价值观等的不同,导致个人愿景不尽相同,也正是如此,社会和组织中才会有在不同领域中取得不同成就的许多个人。

共同愿景虽不等同于个人愿景,却是从个人愿景中汇聚而成的。借着汇集个人愿景,共同愿景获得能量和培养行为,因为别人的愿景有时对你并不重要,唯有你自己的愿景才能够激励你自己。所以,彼得·圣吉指出:"有意建立共同愿景的组织,必须持续不断地鼓励成员发展自己的个人愿景。一方面，如果人们没有自己的愿景，他们所能做的就仅仅是附和别人的愿景，结果只是顺从，绝不是发自内心的意愿。另一方面，原本各自拥有强烈目标感的人结合起来，可以创造强大的综效，朝向个人及团体真正想要的目标迈进。"

从个人愿景到共同愿景，是说组织的共同愿景必须构筑在个人愿景之上，同时共同愿景又不同于个人愿景，它应该高于个人愿景，共同愿景的实现过程同时也是个人愿景实现的过程。组织在建立共同愿景时应该容纳那些与组织共同愿景无利害冲突的个人愿景，并能够给予一定的实现空间。组织应在构建共同愿景时创造鼓励个人愿景形成的气候，因为成员们具有个人愿景比没有个人愿景时行为效率要高。在鼓励形成个人愿景时把组织共同愿景容纳于其中，使共同愿景成为个人愿景的一部分，这是从个人愿景到共同愿景的根本所在。

（二）把握方向，塑造整体形象

组织在构建自己的共同愿景时要把握这一共同愿景的方向，即组织未来究竟向何处去，达到什么状态。这种方向既可以指示组织将成为什么样的组织，也可以指示组织未来将从事什么产业，更可以指示组织未来在市场、顾客、同行中的地位。显然，这些方向如果比较明确的话，共同愿景中的景象也就比较鲜明了，可以明白地让员工知道组织的未来，从而起到应有的内在激励作用。

在方向明确的条件下，如何结合个人愿景来塑造整体形象是一件十分重要的工作。首先，我们在塑造组织共同愿景这一整体形象时应明白，这一整体形象是"全息"性的图像，即它能够全方位地展示组织未来的景象，当组织的员工在分享组织的某部分景象时，在他的脑海中就会显现出一个最完整的组织景象，从而使每个组织成员尽管在各自具体的专业性工作岗位上工作，也自始至终都知道他在为组织整体尽责，而不是仅知道其所属部门或小团体的利益。这一点非常重要，因为只有这样，组织上下才能真正以组织整体利益为重，才能克服小团体狭隘的利益观念，团结一致，争取组织美好的未来。

其次，结合个人愿景来塑造共同愿景树立整体形象时，应该将每个人的愿景分解成一些片段，在这些片段中寻找出能够反映组织方向、整体利益、长远可能的东西，然后再在此基础上进行拼接、提炼、加工。一方面使个人愿景中的闪光东西保留下来让其继续发光；另一方面使个人愿景中不够清晰的形象在整体形象中清晰起来，完整起来，生动起来，使得共同愿景成为员工们的共同创造物，使员工们真正感到这愿景是我的，也是你的，我们都有责任为之奋斗，而不是将愿景的实现看作最终仅仅是组织领导的事。

（三）拥有使命宣言与使命感

所谓使命宣言是指把组织与员工们拥有的使命用一些简练、明了、带有激动性的文字加以表达，形成格言、座右铭等。使命宣言是共同愿景实现的一种要求或一种必然性选择。使命宣言本身应具有这么一种魅力，即每当员工们在想起或读起这一使命宣言时，就能产生一种神圣使命感、自豪感，产生一种努力工作、积极创造的强烈欲望。使命宣传能做到这一点才算得上是很好的使命宣言。使命宣言与一般组织的口号不同，例如"资源有限，创意无限"是一条非常好的组织价值口号，但它与使命宣言仍有一定的差距，因为高尚不能产生使命感。

使命宣言不应该是组织领导的一种说教。它绝不应该是组织请来的顾问或咨询公司帮助写下的豪言壮语，虽然词句漂亮，但是苍白无力，变不成员工们的使命，也不能使其产生使命感。因为这些人通常只对组织有一个浮光掠影式的了解，以最高领导的意愿为马首，所作的使命宣言并非从个人愿景中产生。这种宣言即使写成,往往也会因缺乏员工基础,而无从孕育出能量与真诚的投入。事实上,有时它甚至无法在建立它的高层管理团体中激起一丝热情。

使命宣言作为使命的一种表达形式,是共同愿景构建的一个方面,有其必要性,只是它的制定需要认真的工作才行。

(四)发展核心价值观,融入组织理念

共同愿景中含有组织价值观,价值观不同,组织的共同愿景也会有所不同。由于组织的价值观是组织关于对自己、未来、社区、社会等各方面的完整看法和价值取向,所以它是完整的一个体系,尽管许多组织并不很清楚自己的价值观是什么。我们说共同愿景中含有组织的价值观,实际上它并不能全面包含组织的价值观体系,而只能是含有这一价值体系中的核心部分,这个核心部分我们叫做组织价值观。一个组织若没有自己清晰的价值取向,说不出什么是核心价值,那么构建共同愿景只能是一句空话。所以,构建共同愿景的一个方式就是要从发展组织的核心价值观着手。

例如,如果一个组织的核心价值取向是"贡献社会,利润是社会给的回报",那么这个组织的使命宣言一定与"贡献社会""如何贡献社会"有关,它的行为取向会着重于对社会的贡献,此时它的共同愿景中一定会有展示这方面的景象。但是一个组织如果没有核心价值观,那么这种组织一定是随波逐流无定性的组织,通常没有很长的寿命。我们观察那些成功的组织,就可发现它们均有核心价值观,而且其核心价值观对这些组织的发展具有巨大引导作用。

组织的核心价值观有时就以组织理念的形式表达出来,CIS 设计中通常考虑的组织理念,应该就是组织的核心价值观,尽管有些组织可能有其特定的价值判断,但未必能明白地表现出来,因而也就有了明白表达的需要。从事 CIS 设计的人,把此作为对组织包装的一个重要方面,以显示组织上档次,而这一做法本身也证明了发展组织核心价值观的重要性。

二、构建共同愿景的基本途径

构建组织共同愿景的基本途径是指构建共同愿景的基本路径,根据这一路径可产生构建共同愿景的正确步骤。这一基本途径实际上由培养共同语言、开展团队学习、进行深度会谈以及实现自我超越等步骤构成。

(一)培养共同语言

共同语言是指组织员工们一致使用的语言,或是指组织员工们特定使用的语言。对于某一个组织中的员工而言,共同语言如果存在的话,它一定是一定范围的语言,反映出这个组织、这些员工们的共同点,如共同价值观、共同兴趣、共同使命等。共同语言的存在对于共同愿景的形成是非常重要的,试想一个组织中的员工之间,管理者与非管理者之间没有一点共同的语言,互相不知对方在想什么,说什么,也不想试着在他人的角度考虑他人为什么那么想那么说,那么该组织就不可能有一个共同的发自内心的愿景。这种没有共同语言的组织,因为成员各想各的,均以个人利益为重,劲不往一块使,组织是不能长期存在的。

共同愿景成为每个人的个人愿景的一部分,一定应该符合大家个人愿景的特性,而共同愿景本身就应该用组织全体员工的共同语言来表示,只有这样的共同愿景才首先是大家认可的。共同语言是可以培养的。一般而言,共同语言的形成可以有几种方式:一种是在组织运作过程中注意将组织某些小团体的共同语言归纳引申为整个组织的共同语言,当然这些可以归纳引申的小团体共同语言应该有很好的内涵,与组织的价值观相符;一种是将组织制定的官方语言强制灌输给全体员工,最终形成以此为基础的共同语言。在这方面,日本企业可能最为擅长,如工作前背诵"语录"和"使命宣言",工作结束时重复口诵,这样日复一日,就可以把原来官方的语言逐步建立在员工们的词汇库中,并影响他们的思想与行为。郑州的亚细亚商场(后改名为仟村百货)就曾这样做过,他们的总经理说日子一长确有成效。

(二)开展团队学习

共同语言的形成,建立在组织内成员进行团队学习的基础上。团队(team)是指若干人组成的为完成某一特定目标或任务的小团体,这一小团体是组织的基本构成单位,如车间、班组、部门、项目组等。团队学习是指这么一个小团体的群体性学习,是组织内进行学习的基本单位。团队学习之所以对建立共同愿景很重要,一方面是因为它可以把共同愿景转化为团队的努力方向,从而克服小团体的局部利益,坚持组织的共同愿景;另一方面也因为对于组织最终目标的实现来说,一项决策的执行大都直接或间接地由团队来完成,而不是靠单个个人就能够完成。"在某些层次上,个人学习与组织学习是无关的,即使个人始终都在学习,并不表示组织也在学习。但是如果是团队在学习,团队变成整个组织学习的一个小单位,他们可将所得到的共识化为行动;甚至可将这种团队学习技巧向别的团队推广,进而建立起整个组织一起学习的风气与标准。"事实上,只有群体一起学习时,才能更容易形成共同语言,因为群体学习过程也是一个群体沟通的过程。

在现代组织内部,团队学习必须注意四个方面,只有注意了这四个方面,团队学习才可能成功。

(1)当需要深思复杂的问题时,团队必须在学习过程中能够萃取出高于个人智力的团队智力,也就是说善于汇集众人的思想火花,并将之升华。这通常说起来容易,做起来困难。因为组织中常有一些消极因素,这些消极因素有时会造成团队的智慧低于个别成员的智慧之和,例如当团队为自己的小团队利益迷惑时,往往就会如此。这需要团队成员在学习过程中加以控制和克服。

(2)良好的团队学习的展开需要既具有创新性而又协调一致的行动,即需要团队成员在学习过程中形成良好的默契,每一位成员都会非常留意其他成员,而且相信其他成员也会采取互相配合的方式,在学习过程中创造新型的学习方式,发挥大家的学习积极性,从学习中形成团队的共同语言。

(3)不能忽视团队的成员在其他团队中所扮演的角色与影响,因为团队成员有时也要参与其他团队的工作,这正好让本团队的学习成果、共同语言去影响其他团队的学习、其他团队运作的方式。虽然团队学习涉及每个人的学习能力,但它基本上是一种集体行动,在此过程中凝聚力就会慢慢地形成。

(4)团队学习需要练习。一个从不排演的交响乐团上台演奏不可能不失败,一个不练习的球队自然以输为多。同样,团队学习过程需要不断地练习,只有这样才能取得良好的学习成果。

(三)进行深度会谈

深度会谈可以敞开每个参与会谈的人的内心,从而开掘个人愿景的闪光点,进而为建立共同愿景奠定基础。深度会谈不同于讨论。鲍姆指出:"'讨论'(discussion)这个字与'碰击'(percussion)与'震荡'(concussion)有相同的字根。它的意象有点像打乒乓球,将球来回撞击。一场讨论就像是球赛,透过参赛者所提供的许多看法,对共同感兴趣的主题加以分析和解剖。这样做本来应该有用。然而,一个比赛的目的,通常都是为了要赢,这里所说的赢,是使个人的看法获得群体的接受。为了强化你自己的看法,你可能偶尔接受别人的部分看法,但是基本上你是想要使自己的看法胜过别人。然而,如果将胜利视为最优先,就无法将前后一致及追求真相视为第一优先。"

深度会谈的目的是要开掘每个谈话者的内心,是要超过任何个人的见解,而非赢得对话,这是深度会谈与讨论不同的根本点。如果深度会谈得当,则人人都是赢家,人人均可获得独自无法达到的见解。深度会谈时,大家以多样的观点探讨复杂的难题,敞开自己的心扉,每个人摊出心中的假设,并自由地交换他们的想法。在一种无拘无束的探索中,人人将自己深藏的经验、想法完全表露出来,从而最终超过他们各自的想法。鲍姆教授认为:"深度会谈的目的在于揭露我们思维的不一致性,这种不一致性的起因有三个:

(1)思维拒绝周遭任何交流加入。

(2)思维停止追求真相,而像已设定好的程式,下了指令便不假思索地进行。

(3)思维所面对的问题,正源自它处理问题的方式和模式。"

组织开展深度会谈有三项必要的基本条件:①所有参与者必须将他们的假设"悬挂"在面前;②所有参与者必须视彼此为工作伙伴;③必须有一位"辅导者"来掌握深度会谈的精义与架构。

"悬挂"假设是指先将你自己的假设"悬挂"在面前,以便不断地接受询问与观察。这种假设实际上就是深藏于自己内心的看法,将自己内心的看法展示出来接受冲突,才可能形成真正的共同语言。视彼此为工作伙伴,是指团队、组织成员将参与者都视为自己的工作伙伴,唯有如此,才能建立一种具有彼此良好关系的氛围,在谈论中人们感觉好像他们在建立一种新的、更深入的了解。而"辅导员"是指那些能掌握深度会谈精义与架构的引导者,他们的职责首先是做好一个深度会谈过程的引导者,以保证会谈的顺畅与效率。其次,他可以参与深度会谈来影响深度会谈的发展动向,挖掘参与者发自内心的观点,引导出共同的语言、共同的价值观,进而最终为构建共同愿景服务。

(四)实现自我超越

自我超越是指不断突破自己的成就、目标、愿望。能够给自己定一新目标、愿望并实现自我超越的个人并不很多。这种人首先要有自己的目标、愿望或愿景,然而他还必须有不满足现状永远追求新目标的动力,只有这样,这种人才具有了自我超越的前提。自我超越对于组织构建共同愿景来说是非常重要的,只有组织的员工都具有一种不断自我超越的欲望,产生于个人愿景之中的共同愿景才有了激励动力;相反,员工们都没有自我超越的欲望,安于现状,则不但共同愿景不可能构建,即使有了也将失去它巨大的激发能量。

一般而言,能够自我超越的人往往是那些永不停止学习的人,因为只有通过不断学习,不断接受新鲜事物,才能发现自己原来的想法、目标和愿望的不足,才能发现自己各方面的缺陷,也只有这样,才能不断提出自己新的目标和愿望。人一旦停止了学习,也就停止了向更新更高目标追求的可能。组织成员要形成自我超越的内在动力,首先也在于不断地学习,前文所述的团队学习的目的之一,在某种意义上说,也就是逐步培养团队共同学习和个人自我学习的习惯,从而帮助个人甚至团队产生一种自我超越的内在机制。

第三节　构建共同愿景的步骤

构建共同愿景虽然是从个人愿景出发,但组织愿景仍然不同于每个员工的个人愿景,因此共同愿景一旦形成,它就会逐步成为组织中每个员工个人愿景不可缺少的部分,有一个今后每个组织成员再创造的过程,这一过程可以分为五个具体步骤:

一、告知

告知是指共同愿景一旦形成需要正式告知组织所有的员工。"我们一定得这么做,这是我们的愿景。假如这个愿景不能打动你,那么你最好重新考虑你在公司的前途。"告知带有官方的使命式的色彩,是带有传统且权威式的方式,但它也有一定的激发力量,因为组织的员工知道,假如他们不同意,他们在这个组织中的前途也就没有了。不过这样一种激发,通常是强迫性的。

有效的告知必须掌握以下几条原则:

(1)有效的告知必须能直接且有效而一致地把共同愿景信息传达给组织的每个成员,同时说明构建这种愿景的理由。

(2)必须将有关组织的现状真实地告诉每个员工,让他们知道组织的处境。因为只有员工们知道了现状与愿景的真正差距,才能产生一种克服障碍的冲动,才能更有勇气去努力。

(3)必须告知广大组织员工共同愿景的某些方面可以再改进,而另外一些方面例如目标、任务、价值观等重要方面没有再议论和改变的余地,唯有坚定不移地落实和工作。

(4)愿景中要有一些具体的可很快实现的方面,但又不能太多,只有这样,员工们才能有兴趣努力,从而首先实现可以达到的部分愿景。

二、推销

推销是指组织领导人努力将组织共同愿景推至组织成员的心中,以推动他们为实现共同愿景而全心奉献。告知是推销的最简单方式。事实上,告知只能表明已经把共同愿景公开宣布了,然而员工仍然可以用各种不同方式说"不",包括消极抵抗。因此除非员工们由衷地同意,否则共同愿景不能算作真正的共同愿景。如何来推销共同愿景呢?

(1)设立沟通渠道,随时听取员工对共同愿景的反应,同时也随时在不同渠道中反复宣传共同愿景。这种沟通渠道既可以是正式的,也可以是非正式的。

(2)强化愿景所带来的好处的说明,而不仅仅勾画愿景如何。因为员工们在组织奉献时总要考虑组织给他们的回报,要他们不考虑是不正常的。唯有借助他们的这种考虑,强调愿景可能带来的好处,才能有效地激发员工的积极性。

(3)推销时切忌以组织的代表自居,而不妨以个人、朋友、同事的身份进行推心置腹的勾画,说明共同愿景对我、对你都非常重要。

(4)推销的努力中隐含的信息是"组织要仰仗你们的努力才能实现愿景",为此推销者一定要重视与员工的关系,让他们明白你并不会强迫他们作真正不愿做的事。

三、测试

测试是指让员工们敞开心扉说明组织共同愿景的哪些部分打动了他们的心,哪些部分对他们没有吸引力。掌握了这个情况,组织才可能利用这个情况来精炼和重新构建共同愿景。测试的过程应该是员工们共同参与的过程,因为询问他们的真实想法,表明组织的确在认真考虑员工的愿景,使员工感到一种被重视的关怀。彼得·圣吉教授指出:"组织成员的自我超越能力愈强,你得到的结果就会愈好。人们必须愿意说实话,而且有能力体察现况,才能产生准确的测试成果。"

有效的测试应包括:

(1)可采取问卷回答及面谈的测试方法,尤其是无记名的问卷回答,更能得到一些准确的隐含的内心想法,从而有助于测试结果的准确性。

(2)提供尽量多的信息,让员工知道组织共同愿景的一切,以便他们可以认真地完整地思考,从而提出他们的见解。

(3)测试的组织应往愿景实现的效果、效益、可能存在的困难方面靠拢,以便集思广益。当采纳了某一员工的重要建议,应给予英雄般的赞扬,唯此才能真正激发员工的努力动机。

四、咨询

向员工咨询是构建共同愿景中非常重要的一个步骤。咨询可以在共同愿景构建之前进行,也可以在已有了一个初步的共同愿景时进行。咨询不同于测试,咨询希望员工们不只是提出具体的建议,而且要求员工们经过透彻的思考,提出自己关于共同愿景方方面面的重要见解。但是咨询又不能丧失自己正确的主张,不能使得共同愿景成为一个不上不下、面面俱到的折衷方案。有效的咨询工作依赖于良好的咨询方式,这一方式称为"串联"式咨询方式。

"串联"式咨询的具体做法是召集十五到几十个人的小组,这种小组的组成可以从组织的最高层开始。最高层的小组中并非全部都是最高层的领导人参加,还包括直接下属、平行部门等的优秀人才。每次会议后,由这些人担当"串联"的角色,分别再去组成以他们为核心的小组(组成方式同前)进行讨论,由这个小组的成员再担任"串联"的角色,再组成另一级别的小组;如此反复,形成一个串联式咨询会议,结果把组织中优秀人才及绝大部分员工都网罗了进来。这种方式的另一好处是它的非正式组织的特性,带有一定激励色彩,从而使参加者能够解放思想,大胆研讨。

五、共同创造

共同愿景是大家的愿景,它应该是共同创造出来的。实际上以上四个步骤已经反映了共同愿景的共同创造过程,只不过这是从上到下的过程。这里所说的共同创造,是要强调共同愿景的从下到上的共同创造过程。从下到上的共同愿景创造过程开始于每个员工建立自己个人的愿景,因为当人们开始为他们想塑造的愿景工作,而不是为了讨好老板而工作时,这是每个人生命中值得大书特书的一天。许多组织领导人往往害怕鼓励员工们塑造自己的个人愿景,认为这样会导致自私自利、小团体、短视的做法与行为,对组织没有一点好处。实际上这种担心只有部分道理,因为组织员工没有个人愿景的话可能就没有积极向上的动力源。建立个人的愿景,并用组织的价值观、理念加以引导,就可以避免上述的担心,而建立共同愿景本身就是把分散的个人愿景纳入统一。

共同创造的基本单位是团队,团队也需要一个愿景,团队的愿景可以更具体、更多地反映团队中个人的愿景。在此基础上进行跨团队的沟通,使大家理解并接受对方团队的愿景,并在此基础上创造跨小团队的共同愿景,如此反复,就可以实现从下到上构建共同愿景,在实现共同愿景中做到容忍分歧,休戚与共,齐心协力。另外,还应该有一个个过渡的愿景,分阶段让大家实施,而这些过渡的愿景要具有内在的逻辑性,可以逐步逼近组织的共同愿景。

 ## 本 章 小 结

1. 共同愿景是一种表示组织未来发展成功的目标、任务、事业或使命的景象,是组织全体成员共同发自内心的愿望或意愿,是组织凝聚力的核心。共同愿景对组织管理与发展具有极为重要的作用,主要表现在:①孕育无限的创造力;②激发强大的驱动力;③形成长期的凝聚力。共同愿景由景象、价值观、使命、目标四部分组成。

2. 共同愿景构建的基本方式为:从个人愿景到共同愿景;把握方向,塑造整体形象;确立使命宣言和使命感;发展核心价值观,融入组织观念。

3. 共同愿景构建的基本途径为:培养共同语言;开展团体学习;进行深度会谈;实现自我超越。

4. 构建共同愿景的步骤主要包括:告知、推销、测试、咨询、共同创造。

 ## 复习思考题

(一) 简答题

1. 共同愿景的构建目的是什么?

2. 共同愿景与目标、战略、规划有何区别与联系?

3. 共同愿景构建成功的基本条件是什么?

4. 组织凝聚力的表现是什么?

5. 组织文化对于共同愿景有何重要性和实际的意义?

6. 为你所在的组织设想构建一个共同愿景。

(二) 选择题

1. 共同愿景的作用是( )。

    A. 增强公司凝聚力　　　　　　　B. 指明工作方向

    C. 协调个人与集体利益冲突　　　D. 激发员工创造力

    E. 明确公司战略

2. 构建共同题景的方式是( )。

    A. 从个人愿景到共同愿景　　　　B. 把握方向,塑造整体图像

    C. 使命宣言与使命感　　　　　　D. 发展核心价值观

    E. 融入组织理念

3. 从广义上说,构建共同愿景首先是构建组织自己的(　　)。

　　A. 前景　　　　　　B. 战略　　　　　　C. 文化　　　　　　D. 关系

4. 推销共同愿景时,应采取的方式是(　　)。

　　A. 应通过正式的沟通渠道

　　B. 只描述愿景是什么内容即可

　　C. 可以不强调领导的权威,以朋友身份推销

　　D. 强调愿景的实现依赖于员工的努力

5. 判断共同愿景好坏的标准是(　　)。

　　A. 建立于个人愿景基础上

　　B. 恰当地描述了公司未来发展战略

　　C. 具有现实可操作性

　　D. 能够激发员工对未来的憧憬

6. 群体学习过程也是一个群体(　　)的过程。

　　A. 协作　　　　　　B. 沟通　　　　　　C. 交往　　　　　　D. 利益互动

7. 有效的咨询工作依赖于良好的咨询方式,这一方式称之为(　　)式咨询方式。

　　A. 一体化　　　　　B. 串联　　　　　　C. 并联　　　　　　D. 整合

8. 共同愿景与个人愿景的关系是(　　)。

　　A. 共同愿景是所有员工个人愿景的总和

　　B. 共同愿景必须构建于个人愿景的基础上

　　C. 个人愿景必须服从共同愿景

　　D. 共同愿景对建立个人愿景有指导作用

9. 组织文化的导向功能表现在(　　)。

　　A. 对组织成员个体的思想起导向作用

　　B. 对组织整体的价值取向起导向作用

　　C. 对组织成员的行为起导向作用

　　D. 对组织整体的行为起导向作用

10. 组织精神是组织价值观的(　　)。

　　A. 体现　　　　　　B. 外化　　　　　　C. 内化　　　　　　D. 目标

案例　海尔圆 500 强之梦：挑战国际市场

　　海尔是最早意识到"中国已进入品牌竞争时代"的企业之一,20 世纪 80 年代中期以来他们进行了跨国经营运作,中国共产党十五大以后提出了跨世纪的奋斗目标,从现在到 2010 年,向世界 500 强冲击。随着经济全球化进程的迅速推进,面对强大的国际同行的竞争,张瑞敏给海尔集团设计了跨世纪的经营战略:"国际市场国内化,国内竞争国际化"。张瑞敏认为:"中国企业的生存与发展在于彻底改变传统体制,参与市场竞争,施行产权约束,实现国际化。就最终目标而言,实现国际化是其生存发展的必由之路。"他认为,企业国际化标志有三:一是市场国际化——拥有与世界水平同步的高科技含量的产品参与国

际市场竞争;二是销售名牌化——在国外拥有庞大的网络,销售企业名牌产品;三是质量国际化——拥有国际认可的质量保证体系,取得产品进入国际市场的通行证。现在海尔已能做到。

市场国际化:让全世界人都喜爱海尔的产品,让所有的人都享受到海尔的方便是海尔的宗旨,成为国际名牌产品和国际名牌企业是海尔的奋斗目标。

销售名牌化:海尔产品出口北美、拉美、欧盟、中东、东南亚等世界十大经济区域共87个国家和地区。1997年创汇5 636万美元,在国外设立营销网点8 000余个,信息站10个。

质量国际化:海尔是中国家电行业唯一一家五大产品全部通过ISO9001国际质保体系认证和国内首家通过ISO14001认证的家电集团,也是中国第一个列入美国UL认证名录的企业,并获得了欧洲CE、EME,德国VDE、GS、TUV,加拿大ESA,中东SSA,澳大利亚SAA等国际认证。海尔在国内同行中首家通过欧盟EN45001认证,是中国第一家产品在国内就可获得国际认证的企业。

生产国际化:要成为国际化企业,海尔是世界上唯一一家可同时规模生产欧洲滚筒式、亚洲波轮式和美洲搅拌式三种风格洗衣机的厂家。海尔是中国第一家拥有自己合资设计公司并在北美、非洲、日本等国家设立设计分部的企业。海尔除已在印度尼西亚、菲律宾、马来西亚、南斯拉夫设厂外,也设想在波兰、墨西哥、沙特等地洽谈设厂。海尔力图做到国外投资的设计本地化、生产本地化、销售本地化。

海尔在以上四个方面均有重大突破,目前,至少有40%的产品销售国外。在日本、意大利、德国、加拿大、美国、澳大利亚等发达国家,海尔的产品畅销无阻,成为中国企业的旗帜与骄傲。全球大规模的注册商标、建立营销网络、投资建厂等,为海尔成为国际化名牌企业,实现全球贸易铺平了道路。海尔跨国经营战略的制定与实施主要有以下内容和特点。

战略指导思想全球化

在海尔看来,国际国内市场是互动的,“中国—世界”的对应观念已被“全球”观念所取代。现在国内市场只是国际市场的补充和重要组成部分。企业确立自己的战略指导思想不应由局部出发。据此,海尔制定实施“三大一活一统一”的大集团战略,即:大名牌、大科研、大市场;资本活;企业文化统一。并且在两个市场范畴中提出了量与质的规定性内容。

大名牌,量:一个名牌产品发展成名牌产品群;质:每个产品都是国内同行业的排头兵,并争创国际名牌。

大科研,量:每年开发并投放市场的品种占同行业之冠;质:有研究三年以后产品的机构和进行当年投产领先产品的机构。

大市场,量:在国内市场中的份额不低于前三名;质:产品分布国内和国际市场,实行三个1/3制。

资本活:制定与资本有关的经济指标考核体系,设定标准警戒线和否决线,使资本成为活的能增值的动力。

企业文化统一:通过对统一的企业精神、企业价值观的认同,使集团有强大的向心力和凝聚力。

用"海尔——中国造"的世界名牌意识和理念提升创汇目标。从 20 世纪 90 年代开始比肩于"德国造""日本造"和"美国造"，提高产品档次和拓展市场空间，改变中国产品和企业在世界市场上的形象。提出"出口不是为创汇而是要创世界名牌"，创世界的名牌产品和名牌企业，即在出口产品时，一定要打出"海尔"的品牌，否则不出口。提出"国内市场无名牌"的理念。

"三三"战略和"先难后易"的出口战略

海尔在二次创业时期，提出"三三"战略，即质量国际化的三个标志：质保体系认证、产品国际认证和检测水平国际认证，以此体现质量水平全方位与国际接轨；科技国际化三部曲：引进消化、吸收模仿、引智创新，以此实现科技创新和开发与国际水平同步；市场国际化的三个 1/3 战略：国内生产国内销售 1/3，国内生产国外销售 1/3，海外建厂海外销售 1/3。海尔计划曾在世界十大经济区域和地区建立据点，特别是要到市场空间较大的南美和南非设厂，通过一区设一厂，并使其本地化率达到 60%，把设厂国的产品输送到经济区中的其他国家，形成辐射状态。这种战略思路的实施能使海尔规避外汇市场风险，加大适应多变市场的灵活性，比如人民币贬值就加大出口，人民币升值就加大内销。

"先难后易"的出口战略，即产品首先进入发达国家与地区，创出信誉后再以高屋建瓴之势进入发展中国家与地区。海尔进入国际市场的战略方式与众不同，是标新立异、逆向思维的经营方式，即首先突破难点和瓶颈状态，把困难程度和时间提前，产品进入发达国家市场得到认可后，再进入发展中国家，发展中国家的问题就迎刃而解。当海尔产品首先进入德国市场，得到消费者的认可后，又进入了法国、意大利、美国、加拿大、日本、澳大利亚，形成固定市场后，东南亚、中东等地的经销商纷至沓来。海尔冰箱曾成为亚洲出口德国、美国第一，空调成为国内出口欧盟第一，当然这种战略和方式是以过硬的品牌实力、规模和自信为基础的。

这种经营战略和超前的市场布局使海尔适应市场多变的特点，加大经营的灵活性，不把鸡蛋都放在一个篮子里，不过分依赖东南亚市场，有效规避了金融危机带来的风险。

海尔集团跨国经营的具体方法

一是经销人员本土化：借鉴国外经验，对营销人员实行本土化，借助海尔已有的资源和产品的信誉度，让当地经销商参与竞争，营造自己的营销网，避免国内派员办法所引起的高投入、高风险、低效益、多腐败的弊端。二是技术开发与设计本土化：在海外的情报信息站和设计分部全部使用当地人，海尔不投资，不派人，只购买设计成品，与合作方签订协议，建立契约关系，利用自己的美誉度，不怕当地人不合作。三是原材料采购本土化：在东南亚建的厂，原材料本土化已达 80%，海尔的产品、技术和当地成本优势进行了有效结合，在金融危机中化解了不少风险。

走向世界，积极推广自己的产品和品牌，积极进行国际市场营销，树立企业和产品形象。1997 年 2 月在科隆博览会上张瑞敏向 12 位外国经销商颁发专营证书，引起世界家电业的轰动，这在中国企业还是首次。海尔在巴黎空调展、米兰制冷展、南非贸易展、芝加哥贸易展等九个国际性展览会引起世界同行的极大关注。1997 年张瑞敏获得亚洲最有影响力的经济杂志《亚洲周刊》颁发的"1997 企业家成就奖"。《华尔街日报》以头版头条报道海尔集团,使当日就有许多经销商上门。1996 年,海尔集团荣获美国优质服务科学协会颁发的"五星钻石奖",成为亚洲唯一一家获此殊荣的家电企业,张瑞敏获"五星钻石个人终身荣誉奖",成为中国第一个获此殊荣的企业家。海尔产品和海尔集团在国际上的声誉与地位日渐提高。海尔从产品出口到技术输出和资本输出,现在已成为真正意义上的跨国公司,不但保证了海尔产品在当地市场的占有率,也使产品的国际地位得以提高,特别是在东盟市场,海尔商标已成为驰名商标。

讨论题

1. 谈谈你眼中的海尔愿景。

2. "国际化是中国企业生存发展的必由之路"——你同意这种观点吗? 什么才是中国企业的真正出路?

3. 从海尔的跨国经营中你可以得到什么启示?

第 17 章　实施目标管理

组织目标与组织共同愿景不是一个层面上的概念。共同愿景是组织成员共同发自内心的愿望或意愿,这种愿望既包含了组织发展的方向,也包含了对自己的希望。组织目标是组织面对这种希望具体可以实现的结果。组织目标的实现有赖于组织全体成员共同的努力,是组织全体成员分工合作的结果。目标一旦确定,它不仅成为引导组织发展的指南,而且还是激励组织成员努力奋斗的手段。

目标管理是一种综合的以工作为中心和以人为中心的系统管理方式,它带有自我管理的特性和要求。目标管理过程中有三个重要的环节:组织总目标的设定、组织总目标的层次分解、目标完成后的评价与反馈。目标管理是组织共同愿景设定后,组织具体运行管理的一种重要方式,有相当的效率,也有其自身的缺陷。

第一节　目标管理概述

一、目标的功效

组织目标是指组织欲达成的未来的一种状态,一种结果。这种状态和结果通常可用一系列数量指标来刻画。一旦目标确定,它就成为引导组织行为的一个重要的激励和方向。目标可以成为组织和个人行为的激励,就好像一所学校一旦确定自己的目标是成为中国最好的学校时,就对学校产生了激励;一个学生将来想成为优秀的企业家时,就对他目前努力学习管理理论与方法的行为产生了激励,即他首先必须努力学习等。目标之所以能够对组织和个人产生激励,是因为目标已成为组织或个人奋斗、努力的方向。因此,一个好的目标将会对组织和个人产生行为引导和激励的重要功能,同时也明确了组织和个人的具体努力方向,如图 17-1 所示。

图 17-1　目标的功效

研究人员和实际工作者早已认识到设置组织与个人目标的重要性。美国马里兰大学的早期研究发现:明确的目标要比只要求人们尽力去做会有更高的业绩,而且高水平的业绩是和高水平的意向相关联的。有研究结果表明:"目标的总平均水平很有意思地向上运转。"同样,许多人也注意到,如果组织的目标设定方面发生改善,组织的生产效率就会不断提高。当然激励组织成员行为的因素决不仅只有目标一个,但它是一个重要的因素。作为重要激励因素的目标和行为方向的目标的设定是有一定要求的:

(1)目标必须是经努力可以实现的。

(2)目标实现后应有相应的报酬配合。

(3)目标的表述应明确清楚,切忌含糊不清。

(4)目标最好是自己首先提出来的。

(5)目标要符合组织的共同愿景。

(6)本单位、本部门、个人的目标应与其他有关方面和成员的目标相协调与配合。

(7)目标要易于考核评价。

二、目标的层次性

目标的层次性与组织的层次性有关。组织一般可划分为四个大的层次:高层管理、中层管理、基层管理及基层工作层。组织层次的划分是因为组织规模大了之后,管理者的管理能力有限,不得不进行纵向和横向分工的结果。组织有了层次、组织成员有了自己的工作岗位,组织的运作、组织成员的分工合作都必须围绕组织目标的实现进行。然而,如果把建成全国最好的学校作为组织的目标,这个目标虽然很好,但对每位组织成员来说过大,也过于抽象,很难对每个成员的日常工作产生具体的指导和激励作用。教师们虽然知道要创一流的学校,却不知道他们应该具体做些什么,怎么做才能最终综合起来实现这个组织目标。如果是这样,那么组织目标的实现是有困难的。

因此,需要将组织目标逐步分解成一个与组织层次、组织分工相适应的层次体系,让组织的每一个层次、每一个部门、每一个员工都有具体的目标,成为他们行为的方向和激励,这些目标又是组织目标的具体化层次展开。如能这样,组织目标最终的实现也就有了保证,如图 17-2 所示。在组织目标层次中,最高的最抽象的目标是组织目标,组织目标则是共同愿景、总任务的具体化。将组织目标具体化成更多的具体目标,由高层管理人员各自负责,如企业的销售目标、人力资源开发目标、生产指标、财务状况目标等分别由分管副总们负责,然后再将这些具体目标分解为分组织如分公司、子公司的目标。这些目标再具体化就成了下属部门和单位的目标,最终,目标被具体化成组织每个成员的目标,这样就形成了一个目标层次体系。

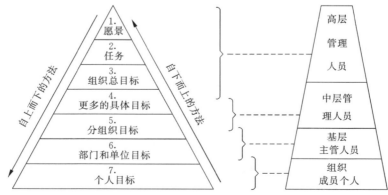

图 17-2　目标层次与组织层次的关系

在组织目标层次体系中,愈是上层的目标愈抽象,愈是下层的目标愈具体,也正是如此,每个组织成员可以有一个组织要求的具体目标来指导自己的工作,来要求自己。从目标层次的展开来看,实际上,下一层次的目标是上一层次目标实现的手段,即只有下一层次目标的完成才有上一层次目标的实现。因此,目标的展开中必须有这么一个关联,否则实现组织目标依然是不可能的。

组织目标层次的分解或展开可以有两种方式:一种为自上而下的方法,一种为自下而上的方法。自上而下的方法是指由组织高层管理者根据共同愿景确定组织总目标,然后为其下一级确定目标,当然这些目标就是组织总目标的分解;每一级在得知自己的目标后再为自己的下级确定具体的目标来保证自己这一层级目标的实现。自下而上的方法是指先由每个组织成员根据共同愿景、总任务,确定自己的目标,上报给自己的上级;上级归纳起来形成本层级或部门的目标,再上报更高一级,这样层层上报,最后形成组织的总目标。这两种目标体系形成的方法各有优缺点,具体与组织成员的素质、自我管理能力有关。

三、目标的多样性

组织目标总的来说是一个,所谓目标的多样性是指总目标的不同侧面的反映,或者总目标可以用不同的指标来全面地反映。例如,一家企业组织的总目标为在某一产品市场上占有绝对优势的地位,那么这一目标可以从不同侧面来表示:获得一定的利润率和利润;市场占有率;重点研究和开发适当产品;达到行业中占优势的地位;资金筹措和偿债能力好;成本降低具有价格竞争力;逐步打开国际市场;适当时候公开上市;员工福利改善;企业内凝聚力增强。

又例如,一所大学的总目标是建成国际一流的大学,那么总目标的多样性也可以从总目标的不同侧面来反映:招收高质量的学生;聘请国际一流的教授;出世界一流的科学成果;学生质量世所公认;教学研究条件一流;学术氛围、学术环境良好;服务系统高效;学校教授薪金福利一流;运作经费充分。

目标的多样性实际上使得总目标可以在许多方面具体化。问题是多样性的目标相互之间不能有矛盾,否则总目标就变得不可理解。事实上,在组织目标层次体系中,当总目标具体化展开时,也将总目标的多样性具体化展开至每个层次或单位部门的具体目标之中,所以每个层次的具体目标也可能是多种多样的,即便是最基层的组织成员其目标也可能是多样性的,只不过在分工条件下这种多样性受到了削弱。例如,一位教师在其岗位上除了要教好书育好人之外,还有必须完成一定的科研工作,发表学术论文和著作,做实验,写报告等其他需要完成的目标。而一个销售员不仅仅要把产品推销出去,还必须在推销的同时了解消费者对本企业产品的态度、意见、其他同类产品的销售状况等信息,否则不能算完成了组织交给的目标。

四、目标管理的概念

目标管理是在上述组织目标特性条件下建立起来的一种管理方式,最早由彼得·德鲁克教授提出,后又经许多管理学者的发展完善,而为许多组织所运用。

概括地说,目标管理是一种综合的以工作为中心和以人为中心的系统管理方式。它是一个组织中上级管理人员同下级管理人员,以及同员工一起共同来制定组织目标,并把其具体化展开至组织每个部门、每个层次、每个成员，与组织内每个单位、部门、层次和成员的责任和成果相互密切联系，明确地规定每个单位、部门、层次和成员的职责范围，并用这些措施来进行管理、评价和决定对每个单位、部门、层次和成员的贡献和奖励报酬等一整套系统化的管理方式。

目标管理的中心思想就是让具体化展开的组织目标成为组织每个成员、每个层次、部门等行为的方向和激励，同时又使其成为评价组织每个成员、每个层次、部门等工作绩效的标准，从而使组织能够有效运作。彼得·德鲁克强调，凡是其业绩影响企业组织的健康成长的所有方面，都必须建立目标。而道格拉斯·麦格雷戈则批判了评价组织成员业绩时，主要把评价下属的焦点放在个性特征标准上的传统做法，这种做法下主管人员需对下属人员的个人价值进行鉴定。他明确指出，下属人员承担为自己设置短期目标的责任，并有同他们的上级领导人一起检查这些目标的责任。当然，上级领导人对这些目标具有最后否决权，但在适当的环境里几乎不需要使用这种否决权。他认为，主要由下属人员自己对照预先设立的目标来评价业绩，用这种鼓励自我评价和自我发展的新方法，所强调的应该是业绩而不是个性。下属人员积极参加这种评价过程，就引向承诺任务，并创造一种激励的环境。

目标管理是一种系统的管理方式。最早的目标管理仅是作为组织成员业绩考评、行为激励的一种手段，最近的发展则是把组织的战略计划等均纳入目标管理之中，像组织结构设计、流程改造、文件管理、创新开发等都成为目标管理体系之中的内容。也有的目标管理研究者认为，目标管理是一个管理领导系统，是一个组织有效运作的有效的管理体系，而不能把目标管理看作是组织的一种附加的管理职务。

第二节　目标管理的方式

目标管理的方式是指实施目标管理从而获得理想的管理效果的全过程。目标管理方式的运作虽然出发于组织的高层领导，却是全体组织成员共同参与的结果，也可以说共同愿景产生后，其具体实现过程是靠目标管理的循环运作得以保证的。

一、目标管理的全过程

目标管理的全过程可以用图 17-3 来表示，从图中我们看到，目标管理的全过程主要有如下几个关键阶段或环节：

（一）组织总目标设定

组织总目标是组织共同愿景、宗旨和使命的某一阶段欲达成的状态或结果。一个组织仅有共同愿景而没有具体实现达成共同愿景的阶段性目标，那么共同愿景始终是一个空想。因此，组织在有了共同愿景的条件下，重要的工作是要确定组织未来运作的一个总目标，这个总目标是共同愿景实现的阶段状态。事实上，共同愿景的塑造规定了组织行进的方向和使命，这样也就大致决定了组织总目标设定的基本方面。组织要做的事是如何在判定自己的资源实力、外部环境条件下，设定一个符合共同愿景方向又切合实际地在组织发展方向方面推进的具体要求，以作为组织和全体成员在未来一段时间内努力的具体方向和既定的责任。

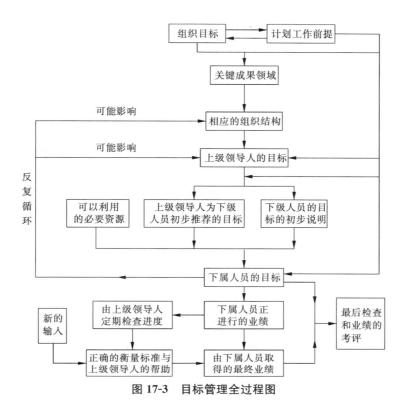

图 17-3　目标管理全过程图

在组织总目标设定过程中,关键是要注意以下三点:

(1) 如何能够透彻地分析判断组织所拥有的资源实力、可调动资源的多寡、组织存在的问题和相对优势所在,从而判断自己有无核心专长。表面上组织目标的设定与组织发展方向有关,实际上组织目标设定过程中更重要的是与组织核心能力的建立与发展有关。哈默尔与普拉哈拉德教授认为,组织的核心能力是组织生存与发展最关键的因素,因为是它支撑着组织目标的最终实现。所以,组织总目标的设定要考虑目标是否有助于组织核心能力的发展,而不是削弱。

(2) 如何能够透彻地分析组织外部环境以及这些环境的构成因素的未来变化。例如,组织面临的政治环境、文化环境、经济环境、社会环境等,一定会对组织目标的实现有影响,有时甚至是重大的约束;更重要的是,一些因素目前尚不成为目标实现的重要约束,但在未来某一时间成为重要约束也未可知。组织总目标设定后一定要能够实现,否则目标设定就没有价值。

(3) 组织总目标一旦设定就成了组织计划工作的前提或依据,也成了组织未来行为获得成果的标志,为此,组织总目标设定的另一个重要方面就是组织总目标是可以度量的,即可以用一系列相应指标来反映和计量。这样也就有了图 17-3 中的所谓的"关键成果领域"。

(二) 组织总目标的层次展开

将已设定的组织总目标按照组织架构进行纵向与横向的分解是目标管理过程中最为关键的一步。具体包括三个方面:

(1) 将组织总目标按组织体系层次和部门逐步展开,直至每一个组织成员。这一个展开的过程就是所谓的自上而下的过程,但这一过程只是上级给下级的一个初步的推荐目标,不是最后的决定了的目标。但这一自上而下的过程非常重要,若非如此,组织总目标就可能实现不了,或者组织总目标本身就需要改正。

(2)组织体系中的每个层次、每个部门、每个成员均可以根据自己的部门、层次、岗位分工和职责要求,结合初步下达的目标进行思考分析,最终提出自己的目标。显然这一目标是对上级下达初步目标的一种修订。自己目标提出后必须按层级上报,这就是所谓的自下而上的过程。

(3)组织将自下而上的目标与下达目标比较,分析差异,征询下级意见,再进行修订,然后再下达,下级各方仍可以修正再次上报。经过上下的多次反复,最终将组织总目标分解成一个目标体系,下达给组织相应的层次、部门和组织成员。组织目标下达给每个部门、每个层次、每个组织成员时,要求有下达目标的具体说明、具体要求、自主权限、完成后的激励等,使接受目标的每个层次、每个部门和每个组织成员可以有明确的工作努力方向,有明确的责任和行为激励。

(三)目标完成检查和业绩考评

目标管理这一方式的核心思想就是把目标分解下达后,成为组织每个层次、每个部门和每个单位的工作业绩的衡量标准。因此,目标管理全过程中最后一个重要工作就是根据期初下达的目标对各方工作和业绩进行检查和考评。然而,目标完成检查与业绩考评不是同一项工作。目标完成检查在整个目标工作期间可以进行多次,也就是说当目标下达后,并不是上级放任不管,但上级也不是时不时下命令,而是经常检查指导,采取帮助的态度,甚至给予必要的资源支持来使得下级部门、组织成员达成他们的目标。

业绩考评是目标管理全过程中的最后一环。一个组织如果能够正确公正地判断每个组织成员的业绩和工作努力程度,那么这个组织一定是无往不胜的,因为仅仅是公正的评价就已经成为组织成员的激励。事实上大多数组织很难做到这一点,组织很容易偏听那些说得多做得少的人,导致那些真正埋头苦干的人被忽视,最终影响组织的士气。然而,这样一种情况往往出现在没有目标分解或目标分解不全的组织之中,正因为没有目标或目标不全,那些光说不练的人就有了偷懒的可能。反之,在目标管理的条件下,考评并不看你说得如何,而是看你做的与目标的差异程度,看你真正的业绩。

目标管理过程中的业绩考评可以有两种方式:一种是组织各层次、各部门、各个成员的自我考评,即自己对照目标和自己所取得的工作业绩来判断自己做得如何?好或差,或尚有差距,或有经验。另一种是组织的上级部门对下级部门及组织成员进行考评,考评过程也是对照工作业绩与下达的目标进行分析评判。实际上这两种方式各有利弊,在组织成员自觉性高、自我管理能力强时可采取第一种方式,否则可采取第二种方式。有时可以两种方式同时采用,即先由组织成员们自我评价,然后由上级部门复评。评价过程务必公正客观,实事求是。

二、目标管理的优点与不足

目标管理作为一种管理方式与其他管理方式一样有其优点与不足,这是一个组织在运用目标管理方式之前首先应该认识清楚的。

(一)目标管理的优点

目标管理的优点至少有五个方面:

1. 形成激励

当目标成为组织的每个层次、每个部门和每个成员自己未来时期内欲达成的一种结果，且实现的可能性相当大时，目标就成为组织成员们的内在激励。特别是当这种结果实现时，组织还有相应的报酬，目标的激励效用就更大。从目标成为激励因素来看，这种目标最好是组织每个层次、每个部门及组织每一个成员自己制订的目标。他人强加的目标有时不但不能成为激励，反而成为一种怨恨对象。

2. 有效管理

目标管理方式的实施可以切切实实地提高组织管理的效率。目标管理方式比之计划管理方式，在推进组织工作进展、保证组织最终目标完成方面更胜一筹。因为目标管理是一种结果式管理，不仅仅是一种计划的活动式工作。这种管理迫使组织的每一层次、每个部门及每个成员首先考虑目标的实现，尽力完成目标，因为这些目标是组织总目标的分解，故当组织的每个层次、每个部门及每个成员的目标完成时，也就是组织总目标的实现。在目标管理方式中，只确定分解目标，但不规定各个层次、各个部门及各个组织成员完成各自目标的方式、手段，反而给了大家在完成目标方面一个创新的空间，这就有效地提高了组织管理的效率。

3. 明确任务

目标管理的另一个优点就是使组织各级主管及成员都明确了组织的总目标、组织的结构体系、组织的分工与合作及各自的任务。一方面，这些职责的明确，使得主管人员也知道，为了完成目标必须给予下级相应的权力，而不是大权独揽，小权也不分散。另一方面，许多着手实施目标管理方式的公司或其他组织，通常在目标管理实施的过程中会发现组织体系存在的缺陷，从而帮助组织对自己的体系进行改造。

4. 自我管理

目标管理实际上也是一种自我管理的方式，至少是一种引导组织成员自我管理的方式。在实施目标管理的过程中，组织成员不再只是做工作，执行指示，等待指导和决策，组织成员此时已成为有明确规定目标的单位或个人。一方面，组织成员们已参与了目标的制订，并取得了组织的认可；另一方面，组织成员在努力工作实现自己的目标过程中，除目标已定以外，如何实现目标则是他们自己决定的事。从这个意义上看，目标管理至少可以算作自我管理的方式，是以人为本的管理的一种过渡性方式。

5. 控制有效

目标管理方式本身也是一种控制的方式，即通过目标分解后的实现最终保证组织总目标实现的过程，就是一种结果控制的方式。目标管理并不是目标分解下去便没有事了，事实上组织高层在目标管理过程中要经常检查、对比目标，进行评比，看谁做得好，如果有偏差就及时纠正。从另一个方面来看，一个组织如果有一套明确的可考核的目标体系，那么其本身就是进行监督控制的最好依据。

（二）目标管理的不足

哈罗德·孔茨教授认为目标管理尽管有许多优点，但也有许多不足，对这样的不足如果认识不清楚，就可能导致目标管理的不成功。下述几点可能是目标管理最主要的不足：

1. 强调短期目标

大多数目标管理中的目标通常是一些短期的目标：年度的、季度的、月度的等。一方面，短期目标比较具体易于分解，而长期目标比较抽象难以分解；另一方面，短期目标易迅速见效,长期目标则不然。所以,在目标管理方式的实施中,组织似乎常常强调短期目标的实现而对长期目标不关心。这样一种概念若深入组织的各个方面、组织所有成员的脑海中和行为中,将对组织发展没有好处。

2. 目标设置困难

真正可用于考核的目标很难设定,尤其是组织实际上是一个产出联合体,它的产出是一种联合的不易分解出谁的贡献大小的产出,即目标的实现是大家共同合作的成果,这种合作中很难确定你做了多少,他做了多少,因此可度量的目标确定也就十分困难。一个组织的目标有时只能定性地描述,尽管我们希望目标可度量,但实际上定量是很困难的,例如,组织后勤部门的目标是有效服务于组织成员,虽然可以采取一些量化指标来度量,但完成了这些指标,却未必达成了"有效服务于组织成员"这一目标。

3. 无法权变

目标管理执行过程中目标的改变是不可以的,这样做会导致组织的混乱。事实上,目标一旦确定就不能轻易改变,也正是因为如此,才使得组织运作缺乏弹性,无法通过权变来适应变化多端的外部环境。中国有句古话叫做"以不变应万变",许多人认为这是僵化的观点,非权变的观点,实际上所谓不变的不是组织本身,而是客观规律,掌握了客观规律就能应万变,这实际上是真正的更高层次的权变观。

第三节　目标管理的实施

目标管理的成功实施取决于组织状况、目标设定分解、考核评价的公正以及组织领导层的正确理解和推行。

一、目标管理实施的前提

成功地实施目标管理取决于以下几个重要的前提条件,如果这些前提条件不具备,那么目标管理方式本身的不足就难以克服,优点就难以发挥。

(一) 组织成员自我管理能力

如果组织成员的自我管理意识和能力比较差,尽管已规定了其工作努力的方向和目标,他或她仍然有可能在工作过程中不能按照目标的要求选择合适的工作方法和手段,自觉地向目标方向努力。换句话说,目标管理方式是建立在 Y 理论基础之上的,即组织成员们能够自觉地工作、积极地努力,当他们有失误时只要点拨一二便可。较强的自我管理能力除了表现在能够根据目标要求自觉努力完成之外,还应表现在能够自觉主动地了解合作者,主动配合合作者或其他各方共同把各自份内的、本部门的、本层次的目标完成。

(二) 组织的价值理念

组织的价值理念是一个组织的处事准则、行为准则,是组织生命的核心。不同的组织有不同的价值理念,有的组织只是以赚钱为其价值取向,有的组织则不是如此,如松下电器公司的价值取向为"产业报国"。组织的价值理念一定会渗透到组织总目标和具体分解的目标之中,从而决定了这些目标的特性,决定了这些目标对组织成员行为的影响。因此,在实施目标管理之前,应反思组织的价值理念,反思组织存在的目的和追求,以免因此方面思考不周,导致后来问题难以纠正。

（三）组织高层领导重视

组织高层领导的重视并不是说他们只要认识到目标管理的重要,下令推行便可。我们所说的组织高层领导的重视是指组织高层领导本身对目标管理有深刻的认识,并且能够向其下属及员工非常清楚地阐述目标管理是什么,它怎样起作用,为什么要目标管理,目标管理与组织共同愿景有什么关系,它在评价业绩时起什么作用,尤其要说明参与目标管理实施的所有组织成员将随着组织的发展也得到共同的发展。日本管理学家猿谷雅治曾指出,目标管理中"最高领导必须根据自己对这种管理方式的深刻理解,考虑并制定出有效目标,在公司内公诸于众并执行。然后调整所属成员的目标,经决定后,还必须帮助所属成员完成目标,最后还必须评价完成的成果。这一切事项,都应由最高领导自己来做"。

二、目标的有效设定

实施目标管理除了需满足上述前提条件外,有关目标管理方式成效的最重要的就是具体目标的设定了。

（一）目标设定的准则

1. 定性目标向定量方面转化

组织的有些目标是不可直接量化的,如管理效率、服务态度等,但这些又是非常重要的目标,这种定性目标应该设定,不能因为不能完全量化就放弃,如果不设定的话,组织的目标一定会有缺陷。但是定性目标往往难以计量,故难以考核。此时,必须发展一种对定性目标间接度量的办法,如对定性目标具体表述的执行效果进行主观打分,同时也考虑定性目标因素的权重,如表 17-1 所示。

表 17-1　定性目标评分表

年度目标卡 单位　　　　　姓名						核 阅 盖 章				
目　　标	进度				权重	等级分				
	Ⅰ季度	Ⅱ季度	Ⅲ季度	Ⅳ季度		1	2	3	4	5
1. 组织文化建成 · 组织理念设计 · 员工培训 · 文化活动 · 仪式 · ……										

2. 长期目标的短期化

所谓长期目标的短期化是指由于目标管理中的短期目标通常比较明确,因此,极易使组织各部门、各层次及组织成员陷入一种短视、短期行为的状态,同时也不利于组织的生存与发展。实际上,组织通常都有自己的长期目标,虽然愿景不是具体目标,却是长期的。因此,目标管理过程中目标的设置应是组织共同愿景约束下,组织长期目标制定以后,按各分阶段设定分阶段目标,这种分阶段目标就是一种相对短期的目标,即具体的目标。将分阶段的目标作为组织每一时期目标管理中要分解下达的目标,就可防范迷失组织长远目标的可能。长期目标的短期化从另一个方面来看,就是组织在下达目标时要让员工知道,这仅是实现组织共同愿景、组织长远目标的"万里长征中的第一步"。

　　3. 目标实施的资源配合

　　目标实施是需要资源配合的,没有资源的支持,任何目标均不可能实现。因此,目标设定本身就需要考虑这一目标需要多少资源,需要什么资源,资源从哪里来等一系列问题,否则目标虽然设定得很有吸引力,但因缺乏资源支撑而成为空头目标,无实际意义。故在目标设定中必须对自己的能力、自己的资源拥有、可借用资源的多寡作一个准确的判断,这样设计出来的目标才切实可行。

　　(二)目标设定过程的具体问题

　　由于目标是多样化的,又必须进行层次性分解,因而,目标具体设定过程中必须注意一些问题。如目标本身的覆盖范围是否适当,目标分解后上下前后是否协调,有无相互矛盾的目标函数;目标评判的标准是否已经确定,有无问题,分解的目标有无相应责任和授权;组织成员自订的目标是否过分夸张,等等。哈罗德·孔茨教授曾提出过一张组织中主管人员目标的检验表作为样板,举一反三作为目标设定可否检查的参考,如表 17-2 所示。

表 17-2　主管人员目标的检验表

目标检验	是否符合
1. 目标是否包括我的工作的主要特征?	☐
2. 目标的数目是否太多?	☐
如果太多,能合并一些目标吗?	☐
3. 目标是否是可考核的,亦即,我知道期末是否已经实现了目标?	☐
4. 这些目标是否表示了:	☐
(1)数量(多少)?	☐
(2)质量(如好到什么程度或具体的特性)?	☐
(3)时间(何时)?	☐
(4)成本(按什么成本)?	☐
5. 这些目标有挑战性吗? 合理吗?	☐
6. 是否已给这些目标安排了优先程序?(次序、侧重等)	☐
7. 这套目标是否包括:	☐
(1)改进工作的目标	☐
(2)个人发展的目标	☐
8. 这些目标是否同其他主管人员和组织单位的目标协调?	☐
它们是否和我们上级领导人的、我们部门的、公司的目标协调?	☐
9. 是否已将目标传达给所有需要掌握这种信息的人?	☐
10. 短期目标是否与长期目标相一致?	☐
11. 目标依据的假定是否已清楚查明?	☐
12. 目标表达是否清楚并用文字写出?	☐
13. 这些目标是否能随时提供反馈,从而采取必要的纠正步骤?	☐
14. 所掌握的资源与权力是否足以去实现这些目标?	☐
15. 是否考虑给予那些想实现目标的个人一些机会去提出他们的目标?	☐
16. 分派给下属人员的责任是否都能控制?	☐

　　注:如果目标符合标准,就在右边的方框中写"+"来表示;如果不符合,用"-"号表示。

（三）绘制目标分解图

目标分解图就是目标体系图,它是组织目标分解为组织各层级、各部门单位、各管理主管及员工的目标后的图示。图 17-4 是一企业目标体系图的总图。这张图大致反映了组织各层次、部门主管人员的岗位目标。事实上,组织各层次、各部门主管人员的岗位目标就是他或她所负责的部门、层次应完成的目标。目标体系图主要按管理职位描述或部门机构描述,这样比较简洁,易于向组织成员说明。各部门、各层次可以根据本部门、本层次应完成的目标在自己内部进行分解,并绘出自己的目标体系图。这样逐步分解,便可一直至组织的每个成员。绘制目标分解图对目标管理的有效实施是很有帮助的:第一,可以从图上看出组织目标完成的逻辑关系,促使组织成员必须同心同德,团结一致。第二,每个岗位上的员工都可以清楚地知道自己的位置,知道自己的重要性,以及知道应与哪些方面进行配合、协调。第三,由于下级成员的目标一目了然,在调整下级成员目标时便可知道牵一发而动全身的过程,从而有助于全面考虑问题。

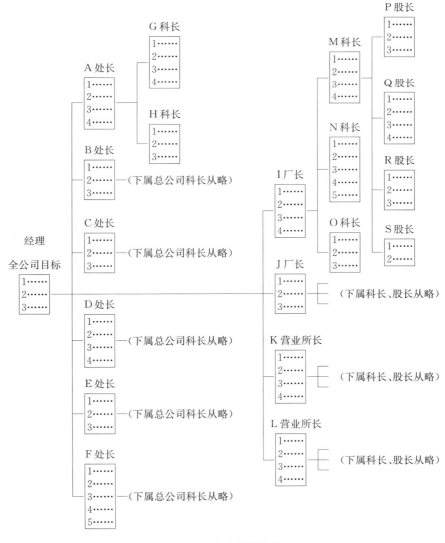

图 17-4　企业目标体系

三、目标管理实施的控制

目标管理作为一种比较有效的管理方式在组织中运用时,需要有一定的推行机构,需要引导控制,使之能够有效地运行。目标管理实施过程中的控制,除了目标设定与分解外,主要有以下两个环节需要注意:

(一)员工培训

实施目标管理首先需要组织上上下下均要理解目标管理是怎么一回事,它应该怎么操作;其次,组织的每一个成员都要明白,目标管理不同于其他的管理方法,它是一种建立在自我管理基础上的成果控制型系统管理的方式,组织成员自己需要有相应的变化才能适应这种管理方式的推行。显然,当组织成员未能知道目标管理是怎么一回事,需要自己作怎样的调整时,目标管理的成功是困难的。因此,目标管理实施的事先控制就是对组织员工进行目标管理的培训。这种培训应着重解决以下几个问题:

(1)组织引入目标管理的目的,对组织发展、个人发展有无好处。

(2)对目标管理方式的本质、基本知识、运作过程,尤其要对组织目标的性质、目标完成的共同要求、目标设定的自上而下和自下而上过程解释清楚。

(3)目标分解与授权范围、目标完成后的评价、激励手段。

(4)目标分解后分工完成,但仍要注意相互的交流沟通,需要大家自觉共同努力。

(5)目标管理作为带有一种自我管理特性的方式,需要组织成员在理念上,行为习惯上等方面均做出相应的调整。

(6)对组织成员进行一些模拟性训练。

(二)绩效评价

公正客观地对照期初下达的目标看组织各方面、各成员期末工作的绩效,并对此作出客观的评价可以说是目标管理成功与否的关键。如果不能很好地评价绩效,把对的好的说成错的坏的,那么下一目标管理的循环就难以进行,至少有许多人会悄悄地抵制,这样目标管理实施的真正意义就不大了。

公正客观地评价首先建立在各组织成员自我评价的基础上,应该反对组织成员过于谦虚,缩小自己的成绩而夸大自己的不是,一切均应实事求是。其次,组织应有一个多方成员组成的评价检测小组,这个小组只对组织最高领导负责,独立开展评价检测,不受他人干扰。在组织成员自评的基础上进行复评,从而比较公正地评价成员工作的业绩与不足,并使之成为激励和能力认定的依据。

绩效评价是一种事后的控制,目标管理作为一种成果型管理方式,这种事后的控制最为重要。

 本 章 小 结

1. 组织目标是指组织欲达成的未来的一种状态、一种结果。目标一旦确定,它不仅成为引导组织发展的方向,而且还是激励组织成员努力奋斗的手段。组织的目标具有层次性、多样性的特性,这与组织本身是一个社会综合体,是一个具有层次结构的体系的特点有关。

2.目标管理是一种综合的以工作为中心和以人为中心的系统管理方式,它带有自我管理的特性和要求。目标管理过程中有三个重要环节:组织总目标设定、组织总目标的层次分解、目标完成后的评价与反馈。目标管理作为一种管理方式有许多优点,但它本身也有一些不足。

3.目标管理实施需要有一些前提条件,除目标设定成为目标管理实施中的重要一环外,目标管理实施中还应注意员工的培训和工作绩效的客观评价。

4.目标管理方式是组织共同愿景塑造后的组织具体运行管理的一种方式,具有相当的效率。

复习思考题

(一) 简答题

1.试举例说明组织目标的多样性。多样性的目标中有无核心目标?

2.目标管理过程中目标可否用一系列指标来反映? 如果可以,能否完整地反映目标的实质?

3.目标管理方式的自我管理特性是什么意思?

4.对成功实施目标管理的影响因素有哪些?

5.举例说明目标管理的优点与不足。

(二) 选择题

1.目标在组织中发挥的功效表现在( )。

    A. 引导组织发展方向   B. 激励组织员工奋发努力

    C. 约束员工的行为   D. 起到示范带头作用

2.目标管理实施的前提是( )。

    A. 组织高层领导的重视   B. 与组织价值理念符合

    C. 员工的自我管理能力强   D. 组织内管理宽度大

3.对设定组织目标的要求是( )。

    A. 目标必须是经努力可以实现的

    B. 目标的表述应明确清楚

    C. 目标要符合组织的共同愿景

    D. 目标最好是别人首先提出来的

4.目标管理实施中应注意( )。

    A. 目标设定的有效性   B. 员工培训

    C. 绩效考核   D. 企业文化

5.对目标的多样性的理解是( )。

    A. 组织可以有多个目标

    B. 多样性的目标中有一个中心目标

    C. 多个目标之间没有必然的联系

    D. 多个目标之间不应有矛盾

6. 目标管理过程中的重要环节是(　　)。

　　A. 组织共同愿景的设立　　　　　　　　B. 组织总目标的设定

　　C. 组织目标的层层分解　　　　　　　　D. 目标完成与反馈

7. 绘制目标分解图对目标管理的有效实施有帮助,表现在(　　)。

　　A. 从图上看出组织目标完成的逻辑关系

　　B. 员工都可以清楚地知道自己的位置

　　C. 有助于全面考虑问题

　　D. 告诉组织成员应与哪些方面进行配合

8. 在绩效评价的实施过程中应该注意(　　)。

　　A. 公平的绩效评价建立在上级评价的基础上

　　B. 个人自我评价是基础

　　C. 组织要建立独立的评价检测小组

　　D. 评价的结果应作为能力认定的依据

9. 目标管理这种方式与建立共同愿景之间的关系是(　　)。

　　A. 设立共同愿景是基础

　　B. 两者要同时进行

　　C. 根据具体目标寻找共同愿景

　　D. 两者没有关系

10. 在组织总目标的设定过程中,关键要注意(　　)

　　A. 组织总目标要有利于发挥核心专长

　　B. 要深刻分析组织外部环境的变化

　　C. 总目标是可以度量的

　　D. 总目标要符合组织发展的方向

案例　通用电气公司的目标考核管理

　　作为企业界航空母舰,通用电气公司(GE)的管理之道,一直被人们奉为管理学的经典之作,而 GE 的目标考核制度则是其管理典籍中的重要篇章,从通用电气(中国)公司的目标考核制度可以发现 GE 强劲执行力的秘密所在。

　　通用电气(中国)公司的考核工作是一个系统工程,具体来说包括:目标与计划的制定,良好的沟通,开放的氛围,过程考核与年终考核结合等等,其中目标与计划的制订就有鲜明的 GE 特色。

　　在 GE,目标计划是全年考核的基础,因此管理人员对这方面要求很高,落实的时候主要要求目标计划必须符合五个标准,这五个标准的英文首字母可以缩写为"SMART"(specific, measureable, actionable, real, time bound)。

　　除了这些以外,这一目标必须与公司、部门的目标一致。GE 制订目标计划的过程中强调与员工反复沟通推敲,而且在执行时如发现有不妥之处,立即会做修正。在这过程中沟通的要求很高,GE 的一位负责人说:"关键在于各部门的上下级之间,人力资源部与其他部门之间,要保证没有阻碍地沟通。这样员工和经理才能得到比较全面的信息。好在 GE 的环境很开放,员工可以很轻松地与经理甚至总裁交流,做到这点不是很难。"

　　仅有以上这些还不够,目标的制定和考核是为了激励员工,"所以信息要及时给予反馈"。人力资源部门的一位经理提醒道,员工表现好时要及时给予肯定表扬,员工表现不好时,要及时提醒,到了年终考核时,所有的评价都是根据平时的表现,不仅有说服力,而且人力资源部的工作因为全年不断地积累素材,平时把工作做到位了,真到年底考核的时候就变得不那么繁杂了。

讨论题

1. 请说明通用电气公司目标管理的特色。
2. 为什么需要把目标作为员工考核的基础?

第18章 改进人际沟通

一位智者曾说过：组织是将一群凡人组织起来从事天才工作的团体。此话一语道破了组织的本质：凡人一旦合作便可从事伟大的工作。合作是一个过程，在这个过程中需要不断地进行相互沟通和行为协调，不然，"天才的工作"就难以进行并获得"伟大的成果"。

人际沟通是组织成员成功合作的重要保障。人际沟通一般有正式沟通与非正式沟通两类。所谓正式沟通是指按照组织已设定的沟通渠道和方式进行的沟通，而非正式沟通则是私下的、非组织安排的一种沟通。人际沟通过程中存在许多导致沟通困难的障碍，为此，除了要在不同场合采用不同沟通方式外，还要注意不断排除阻碍沟通的因素。

第一节 人际沟通概述

任何一个组织的运行都离不开组织成员的分工与合作，离不开经常性地判断自己行为的位置以便纠正，从而有效地达到组织既定的目标。组织成员的分工合作以及行为协调有赖于相互之间的信息传递，并了解这些信息表达的意思。组织成员间若没有这种相互间的信息沟通，不但不能进行协调与合作，还会给组织运行造成障碍，甚至导致组织的失败。

一、人际沟通的概念

《美国主管人员训练协会》把沟通解释为：它是人们进行的思想或情况交流，以此取得彼此的了解、信任及良好的人际关系。纽曼和萨默则把沟通解释为：在两个或更多的人之间进行的在事实、思想、意见和情感等方面的交流。此外，沟通还被解释为用语言、书信、电信信号进行的交往，是在组织成员之间取得共同的理解和认识的一种方法。虽然以上几种对沟通的解释不尽相同，但从中可以看出，无论何种解释都具备以下三个基本条件：

（1）沟通必须涉及两个人以上。当然，两个人或两个人以下也有相同的含义。例如，两个管理者在办公室开会，这是沟通。一个学生在图书馆阅读两百年前某一作家写的作品，这也是沟通。

（2）沟通必须有一定的沟通客体，即沟通情报等。

（3）沟通必须有传递信息情报的一定媒介，如语言、书信等。

因此，我们可以把人际沟通解释为：把信息按可以理解的方式从一方传递给另一方，把一个组织中的成员联系在一起，以实现共同目标的方式。

二、人际沟通的目的

组织内人际沟通的目的，从根本上说是在组织内通过成员间的相互沟通，增进互相了解,有效判断自己现时的行为活动状况,从而进行行为协调,形成巨大合力,有效实现组织既定的目标。从这一根本目的上可看到,人际沟通实际上还起到如下作用:

（一）创造一个和谐的氛围

一个组织是否吸引人,组织的成员在其间是否乐得其所,甘愿为之奋斗,并不仅仅在于有一个宏伟诱人的愿景,还在于这个组织内是否具有一种和谐的人际氛围。所谓和谐的人际氛围就是指人际关系和谐,即组织成员间友好相处,彼此和平敬重,彼此相知,即便产生了一些矛盾,一定也是各方妥善地当面处理,而不是剑拔弩张,或背后搞小动作。人际关系的和谐尽管首先与组织成员的素质修养有很大关系,但没有良好的沟通渠道和沟通方式,组织内和谐的氛围也难以维持。通过沟通使成员互相了解,进而调整自己的行为,就容易友好相处,共同工作。中国古代管理思想的"和为贵"虽然有一点化敌为友的含义,但更多的则是告知人们,人际关系的和谐是组织有效率的关键,所谓"家和万事兴"也是这个意思。

（二）使行为协调

组织的成员在各自的岗位上按照分工要求不变样、不偏离地工作,但组织的环境在变化,组织成员的思想、心理均在变化,因此,其行为就有可能发生一定变异。这种变异有的是好的,符合岗位任务完成的高效率要求,有的则会给其他相关成员的工作造成障碍。更何况符合岗位任务完成的最好要求未必符合组织的整体配合性要求,故组织运行中,在组织目标的实现过程中,时刻保持组织成员的行为协调是非常必要的,就好像一部机器要运转良好,就必须使所有零部件没有问题且配合完好才行。行为协调的前提是组织成员知道自己干了什么,正在干什么,别人干了什么,正在干什么,大家应该如何合作,而这必须通过有效的人际沟通才行。人际沟通可以使组织成员明白自己之所做和他人之所做,明白与目标的差异,从而调整各自的行为,进行大家的合作。

（三）上行下达使管理有效率

管理是一种以行政机制配置资源的方法,它对资源整合的效率表现在这种行政机制的有效性上。在现实的组织中,行政机制的有效性取决于:①组织规模导致的管理层次的多寡;②信息沟通渠道的设置与运作的有效性。

管理层次愈多,组织内上行下达的命令、请示、反馈等信息的传递就愈需要经过多层次送达。且不说这样的送达过程会导致信息的失真,光层层传递就要耗费大量时间,使组织运作行为迟钝,效率降低。

信息沟通需要渠道,没有渠道就无法进行沟通。因此,重要的是有没有沟通渠道以及这些渠道设置的有效性。当渠道不多且还不够宽,甚至有障碍时,高层领导的指挥命令就难以迅速传至下级,而下级的行为偏差,上级也无法及时知道,这样就有可能使组织丧失机遇,发生偏差。

哈罗德·孔茨教授曾指出:组织需要信息沟通来:①设置并传播一个组织的目标;②制订实现目标的计划;③以最有效果和效率的方式来组织人力资源及其他资源;④选拔、培养、评价组织中心成员;⑤领导、指导和激励人们,并营造一个人人想要作出贡献的环境;⑥控制目标的实现。在他看来信息沟通的目的和职能可用图 18-1 来表示。

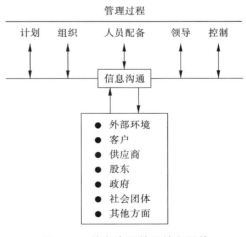

图 18-1　信息沟通的目的和职能

三、人际沟通的模式

人际沟通过程是指一个信息的传送者通过选定的渠道把信息传递给接收者的过程,这一过程可用图 18-2 来表示。

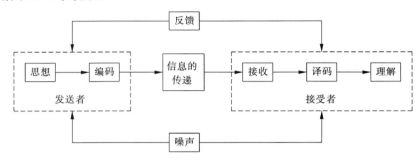

图 18-2　人际沟通过程

当人们之间有进行沟通的需要时,沟通的过程就开始了。人与人之间的交流是通过信息的互相传递及了解进行的,因此人际沟通实际上就是互相之间的信息沟通。信息沟通过程开始于需要沟通的主动者,即信息的发送者。

（一）信息发送者

信息发送者即需要沟通的主动者要把自己的某种思想或想法(希望他人了解的)转换为自己与接受者双方都能理解的共同"语言"或"信号",这一过程就叫做编码,没有这样的编码,人际沟通是无法进行的,就像一个不会讲英语的人很难与只会讲英语的人进行沟通一样。一个组织中,如果组织的成员没有共同语言,也就使组织成员之间的有效沟通失去了良好的基础,除非通过翻译进行,不过翻译会导致原来信息的失真。

（二）信息传递渠道

编码后的信息必须通过一定的信息传递才能传递到接受者那里,没有信息传递渠道,信息就不可能传递出去,沟通也就成了空话。信息传递渠道有许多,如书面的备忘录、计算机、电话、电报、电视、互联网,等等。选择什么样的信息传递渠道,既要看沟通的场合、互相同意和方便、沟通双方所处环境拥有的条件等,也与选择渠道、合用渠道的成本有关。各种信息沟通渠道都有利弊,信息的传递效率也不尽相同。因此,选择适当的渠道对实施有效的信息沟通是极为重要的。

（三）信息接受者

信息接受者先接受到传递来的"共同语言"或"信号",然后按照相应的办法将此还原为自己的语言即"译码",这样就可以理解了。当信息接受者需要将他的有关信息传递给原先的信息发送者时,他自己就变成了信息的发送者。在接受和译码过程中,接受者的教育程度、技术水平以及当时的心理活动,均可能会导致在接受信息时发生偏差或疏漏,也会导致在译码过程中出现差错,这会使信息接受者发生一定的误解,不利于有效的沟通。实际上,即便上述情况不发生,也会因为信息接受者的价值观与理解力不同而导致理解信息发送者真正想法的误差。

（四）噪声与反馈

人们之间的信息沟通还经常受到"噪声"的干扰,无论是在发送者方面,还是在接受者方面。噪声就是指妨碍信息沟通的任何因素。例如：

（1）噪声或受到限制的环境可能会妨碍一种明确的思路形成。

（2）由于使用了模棱两可的符号可能造成编码、译码的错误。

（3）传递过程中的各种外界的干扰。

（4）心理活动导致了错误发送或接收。

（5）价值观不同导致无法理解双方的真正意思。

（6）信息渠道本身的物理性问题。

反馈是检验信息沟通效果的再沟通。反馈对于信息沟通的重要性在于它可以检查沟通效果，并迅速将检查结果传递给信息发送者，从而有利于信息发送者迅速修正自己的信息发送，以便达到最好的沟通效果。

（五）影响沟通的环境因素

事实上，环境和组织本身的因素左右着信息沟通的过程。例如政治、文化、社会、法律等环境因素就影响着组织成员之间的沟通，如不同信仰、不同文化背景会使沟通难以进行。而沟通双方地理上的距离、时间分配等也会影响沟通渠道、沟通方式的选择。另外，像组织内的文化氛围、管理方式、组织结构安排等均会影响组织成员的沟通。例如，一个组织的领导者喜欢集权式的管理，他对下属的向上沟通就不太重视，他所采用的科层制组织架构就不利于下情上达，久而久之，上下级之间的沟通就会有障碍。

四、人际沟通的网络

图 18-2 表示的只是两个人之间的信息沟通。实际的人际沟通常常是多人一起参与。多人参与的沟通形成了信息沟通的网络，而群体的规模即参与沟通的人的多寡决定了群体内可能有的沟通网络的数目。从原则上说，当参与沟通的人数以算术级数增长时，网络数目将以几何级数增长。组织中的成员每天都在与不止一个人进行沟通，以便协调相互之间的行为，这样他们自觉不自觉地在利用沟通网络进行沟通。以五个组织成员参与的沟通来看，可能存在的沟通网络就有六十多种，但主要有五种典型的形式。这五种基本沟通网络是星型（也称轮型）、Y 型、链型、环型和全通道型，如图 18-3 所示。

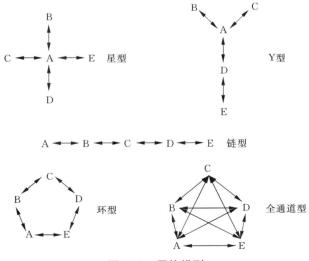

图 18-3 网络模型

图 18-3 中每一对字母之间的连线代表一个双向交流通道。在这五个网络中,受限制最大的是星型结构,因为所有的沟通都必须通过 A 进行。处于另一个极端的是全通道型网络,它受限制最小,也最开放,因为每个组织成员都能与其他任何成员进行信息沟通。

事实上不同的沟通网络有不同的适应性,选择什么沟通网络最合适,取决于评价的标准以及希望如何沟通,如表 18-1 所示。

表 18-1　五类沟通网络的比较

评价标准	网络类型				
	星型	Y 型	链型	环型	全通道型
集中化程度	很高	高	中等	低	很低
可能的交流通道数	很低	低	中等	中等	很高
领导预测度	很高	高	中等	低	很低
群体平均满意度	低	低	中等	中等	高
各成员满意度	高	高	中等	低	很低

表 18-1 中的第一条标准是"集中化程度",也就是某些成员比另一些成员能占有更多交流通道的程度。星型网络是集中化程度最高的,因为所有的沟通都要通过一个人(即 A)。全通道型网络则是最不集中的,此时任一成员都能任意与其他成员进行信息沟通。

第二条标准是"可能的交流通道数",它与集中化程度的标准密切相关,但方向相反。这一标准是指占用交流通道的成员的增加速度,把全体成员当作一个整体来看,星型网络可能的交流通道数是最少的,全通道型网络则最多。

"领导预测度"的标准可测量哪个成员可能会脱颖而出成为群体领导的能力。从图 18-3 来看,下列诸人更可能会成为领导,这就是星型网络中的 A,Y 型网络中的 A,再有可能的,便是链型网络中的 A 了。

在这 3 种网络里,那个预计可能会当上领导的人,比起其他成员来掌握的信息要多些,所以对信息、建议等这类东西的散布的控制力也大些。表 18-1 中第四和第五条评价标准,是度量在每种网络中把全体成员当作一个整体来考虑时,群体的平均满意度以及各成员之间满意度的相差幅度。这两条标准之间有一些有趣的联系。跟其他网络相比,星型网络的成员平均满意度是最低的。可是它的每名成员的相差幅度,相对于其他网络来看,又是高的。为什么呢?因为在星型网络中 A 处于大家注意的中心,对群体具有相当大的影响力,当然会觉得该网络最能令自己满足,可是其他成员却十分依赖于 A,在决策中,只能起到 A 的配角的作用,满意度当然低。因此,作为一个整体来说,其平均满意度多半也是较低的。与此相对照的是全通道型网络的情况。这种网络,若从全体成员的兴趣及他们对群体做出贡献的能力来看,为全体成员更多地参与创造了潜在的可能性。所以,它的群体平均满意度相对来说可能较高,而且每个成员的满意度的差异程度较小。

五、有效沟通的七"C"

有效沟通的七"C"实际上是指人际沟通良好的基本准则。

(一)可依赖性(credibility)

沟通应该从彼此信任的气氛中开始,这种气氛应该由作为沟通者的组织创造,这反映了他们是否具有真诚地满足被沟通者愿望的要求。被沟通者应该相信沟通者传递的信息并相信沟通者在解决他们共同关心的问题上有足够的能力。

（二）一致性（context）

沟通计划必须与组织的环境要求相一致，必须建立在对环境充分调查研究的基础上。

（三）内容（content）

信息的内容必须对接受者具有意义，必须与接受者原有价值观念具有同质性，必须与接受者所处的环境相关。一般来说，人们只接受那些能给他们带来更大回赠的信息，信息的内容决定了公众的态度。

（四）明确性（clarity）

信息必须用简明的语言表述，所用词汇对沟通者与被沟通者来说都代表同一含义。复杂的信息要用列出标题的方法，使其明确与简化。信息需要传递的环节愈多，则愈应该简单明确。一个组织对公众讲话的口径要保持一致，不能有多种口径。

（五）持续性与连贯性（continuity and consistency）

沟通是一个没有终点的过程，要达到渗透的目的就必须对信息进行重复，但又必须在重复中不断补充新的内容，这一过程应该持续地坚持下去。

（六）渠道（channels）

沟通者应该利用现实社会生活中已经存在的信息传送渠道，这些渠道多是被沟通者日常使用并习惯使用的。要建立新的渠道是很困难的。在信息传播过程中，不同的渠道在不同阶段具有不同的影响。所以，应该有针对性地选用不同的渠道，以达到向目标公众传播信息的目的。人们的社会地位及其背景不同，对各种渠道都有自己的评价和认识，这一点在选择沟通渠道时应该牢记。

（七）被沟通者的接受能力（capability of audience）

沟通必须考虑被沟通者的接受能力。当用来沟通的材料对被沟通者能力的要求愈小，也就是沟通信息最容易为被沟通者接受时，沟通成功的可能性就愈大。被沟通者的接受能力，主要包括他们接受信息的习惯、他们的阅读能力与知识水平。

第二节　正式的人际沟通

正式的人际沟通是指通过组织内和组织与组织之间正式安排的信息沟通渠道进行的人际沟通，如组织内上下级之间在正式会议、会谈中发生的信息沟通，组织与政府通过文件、电话、传真等发生的信息沟通。正式的人际沟通包含组织内的正式沟通和组织外即组织与外部各方面的正式沟通两个方面。

一、组织内的正式沟通

组织内的正式沟通与组织体系的内部结构有关。目前，现代组织通常是科层制的管理层次安排，结构形式又与组织规模的大小等有关。组织体系的这种安排是出于管理成本和管理效率的考虑，但这样的安排实际上也基本设定了组织内成员正式沟通的渠道框架。

（一）下行沟通

下行沟通是指在组织的管理层次中，信息从高层成员朝低层成员的流动。这种沟通的主要目的是向下属传递信息和指示，给下属提供有关资料，阐明组织目标，告知组织动态等。下行沟通就是自上而下的沟通，它不仅给组织的下层成员以行为的指导和控制，还可以协调组织各层次之间的行为活动，增进互相了解，从而有效合作。下行沟通中常用的口头沟通的媒介方式有：指示、谈话、会议、电话、广播，乃至流传小道新闻；常用的书面沟通方式有：各种备忘录、信函、手册、小册子、公司政策声明、工作程序以及电信新闻展示等。在运用这些媒介进行下行沟通时，信息常常被传递过程中的中层和下层所遗漏或被曲解。事实上，上级的许多指示并未被下属所理解，甚至连看也没有看过。

（二）上行沟通

上行沟通是指自下而上的信息沟通，即从下属成员到上司，按照组织职权层次持续向上的信息流动。上行沟通非常重要，这是因为上行信息中通常包括组织目前运行的状态、遇到的问题、成员的士气等信息，是上级及时调整组织行为、组织激励等的信息支持，是决策的基础。但是这种上行沟通常会受到上行渠道中诸多中间环节上的信息传递角色即主管人员的阻碍，他们不把所有的信息真实地传递上去，尤其是不把对自己不利的信息传递给他的上司。于是上行信息在他们那儿被加工、被删除、被组合，最终传递上去的可能是完全失真的信息。长此以往，他们的下级也会用失真信息搪塞，最终上级们犹如生活在黑夜中，两眼看不见任何东西，这必导致组织的失败。表 18-2 表明了上行信息可能失真的过程。

表 18-2　自下而上的沟通

管理者	接　收　到　的　消　息
董事长 ↑	管理和工资结构是非常出色的，福利和工作条件是好的，而且会更好
副董事长	我们非常喜欢这种工资结构，希望新的福利计划和工作条件将会改善，我们非常喜欢这里的管理工作
总经理 ↑	工资是好的，福利和工作条件还可以，明年还会进一步改善
主管人 ↑	工资是好的，福利和工作条件勉强可以接受，我们认为应该更好一些
工人	我们感到工作条件不好，工作任务不明确，保险计划很糟糕，然而我们确实喜欢竞争性的工资结构，我们认为公司有潜力解决这些问题

自下而上的信息沟通主要是启发式的，它通常存在于参与式管理和民主的组织环境之中。用于自下而上信息沟通的典型方法除正式报告外，还有提建议制度、申诉、请求程序、控告制度、调解会议、共同学习、小组会议、汇报会、成员士气问卷、离职交谈、信访制等。有效地进行自下而上的信息沟通需要有一个使下属感到可以自由沟通的环境，而这么一个环境实际上主要由上层管理者来创设。

（三）交叉沟通

交叉沟通包括两个方面：横向沟通与斜向沟通。横向沟通是指与其他部门同等地位的人之间的沟通；斜向沟通是指与其他部门中不同地位即职权等级不同的成员之间的沟通。这些沟通方式主要用来加速信息流动，促进理解，并为实现组织的目标而协调各方面的努力和行为。一些人际关系学者认为，对于一个经理来说，运用交叉沟通是错误的，因为这样会破坏统一指挥。尽管这样的看法有一定的道理,但交叉沟通现在仍广泛应用于各种组织之内,因为它有助于提高效率,跨组织层次交流可以比正式途径更快地提供和获得信息。如当有职能权限的或有咨询权限的参谋人员与不同部门的业务主管交往时,此信息的沟通就超越了组织规定的渠道路线。

然而,由于交叉沟通中信息不按指挥系统的规定流动,所以组织必须采取专门的防卫措施,以免潜在问题的发生。交叉沟通的运用必须有赖于对这几点的理解:①只要是合适的,横向交叉关系在任何场合都应受到鼓励;②下属要自行限制作出超越其权限的承诺;③下级要及时向上级报告部门之间共同从事的重大活动。简而言之,交叉沟通可能会造成麻烦,但运用得好则有助于组织内人际关系的协调和有效的合作。

二、组织的外部沟通

组织外部沟通是组织同外界的各方面如政府、企业、新闻媒体、消费者、事业团体、社会名流等方面发生的人际沟通。组织作为社会中的一个成员,它的运作、目标的实现均与外界诸多方面有千丝万缕的关系,没有诸多方面的配合与支持,组织的成功是不可能的。因此,保持与外部诸多方面的良好关系,有时关系到组织的兴衰。所谓组织的关系资源实际是指组织在与外部诸方面有良好的沟通关系之后产生的,对组织发展有利的外部支持力、外部可供借用的资源等。

(一) 外部沟通的前提——组织形象

组织形象并不是简单地指组织的外观,就如人的相貌,而是指组织在外部公众心目中的印象,即由组织的素养、品德、声誉、举止行为以及组织的外观等综合叠加而成的图像。组织的形象好会博得外界各方的好感、好的印象,从而为与外界各方保持良好的正式沟通奠定基础。相反,如果组织在公众心目中是一个不可理喻的、令人害怕的、无声誉的组织,那么公众通常是避之唯恐不及,怎么会有兴趣与你保持信息沟通? 这就向你传递了一个信息:你的形象太差,必须去加以改善。

组织形象塑造在企业中被称为企业形象识别(corporate identity)。台湾的企业形象设计权威林磐耸先生将其定义为:"将企业经营理念与精神文化,运用统一的整体传达系统(特别是视觉传达设计),传达给企业周边的关系或团体(包括企业内部与社会大众),并使其对企业产生一致的认同感与价值观。"[①]组织形象塑造包含三个方面的工作:组织理念塑造与识别,组织成员及组织行为规范与识别,组织的外部视觉形象塑造与识别。

组织理念塑造与识别实际包含两个层次的内容:一为塑造组织特有的价值观和理念精神。这方面实际上就是要提高组织内在的素养和文化内涵,让组织本身成为特别有进取心、有文化修养的组织,同时也表明组织在社会中的地位。二为组织理念的识别,即让公众知道、了解本组织拥有这样的价值观和理念精神,具有如此的文化内涵,以便与其他的组织相区别,从而有助于与外部公众的沟通。事实上,若组织不被人记忆、重复,有效的沟通就难以进行。

组织成员和组织本身行为规范与识别也包含了两个方面的内容:第一,是按照组织的价值观、理念精神、文化修养,规定自己什么可做,什么不可做,应该怎么做,行为举止如何才能

---

① 罗锐韧,曾繁正主编:《管理沟通》,红旗出版社 1997 年版,第 81 页。

有助于组织目标的达成和组织内人际关系的和谐,同时又能被公众认可。第二,是要让外部公众能够认识到此行为的主体一定是某组织或某组织的成员,从而更好地被公众接受,更好地接受信息,以便于沟通。

组织视觉形象塑造与识别是指在组织价值观、理念精神、发展目标等的确定条件下,运用符合人们视觉识别方式的设计,根据相应媒体的要求,创设出能够刻画组织个性、突出组织价值观与精神的表达符号,目的是使外部公众对组织产生一致的良好的认同感和好的印象。组织视觉形象塑造与识别是一项工作的两个方面:塑造为识别,识别对塑造有特殊的要求。这个塑造过程要求最终会产生这样的效果:组织在外部公众面前有个性、有追求、有品位、有文化、有声誉、有外观。

(二)外部沟通的方式——公共关系

公共关系首先是一种状态。在社会中,一个组织无论是否意识到公共关系,是否从事公共关系活动,它总是与其他组织或个人存在着一定的联系。从这个意义上说,任何组织均处于一个或良好、或平衡、或紧张的公共关系状态之中。这是不以人们的意志为转移的客观存在。当组织没有明确意识到这种状态存在,没有自觉地为改善公共关系而展开活动时,它们所形成的是自发的公共关系状态,这样的组织通常难以利用所谓的关系资源。相反,一个组织若意识到这种状态的存在,并自觉地进行改善公共关系状态的活动,其所形成的则是自觉的公共关系状态,而此时组织的关系资源就得到了拓展。

公共关系也是一种活动。当组织意识到自己的公共关系存在,并认识到这种状态及状态的改善对组织的生存与发展相当重要时,就会采取各种措施,有目的地改善组织与外部诸方面的关系,在这些措施中,与外部诸方进行有效的良好沟通可以说是最重要的措施,或者可以说,组织公共关系的改善主要依赖于组织与外部各方保持良好的信息沟通。事实上,没有信息沟通也就没有所谓的关系。公共关系改进的活动诸如聚会、会议、共同游览、文娱活动、文件变换、高层个人接触等,实际仍是通过这些活动增进沟通,保持友谊。

组织的外部沟通即维持一个组织良好公共关系的对象,具体来说主要有:政府部门、社会团体、社会名流、工商企业、一般民众、新闻媒体等。这些对象由于各自的组织特性不同,与本组织沟通的方式与渠道等均不一样,与它们保持良好的关系也有不同的要求。例如,与政府部门保持良好的关系和与工商企业保持良好的关系是不一样的,和与新闻媒体保持良好的关系则更不一样。许多组织意识到这一点,特别设立了专门的部门来管理此类事务,这种专门的部门就叫做"公关部"。

第三节　非正式的人际沟通

非正式的人际沟通是指组织的人际沟通不是通过组织内正式的沟通渠道、组织与外界的正式沟通渠道进行,而是一种非官方的、私下的沟通。这样的非正式的人际沟通包括两个方面:一是通过非正式组织进行;二是通过私人进行。非正式沟通相对于正式沟通,其传递的信息有时又称之为小道消息,意即非正式的信息,不可完全当真,也不可完全当其为假。

一、非正式人际沟通产生的原因

相对于正式沟通，非正式沟通的产生是由于正式沟通有一定的沟通障碍。组织中有一些人热衷于小道消息传播，固然有这些人本身的原因，但也与组织正式沟通渠道的不良有关。非正式沟通的产生大约有五个主要的原因：

（1）如果人们缺少有关某一事态的信息时，他们就会千方百计地通过非正式渠道来填补这一空白。有时这些活动甚至会导致歪曲事实或编造谣言。比如，一名负责新产品开发的经理被总经理突然召见，而且走时神情严肃，那么该经理将被调职等小道消息可能马上就会传播开来。

（2）当人们感到在某一事态中不安全时，他们也会积极参与小道传播。续接上例，与新产品有关的人员所做的第一件事，就是向知情人去打听流言是否真实。如果得到的回答是新产品推出后非常畅销，该经理被召见是总经理想了解新产品的情况并对其进行奖励。于是他们又把这一信息带回到小道中，至此真相大白，有关这件事的非正式沟通也就停止了。

（3）如果人们同某件事有个人利害关系的话，就会导致小道传播。如果某人和上司就某项工作发生争执，那他的朋友很可能就是小道传播者。同样，如果管理当局决定解雇15名推销员，其余的推销员就会对此事发生兴趣，因为事态的发展和他们的利益相关，人们总想分享对他们来说是至关重要的任何信息。

（4）当人们得到的是最新信息，而不是旧闻陈迹时，他们就更加热衷于小道传播。研究表明，当某个消息刚被人知道时，小道传播得最快；一旦大多数人都知道了这个消息，小道传播活动也就慢下来了。

（5）有时，当一些正式信息不便于在正式渠道中沟通传递时，组织的领导或其他成员就有可能利用非正式渠道来传递这些信息，使之起到正式渠道起不到的作用。例如，当领导者把一些重要正式信息通过非正式渠道私下传递给某些下属时，下属可能会感到领导对他的信任，可能会感激涕零。又如一些不便于正式沟通的信息如公众对你的不好印象等，可能通过非正式沟通更易使人接受。所以非正式沟通有时对于正式组织来说是十分重要的。

二、通过非正式组织进行的沟通

一般而言，任何一个正式组织中都会存在非正式组织。非正式组织不是官方即组织认可的组织。说它是组织也不完全对，因为非正式组织实际上不能称之为组织。它们通常没有目标、没有组织规则，也没有固定的场所，它们只是组织中某些有共同志趣、性格、爱好的成员在工作中逐步在某一方面形成有效而一致的看法和特点的一群。由于这些成员平常有共同的志趣或看法，会形成另外一种凝聚力，使他们经常在一起，类似一个组织。非正式组织中也有信息沟通，这种沟通一方面是非正式组织成员之间的需要，另一方面也是组织中正式沟通难以传递的信息的私下传递的需要。从组织角度来看，这就是所谓的小道消息传递的需要。在20世纪80年代，美国一些著名咨询公司曾联合发起对26个美国和加拿大企业的调查。研究肯定与证实了，从顶头上司组织传来的"小道消息"所含的信息仅次于顶头上司，特别是当由几个重要角色建立的正式沟通渠道不能完全满足雇员的信息需要时，不受控制的、非正式的传递网络就会派上用处。

通过非正式组织的沟通可起到正式组织沟通渠道不能起到的沟通效用。非正式组织内的沟通渠道主要有单向传递、闲谈传递、机率传递和群体传递渠道四种类型,如图 18-4 所示。

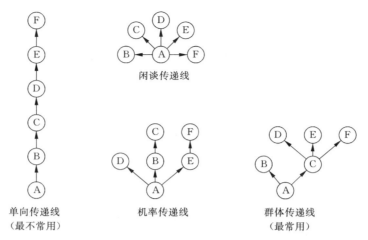

图 18-4　非正式沟通网络

（一）单向传递

有些专家认为非正式组织中,用于传递非正式消息即小道消息的渠道主要是单向传递渠道,即由非正式组织中的前一个人将小道信息传递给后一人,后一人再传给另外一个人。这类渠道传递的信息最容易失真,但最适宜传递那种不宜公开的信息或机密的信息。常见的特工组织中的单线联系,采用的就是单向沟通渠道,不同的是沟通双方只知道上家和下家,不知道这一单线中还有其他人,从而可保护组织一旦被发现时不至受到大的损害。

（二）闲谈传递

非正式组织常常有各种非正式的聚会,在聚会中往往通过闲谈来沟通。此时正好是传播小道消息的时机,因此有人就把此称之为闲谈传递渠道。此渠道中有一个信息发送者 A,多个信息接受者,信息发送者 A 不一定是该非正式组织的领导,可能只是率先获取信息者或喜欢传递各种消息的人。

（三）机率传递

机率就是随机概率的意思,这里指随机或随意的意思。机率传递是说非正式信息在非正式组织中传递时没有安排、没有必要作人为的安排,完全是随意碰到一个人便沟通,将信息传递给他。这种方式是非正式组织中最常用的一种沟通方式,也是传递非正式信息最常用的一种渠道。

（四）群体传递

群体传递是一个人告诉了两三个人,这些人或是保密,或是告诉另外两三个人,结果一传十、十传百,最后是组织内外几乎所有的人都知道了此信息。群体传递的速度极快,俗话说"好事不出门,坏事传千里",这坏事如何能一下子传千里呢？ 主要就是群体传递的缘故。

在群体传递渠道中,处于图 18-4 中的结点 C 的传递者被称为联络员,他起着连接有消息的人和无消息的人的作用。联络员对他们所选择的渠道是非常挑剔的。他们把信息传递给某些人,而对另一些人则回避不谈。对所回避的人而言,这并不是不信任他们,而是认为该信息不应该让他们知道而已。非正式组织中的成员经常在一起且在某些方面有共同点,故彼此特点、习性互相较为熟知,例如有的人乐于传递各种消息,此时把他作为需要迅速传递信息的群体渠道中的关键点就非常合适。

三、通过私人进行沟通

通过私人进行私下的沟通是非正式沟通中非常重要的方面,其沟通的效率所起到的作用有时甚至远远超过组织内外正式沟通渠道所能起的效用。许多优秀的组织领导者非常熟知私人私下沟通的重要性,私人沟通使沟通带上了人情味,而一般的正式沟通常常是官气十足,毫无人情味的沟通。这种人情味可以使沟通双方增进了解,保持更好的合作默契。

通过私人进行沟通大致有两种方式:

(一) 私人直接沟通

私人直接沟通是指沟通双方或数方直接进行非正式的接触与沟通,通过多次的不断接触与沟通,沟通双方或数方增进了了解、增进了友谊,甚至会成为要好的朋友,此时就形成了组织的关系资源。关系资源除了因利益所驱而形成外,还有就是那些私交甚好、看重朋友情谊的人或组织。从这个意义上看,私人沟通又可成为开拓关系资源的重要手段。

私人直接沟通可以在组织内安排,即组织成员之间可以而且应该鼓励除了在工作上的正式沟通外,还应有工作之外的私下沟通,从而使沟通双方或诸方在工作中更能协调配合。但组织需要有所把握的是,一些组织成员的私下沟通不要最终演化为拉帮结派,这样对组织发展不利。

私人直接沟通也可以在组织外安排,即组织成员与组织外界某些方面保持私人性质的直接沟通。这样一种沟通好的话,可以增进组织与外界诸方面的良好关系,开拓组织的外部关系资源;但弄得不好的话,就有可能损害组织的形象,甚至造成不利于组织的局面。作为一个组织的成员,因为都在社会中生活,都要与外界各方打交道,因此,每个成员都应有公共关系处理的经验,都应时刻体现出组织的价值观、理念和文化等,在与人私下沟通时要体现出组织的精神风貌。

(二) 私人间接沟通

私人间接沟通是指通过第三者进行私下的双方或诸方的沟通。通过第三者的私下沟通有着私人直接沟通不具备的优点,这就是私下沟通双方不便说的、不便表达的信息可通过第三者代为传递;双方沟通中产生的误解、发生的矛盾可以通过第三者来进行解释和调解。因此,一个组织或一个个人在与外部保持有效沟通中,需要有一些第三者。这种第三者应该是沟通双方或诸方均熟知的、均依赖的人或组织。

私人间接沟通可以在组织内安排。日本许多企业均有一个不成文的规则,每周社长都要与某些员工共进午餐一次,甚至还有一个会叫做员工诉苦会,会上有怨气的员工可以痛骂其上司或公司,这些均可以被看作为一个私下的间接沟通渠道的安排,这样做有时会增进组织成员的凝聚力,使之更好地协调工作。

私人间接沟通还可以在组织外部安排,即通过第三者安排组织成员与政府要人、社会名流、工商领袖、媒体大王等保持良好的私下沟通渠道。这种沟通的主要目的是传递组织发展希望得到关心和支持的信息,表达组织对社会的看法和支持等信息,从而使组织在社会的空间中能够更好地生存与发展。中国有句古话叫做"多一个朋友多条路",说明了私人沟通的重要性。

第四节　人际沟通障碍与改进

一、人际沟通障碍

无论是组织正式的还是非正式的内部与外部沟通,如果希望达到预期的目标,那么克服沟通中存在的障碍就尤为重要。沟通中的障碍可能存在于信息发送者方面,或存在于传递过程中,或在接受者方面,或在信息反馈方面。沟通过程中一旦出现障碍,就会使沟通成为空话,甚至造成双方的误会。

（一）发送者方面的障碍

发送者方面出现的沟通障碍也称为原发性障碍。这类障碍一般是由于对信息涵义理解不同、表达不够清楚、编码失误等造成的。信息发送者可能用了不恰当的符号来表达自己的思想,或者在将思想转化为信息符号时出现了技术上的错误,或者使用了矛盾的口头语言和形体语言致使别人误解等,这些都会造成信息传递困难,译码困难或理解困难,从而造成人际信息沟通的障碍。

有时,即使把要表达的意思变为明白易懂的信息,环境中仍可能会出现各种干扰因素,使正常的沟通发生困难。犹如无线电通信中受到诸如电源、电磁波的噪声干扰一样,最终可能使正常的通讯中断。此时尽管发送者尽了力,但结果是一样的。作为沟通的出发者,要达成沟通的目的,如何降低自己沟通的障碍是很重要的,有时甚至还要克服自己的心理障碍。

（二）沟通过程中可能的障碍

信息沟通一定要通过媒介,在一定的渠道中进行。因此,沟通过程的障碍可能是由于媒介选择与信息信号选择不匹配而导致无法有效传递;或信息传递渠道过于差、负荷过于重等导致传递信息的速度下降,以致丧失迅速决策的时机;或因为传递的技术有问题导致信息传递失误,等等。沟通过程中如果出现了这些障碍,信息沟通就会有问题,有时甚至会出现"差之毫厘,失之千里"的重大问题,这将给组织带来巨大的损失。

（三）接受者方面的障碍

接受者在接受信息时会因为自己本身的问题造成沟通中的障碍。例如,接受者在接受信息过程中心神不定,导致接受的信息不完整;又如接受者自身的价值观、理念不同于他人,导致对信息意思的不准确理解;此外,像接受信息的技术失误、接受者的心理状态、行为习惯等,均有可能导致信息沟通过程中出现这样那样的障碍。意识到自己在沟通过程中可能会带来沟通的困难,有利于逐步增进有效沟通。

（四）反馈过程中的障碍

反馈在沟通的有效性中扮演着极为重要的角色,因为沟通过程中不可能完全没有障碍,故而沟通双方或诸方需要建立一个信息反馈渠道,以便修正大家的行为,从而使沟通向更有效方面转化。一般而言,不设反馈的沟通称为单向沟通,设有反馈的沟通称为双向沟通。有研究表明,单向沟通速度较快,较有规律,对发送者威胁不大。尽管如此,双向沟通更准确些,更能使沟通有效。

反馈过程中可能出现的障碍有：设置的反馈渠道无法有效运作等，如有的组织设置了领导信箱，但从来不打开，这样的反馈渠道还不如不设；反馈过程中还可能出现信息失真，传递技术和编译码存在问题等，如有人利用反馈渠道反馈虚假信息，会造成许多麻烦，现实中的"打小报告"就是一例。

二、人际沟通的改进

要完全消除人际沟通障碍是不大可能的，但是可以尽量克服。一般而言，人际沟通的改进可从以下几个方面着手：

（一）人际沟通改进的准则

哈罗德·孔茨教授认为人际沟通是否有效，可用预期的效果来评价。为此他提出七项准则帮助克服沟通中的障碍，提高沟通效果。

（1）信息发送者必须对他想要传递的信息有清晰的想法，这就意味着进行沟通的第一步是必须阐明信息的目的，并制定实现预期目的的计划。

（2）不能脱离实际制定沟通计划。相反，应该同别人协商并鼓励他们参与，选用最合适的媒体，来收集事实，分析信息。例如，当你把信息传递到组织中去之前，你不妨请同事读一份重要的记录。信息的内容应该同信息接受者的知识水平和组织气氛相适应。

（3）要考虑信息接受者的需要。无论何时，信息都要适用，或在短期内，或在较远的未来，沟通内容对于接受者来说都要有价值。有时短期内会影响员工的不受欢迎的措施，如果从长远来看对他们有利的话，也比较容易被他们所接受。例如，只要公司明确表明这一措施在长期内将增强公司的竞争地位和不致解雇员工的话，那么，缩短一周工时可能更容易为员工所接受。

（4）有种说法叫音调组成音乐。同理，信息沟通中的声音语调、措辞以及讲话内容与讲话方式之间的和谐一致等，都会影响信息接受者所作出的反应。一个作风专制的主管命令属下的监督管理员实行参与或管理，这会造成难以克服的信用差距。

（5）只传递而没有沟通的情况屡见不鲜，这是因为信息只有被接受者理解了，沟通才算是完整的。除非发送者得到反馈，否则他就决不会知道信息是否为人所理解。可以通过提问、去信询问以及鼓励信息接受者要对信息有所反应等方式来取得反馈信息。

（6）信息沟通的职能不只是传递信息，它还涉及感情问题。感情在组织内上下级和同事之间的人际关系方面有非常重要的作用。信息沟通在激励人们为企业目标而工作的同时，也为实现人与人之间的感情沟通作出贡献。信息沟通的另一种职能是控制。诚如我们在论述目标管理时所知道的那样，控制并非一定意味着自上而下的控制，相反，目标管理强调成员的自我控制。自我控制要求有明确的信息沟通，并对衡量业绩的标准有所理解。

（7）有效的信息沟通，不仅是发送者的职责，也是接受者的职责。

（二）沟通检查

改进组织内外人际沟通的方法之一是进行沟通检查。如果把沟通看成是实现组织目标的一种方式，而不是为了沟通而沟通，那么就可以把组织内外的沟通看成是一个与组织目的相关的一组沟通因素，如图18-5所示。

组织需要加以检查的四大沟通网络如下：

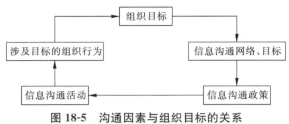

图 18-5　沟通因素与组织目标的关系

（1）属于政策、程序、规则和上下级关系的管理网络或同任务有关的网络。

（2）包括解决问题、会议和提出改革建议等方面的创新活动网络。

（3）包括表扬、奖赏、提升以及联系企业目标和个人所需事项在内的整合性网络。

（4）包括组织出版物、布告栏和小道新闻在内的新闻性和指导性网络。

信息沟通检查是一种工具，用来分析它所涉及的许多关键性管理活动中的沟通。这种检查方法不仅用于出现问题之际，也可用于事前防范。有多种检查程式可供使用，如可以采取观察、问卷调查、会晤访谈以及对书面文件的分析等。即使对信息沟通系统的初次检查颇如人意，仍需要继续进行检查，定期提出报告。

（三）认真聆听双方意见

沟通通常是沟通双方互动的过程，在这一过程中，如果沟通双方或数方能够认真倾听双方所述的问题和意见，就能减少许多误解，从而减少沟通过程中的障碍。有效的沟通是要付出时间、同情、共鸣和全神贯注等代价的，因为沟通者要求对方能够认真倾听他们的话，还要求能够被对方所理解。在沟通中，对方不能随便打断他们的话，还要避免使他们处于防范心理状态；应给予反馈也要求得到反馈，要让沟通者知道是否理解了他的意思，只有这样才有可能使沟通有效起来。

聆听是一种能够加以开发的技能。基思·戴维斯和约翰·纽斯特龙提出了改善聆听的十条指南：①停止谈话；②让谈话者无拘束；③向讲话者显示你是要倾听他的讲话；④克服心不在焉的现象；⑤以设身处地的同情态度对待谈话者；⑥要有耐心；⑦不要发火；⑧与人争辩或批评他人时要平和宽容；⑨提出问题；⑩停止谈话。第①和第⑩条是最重要的。在我们能够倾听意见之前必须停止谈话。

卡尔·罗杰斯和罗特利斯·伯格提出了一个简单的规则：只许在准确地复述原先发言者的思想和感觉并感到满意之后，你才可以发言。这条规则听起来容易却难以做到，它要求聆听，理解，抱有设身处地的同情态度。可是，一些运用这一技能的主管声称他们在很多情况下都没有准确地进行沟通。

（四）书面沟通的改进

书面沟通是沟通诸多方式和渠道中的重要方法之一。许多人并未认识到书面沟通的重要性，他们只按自己的行文习惯写作，以为自己理解的语句和叙述方式对方也能理解从而使沟通发生了障碍。书面沟通中普遍的问题是：书写者在报告中省略结论，或把结论搞得含糊其辞，或行文拖沓，语法不通，句子结构混乱以及错别字等。以下几条准则可有助于改进书面信息沟通：

（1）使用简明的词和词组。

（2）使用短而人们熟悉的词汇。

(3) 使用人称代词(如"你"),只要合适即可。

(4) 提供图解和实例,使用图表。

(5) 使用短语和短的段落。

(6) 使用动宾结构(如"主管计划……")。

(7) 避免使用不必要的词。

约翰·菲尔登指出,书写文体应该符合想要达到的情景和作用。具体说来,他建议一个拥有权力的书写者,其文风要有说服力,措辞应该彬彬有礼而又坚决有力。当书写者的地位比信息接受者的地位低时,以采取平铺直叙的文体书写为宜;如果传递好消息和要求采取措施的说服请求,则可以采取私函文体;而传递反面消息通常以非私函的文体为妥;撰写好消息、广告以及推销函件适宜于采取生动活泼又花哨有趣的文笔。另外,书写常用的业务往来信函,可以采取平铺直叙的公函格调,不要文采飞扬。

 ## 本 章 小 结

1. 人际沟通是指把信息按可以理解的方式从一方传递给另一方,把一个组织中的成员联系在一起,以实现共同目标之方式。人际沟通可以创造一个和谐的氛围,使组织成员行为协调,上下沟通管理更有效率,还可以开发组织的关系资源。

2. 人际沟通可分为正式沟通和非正式沟通两种。所谓正式沟通是指按照组织已设定的沟通渠道和方式进行的沟通,而非正式沟通则是私下的、非正式的一种沟通。非正式沟通通常是正式沟通的一种补充。

3. 正式沟通包含两个方面:一为组织内的正式沟通,它包括自上而下、自下而上、横向及反馈沟通等几种;二为组织与外界的正式沟通,这种沟通是组织必须进行的信息交流工作,也是开拓组织的关系资源的需要。

4. 非正式沟通也包括两个方面:一为私下的沟通,即组织内、组织与外界的私下沟通,私下沟通有时很有效果;二为通过非正式组织的沟通,即通过非正式组织内人际沟通渠道和方式进行的沟通。

5. 有效的人际沟通不是轻易就能做到的,因为沟通过程中存在许多导致沟通障碍的因素。为此需要不断地对组织内、组织与外界的沟通进行检查,发现问题并进行改进。

 ## 复习思考题

(一) 简答题

1. 人际沟通对于一个组织而言究竟有何重要作用?

2. 列举人际沟通的不同渠道,试比较这些渠道对信息有效传递的长处和短处。

3. 非正式沟通渠道的存在究竟好不好? 在什么时候好,什么时候不好?

4. 一个组织内自上而下、自下而上的信息沟通各自可能存在的障碍在哪儿,有什么不同?

5. 你认为还有什么方法或手段可以改进人际信息沟通?

(二) 选择题

1. 对人际沟通的正确理解是(　　)。

　　A. 沟通必须涉及两个人以上

　　B. 沟通可以是单向的,也可以是双向的

　　C. 沟通必须有一定的沟通客体

　　D. 沟通必须通过某种媒介

　　E. 人际沟通实际上就是信息的传递过程

2. 人际沟通模式中含有的因素为(　　)。

　　A. 信息发送者　　　　　　　　　　B. 信息

　　C. 信息接受者　　　　　　　　　　D. 信息传递的渠道

　　E. 噪声与反馈

3. 关于人际沟通网络叙述正确的是(　　)。

　　A. 星型网络的集中程度高于环型网络

　　B. 全通道型网络的领导预测能力很低,而星型网络则反之

　　C. 星型网络的群体平均满意度较高,每名成员的相差幅度较低

　　D. 环型网络的可能交流通道数要高于 Y 型网络

　　E. 全通道型的群体平均满意度和每名成员的满意度均较高

4. 组织内正式的人际沟通渠道是(　　)。

　　A. 组织内召开的会议

　　B. 政府下达给组织的文件

　　C. 领导的工作指示

　　D. 组织内设立的领导信箱(方便组织内成员提建议与意见)

　　E. 组织成员在聚会上的闲谈

5. 观点错误的是(　　)。

　　A. 非正式沟通的产生是由于正式沟通方面有一定的沟通障碍

　　B. 正式沟通渠道可以独力承担组织人际沟通的任务

　　C. 非正式沟通渠道通过严加控制可以完全取缔

　　D. 正式沟通渠道优于非正式沟通渠道

　　E. 非正式沟通渠道也可以帮助形成组织的关系资源

6. 可以改进信息沟通的方法是(　　)。

　　A. 检查信息沟通的情况

　　B. 沟通双方或数方认真聆听其他人的倾诉

　　C. 了解信息接受者的文化背景、价值观念等等

　　D. 改善沟通渠道,根据具体情况采取相应的沟通手段

　　E. 设置有效的反馈程序,以修正信息传递的正确性

案例 惠灵顿保险公司:员工沟通

皮塔·隆伯格,这位惠灵顿保险公司的副总裁正在仔细研读一份员工调查报告。她掌管着公司的公共事务部,因此对惠灵顿内部员工沟通的成果很感兴趣。隆伯格正在准备1990年的预算,由于公司利润菲薄,她必须在下一年的内部沟通项目中确定优先考虑的事项。

惠灵顿保险公司

惠灵顿保险公司是一家综合性的保险公司,提供家庭险、汽车险、商业险等各项服务。惠灵顿通过相互独立的保险经纪人提供上述服务。这些保险经纪人的规模都比较小,他们直接同客户打交道;而客户经常连哪一家保险公司承保了他们的保险都不知道,除非他们提出这一要求。

惠灵顿保险公司是伦敦保险集团的子公司。后者又是Trilon财团的子公司。母公司本来希望惠灵顿的股利和股票价格能以每年15%～20%的速度增长。在1980年—1986年间,惠灵顿已经四次未达到这一目标。自1980年以来,惠灵顿在加拿大保险公司的排名表上已经从第4位滑落到了第21位。1988年,默里·华莱士被任命为公司总裁,他来自皇家信托公司。该公司也是Trilon财团的一家子公司。华莱士必须在五年内彻底改变惠灵顿的现状。在详细倾听了员工们的意见后,一场"革命"开始了。

惠灵顿的"革命"

这场发生在惠灵顿的"革命"实质上是一次分权,把整个组织在全国范围内分解为23个独立的事业部,每一事业部都有相应的职能小组。这样做的目的是为了使惠灵顿变成一个高效的顾客导向型公司,如图18-5所示。事业部的成立使得惠灵顿可以更好地了解它直接的客户——保险经纪人的情况。整个"革命"成功与否的关键在于分权,通过向每位员工提供培训,扩大他们的职权范围,以使每位员工都能够独立决策。分权的目的不仅是使每位员工能更好地对保险经纪人和承保人负责,而且是为了帮助整个惠灵顿更出色地服务于细分市场。惠灵顿公司希望通过对组织结构和组织文化的激烈变革来显著提高其服务质量。正如公司副总裁鲍勃·麦克科纳尼(战略管理部)所说:"公司的理念是,如果所有的员工都能对他所提供的服务负责,整个公司就能欣欣向荣。"整个"革命"的进程,从公司新的目标使命到组织结构设计,是由一个专门的权力机构负责的,这一机构的成员来自全公司各个不同的阶层以及职能部门。使全体员工都参与决策不仅是这场"革命"的目的,而且也是其本身的进程。

对于惠灵顿公司的700多名员工而言,这场"革命"是难以预料的。由于反对者和怀疑者相继决定离开公司,公司的人员流动率骤然升高。为了使员工能够跟上变革的进程,培训和沟通变得迫在眉睫了。公司还从外面聘用了许多高级经理,以免保险业传统的"拖沓"的工作作风阻碍"革命"的成功。隆伯格就是一个例子,尽管她现在还不能完全了解保险业的状况,却要由她来发动这场"革命"。

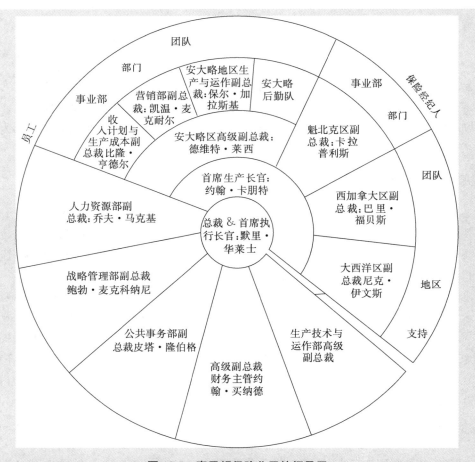

图 18-5　惠灵顿保险公司的领导层

从 1988 年到 1989 年,惠灵顿的财务状况有所改善,特别是在承保收入项目上。然而,利润却仍旧很低,最主要的原因缘于政府对安大略省汽车险的限制,而汽车险占整个公司业务的 25% 左右。

公共事务部

　　惠灵顿保险公司的公共事务部除了隆伯格以外还有三个人,包括两名专业的沟通人员和一名管理人员。隆伯格是在 1988 年加入公司的,她拥有 Cape Town 大学的 MBA 学位,在沟通和公共关系领域有丰富的经验。她现在所负责的公共事务部不仅要负责制定在沟通方面的战略规划,而且还要帮助实施一些具体的沟通活动项目。公共事务部不仅和人力资源部关系密切,而且更重要的是它跟公司的领导层联系也很紧密。

　　沟通在这场"革命"中起着关键性作用。公共事务部负责信息的传播,这实际上是一项极富挑战性的工作,因为每天都会出现新情况。同时,该部门在公司文化的转型中也起着决定性作用:华莱士认为较好地理解公司核心价值观(参见文后附录)的员工能更出色地完成工作。为了达到公司的目标,公共事务部做了大量工作。他们尝试新的沟通模式,积极地寻求信息反馈。而所有这些工作都必须以尽可能低的成本来完成。现在,随着"革命"进程的趋缓,他们终于有时间来进一步确定将来的计划。

公共事务部在 1990 年的具体目标主要有三项:

①增强股东对惠灵顿公司的意识;②让公司员工进一步了解公司文化;③同政府主管部门、同行以及客户建立良好关系。

更主要的是公共事务部在完成上述目标时所花费的成本不能超过限制,即 1990 年在员工沟通活动中花费的成本不能超过 1989 年的水平——40 万加元。这一数字,不包括该部门成员的工资,但包括涉及具体项目的成本。各个事业部分别对自己的沟通计划和宣传材料的成本负责。

1989 年人力资源部负责发起了一场全公司范围内的调查活动,其目的是了解员工对公司、人员流动、职业期望等各方面问题的看法。隆伯格利用这一机会获得了有关员工沟通的大量信息反馈。调查是在三个层级上进行的:惠灵顿的领导层(总裁和副总裁们);各个事业部门(事业部、团队、单位)的领导;各个事业部的成员。通过推敲调查问卷的结果,隆伯格再仔细考虑如何在相应的成本限制下完成她的沟通计划,以及首先应采取哪些措施。

附录

核心价值观

● 我们事业的基础在于互惠互利。

● 我们仔细倾听任何来自客户、保险经济人、员工和股东的心声,尽我们最大的努力满足他们的要求。

● 我们对所有的股东都以诚相待。

● 我们努力改革,倡导创新。

● 我们认为员工和信息是我们成功的最关键资源,因此我们在这两种资源上大力投资。

● 我们要努力做到最好。

● 我们根据客户中的要求提供产品和服务。

● 我们把我们的价值定位于使客户获得最大满足,尽管这与保险业传统的价值观相悖。

● 我们尽量避免折本销售。

● 我们立志于不断进步以及始终为客户提供最优质的服务,努力帮助员工实现他们的最大价值。

讨论题

1. 公司进行改革是为了改进员工之间的沟通,还是沟通为了改革?

2. 公司有明确的价值观后对公司上下的沟通是否有帮助?

第 19 章　创新工作流程

组织目标与任务并不能一蹴而就,需要逐步工作才能最终完成,这种工作活动间的顺序及其路径就是组织的工作流程。工作流程可确保目标任务的完成,但这种流程又是当时技术、分工、人员素质等因素相互作用的产物。当这些因素发生变化时,流程就需要改造,需要创新。

流程具有逻辑特性、变动特性和可分解特性。基本流程的构成要素为工作、逻辑关系和转换时间三项。组织基本流程的内在核心为组织的理念、组织内的技术工艺特性以及领导者的领导风格及方式。再造流程目前已成为组织变革或改造的核心内容,因为流程决定了组织具体的运作机制和运行方式。

第一节　流程的特性与功能

一、流程的概念

美国两位管理专家麦可·哈默和詹姆斯·钱比 1993 年出版了一本令管理学界及企业界震动的书——《改造企业》,引发了流程改造或叫做改造企业研究与实践的热潮,成为当今与未来企业管理变革与创新的主要方面之一。

在他们看来,进入 20 世纪 80 年代以来,尤其到了 90 年代,企业生存与发展的空间环境发生了巨大的变化,这些巨大的变化可以用 3C 来描述,即顾客、竞争和变化。这三个 C 在新的条件下对企业的冲击非常大。

（一）顾客

过去,厂商与顾客的关系,通常是厂商决定,即厂商提供标准化的产品或服务,以满足顾客们的消费需求,而厂商的决定又以顾客现时的需要为转移。到了 20 世纪 80 年代以后,顾客与厂商的关系开始发生变化,即顾客运用其对商品或服务的选择权,决定了某个厂商的兴衰。顾客的这种选择权,一方面是顾客对自己权利的日益清楚的认识,另一方面也是厂商们不断提供同类有差异化商品的结果。由于信息在顾客与厂商之间的沟通愈来愈容易,顾客愈来愈了解厂商商品的基本成本、质量、功能,给厂商的生产销售带来了一定的压力。

工业品消费者同样如此,因为工业品消费可以采取前向或后向一体化的策略,使消费者变采购为自己生产,使原来的生产厂商受到巨大打击。所以,消费者即顾客在生产与消费过程中的主导作用,使得企业必须重新认识顾客,因此也就有了 CS,即顾客满意度理念的产生。20 世纪 90 年代兴起的 CS 理念,是随消费者主权的变动而产生的。这一理念把顾客看作企业的合作伙伴,是一家人,希望建立厂商与顾客之间的新型关系。

（二）竞争

市场上历来有竞争,而竞争的手段无非是价格手段和非价格手段（如品种、质量、功能等）两大类。企业之间的竞争并非 20 世纪 80 年代以前不激烈,而 90 年代后格外激烈。而是 80 年代以后,市场上的竞争有了新的特点。这些特点在钱比与哈默看来有四点:①在市场更为开放和世界统一市场形成的条件下,任何一个行业中可以找一两个搞得很好的、竞争优势极大的现代企业,因此,某个企业如果不能肩并肩地与世界上最好的企业站在领导世界新潮流的企业行列之内,便会很快从市场上消失。②市场上不断涌现出新企业,这些企业观念新,有新产品,有管理上的新招,有开拓性,往往具有很大的竞争力。③竞争的另一方面则是一些原来的竞争对手在某一方面进行战略联盟,如联合开发某项新消费品,并瓜分市场,而不像过去搞相互竞争,互抢市场。④在未来的世界市场上,企业与企业之间竞争,可能成为国家与国家的利益与实力的竞争,政府将可能进入企业的竞争之中。1997 年美国波音与麦道飞机公司的合并,就是美国政府协助两公司竞争全世界航空客机市场的一个信号,有人预计两公司合并后,在市场上的占有率将从目前的 65% 升至 70%。

（三）变化

所谓变化是指企业本身在变化,企业的发展环境在变化,顾客与竞争在变化,即一切都在变化。因此,企业惟有以变化适应变化才可能发展成功。

钱比与哈默认为,在诸变化中,技术进步的变化最具有威力,因为它将导致企业新产品的生命周期缩短,一些企业如果跟不上技术进步的步伐就有可能被抛弃,被淘汰。例如,计算机产品的生命周期现在或许不到两年;一家美国养老基金管理公司新近开发了一种利用税法与利率特点的特殊服务,这种服务的市场寿命的平均值只有三个月,迟进该市场 30 天,将减少 1/3 的销售时间。此外,变化在未来变得更难预测更难把握,更何况,消费者自己都不清楚未来的需求是什么,厂商们甚至对变化的迅速也有点不知所措。

正是在这样的条件和状态下,进入 20 世纪 90 年代以后的现代企业需要以变制变,才能站在现代优秀企业的前列。怎么变呢? 钱比与哈默博士认为就是改造企业或流程改造。

流程是指完成一项任务、一件事或一项活动的全过程,这一全过程由一系列工作环节或步骤组成,相互之间有先后顺序,有一定的指向。例如,订单至生产发货的流程如图 19-1 所示。

图 19-1　订单至生产发货的流程

图 19-1 中的订单、核单、审核信用、工厂生产、发货为一个个工作环节,每个环节均有指向,相互之间有一定的先后顺序,这种先后顺序反映了这一工作或活动完成的内在逻辑。所有的工作环节衔接起来便构成了一个完整的工作流程。所谓流程改造,就是对组织原有的工作流程进行全面的再造,以适应组织外部环境的变化,适应顾客的变化,谋求组织生产的运作和管理有更高的效率,节约更多的成本,使产品和服务更能取得顾客的认可和满意。

二、流程的特性分析

流程作为完成一种工作或一项任务、一件事的全过程,它有如下一些特性:

（一）逻辑性

逻辑性是指流程的全过程包含着诸多工作环节和步骤，其内在逻辑性是很强的。因为，如果不是按照这么一个工作顺序一环环进行的话，这个工作或任务的有效完成将有问题。事实上，这种逻辑性也是人们多年在完成同样工作或任务中逐步摸索逐步总结得到的，故流程带有一定的经验总结和行为习惯的含义。但是这种总结、习惯只有与完成工作或任务的效率要求、费用要求、时间要求相吻合，且不违背科学的规范时，才会成为人们普遍遵守的规范。

尽管流程存在内在逻辑性，但并不意味着一个流程中所有的工作环节一定就缺一不可。例如，图 19-1 中的顾客信用审核这一工作环节在市场经济条件下是一定需要的工作环节，是整个流程中不可或缺的部分，但在计划经济条件下就不需要，因为那时的企业均无所谓的信用，因而也就不必要有这一个环节。所以，在不同的条件下，流程中的工作环节与步骤可能不一定相同，但多一环节或少一环节并不影响其先后顺序和整个流程的内在逻辑，如图 19-2 所示。

比较图 19-1 和图 19-2，图 19-2 虽然少一个工作环节，但完成这个任务依然是按照从订单到生产发货这个顺序来进行的。

图 19-2　计划经济下的生产发货流程

（二）变动性

流程的变动特性当然应该从组织目标、战略措施、组织变动等方面来说明。因为当组织目标、战略、组织机构等发生变动时，实现目标的诸多大大小小的任务必然发生变动，与完成任务相关的流程自然也要发生变化，否则新的组织目标与战略也就不可能实现。也正是如此，才有组织流程改造一说。组织流程的变动特性从其内部来看也存在，即流程内部的工作环节、工作步骤的变动也是经常的，当然变动的前提是并不违背工作流程的内在逻辑。

流程内部的变动性是由专业分工的深化带来的。例如，亚当·斯密曾在其《国富论》中举了个大头针制造的流程，如图 19-3 所示。

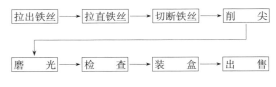

图 19-3　大头针制造流程

这个制造过程原本由一个人完成，但效率较低，后来将流程分解为两个部分：拉出至切断，削尖至装盒。于是流程变成了两个工作环节或工作步骤。随着制造技术的提高，分工深化，结果便形成了如图 19-3 所示的具有许多工作环节或工作步骤的工作流程。在这个变动中，效率提高了，工作者的技能要求相对简单了，生产质量得到更好的保证。

从这个例子，我们可以看到，工业化进步使得原本由一人完成的流程，分解为多人只需分别完成其中一部分、最终完成全部的流程，其结果是生产效率大大提高，这样的变动并未违背完成整个工作的内在逻辑。从这里，我们可以认识到流程的变动与技术进步、环境变化等均密切相关。

（三）可分解性

从以上特性中可以看到，流程可以按照工作顺序、工作步骤将一些基本的工作环节分解开来,独立成为一个个可由其他人来做的工作或应完成的任务。分解环节的多少则视专业化要求及技术上的可行性而定。因此,当专业化分工的设想、专业分工的技术条件等不一样时,同样一个流程在不同的组织中,其分解的方法和分解的结果是不同的,这决定了各个组织不同的生产效率和管理水平不同的基本方面。

流程的具体分解会受到分解的设想或理念、技术条件、人员素质等一系列因素的影响。可以这么说,有什么样的理念或设想,便会有什么样的流程内工作环节或步骤的分解、增设或减少。例如,前文所述的审核顾客信用这一工作环节放入流程之中,是外部环境的要求,如顾客无信用的话,产品生产后卖不掉,或发了货顾客不给钱。为了防范此风险,市场经济条件下就要有这一工作环节,并一定要放在发订单生产之前完成。而制造大头针的流程分解成图 19-3 这个样子,则与生产设备的专门化、人员技能的专门化一致。否则,流程分解了,每个环节上均有人工作,但其中一个人总不能把铁丝削尖,那么可能连一个合格的大头针都生产不出来,还不如由一个熟练的工人一个人从头做到尾。

三、流程的基本功能

流程作为完成某一项任务或某一项工作的全过程,其基本功能可以从以下四个方面来看:

（一）完成一定的目标或任务

流程是一个过程,这个过程是否需要,应视其对组织的某项任务或工作目标的完成是否有作用而定,没有作用的流程是应该被淘汰的流程。可以建立这么一个评判的标准:即看流程是否对组织某项任务或工作目标的完成有贡献,而且是直接的贡献和作用。

既然有这么一个判别标准,当组织的战略目标发生变化,组织实施变革,组织外部环境如顾客需求发生变化时,组织内部各项任务与工作就要发生变化,于是就会使得原来的一些流程不再需要了,或者需要进行大规模改造,或者需要重新设置新的效率更高的流程。

（二）帮助分工一体化

专业分工的好处是导致了流程中工作环节或工作步骤的独立化、专门化。流程原本可由一个人执行完成,变成了多个人分工完成其中的一部分,最后完成全部。这样一个过程是从历史的角度来看的,从每个组织来说则不是这样。例如,一个新建的组织需要有流程,需要分工,很可能是先进行分工形成基本的一系列工作环节或工作步骤,然后再将其组成有序的工作环节、工作岗位、工作步骤,按照工作的内在逻辑,按照完成任务和目标的先后顺序形成一个有效的工作流程,来帮助组织实现最终目标。流程是对分工后的工作环节、工作岗位和工作步骤进行一体化的整合。没有合理的流程整合,分工就可能会导致组织内更大的混乱。

（三）办公室执行者的责任

流程在分工后被分割成一个个相对独立的工作环节、工作岗位和工作步骤,为此,我们便可以界定每一个工作环节、工作岗位和工作步骤执行者的责任,从而确保整个流程功能的有效发挥。具体地说,一个流程要完成一项任务或目标时,我们可以确定这个流程的负责人,一方面他对完成这个任务或目标负全责,另一方面他负责指挥协调其流程内各工作岗位、工作环节、工作步骤上责任人的工作与行为,进而更有效地完成工作任务或目标。这一点非常重要,因为传统的组织并不是完全按照工作流程来构造的,而是按照职能分工、专业分工构造的,负责人是对职能部门负责,如计划、市场、人事等。一旦一个流程中的工作环节或工作步骤涉及众多部门时,流程的运作就成了问题,变成了各自只对某个局部环节负责,流程的整体运行效果反而无人过问。现代组织需要改变这种状态,这当然首先要从组织创新入手。

（四）时间性和阶段性

一个流程一旦分解出较为稳定的工作岗位、工作环节、工作步骤,在技术手段如机器设备的配置,以及人员素质如工作技能的提高配合下,就可以计量出每个工作环节、工作步骤的完成时间,进而可以计量出工作效率。泰罗在一百年前曾经做过的"搬运生铁的试验",以及由此得出的"科学管理原理"的一个基本方面是研究人在完成某一项工作时,哪些动作是必要的,哪些是不必要的,哪些是科学合理的,哪些是违反科学的,是不合理的等,进而有了工作的时间要求,有了计量效率高低的标准。同样,如果流程在每个工作步骤和工作环节上都有完成的时间标准,那么整个流程完成的时间也就确定了。提高流程完成效率的途径,必须从每个工作环节与工作步骤中去寻找,从它们各自所需时间的确定性去判断,从现有的那些工作环节与工作步骤是否还有理由继续存在中去判定。

第二节　组织流程的构造与内核

一、组织基本流程的构造

组织基本流程的构造是指组织总的基本流程之间的比例关系与结构,如果深入基本流程内部的话,则首先是流程本身的构造。

（一）基本流程的构成要素

组织流程是指完成一项任务、一个事件或一项活动的全过程,这一全过程由一系列工作环节或步骤组成,相互之间有先后的顺序,有一定的指向。流程的这个概念实际上已表明流程由以下几个基本要素所构成:

1. 工作

任何一个流程一定是由一些具体工作或步骤所组成,因为流程本身是完成一项任务的全过程,为了完成这项任务,需要执行者先后做一系列的工作,以达成最终目标。显然,执行者不做工作,也就无流程可言,自然也不能完成需要完成的任务。

一个流程中含有的一些具体工作内容及要求,实际上由这个流程所要完成的任务或事件的特性所决定。什么样的任务和事件,需要采用什么步骤,先后应做哪些事,虽然执行者并非生而知之,但可以从过去的经验积累中得到启示。特别是那些所谓程序性的任务和事件,实际上已有了明确的目前最好的工作顺序和步骤,只要照此进行便可获得圆满结果。在完成非程序性即全新的任务和事件时,人们需要探索什么是最佳的工作路线,什么是应该做的工作,什么是不应做的工作,等等。

一个流程的工作原本可以由一个人完成,技术的进步、专业化分工的效率提高和协作的可能性增大,均导致了一个流程中的工作可以具体划定边界,交给各方的合适人选来完成,从而更快、更省、更有效地完成任务。也正是如此,流程中这些基本工作的划定,是随着时代与技术的变化而变化的。例如,传统工厂中,操作工必须在生产线的固定岗位上操作一个对象,而现代工厂中,整个生产流程全自动化了,只需一个人照管全流程便可。

2. 逻辑关系

这是指流程中具体工作之间存在着一种先后顺序的关系,这种先后顺序的关系就是甲工作必须在乙工作之前完成,乙工作必须在丙工作之前完成,等等。如果违背了这个先后顺序关系,流程最终要完成的任务必成问题。事实上,也正是这种先后的逻辑关系构成了流程本身。

但是一个流程的逻辑关系不是唯一的。这不是说完成任务的目的不唯一,而是指完成任务的途径即从流程的起点到终点的路线是可选择的。这种选择虽然不改变总的完成任务的内在逻辑,但每一路线的基本工作及基本工作的逻辑关系有相应的改变。例如,从接订单到生产,从生产到履约发货这个基本生产流程就可以有不同的路径,如图 19-4(a)和图 19-4(b)所示。

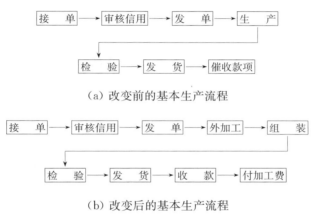

(a) 改变前的基本生产流程

(b) 改变后的基本生产流程

图 19-4　改变前后的生产流程

比较两图可以看出,总的逻辑关系不变,但路径不完全相同,这是因为图 19-4(a)中,是企业自己生产加工,图 19-4(b)中是企业委托外部加工然后自己组装。表面上看,外部加工组装多了工作环节,会导致成本增加,其实不然,因为外部加工是你占用了别人的资产,而且遇到风险时,可随时抛掉外加工的单位。

3. 转换时间

这是指流程的每一基本工作环节或基本工作完成后至下一个工作环节启动时的时间间隔,间隔越小表明两者转换的时间愈短,反之则愈长。一个流程中工作界定后由专业化人士来执行固然能大大提高效率,但如果分解界定的工作部分完成后,从这个人到那个人需要很长时间的话,则将导致效率的降低。特别是当市场上消费者需求变化很快时,流程的间隔时间很长的话,完成任务的效率就会很差,并且可能丧失许多的市场机遇。

一个能够既快又好地完成特定任务的流程,既需要合理地确定基本工作单位,选择专业化人士或设备来完成,也需要基本工作单位的工作任务完成后,先后顺序环节可以很快地衔接。衔接的时间问题有时与基本工作单位的划定有关。事实上,有的工作环节不分解反而更好,一分解反而造成衔接的困难。这个命题实际上就是所谓"分工的合理性"。

（二）基本流程的构造

现代企业组织内基本流程结构可从纵、横两个方面来看,组织结构就是构造的结果。

1. 纵向构造

现代企业内的基本流程从纵向即从行政指挥至执行操作的过程来看,实际上包含了下述四个基本流程:

（1）生产指挥流程。即从企业负责生产指挥的领导出发,经生产管理部、生产车间、生产班组至生产工人的这么一个流程,其基本功能是让企业的投入产出过程能够有效地运作起来。

（2）人事管理流程。即从企业负责人力资源开发的领导人出发,经人事培训部、生产车间人事考核、生产班组或职能部门这么一个流程,其基本功能是为企业运作准备人力资源,开发人力资源,并在工作中评价、考核员工,调动其工作的积极性,防止差错。

（3）资金核算流程。即从生产工人或职能部门员工出发,至班组、生产车间或职能部门、会计部门、总会计师这么一个流程,其基本功能主要是对生产经营过程中的成本费用、资金占用等进行核定,了解其真实情况,达到控制的目的。

（4）计划决策流程。即从企业最高领导出发,至董事会、总经理、计划部门、执行售货员的这么一个流程,其基本功能是确定企业长远发展的目标、投资方向、重大投资项目以及如何实施,如何执行,确保企业明确自己未来的共同理想。

2. 横向构造

横向构造是指企业从投入到产出总过程相关的一系列基本流程。主要包括:

（1）生产作业流程。即接单、采购原料、发单生产、生产检验、发货、收货款等这么一个基本的投入产出流程。这一流程是企业最基本的流程,其基本功能是确保投入产出的有效进行,使得生产成本低,资源配置效率高,产出尽量多,从而产生良好的经济效益。

（2）营销流程。在市场经济条件下,企业没有营销就没有生存的机会。营销流程主要是指宣传推广、渠道设置、买卖交易、售后服务等这么一个全过程,其目的是要让顾客了解、信任企业的产品与服务,并能够长期不断地购买本企业的产品和服务。

（3）信息收集流程。即指企业的信息管理部门如何到外界各部门各方面收集、处理、汇总、传递信息的全过程。其功能是为企业的运作收集必要信息,以便企业能更好地适应环境,更好地决策,采取有效行动。信息对于一个企业而言,非常重要。

（4）资金筹措流程。即企业到资本市场上进行信用融资、权益融资的全过程,其具体工作环节由企业自己决定。这一流程的功能是为企业很好地筹措经营运作所需要的长期资金和短期资金,保证企业资金的正常周转运作。

以上所列举的纵向与横向基本流程,都是现代企业中最基本的流程,将其一一列举并不困难,困难的是将纵向和横向的基本流程在企业中形成的纵横交错的流程网描绘出来。纵向流程更多的是以一种行政管理为主的流程,而横向流程则多为一种作业性的流程。作业性的流程有作业本身的内在逻辑,但作业的有序展开则受到行政管理流程的指挥与控制。反过来,作业流程内在的逻辑关系又是指挥控制时不得不注意和重视的,否则就是外行指挥内行,从而决定了行政管理流程的路径与工作环节的确定。组织基本流程就是如此成为一个结构,这个结构在某种意义上又与机构、制度等有密切的关系。也正是如此,组织的创新离不开流程的改造。

二、组织基本流程的内核

组织基本流程的内核是指决定基本流程的基础性或决定性的原因。这些原因有以下几个。

（一）组织的理念或价值观

组织的理念或价值观是指组织经营管理所信奉的行为准则和对社会、经济等方面的价值判断。有许多组织尽管并没有一个明确的写下来的理念口号或价值观念，但其在市场上、社会中有自己的理念或价值观。许多成功的企业如松下、索尼、IBM 等均有明确的理念与价值观。例如松下的价值观是"奉献社会"，IBM 则为"服务"。组织的理念或价值观不同，会使组织的一些流程或流程所含的工作环节、工作步骤等有明显的不同，进而产生不同的效果。

例如，以前银行储蓄所里的服务流程一般如图 19-5 所示。

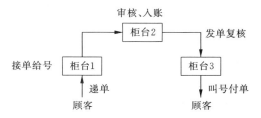

图 19-5 改变前的银行储蓄所服务流程

这个流程有三个工作环节或工作步骤。工作顺序是从柜台 1 到柜台 3，三位工作人员每人只负责一个专门的工作，如柜台 1 主要是接钱和存款单并进行清点，打印一个账单；然后交由柜台 2 对钱和单进行复核，入账或发放；然后一并交予柜台 3，柜台 3 再复核一遍无误则发给顾客，一笔服务最终完成。假定每个柜台需要 1 分钟的工作时间，那么整笔服务至少需要 3 分钟。若有顾客排在第十位时，则可能要等 15 分钟才能完成应得到的服务，而服务流程经常会因其中一人打电话、上厕所或其他事而中断，如此很难使顾客满意。仔细分析便知，这么一个流程恰恰是计划经济条件下的银行所信奉的"银行工作不能出错""你们要我服务"的理念和价值观的产物。

事实上，当银行的理念和价值观发生变化后，当把顾客放在第一，把顾客的满意度变为自己追求的目标时，对服务流程进行适当的改变，工作效率、顾客满意度就会完全不同，如图 19-6 所示。

图 19-6 改变后的银行储蓄所服务流程

在这个流程中，同样需要三位服务员工，只不过把原来由三个人共同完成的流程交给每个人独自完成而已。假定每个服务员完成全过程需要两分钟时间的话，那么第十位来的顾客最多需要等 8 分钟，而不是过去的 15 分钟，服务流程不会被打断，且人多可多设窗口，人少则少设窗口，这样顾客的满意度提高了，工作效率也提高了。差错率会不会提高？不会，因为一人负责一个流程，出了错全是此人的责任，反而强化了人的责任感，加上平时注意技能训练，足以做到不出错。显然，这么一个流程是从以顾客为中心，提高顾客满意度的观念出发设定的。

对比这两个流程,可以发现,尽管流程完成的目的一样、任务一样,但流程内包含的工作环节与工作步骤的设定则与组织的理念和价值观有很大的关系。

(二) 技术工艺特征

技术与工艺是两个不同的名词,在这里并不需要将其严格地确定和分离。在决定企业组织的基本流程中,技术工艺是极为重要的因素。这是因为企业基本流程首先带有一定的技术与工艺的特征。现代企业从事一定的产品和服务的生产制作,这些产品或服务的内在构造不同,所表达的功能不同,相应的生产过程、技术条件和工艺装备也不同。例如,生产布需要纺、织、印、染的生产过程和技术条件、工艺装备,当缺乏相应的条件时,整个流程便要中断,或只能以低劣的质量来完成流程的全过程。

加工制作的对象的不同导致了流程建立的不同,也导致了所需技术工艺条件的不同。例如,石油化工原料的加工,由于加工对象多为液体状的物品,于是就发展出了连续不间断的生产加工流程和相应的一套技术工艺装备,使生产效率大大地提高。根据这个思想,将连续不间断的生产流程应用至机械产品的加工流程中来,就产生了号称工业革命以来人类的又一伟大成就,即生产流水线的诞生,其结果是大批标准化、成本低廉的机电产品进入社会,极大地改善了人民的生活质量。

技术工艺本身的状态决定了流程的路径、工作专业化划分、工作环节或步骤之间衔接的状态和选择。例如,在 20 世纪 80 年代初期,电视机的组装流程中,几乎每个零件均要由专门的人来安插,然后由专门的人来焊接;而到了今天,零部件插入、焊接完全自动化了,由机器连续一次完成,流程的路径和工作专业化划分发生了变化。所以,我们可以预见技术工艺未来的巨大进步,必然导致现有企业组织流程的改变。

(三) 领导风格及方式

组织领导者有各自的个性,这种个性在他的学识、修养、道德、能力等的支撑下形成了他在组织中独特的领导风格及方式。管理学家对组织领导风格及方式有过许多的论述,曾一再指出领导风格、方式与组织兴衰、员工努力状态等有很大的相关性,这些都是对的。也正是如此,领导风格及方式从好几个方面影响或决定了组织的一些基本流程。

(1) 如果组织领导者的领导风格是采用分权以激励众人一起努力工作的方式,那么基本流程的结构可能呈现一种由一点向外分散的状态,如图 19-7(a)所示;反之,若领导者的领导风格是以集权为主,命令式指挥,那么组织基本流程的结构可能呈现出一种由外向内集聚于一点的状态,如图 19-7(b)所示。

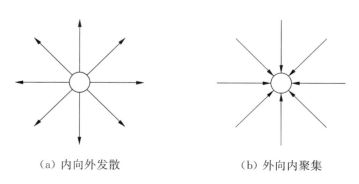

　　(a) 内向外发散　　　　　　　　　　　(b) 外向内聚集

图 19-7　领导风格

（2）如果组织领导者的领导风格是倾听下属意见、主张民主管理、职工参与组织最高决策的话，那么组织决策的流程就变成从下至上、职工参与董事会工作的一个流程；反之，如果组织领导者喜欢独断专行，听不得其他意见，希望发号施令，希望众人服从，那么组织的决策流程一定是从上至下的命令服从过程。

（3）如果组织领导者是放任式的领导，那么其放任式的条件，可能导致员工散漫，导致流程本身的设置和流程中的工作者工作不力，影响流程的工作效率；反之，如果组织领导者是民主式的领导，那么可能在所有的流程中都会设置诸如自我管理，充分发挥自己的积极性和创造性，甚至是创造新的有效的流程来替代原来的流程。

第三节　再造流程的基本路径

再造流程就是流程改造，其目的是要适应外界环境的变化，改造现有的组织基本流程，使其工作效率和经济效益有极大的提高。再造流程具体怎么进行呢？哈默与钱比博士虽然最早发表了他们的再造流程的思想，但仍只是一种思想。在现实中，组织实施流程改造的成功率并不是很高。不过也正是如此，才使这方面创新的空间非常之大。作为一种探索，再造流程可从如下思路着手：

一、再造流程的出发点

再造流程的出发点是指再造流程的基本准则和起点。现代组织再造流程的出发点有以下三个方面：

（一）组织目标

流程作为组织内的工作过程，首先要服从组织的战略目标，换句话说，流程的再造要为组织战略目标的实现做出贡献。因此，再造流程的重要出发点之一就是以组织战略目标为总目标，将其分解的分目标或阶段目标等作为流程应承担的目标，进而考虑流程应如何设置，如何改造，以便更有效地完成这一目标，从而为战略目标的实现作出贡献。

由于组织总目标的可分解性，如总目标可分解为生产目标、销售目标、质量目标、服务目标、资金运作目标等，也就有了如何完成此目标的工作过程，即流程，这是一个方面。另一方面，当组织总目标发生一定的变化，如从利润最大化目标变为市场占有率最大化目标时，一些流程，如竞争的流程、市场营销的流程、研究对手的流程，可能就要发生变化；如果不变化的话，总目标就不可能实现。

（二）理解顾客

顾客并不知道自己未来需要什么，但他们知道现在需要什么，尤其是当他们的支付能力提高，可以购买他们原来买不起的商品和劳务时。因此，在现在和近期未来的市场上，就会发生需求的变化，就会产生许多商业机会。一方面，现代企业组织是有顾客才能生存，无顾客就要消失的一种经济组织，不了解顾客的心理状态、消费习惯，企业要成功就很困难。另一方面，因为顾客并不知道他们未来需要什么，故现代企业组织如果不能在真正了解顾客的需求本性的条件下，开创他们明确的未来需求，那么现代企业也不可能在未来有良好的发展。既然顾客对企业如此重要,那么企业的工作流程没有理由在重新设置、重新改造时不以顾客的满意为出发点。

流程以顾客的满意为出发点,有的人可能认为最多是销售、服务、生产等流程应该如此,因为它们直接与顾客相关,这是对的。但我们这里所说的以顾客为出发点、以顾客满意为出发点,还包含了另一层意思:即一个流程中前后工作环节、工作单位或工作步骤之间的关系,可以看作是一个"厂商与顾客"的关系,即"供给与需求"的关系。例如,在图 19-4 所示的基本生产流程中,对于接单与审核信用,接单者应该把审核信用者看作是自己工作的"顾客",而审核信用者应该把发单者作为他们的"顾客",这样,如果大家都能使自己的"顾客"满意了,流程的工作效率也就会大大提高。

（三）技术条件

流程与技术工艺相关。从某种意义上说,技术工艺状态决定了流程的路径、工作环节和步骤的划分等,这是我们在前面已论述过的问题。技术条件作为流程改造的出发点,既有前面所述的含义也有不同的含义。哈默与钱比博士认为,如果没有信息技术的进步和介入企业,那么企业流程改造是不大可能成功的。他们特别强调了信息对流程改造的意义,因为信息技术的确可以改变我们的生活与工作的方方面面。信息技术介入企业后,他们认为会导致巨大的完全的变化,也正是如此,流程必须改造。

是不是可以说,信息技术的发展进步是流程改造的出发点呢? 应该说这可以是一个出发点,但对一般企业而言这一出发点高了一点。从现实出发,流程改造的确需要许多技术支撑,但并不仅仅是信息技术;而且当信息技术尚未普及之时,流程改造仍然可以进行,不过是依赖其他技术条件而已。从这个意义上说,现有的可掌握的技术条件就可以成为流程改造的出发点,即有什么条件支撑就进行什么程度的改造。

二、再造流程的组织

再造流程是一个重要的和复杂的工程,它的改造一方面会对组织造成影响,这是因为组织构造与工作任务相关,因而也与完成工作任务的过程相关,尽管传统的金字塔式的组织体系未完全按过程设计;另一方面,再造工作流程本身需要有一个强有力的组织来加以领导、组织和协调,以便在不导致组织过大震动的条件下顺利地实施再造流程。那么这样的组织是什么形态呢?

比较好的再造流程的组织形式,如图 19-8 所示。

（一）再造流程委员会

成立一个由企业与外部专家共同组成的再造流程委员会,在董事会直接领导下,全权负责企业流程改造方面的一切事务。委员会的主要职责为:决定改造的方向、范围,比较收益成本,配备人员,支持条件需要,协调与企业日常工作的关系等。

再造流程委员会之所以要隶属于董事会,一方面自然是因为流程再造的重要性,且涉及

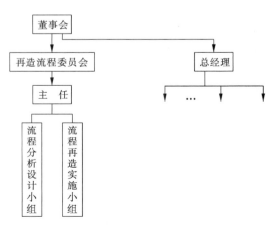

图 19-8　再造流程的组织形式

企业的方方面面,没有一定的权威性不行;另一方面则是因为考虑到再造过程中要尽量少干扰企业的日常生产经营,以免企业产生巨大的震动,影响近期的经济效率,故而只让企业总经理参加委员会工作,而不参加具体的流程改造领导,以免分散他的精力。

(二)委员会主任

委员会是一个议事的机构,虽然有最终的决策权,但一旦决定的事务要执行,就需要有一个人来全面负责,故组织体系中设置"再造流程委员会主任"一职。此职位的主要责任是贯彻执行委员会所决定的事项,创造性地开展工作,领导手下具体工作人员完成流程的改造。考虑到这一任务的重要性,主任之职是一个完全不可兼职的岗位,至少需要由董事或副总经理来担任。

主任必须对流程及流程再造有较好的认识,有这方面良好的理念,同时具备其他各种必要的技能和素质,否则这一职务就难以胜任。事实上,其工作的艰巨性不仅仅在于流程再造本身,还在于如何与组织现实的运作相协调,同时获得组织中更多的人的理解与支持。

(三)具体工作小组

再造流程有两个具体的工作小组,受再造委员会主任的直接领导,这就是"再造流程分析设计小组"和"再造流程实施小组"。

再造流程分析设计小组主要的任务是研究和分析组织现有流程的状态,分析其工作组合的合理性如何,探讨未来环境技术等发生变化将对组织流程产生什么影响,给出组织流程改造的方向、目标、具体方案等。这个小组是很重要的一个工作小组,其工作业绩如何,很大程度上决定了后来的流程改造的成效。

再造流程实施小组的任务是按照已批准的流程改造方案,在组织中与其他部门配合进行具体的组织协调实施工作,直至这一改造最终成功。这个小组与上一个小组是密不可分的,即将已设计的流程实施,实施的过程应达成设计的目的,这样双方之间的协调与沟通就非常重要。这两个小组均可以从组织外聘一些流程再造方面的专家,来参与这个工作,以解决组织中这方面人才的缺乏。

三、再造流程的核心目标

再造流程的核心目标并不是流程本身,而是为了再造组织的核心能力。组织的核心能力是指组织自己拥有的独特的足以导致与其他组织相比略胜一筹的技术、管理模式、经营技巧等方面的能力。这种能力支撑了组织在市场上、在产业内享有特别的优势,支撑了组织能够提供更快更好更能令顾客满意的产品或服务。换句话说,一个良好的组织才可能形成自己的核心能力,一般的组织往往尚未形成核心能力,或核心能力正在培养之中,也正是如此,会有一批组织在市场竞争中败下阵来,被淘汰。

再造流程固然是为了使流程改造更好地完成工作任务,更能够使顾客满意,提高工作效率,但如果看高看远一层,再造流程应该为塑造组织的核心能力服务,即以塑造和培育组织的核心能力作为再造流程的总体核心。之所以如此,是因为组织的流程与组织的核心能力有密切的相关性,组织的流程甚至就是组织核心能力的一部分。例如,小汽车制造企业的生产流水线作为生产流程,如果有其独特的优势便成为该企业的核心能力之一,成为企业成功的支撑。

一般而言,组织的基本流程与组织的核心能力有密切的支撑关系,如图19-9所示。

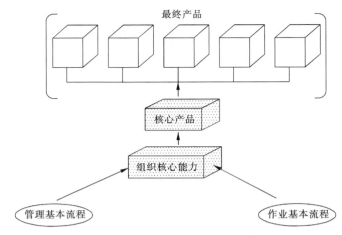

图 19-9　流程与核心能力关系

图 19-9 中表明了这么一个过程:组织基本的管理流程和作业流程支撑了组织的核心能力,核心能力支撑了组织的核心产品,而核心产品则支撑和演化出众多的最终产品,以供顾客选择消费。因此,基本流程的再造就有两种方式:

(1)再造流程可以进一步强化或增强组织的核心能力,从而使组织保持更高的相对比较优势。这种方式下的流程改造是以现有的核心能力为基本条件而进行的,流程再造后并不改变原来的核心能力内容,只增加其力度。

(2)再造流程以建立组织新的核心能力为目标,重新构造流程以及由流程支撑的新的核心能力。这种方式下的流程改造可以说是全面的巨大的改造,它将改变组织的整个面貌,包括它未来的市场相对优势。

四、再造流程的实施步骤

再造流程实际上是将构成流程的基本工作环节、工作单位或工作步骤加以判别,并对逻辑关系、时间耗费、可否并行等进行分析研究,大胆创意,构想出能够最佳地完成同一工作任务或目标的一系列工作单位或环节的过程,这个过程就是流程。当然,这么做的前提是已明确了组织的目标、流程再造的目标任务等。实际上再造流程的内容也就决定了再造流程的实施步骤,如图 19-10 所示。

图 19-10 中显示了再造流程的七个大的步骤,这为一般流程再造工作指明了基本方向。每个步骤实际上还包括了一些具体的工作。

(一)设定基本方向

设定基本方向指设定流程改造的总目标、总方向、总思路,以免多走冤枉路,浪费资源。这是再造流程的第一个步骤,具体包括如下一些工作:

(1)明确组织战略目标,将目标分解。

(2)成立再造流程的组织机构。

(3)设定改造流程的出发点。

(4)确定流程改造的基本方针。

(5)给出流程改造的可行性分析。

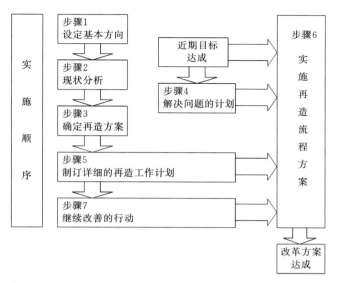

图 19-10 再造流程实施步骤

（二）现状分析并确认改造目标

此为再造流程的第二个步骤,其目的是对现有流程、外界环境、顾客、组织核心能力等状况进行深入细致的调查分析,寻找问题之所在,以便设定具体的改造目标及标准。具体包括如下一些工作:

（1）组织外部环境分析。

（2）顾客满意度调查。

（3）现行流程状态分析。

（4）改造的基本设想与目标。

（5）给定改造成功的判别标准。

（三）确定再造流程方案

确定再造流程方案是一个很重要的步骤,这一步骤要求完成具体的流程改造方案,这个方案可行与否很大程度上决定了流程改造的成功与否,这个步骤需要众多人员来参与。此时具体应做:

（1）流程设计创意。

（2）流程设计方案。

（3）确定改造的基本路径。

（4）设定工作先后顺序和重点。

（5）宣传流程再造。

（6）配备人员。

（四）制订解决问题的计划

这一步骤主要是制订一个对近期问题解决的计划,以便在再造流程的过程中,先解决一些近期问题,从而使组织员工可以看到改革的效果,坚定他们继续努力的决心。这个步骤是个辅助性的步骤,但也很重要,需要做好以下工作:

（1）挑选出近期应解决的问题。

（2）制订解决此问题的计划。

（3）成立一个新小组负责实施。

（五）制订详细的再造工作计划

这是接着第三个步骤的一个步骤。当改造方案设定并通过后，需要有一个详细的工作计划，其中包括如下要点：

（1）工作计划目标、时间等的确认。

（2）预算计划。

（3）责任、任务分解。

（4）监督与考核办法。

（5）具体的行动策略与计划。

（六）实施再造流程方案

这一步骤就是具体展开流程再造的工作，这些工作有很多，是完成流程再造的关键。这些工作主要有：

（1）成立实施小组。

（2）对参加改造人员进行培训。

（3）全体员工配合。

（4）新流程实验性启动、检验。

（5）全面开展新流程。

（七）继续改善流程

即对改造的流程进行修正、改善等工作，以保证新的流程全面达成改造的预定目标，使组织的核心能力有所增强，使组织的效率大大提高。这一步骤包括以下一些主要的工作：

（1）检测流程运作状态。

（2）与预定改造目标进行比较分析。

（3）对不妥之处进行修正改善。

 本 章 小 结

1. 流程是指完成一项任务、一件事或一项活动的全过程，这一全过程由一系列工作环节或步骤所组成，相互之间有先后顺序，有一定的指向。

2. 流程具有逻辑特性、变动特性和可分解特性，其基本功能是为完成一定的目标或任务，帮助分工一体化。它也是执行者的责任，具有时间性和阶段性功能。

3. 基本流程的构成要素为工作、逻辑关系、转换时间。一个现代企业包括生产指挥流程、人事管理流程、资金核算流程等纵向流程；还包括生产作业流程、营销流程、信息收集流程、资金筹措流程等横向流程。

4. 组织基本流程的内核为组织的理念、组织内的技术工艺特性以及领导者的领导风格及方式。这些会影响一个流程的构成及基本运行。

5. 再造流程的出发点为组织目标、对顾客的真正理解、自己的优势和技术特点。需要设定一个组织机构来从事再造工作流程的领导与监控。再造流程本质上是一项创新工作。其具体推进有七个大步骤，其目标为建立或壮大组织的核心能力。

复习思考题

（一）简答题

1. 工作流程就是工作进行的路径,这一说法对吗?

2. 工作的先后顺序是否可以改变?什么条件下可以改变?什么条件下不能改变?

3. 工作流程有三个构成要素,试分析企业中的基本流程加以证明。

4. 为什么流程与组织的理念或价值观密切相关?

5. 怎样有效地分析出组织流程现存的问题?怎样开展针对性的改造创新?

（二）选择题

1. 流程作为完成一项任务或工作的全过程,其基本功能有(   )。

    A. 完成一定的目标或任务

    B. 有助于分工一体化

    C. 明晰权责

    D. 其时间性和阶段性便于计量效率

    E. 其时间性和阶段性有利于提高效率

2. (   )是组织基本流程的纵向构造。

    A. 生产作业流程　　B. 人事管理流程　　C. 信息收集流程　　D. 资金核算流程

    E. 资金筹措流程

3. (   )是组织基本流程的横向构造。

    A. 营销流程　　　　B. 计划决策流程　　C. 生产指挥流程　　D. 资金核算流程

    E. 信息收集流程

4. 有关现代组织基本流程的内核的叙述中正确的是(   )。

    A. 技术条件是现代组织基本流程的内核

    B. 组织的价值观是确定组织基本流程的决定性原因

    C. 组织的目标是影响组织流程的基本原因

    D. 领导的风格不属于组织基本流程的内核

    E. 顾客需求是组织基本流程的内核

5. 再造流程的核心目标是(   )。

    A. 提高顾客满意度　　　　　　　　B. 提高工作效率

    C. 提升组织核心竞争力　　　　　　D. 改善现有工作流程

    E. 提高利润率

6. 关于工作流程的错误说法是(   )。

    A. 因为流程具有逻辑特性,所以流程中各个环节的先后顺序不能更改

    B. 流程再造的核心目标在于以更高的效率完成组织的目标

    C. 工作流程就是工作路径

    D. 流程再造是组织变革的重要组成部分

    E. 组织基本流程与组织理念密切相关

7.（　　）是再造流程的实施步骤。

A. 现状分析并改造目标　　　　　B. 确定再造流程方案

C. 制定解决问题的具体计划　　　D. 制定详细的再造工作流程计划

E. 继续改善的行动

8. 再造流程的第一步是设定基本方向，具体包括（　　）。

A. 成立再造流程的组织机构　　　B. 明确组织目标并分解目标

C. 设定再造流程的出发点　　　　D. 对流程改造进行可行性分析

E. 组织外部环境分析

案例　施乐公司的流程再造

　　1989 年，施乐公司曾与一些美国电子公司进行了存货水平的基准比较，这次评估向施乐的高层管理人员揭示了施乐与领先的公司在这方面的差距。施乐发现有机会可以压缩"沉淀"在整个供应链中的资金，从而向新产品的研发提供更多的资金支持。从评估中，施乐公司认可了现有的分销、物流、物料与制造部门的努力工作，总体存货水平过高并不是他们的责任，主要的原因是部门与部门之间相互冲突的工作目标。

　　施乐成立了"物流与资产管理中心"来改善整个供应链的资产管理的绩效。作为一个"变革机构"，这个小组的使命是通过发展和实施整体性的战略和业务流程来推动对物流管理和资产管理的优化。这个小组并非只是一个普通的职能机构，它需要参与一线机构正在进行的对顾客满意度、物流成本和削减存货的活动以及每一年都要进行的对这些项目的优化和改善。

实施步骤

　　(1) 小组的使命并非只指导一个"削减库存"的运动，而是使"压缩供应链资产"成为公司的长期目标。

　　(2) 小组的具体工作需要从长期和短期两个方面来考虑。创立一个远景目标，统一理解和认识：供应链的一体化整合能为公司创造新的竞争力优势。最终的目标：改善客户服务，并在资产利用和物流成本等方面成为最优秀的公司之一。

　　(3) 远景目标将在战略路径地图中被细化，每一个关键的绩效指标都将设定在客户服务、资产利用和物流成本等各个方面的具体目标上。

　　(4) 新的概念将会在一个"展示箱"中测试，进一步优化后才在整个公司内大范围地实施。

　　(5) 为了观测这些指标，供应链中不同部门的绩效衡量指标将会被统一。

　　(6) 实施中所学习到的技术和诀窍将会被融合在整个公司的"流程再造"中，整个信息系统也会作出相应的改变。

变革目标

　　绩效优化计划的总体目标是野心勃勃的。施乐将会取得 100% 的顾客满意度，压缩近一半的存货——近10亿美元的节省！并节省3亿~4亿美元的物流支出。这些成本的节省并不会以服务水平的下降为代价。施乐不仅会重新设计整个供应链流程，而且会改变公司文化、绩效指标、奖惩体系、公司的内部关系和整个公司的行为方式。

整个计划首先汇集了各个业务单元在绩效优化中取得的成就：有些是由业务单元内部完成的，有些是从世界各地的其他分公司得到的想法和灵感而完成的。通过理解各个业务单元内部的物流运作，物流与资产管理小组可以开始与供应链的各个组成部分沟通并且以"跨组织流程重组"的方式来推动系统的整合。

流程优化

一个国际化的跨部门小组早在1986年就已经建立了，这次的供应链流程改造使这个国际小组的作用得到了强化。不同工作职责的人员，包括存货管理、订单配送、制造及供应商等方面的人员都加入了跨部门小组的工作。不仅物流与物料部门的人员参与了工作，产品设计、营销、质量控制、财务和信息系统等各个部门人员都在小组中起到了极大的作用。

这个跨职能小组成为整个优化战略的守护者与最关键的利益相关者。它使得第一线的经理可以参与到正在制订的战略中去；通过他们的工作，在某个部门内业已证实可行的创意可以迅速地推广到其他的部门；跨职能小组确保了单个业务单元的优化项目符合公司的总体目标，不会被重复进行；从顾客评价中发现的不满意之处得到了有效的整改；较复杂的绩效指标进行了简化以便让操作人员可以进行控制，例如：按顾客指定时间到达的订单的百分比；在欧洲和美洲，小组通过改善后的运输系统减少了分批运输的问题；小组向每一个业务单元提供了充分的信息以鼓励它们之间的存货共享；资产回收利用的具体实践也在各个业务单元之间得到了推广。

业务流程的深层目标被分解为物流与存货管理领域中某些过程的基本原则，而这些基本原则为具体的操作设定了框架，为每个过程的战略性行动提供了基础。这些过程并非面向某个部门，而是面向具体的物流操作。这些过程的排列是非常重要的。

首先，必须在供应链内部用统一的"产品语言"来定义顾客需要的产品/部件。其次，计划的制定过程必须是灵活的，由精确的顾客需求所驱动。再次，供应链被定义为整个公司业务的"整合者"。

最后，强调是对"资产流"进行管理，而非对仓库中"库存"的管理。

通过与远景目标的比较，所需的改变就十分明确了。施乐的每一类产品如设备、消耗品、零配件等都需要进行这样的改变。不同产品的分销渠道是不同的：

零配件主要由技术服务人员使用，主要流向他们手中的配件储备。

消耗品不需要特别的搬运处理，主要由电话营销渠道向最终用户提供。而设备，由于它们敏感的电子和机械部件，需要特别的搬运处理，而且需要一定的可操作性。

应用"整合"概念，施乐设计了一个理想化的设备供应链网络：每个流程都应针对一类产品特别设计，满足不同顾客的不同需求；商品化的产品，如个人复印机、小型办公用复印机和传真机应该被设计为安装简便，即插即用。高档产品应被设计成100％按单制造，不需要额外的安装和调试工作。要在顾客要求的时间内完成这项任务，同时又要保持尽可能少的存货，施乐需要尽可能早地了解需求，以廉价信息来替代昂贵的存货。

　　管理方面最大的改变是如何将新目标的实现在公司内部制度化。每一次管理革新在具体的实施过程中都会有几个阶段：第一阶段的目标是说服每一个人，革新是有必要的，并让所有的人都认同要产生的变化。第二阶段是将这些理解和认同转换成一种正面的印象并开始试点进行革新工作。最后的阶段是让所有感受到变化的工作人员亲自去推动变化的发生。为了能够使革新有效地实施，必须让每一个人都知道革新的日程安排，让他们能够主动地去回应变化。

　　施乐正在以这样的方法整合其供应链管理。营销经理和制造经理的绩效评价指标中加入"供应链中的总资产"这样的新概念，这使得对他们职能性的评价转换成了跨职能的综合评价。营销经理、制造经理和研发经理现在需要考虑供应链的总体存货水平（相对销售收入的百分比）和总体顾客满意度。当这些部分的考虑已经成为公司业务运作方式的一部分，下一步就是考虑如何分解物流成本到每个职能部门。每个职能部门内部的物流运作都影响到整个供应链的表现和目标的完成，所以这些物流成本不是独立而是互相影响的，施乐需要从一体化供应链的角度系统性地考虑成本方面的问题，阐述了这些目标的相互影响。

施乐流程再造成功的因素

　　(1) 所有的供应链问题都被跨部门小组以共同承担的方式来解决，这些跨部门小组得到了施乐高级管理层的强有力支持。

　　(2) 施乐公司的公司文化是："以质量为核心"；强调基准评估与超越；注重解决实际问题；不断改善质量；鼓励跨职能小组共同作业。这样的公司文化提供了一个优良的环境去推动革新。这种环境可以使来自不同部门的工作人员用共同的语言来解释、分析和优化每一个流程。

　　(3) 也许更重要的是施乐在短期内就大胆地实施了改进并使高层管理人员看到了优化的效果，从而使他们有耐心和信心将革新推动下去。

讨论题

　　就整体情况而言，流程再造充斥着大喜大悲，成功的有宏碁、施乐、柯达、通用电气，但更多的是失败者。结合本案例和实际，你认为需要哪些因素来确保再造流程项目的成功实施？

第 20 章　实现人本管理

　　人是组织中最重要的资源,在组织资源配置过程中是自变量。人的精神状态、能力、能动性等都会影响到组织管理及投入产出的效率。对人的管理最困难,也最重要。

　　人本管理是指以人的全面的自在的发展为核心,创造相应的环境、条件和工作任务,以个人自我管理为基础,以组织共同愿景为引导的一整套管理模式。它一般遵循四大准则:个性化发展准则、引导性管理准则、环境创设准则和人与组织共同成长准则。人本管理的核心是组织成员的自我管理,而自我管理的有效展开建立在对人的思想、心理和行为的把握与转换之上。

第一节　人本管理的概念与原则

　　何谓以人为本的管理? 以人为本的管理是否就是通常所说的重视人的作用,关心人,激励人,或是其他? 人本管理的基本原则又是什么? 这些都是人本管理的真正出发点,必须界定清楚。

一、人本管理的概念

　　人本管理的概念是建立在对人的基本假设之上的,管理人的假设把人看作是一个追求自我实现、能够自我管理的社会人。正是因为人可以成为一个追求自我实现、自我管理的人,对人的管理就不能像我们过去所理解的那样,仅仅是关心人,激励人的积极性,而是开发人的潜在能力,以便为组织的生存与发展服务。

　　我们所说的人本管理是指以人的全面的自在的发展为核心,创造相应的环境、条件,以个人自我管理为基础,以组织共同愿景为引导的一整套管理模式。具体地说:

　　(一) 人的全面发展

　　所谓人的全面的自在的发展,在马克思、恩格斯看来,"只有到了外部世界对个人才能的实际发展所起的推动作用为个人本身所驾驭的时候,才不再是理想、职责等"。换句话说,人的全面发展包括两个内容:人的素质的全面增强和人的解放。无论是人的素质的全面增强还是人的解放,只有当人不再受制于自然、不再受制于技术与物质财富并能掌握自己的发展时才有可能。应该说这样一个状况,目前并未达到,但可以证明的是社会进步、技术发展、经济增长均朝着这个方向前进,正在创造人的全面的自在的发展的条件。作为社会中的一个经济组织,在追求自己的功利目标时,应该为本组织的员工创造全面发展的条件与空间,这不仅是对员工的一种培养、一种提高,也是对社会的一种贡献。

（二）创造全面发展的环境和条件

组织创造相应的环境和条件包括设定工作岗位及任务，为员工的全面发展提供帮助，这是人本管理的重要方面。现时的企业在生产经营运作过程中，要创造出完全理想化的符合人们全面发展的环境与条件是不大可能的，因为企业本身尚未完全脱离功利目的，但在这方面做一些尽可能的工作来推动员工在个人素质及其他方面的发展又是可能的。例如，在岗位工作任务完成方面更多地让员工自我管理，这本身既对提高组织运作效率有帮助，同时又符合了推动员工全面发展的要求，而且这样一种设置本身就是一种创造全面发展的环境及条件。

（三）个人的自我管理是人本管理的本质特征

事实上，过去所谓的人力资源管理、对人的管理，都将人当作一种经济资源来看待，在这些管理的过程中人是管理的接受者，受制于组织的制度、规章，受制于生产过程、技术条件，受制于给定的薪金酬劳。在这样的条件下，人是不自在的，类似于一个会说话的工具，供他人驱使。当人成为自在的人，能够决定自己的发展时，在工作中就应该是自我管理，即根据组织总目标的要求，自己管理好给定的工作岗位上的工作任务，在工作中获得其他的享受。所以，人本管理的要害是员工的自我管理。一般的组织可能一下子做不到这一点，因为人的自我管理与人本身的素质是相关的，人的素质不高时让其自我管理必会乱了分寸，企业作为一个功利组织也不能容许，但这并不排除某些方面可实行自我管理，如团队自我管理等。

（四）以共同愿景为引导

自我管理必须有个引导，否则对于一个组织来说，个人的自我管理可能会导致组织内目标的冲突，从而使组织的最终目标难以实现。个人的自我管理只有建立在共同愿景的基础之上，才能使员工在自我管理时有方向，有一定的约束，有内在的激励力量。因为共同愿景是组织成员都认同的，是个人愿景与之统一的结果。人本管理需要组织建有良好的组织共同愿景，而这一共同愿景中必然会有人的全面发展的内涵。事实上，自我管理本身就是人的自我全面发展的一个重要方面。

人本管理是一种引导性的自我管理，在自我管理中使人得到全面的发展，它区别于过去组织中所有的人的管理方面的概念。组织重视或提倡这种概念下的人本管理，从功利的角度来看是为了员工可以在更大程度上创造性地发挥自己的潜力，为组织作出贡献，而从客观上来看，则是使组织的员工能够尽可能地全面发展，成为对整个社会有用的人才。

二、人本管理的原则

人本管理的原则是指以人为本管理过程中应遵循的基本准则，它涉及以人为本管理的基本方式选择以及以人为本管理的核心与重点。

（一）个性化发展准则

组织中以人为本的管理从根本上说应该是以组织成员的全面的自在的发展为出发点。尽管人的个性化发展仅仅是人的全面自在的发展的起步，但比起过去组织仅将员工看作是某一岗位的"螺丝钉"或"操作工"，只培养完成这一岗位要求的技能，只按照完成岗位任务优劣的给予激励，要进了一大步。个性化发展至少已承认了组织应允许它的成员在发展组织合理要求的技能时，可在组织中选择他自己愿意发展的方面进行发展。

一般的组织均有自己功利性的目标，否则要另外考虑组织的组成。在功利性目标的引导和约束下,组织在成员们为组织目标努力所需发展而进行的投入是可以有直接回报的,而在此之外,组织为成员个性化发展的投入很难说有直接的回报,这样就使得一般的组织尤其是经济组织在这方面投入时举棋不定。这样的组织是很多的,我们很难来责难它们,但如果能够跳出组织本身狭隘的眼界,那么这样的投入是值得的,这是对社会的一大贡献,对人类本身的一大贡献。

个性化发展的准则要求组织在成员的岗位安排、教育培训,在组织的工作环境、文化氛围、资源配置过程等诸多方面,均以是否有利于当事人按他的本意,按他的特性潜质的发挥,以及按他长远的发展来考虑,绝不是简单地处置,也不是仅仅从组织功利性目标出发。

（二）引导性管理准则

由于组织中以人为本的管理本质上可以说是组织中成员自我的管理,因此以人为本的管理可以说是不需要权威和命令的管理。组织中人与人之间的协作配合、资源的安排、投入与产出的全过程等方面,原来是由领导者的权威和命令来组织、协调与监控的管理方式,在以人为本的管理思路下,就应该改变为引导性管理,即以引导来代替权威和命令,由引导来协调自我管理的组织成员的行为,最终有效地完成组织既定的目标。引导性管理与过去的权威命令式管理的最大区别在于,前者所要求的组织领导者是一个顾问式的人物,而不是一个铁腕式的人物,他仅提供参考的意见,提醒当局者不要执迷,能够自我管理和协作。

引导性管理准则实际上已要求原来的管理主体至少要改变他在决策方面的角色,因为在以人为本管理的条件下,决策是组织成员共同的责任,否则就不能算自我管理。管理主体不仅仅将管理作用于他人他物,更要将管理作用于自己,特别在作用于他人时,不是像过去那样命令指挥,而是建议引导。这样,管理主体的十个方面的角色将要变化,这个变化对于组织中的高层管理者来说尤为重要。

引导性管理准则在组织运作中要求组织中的所有成员放弃由岗位带来的特权,平等地友好地互相建议互相协调,使组织成员凝聚在一起,共同努力完成组织最终的目标,在此过程中谋求各自的个性化发展。事实上,自我管理是个性化发展的一个条件,同时也是它的一个结果。

（三）环境创设准则

组织中以人为本的管理本质上是自我管理,它引导组织成员走上自我管理之路,使组织成为个性化发展的场所,所以,作为整体的组织就只能创设与上述要求相符的环境,使组织成员在此环境中能够个性化地发展,能够自我管理。因而,从某种意义上说,以人为本的管理就是创设一个能让人全面发展的场所,间接地引导他们自由地发展自己的潜能。这样的环境对组织内部而言主要有两个方面:一为物质环境,包括工作条件、设施、设备、文化娱乐条件、生活空间安排等;二为文化环境,即组织拥有特别的文化氛围。因此,创设环境的准则就是说组织要努力创设良好的物质环境和文化环境,以利于组织成员的个性化发展和学会自我管理。

物质环境的创设与组织拥有的资源有关,凡组织资源充裕的,物质环境的创设就可能优越一些。虽然不能说物质环境愈好,人就愈能个性化地全面发展,但良好的物质条件确是发展人的潜质、潜能,训练技能的重要支撑。组织文化环境的创设不像物质环境的创设那样,只要方向明确、有资源支持便可很快做到,组织文化的创设是一个漫长的过程,需要不懈的努力才行。一旦组织文化环境创设成功,它的效用是非常大的。

（四）人与组织共同成长准则

在希望组织的成员在组织中可以个性化发展和能够自我管理的同时，也希望组织能够与组织成员一起发展成长。所谓组织要与个性化全面发展的个人一起成长，是说组织本身的发展应与以人为本的管理方式相适应，即组织体系、架构以及运作功能都要逐步凸显人本主义理念，改变金字塔科层制结构，建立学习机制，从而极大地激发人的潜能，并使之成为组织发展的内在动力。

组织与个人共同成长的准则要求组织的发展不能脱离个人的发展，不能单方面地要求组织成员修正自己的行为模式、价值理念等来适应组织，而是要求组织的发展来适应成员个性发展而产生的价值理念、行为模式，在全体成员的一致性上面再作发展的考虑。组织与个人共同成长的最终目标，实质上是在个人的个性化全面发展的基础上，建立一个真正的以人为本管理的组织。

以人为本管理的上述四个原则不仅仅是开展人本管理的准则，而且还是检验人本管理的标准。许多组织尤其是经济组织在标榜自己在进行以人为本的管理时，实际上只是表明它们对人非常重视，而目的则是为了调动人的积极性，以便更好地帮助组织实现目标。这不是真正的以人为本的管理。

第二节　人本管理的内容

人本管理的核心是通过自我管理来使员工驾驭自己、发展自己，进而达到全面自在的发展。现代组织创设自己的人本管理，需要创造一个良好的环境，以便于组织的员工在完成组织既定目标的要求下，能够自己开展工作，进行自我管理。

一、人本管理对人的假设

人本管理的核心是人能够自我有效地管理，因此人本管理实际上是假设人是追求"自我实现"的社会人。正因为人们追求自我实现，才可能自己对自己进行约束和激励。"自我实现的人"的假设是最新的对人的价值的一种看法，与"管理人"假设关系不大。这一假设在很大程度上依赖于心理学家马斯洛的"需要层次论"。"需要层次论"认为，人的行为动机首先来自基本的需要，如果基本需要得到满足，又会激发更高一层即第二层次的需要，依此类推。人的需要可分为几个层次：基本需要包括食物、睡眠等生理需要，以及对住宅、穿衣、储蓄等稳定性或安全性的需要。这些基本需要为第一层次的需要，它们通过工资、福利设施等经济和物质的诱因得到满足。第二层次的需要包括友谊、协作劳动、人与人的关系、爱情等社会需要。这些需要若得到满足，就会产生第三层次的需要，如希望被人尊敬、晋级提拔等需要，最后才产生自我实现的需要，即在工作上能最大限度地发挥自己所具有的潜在能力的需要。因此，自我实现的人是其他所有需要都基本得到满足后，而只追求自我实现需要的人。从西方历史发展的进程来看，在当代经济条件下，在人们生活质量普遍提高的情况下，的确有一大批人开始追求自我价值的实现。

既然可以假定现代组织中的员工是追求自我实现需要的人，那么现代组织在对员工的管理方面就必须设计全新的组织体系,创设全新的机制,给予良好的环境,允许这些员工在组织工作中获得成就,发挥自己的潜力,实现自己的价值。有人可能要问,要实行这样的变革,组织成本会不会很大,是不是合算。实际上,心理学、行为学早已证明,当人们在做自己十分感兴趣的事时,那种投入和效率才是真正一流的。然而,组织毕竟是一个投入产出的有机整体,在组织既定目标下,组织员工的自我实现并不是海阔天空漫无边际的,而是有一定约束的。

二、自我管理的前提

在现代组织中,员工的自我管理一定是在组织任务分工的条件下进行的,通过员工在各自的工作岗位上自主地做好工作,进行相互间的协调,最终使组织的目标更有效地达成。然而分工本身并不一定导致接受分工的员工可以开展自主管理,因为假定组织并未授权给你,任何自主的运作、自主的管理都可能被视为违规,并要承担相应的责任。因此,自主管理的一个重要前提就是授权,即组织在给你工作任务时给予你完成任务的相应权力,你可在权力范围内自主管理、自我管理,以便恰当地完成组织所交给的任务。

表面上,授权是一件简单的事,把部下叫来,告诉他什么事他有权决定,什么事必须请示,什么事无权决定,然后请他去努力工作。事实上,授权并非如此简单,按照日本学者小林裕的看法,执行授权本身也有四项基本前提,如图 20-1 所示。

1. 价值观共识化 不提示方向性,授权自主判断将陷入放任。 必须统一方向。 (1) 经营理念、前景的明确化,分解成各小组的目标、价值观,具体化为各人的活动指南。 (2) 互相了解彼此的工作,为以后工作进行协调。	2. 资讯共有化 若欠缺正确的资讯,便无法对全体作出有意识的自主判断。 (1) 通过资料库将输出功能弹性化。 NEC 各部门代表在三个月内完成资料库。 (2) 资讯的彻底公开。
3. 教育训练 (1) 即使资讯正确,如果操作错误也将一事无成。 (2) 第一个要务便是重组头脑的架构,东京制铁重视的便是多能化。	4. 授权的示范 (1) 由"这样做好吗?"的自主性演出,打破"职务权限的既定概念"。 (2) 四季饭店表彰了一名将顾客遗忘的行李自多伦多送至纽约的员工。

图 20-1 授权的四项基本前提

(一) 价值观共识化

这实际上就是一个共同愿景的问题,即在执行授权时,组织与员工均要有一个共同的价值观与共同愿景。因为共同的价值观与共同愿景给了每个员工一个自主判断的依据,一个自主管理、自我管理的方向,使得大家在各自岗位上自我管理之后,不至于导致组织内协调的混乱。

价值观的共识化或者说建立一个共同愿景只是一个大的方向,为大家的工作朝同一个方向前进创造了条件。如果这样仍不能明确指定自主管理、自我管理的方向,就有必要进一步将组织的共同愿景、目标更加明确地分解为部门、小组、团体的目标,同时确认彼此工作之间的相互关系,以便注意互相的配合与协调。

（二）资讯共有化（即信息共享）

即使你有了目标,有了相应的权力,也并不一定知道组织的状况,并不知道完整的信息,并不知道别人怎么做,做到什么程度等,这种情况一方面可能导致自我管理的人失去作出正确判断的依据,另一方面也无法有效地决定如何使自己的工作更有效地与他人的工作相配合。所以,现代组织需要建有完备的信息库,应向所有员工即时公开。唯有这样,自我管理才可能成功。

（三）教育训练

教育是改变人们心智模式的重要手段,当组织的员工并非都具备良好的自我管理素质和技能时,及时的教育训练就显得非常必要。自我管理的人,有坚强的自信心,有相应的能力和素质,有百折不挠的精神,这些并不是所有的员工都具备的。组织即使给了员工自我管理的空间,他自己不能驾驭也是枉然。所以在授权之前,进行教育训练,让员工们认识自我管理,培养自信心,是现代组织实施人本管理的重要前提工作之一。

（四）授权的示范

授权的示范是指在全面授权之前,先进行个别部门、团队或个人的授权试点,使之在授权之后作出足以作为样板的成绩,并以此向其他人展示,表明在授权之后自我管理就应该如此运作或应防范哪些问题。授权的示范实际上就是试点的总结与推广,这对于以前并未分权、并未进行过自我管理的组织来说,值得先做一做。尤其是在示范过程中,让其他人明确现代组织在现在条件下自我管理并不是"各人自扫门前雪,莫管他人瓦上霜"的自私性管理,而是一种创造性的、时刻注意与他人配合的、以组织利益为重的管理。

三、自我管理的形式与组织

自我管理在现代组织中有两种表现形式,这就是个人的自我管理与团队的自我管理。在现代分工和科层制组织架构之下,组织的工作可分为两大类:一类是每个人都有一定的工作岗位及工作目标,即个人完成的工作;另一类是必须由许多人共同努力才能完成的工作,而且更重要的是此类工作。因为每个人自己的工作都不过是组织整体工作的一部分,组织的工作需要群体的共同努力才可完成。与组织的两类工作相适应,组织员工的自我管理也就可以表现为个人的自我管理与团队的自我管理。

（一）个人的自我管理

个人的自我管理是指个人在组织共同愿景或共同的价值观指引下,在所授权的范围内自我决定工作内容、工作方式,实施自我激励,并不断地用共同愿景来修正自己的行为,以使个人能够更出色地完成既定目标。在这个过程中,使自己得到了充分的发展,在工作中获得了最大的享受。

个人自我管理是个人"自我愿望"实现的一种方式,它在一定的个人素养以及相应的物质环境下才可能有效地展开。理论上说,只有当人们把劳动或工作当作生活的第一需要时,才可能真正实现有效的自我管理,才能把工作或劳动当作一种事业来尽心地完成。反过来说,在现实条件下,当工作或劳动仍作为一种谋生的手段时,个人自我管理的基点是人们把他们应做的工作当作自己追求的一个事业来努力。

（二）团体的自我管理

团队的自我管理是指组织中的小工作团队的成员在没有指定的团队领导人条件下,自己管理团队的工作,进行自我的协调,共同决定团队的工作方向、路径,大家均尽自己所能为完成团队的任务而努力。团队自我管理在某种条件下比个人自我管理更为困难,因为团队中有许多人,如果其中有一两个希望搭便车的人,就会在团队中造成很大的矛盾与冲突。所以,成功的团队自我管理不仅需要每个团队成员均有良好的素质和责任,还需要有团队精神,以此凝聚众人。

实施团队自我管理,需要对组织现有的科层制组织机构加以改造,不然的话,自我管理只是一句空话。在现有的科层制组织,即所谓职能制取向组织机构条件下,只会有传统的工作小组,此时完全是一种工作小组成员被动式的管理,毫无自我管理、自主管理而言。在这种状态下,要向自我管理的团队迈进,可能需要经历如下的过渡形式与阶段,如图 20-2 所示。

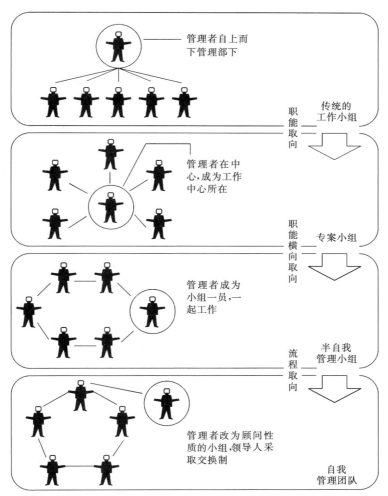

图 20-2 从传统小组到自我管理团队

图 20-2 中,从传统的工作小组到自我管理的团队,需要组织形态上有两个阶段的重大变化:一是从职能取向或职能纵向分工为主的组织机构形态向职能横向分工为主的组织机构变化,使原来高高在上的领导者变为团队或工作小组的中心;二是从职能横向分工为主的组织机构形态向流程取向的组织机构转变,这样才有自我管理的可能,此时管理者成为工作

小组的工作成员,与其他成员是平等的。问题是何为流程取向的组织机构? 对此尚未有明确的说法,仍属一种探索性组织。当这种组织机构形态有效运作时,自主或自我管理的团队才可能产生,才可能在组织中发挥最大的效用。

四、自我管理在现实企业组织中的进展

现代企业要做到完全让员工自我管理,在目前条件下是不现实的,但许多优秀的企业又的确在这方面做了许多工作,有了很大的进展,这对我国的企业有很大的启示。

（一）给员工一个领域

对自我实现的人的管理如果依然采取严格的硬约束,不给他任何自由驰骋的空间,这种人就会不满,情绪就会低落,就会跳槽到他认为可以发挥其才能的地方去。因此在这方面,现代企业聪明的管理者通过适当分权,给予这些员工一个想象的空间和领域,其基本约束仅仅为目标,你采用什么方式达到这个目标则任你去创造,去选择。

在加利福尼亚山地的一场暴风雪后,联邦捷运公司的一位年轻的电信管理员面临着几天内他所负责的线路上没有电话服务的情况。他会怎么办呢? 毋须指导,也毋须上司的批准,他租用一架直升机(使用自己的联邦捷运信用卡),在冰雪覆盖的山顶上降落,在齐胸深的积雪里艰难地走了 1 公里,修复了电线,从而使联邦捷运公司的这条线路恢复正常营业。这种事例在现代企业中屡见不鲜,而在非分权条件下,通常的做法只是将情况汇报给上司,等候上司的指示。

给员工一个领域关键在于合适的授权,在授权的同时明确他的责任。合适的授权通常取决于以下三个基本因素:①这位员工所处岗位的特性,如工作岗位的层次、工作的复杂程度、工作的程序化程度等;②这位员工需要做决策的范围大小,即他的决策涉及面的大小,显然,决策的涉及面越大,在他能力范围内的授权程度也应越大;③决策的频度,即这个员工在其工作中需做决策的次数是否很多,显然,决策越频繁,授权就应越大。

（二）参与领导

参与领导的目的的在于唤起每个员工的集体意识,通过集体努力,有效达到企业的目标。在传统的管理中,管理人员依靠权威单方面地作出决定,然后命令部下执行,员工只是一个被随意摆布的"小棋子",自然无法实现自己的价值,也不懂得在工作中如何与其他方面配合协调。如果让员工参与企业的领导工作,参与决策,采取集体讨论、集体决定的监督方法,使员工感到自己在企业中的价值,那么员工不仅会情绪高涨,在自己的领导下创造性地工作,而且也会了解如何有效协调配合,从而导致员工之间关系密切,气氛和谐。

在西方现代企业中,第一线的参与领导甚至被自我管理小组所取代。例如,美国俄亥俄州的萨洛维尔公司为了重新设置工厂的等级制,让其员工广泛参与领导和管理计划。1981 年工厂经理在分部的支持下作出了一项决定:总主管阶层被完全取消;相反,公司向每个分部负责人分配一名助手,称为"制造计划专家"。顾名思义,这位专家帮助每一位负责人进行计划及协调方面的工作,他不属于现场管理者,他的职责内容含有另一种责任,即对未来雇员参与问题处理小组进行协调。1987 年,福特和通用两大汽车公司中最深入的几项变革之一就是在所有不超出 1 000 人的业务部门中取消任命正式的主管,而让员工小组自行主管一切。

参与领导的成功需要遵循三个基本原则:

（1）相互支持的原则，即管理人员要设身处地考虑下属人员的处境、想法和希望，让下属自觉认识到自己的人才地位，采取支持下属实现目标的任何行动，下属在此时会更合作，更感到被尊重，因而干劲也就更大。

（2）团体决定的原则，既然让员工参与领导，那么就一定要在集体讨论的前提下由集体一起作出决定，在对决定的执行进行监督时，则应采取团体成员相互作用的方式，只有这样才算得上真正地参与。

（3）高标准要求，即必须制定高的目标要求，这一任务也应该由各个团体自发地进行，因为高的目标要求一方面可以激发员工们的想象力，另一方面也是企业资源有效整合的根本要求。

（三）工作内容丰富化

现代企业由于采用大规模产销活动，故专业化分工很细，自动化程度很高，因此只要求员工具有范围有限的知识和能力。然而，随着经济的发展和人们收入的增长、教育水平的提高，人们的人格意识、自主性、自我决定和自我实现的需要大大提高，他们对专业分工、流水线等带来的工作单一、操作简单、没有想象力的状况十分不满，于是，积极性逐渐降低，缺勤率和离职率提高。为了解决这个问题，"自我实现的人"管理方案中，就有了工作内容丰富化这一变革。

1971 年，美国沃尔公司实行了"工作内容丰富化"，在该公司的卡尔马工厂实施。这家工厂采用集体装配方式，即由自主承担责任的小团体进行作业。装配作业不用传送带，废除流水线系统，而用"卡尔马"传送机。传送机沿工厂地板的诱导带传动，如有必要，也可更改传送面的行驶路线，不必沿诱导带传动。小团体中的员工也没有一个固定的岗位，可以自由选择组合。使用这种传送机及非定岗方式，不仅有灵活性，而且也不用像传送带那样强制工人按照外界控制的作业步骤进行作业。这一变革，消除了员工工作太单调的感觉，使之感受到自己的能力及活动范围。

实际上，工作内容丰富化分为工作内容的水平式扩大和垂直式扩大两个方面。前者指重新设计工作内容，或把分工细致的作业归并成自主完成的作业单位，明确责任，使工作变得更有意义，或在单纯化的作业中加入有变化的因素。水平式扩大的方法之一是降低传送带的速度，扩大作业人员的工作范围。垂直式扩大指垂直地扩大职工的工作内容，让职工也承担计划、调节和控制等过去一直被认为是管理人员和监督人员固有的职能，也当一回管理者或领导。工作内容丰富化的操作，往往是把员工分成作业小组或小团体，让职工团体自己决定生产指标、生产方式、生产计划、作业程序、作业标准，让他们自己评价工作成绩和控制成本。这一方法同样适用于从事职能管理的管理人员团体。显然此时，上级管理人员的领导方式、管理观念以及管理方法也需要随之变化。

第三节　人本管理的方式

如果组织中的员工均能够自我管理，这本身就是一种对人的管理，或者说是一种不需要他人进行管理的管理。但此处我们所说的对人的管理是指如何帮助或引导组织中的人成为能够自我管理的人，从而实施真正的人本管理。

一、人的思想、心理与行为的转换模式

每一个人的思想、心理、行为是三位一体、互相联系、互相影响的，不能把它们绝对分开。

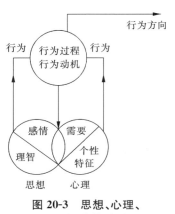

图 20-3　思想、心理、行为三者的关系

任何一个人在行动时，既有思想活动、心理活动，也有思想、心理的交互作用等。所谓有意识的行为不是说不带有心理特征，不是说没有心理因素在起作用，而是说此种行为过程中的心理需求在理性的控制之下。我们可以用一个简图来反映这三者的关系，如图 20-3 所示。

从图 20-3 中可以看到：

（1）人的思想意识可以划分为两个部分：一部分为感情，一部分为理智。其中，感情部分与人的心理有交叉，即感情与心理因素密切相关，或者说通过感情把思想与心理有机地结合了起来。心理也大致分为两个部分：一是心理需要，一是个性心理特征。个性心理特征影响了心理需要，心理需要反过来强化了个性心理特征。从图 20-3 中可知，这两部分与思想意识有机结合在一起，相互作用、相互影响。特别在两者相交的地方，有时难以分清是感情、理智的作用，还是心理需要的作用。

（2）人的行为可以分为两大部分：一是行为动机，一是行为过程。行为动机是行为产生的直接动力，行为动机与心理需求、思想价值观的判断有关；行为过程是人的行动过程，在此过程中呈现人的个性特征和情绪特征等。所以图 20-3 中从思想和心理两边各有一条带箭头的线指向行为总体，思想和心理既作用了行为动机，也作用了行为过程，决定行为方式、手段的选择和行为方向。这两条箭线指向行为，并不是说两者的作用力相等，只是说都有作用，有时这边作用力强一些，有时那边作用力强一些，有时平分秋色。

（3）在行为处有一条带箭头的线向下指向思想和心理的交叉处，这条箭线是反馈线路，它把行为动机与行为过程的各种信息传递和作用于人的思想、心理，使人们能及时修改思想和心理的作用力、作用方向，从而使行为比较适应客观现实条件。这条线不能简单地理解为反作用于思想与心理的交叉处，与感情需要相近，而要理解为作用于两者所有部分，因为行为动机与心理需要直接有关。

（4）在思想、心理、行为三者的关系中构成了两个回路，第一个是左边的思想、行为回路，第二个是右边的心理、行为回路，这两条回路又构成了三者之间的总体回路，形成一个封闭的回路。系统的封闭原理告诉我们，一个系统内部只有构成一个连续封闭的回路，才能形成有效的自组织能力，才能自如地吸收、加工、扬弃和作功。正如只有行为的抉择、行为的表现，而没有行为的控制监督，行为就会出轨那样，从某种意义上说，思想、心理、行为三者的相互作用、相互影响过程，就是决策、执行、反馈、修正、再决策、再行动这样一个循环过程。那么行为越轨者之所以越轨是因为这个循环过程发生了毛病，还是因为别的什么？应该说，对于一个正常的人（精神正常的人），此循环过程并不会发生毛病。行为越轨的原因，主要是价值观、道德认识水平、心理需求等，或偏离社会道德标准，或偏离组织行为守则，或认识有问题，或心理需求有一定的变异。他们也有反馈，由于判断认识上的问题，这种反馈来的信息

很可能加大了行为的失误。因此,行为出轨主要应在人的思想与心理两个方面来找原因。

同样,一个能够自我管理的人,他的价值观、思想认识一定与组织的共同愿景、价值观有一致之处,他对自己的发展有相当的认识,他的心理需求一定是追求"自我实现"。反过来,要使一个人能够自我管理,也要从这个人的思想、心理、行为等方面下手,使之产生一种内在激励与约束机制,导致他能够自我进行管理。

二、塑造人的价值观

由于人的思想认识水平、人的价值观对人的心理状态、行为均有引导、强化和约束等效用,因此,塑造一个能够自我管理的人,首先要塑造拥有此种价值观的人,提高其思想认识和思辨的能力。塑造人的价值观的最基本的方法是教育。当人们处于思想空白的时候,强制性的教育对形成相应的价值观有很大的好处。我们常看到日本一些优秀企业每天都会让员工在上班前做一件事,即大声地背诵公司的信条、观念、行为准则。有些人不太相信这样做会有什么效果,但亲自询问这些企业的领导以及观察员工行为后,才了解到这样做的确有效果。因为久而久之,这些东西就成为员工自然而然的语言,最后又成了他们自然而然的思维用语和判断事物的依据。

塑造能够自我管理的人的价值观,首先要回答此种人的价值观是什么的问题。此种人的价值观很难用统一的语言来描述,但他们必定有这么一个共同点,即能够自我思考,能够较准确地依赖社会道德标准、组织标准,判断分析所遇到的事物,把工作当作一种事业、一种神圣的理想来追求,摆脱了经济利益的束缚。有这种价值观的人在现实生活中是存在的,不过在目前的条件下,许多人虽然可把自己的工作当作事业来追求,但有时很难摆脱经济利益的约束。

塑造这样的价值观除了教育之外,还要求组织形成相应的文化氛围,用文化的功效把组织所提倡的价值观、道德标准浸润到每个员工的工作生活中,使之不知不觉接受这种文化,接受这种价值观。我们常常可以看到某些优秀大公司出来的员工,其思维方式、言谈举止的确不比寻常,带有那些公司特有的文化特点,显示出一种优秀的判断力和品质;而那些从缺乏文化氛围的企业里出来的人却大部分缺乏良好的修养和判断力。组织文化是指组织在一定的社会历史条件下,在生产经营和管理活动中所创造的具有本组织特色的精神财富及其物质形态,它包括文化观念、价值观念、组织精神、道德规范、行为准则、历史传统、组织制度、文化环境、组织产品等等。其中,价值观是现代组织文化的核心。组织文化采用一种渐进的、潜移默化的方式塑造人们的价值观,提高人们的素养,虽然效果较慢,但易使人们在不知不觉中形成自己的价值观。

三、健康的心理状态

一个能够自我管理的人一定拥有健康的心理状态。心理健康主要包括如下特征:

(一) 智力正常

智力是人的认识与行动所达到的水平,它主要由观察力、记忆力、思维能力、想像力与实践活动能力所组成。智力是与周围环境取得动态平衡最重要的心理保障,智力超常与智力一般是心理健康的表现,而智力落后则是心理不健康的表现,属于心理或生理疾病,但智力超常与智力一般的人若平时不注意心理卫生的话,也会导致心理不健康。

（二）健康的情绪

健康的情绪是心理健康很重要的标志。国外有的学者认为，情绪健康的人具有下列特点：①情绪安定，没有不必要的紧张感与不安感；②能够把气馁心转到具有创造性与建设性的方面；③对别人的情绪容易产生同感；④具有喜欢别人与受别人喜欢的能力；⑤能表现出与发育阶段相适应的情绪；⑥能建设性地处理问题，能适应变化；⑦具有自信，善于与别人交往；⑧既能自己满足，也能接受帮助，两者能保持平衡；⑨为了将来，能忍受现在的需要得不到满足的现状；⑩善于生活。一般认为，情绪稳定与心情愉快是人的情绪健康的主要标志。情绪稳定表示人的中枢神经系统活动的协调，说明人的心理活动协调；心情愉快表示人的身心活动的和谐与满意，表示人的身心处于积极的健康状态。

（三）行为协调反应适度

心理健康的人，思想、心理、行为以及反应是一致的、适度的，其行为举止可以为社会上大多数人所接受。人的反应存在着个体的差异，毫无疑问，有的人反应敏捷决不是过敏，反应迟钝也不是不反应，重要的是其反应能力为大家所接受。

从心理健康的标志来看，能够自我管理的人一定拥有健康的心理、正常的智力、稳定的情绪、良好的行为反应程度，经受得起大起大落的心理考验，始终有着对信念的执着追求。然而怎么造就拥有健康心理的组织员工呢？这方面创造的空间也非常的大，其中最主要的有以下两个方面：

1. 塑造自信心

一个能够自我管理的人一定具有坚定的自信心，相信自己的学识与能力可以胜任自己范围的工作和任务。否则，如果没有自信心，做事要依赖别人，也就谈不上自我管理。自信心不是凭空产生的，自信心根源于人们的学识、过去工作的经验、工作能力和良好的心理素质。因此，塑造员工的自信心，除了教导他鼓励他要有自信心之外，还要从提高他们的学识水平、能力和技能水平等方面着手，从工作中逐步培养其自信心。这样培养的自信心，才是持久的真正的自信心。

2. 自我心理调节

自我心理调节是指人们在内外条件的刺激下，自己的心理因素所处的平衡、情绪安定愉快的位置。一个自我管理的人必须学会自我心理调节的方法，因为在进行自我管理的过程中任何困难都可能产生。例如，失败挫折导致心情变坏、情绪恶劣，若自我不能调节，在那种心理状态下再继续工作的话，只能把事情做坏，而不能把事情做好，这样自我管理也就成了一句空话。因此，组织必须教会或培养员工能够自我调节心理状态，使之平时都能保持一个积极向上、愉快的情绪和心态。

四、行为引导

人的行为可分为有目的的行为和无目的的行为两类，其中大部分行为都是有目的的行为。无论是吃饭、穿衣、工作、学习、恋爱、运动等都有一定目的，有时看上去很简单的行为，本人也未必很注意其目的性，但这些行为仍有其目的。无目的的行为对一个身心健康的人来说是不行的。我们常说某人没有理想，没有奋斗目标，其实他并不是没有行为目标，只是没有符合组织要求的比较远大的目标而已。图 20-4 是一张典型的人的行为的一般构成图。

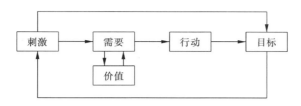

图 20-4　人的行为的一般构成

从图 20-4 中可见，人的行为是在内外诱因的刺激下，并结合个人需要发生的。如果是有刺激而无内在需要，那么行为不会发生；相反，如果光有需要，而外界条件不具备，那么需要也将会消失。例如，员工希望能够"自我实现"而组织没有可供他实现的条件，自我管理的行为也就不可能产生。图 20-4 中的价值体系是指人的思想情操、道德水准，它一方面对内外诱因作出判断，另一方面对目标实现的可能性、目标的价值、行为方式等作出判断和选择。价值体系还是人的行为的驱动力之一，因为一旦人们意识到他所进行的活动的意义和价值，他就会奋不顾身地去工作。当需要与价值判断一致时，行动的方向、程度、方式等就会进一步确定并强化，从而达到预定目标。不论是达到目标还是没达到目标都会给人一种新的刺激。已达到目的会刺激员工进一步建立新的目标，而没达到目的则会刺激他进一步努力或修正目标，这样构成一个周而复始的循环，这就是人们目的行为的一般过程。

既然人的行为如此构成，因此对组织员工进行自我管理行为的引导就应该从以下三个方面进行：

（一）价值体系变换

由于人的价值体系主要起着对个人需要、内外资源、目标价值、行为方式等作出一定判断和选择的作用，因此，人的价值体系的完整与否、正确与否，对人的行为有重要的影响。变换人的价值观念，使之树立自我管理的价值观念，从广义上说应是人们行为引导的重要方式之一。

（二）给以合适的内外刺激

合适的内外刺激是指给人适当的能够激发其自我管理的条件、变化、任务、工作等。例如，给他一个工作领域，同时授权给他，这便是一种外部环境变化给他自主管理的一个激励。又如用精神、思想等改变员工的内在需要，或用某一个强刺激使之觉醒，使之开始采取自我管理的行为。诱导性的刺激是一种良好的行为引导方式，能够使人们在不知不觉中使自己的行为规范化、有序化、有效化。

（三）目标激励

目标就是未来时期预定达到的结果，对于一个人来说，他并不只有一个目标，而是有一个目标体系，有学习上的目标，也有工作上的目标，有爱情上的目标，也有娱乐方面的目标等。人总是在这个目标体系中根据目标的价值以及现实可能，作出比较判断，最后作出选择。目标也是一种行为引导的重要方式，合适的目标能够诱发人的动机，引导人们的行为方向。现代组织中可以运用目标管理的方式来逐步引导员工学会自我管理。当然，设定什么样的目标，目标的可实现程度如何，对员工的行为引导效果来说是很不相同的，这方面具有极大的创新空间。

本 章 小 结

1. 人本管理是指以人的全面的自在的发展为核心,创造相应的环境、条件和工作任务,以个人自我管理为基础,以组织共同愿景为引导的一整套管理模式。人本管理应遵循四大准则:个性化发展准则、引导性管理准则、环境创设准则、人与组织共同成长准则。

2. 人本管理的核心内容是组织成员的自我管理,但这一管理模式是建立在"自我实现需要的人"的基本假设之上的。自我管理的实现前提是授权。

3. 自我管理在组织中有两种实现形式:一为个人的自我管理,二为团队的自我管理。自我管理目前在先进企业中的运用有:给员工一个领域、参与领导、工作内容丰富化等等。

4. 人本管理的方式建立在对人的思想、心理与行为的转换模式之上。基本方式有塑造价值观、心理平衡、行为引导。人本管理可使组织中的每一个人都能够个性化全面健康地发展,与组织一起成长。

复习思考题

(一) 简答题

1. 人本管理的核心是什么?

2. 人本管理与过去的管理模式有何不同?

3. 人本管理在企业中怎么展开?

4. 创设组织文化环境的方式、方法是什么?

5. 工作内容丰富化与组织的秩序是否有矛盾?

6. 行为引导与自我管理的关系是什么?

(二) 选择题

1. 授权的基本前提是(　　)。

    A. 价值观共识化   B. 资讯共有化

    C. 教育训练   D. 授权的示范

    E. 分权

2. 授权时应主要考虑的因素是(　　)。

    A. 工作复杂性   B. 环境的不确定性

    C. 岗位决策范围   D. 决策的频度

3. "好吃懒做、唯利是图",符合(　　)。

    A. "经济人"假设   B. "社会人"假设

    C. "自我实现的人"假设   D. "复杂人"假设

4. 主张集体奖,而不主张个人奖,这是(　　)的思想。

    A. "经济人"假设   B. "社会人"假设"

    C. "自我实现的人"假设   D. "复杂人"假设

5.（　　）不是人本管理的基本要素。

    A. 企业人　　　　　B. 环境　　　　　C. 文化　　　　　D. 产品

6. 与员工同甘共苦、同舟共济，反映了人本管理（　　）基本内容。

    A. 人的管理第一　　　　　　　　　B. 以激励为主要方式

    C. 积极开发人力资源　　　　　　　D. 培育和发挥团队精神

7. 明确目标责任，使其参与竞争，是进行人本管理的（　　）。

    A. 动力机制　　　　　　　　　　　B. 压力机制

    C. 约束机制　　　　　　　　　　　D. 环境影响机制

8. 人本管理的基本方式有（　　）。

    A. 塑造价值观　　　B. 心理平衡　　　C. 行为引导　　　D. 授权

9. 参与领导的原则有（　　）。

    A. 相互支持　　　B. 团队决定　　　C. 高标准要求　　　D. 取消等级

10. 深层的企业文化是指（　　）。

    A. 厂容厂貌　　　　　　　　　　　B. 职工风貌

    C. 产品形象　　　　　　　　　　　D. 企业及职工的心理意识形态

案例　注重管"人"的美国组合国际电脑公司

美国组合国际电脑股份有限公司首席行政总监王嘉廉的典型特点是"讲求实际"。王嘉廉出生在新加坡，从美国纽约皇后学院毕业时，他想做一名程序设计师。在翻看两页丰厚的程序师招聘广告时，妈妈问他："这一行是做什么的？"年轻的王嘉廉说："妈，我不知道。不过看来他们挺需要这种人的。"

1976 年，王嘉廉决定创立组合国际电脑股份有限公司，他的想法也十分简单：倾听顾客，而不是一门心思与技术打交道。组合国际从第一天起差不多就要破产，而今天，它已发展成为世界领先的商用计算机软件供应商，1994 年财务年度营业收入为 21 亿美元。美国 ABC 电视台称王嘉廉为"美国最有创见、最有成效的一位经理"。

打破软件业记录

组合国际在十年多一点时间里，打破了十亿美元的收益记录。它推向市场的产品比世界上任何一家软件公司都多。尽管创办时只有四个人，卖一个程序；现在却收购合并了不下 42 家公司。

在《华尔街》一类杂志组成的电脑圈里，人们莫名其妙地不愿正视组合国际的存在，更不用说对其敬重了。这是主观的视而不见。组合国际之所以被人忽视，主要是它使商界见到就不舒服。它的成就对于正统商界是一种挑战。

比如说，组合国际人创造灵活定价制度已经十九年了，但是至今其他公司仍不愿仿效，这实在让组合国际人大惑不解。创始人、董事长王嘉廉认为：在某种程度上，大家同在一条船上。为了发展业务，他设计了多种付款方式。

现在，几乎所有顾客都能找到适当的方式购买组合国际的软件。付款方式常常由顾客自己提出来。

　　这种安排体现了组合国际的运作方式。它不设任何委员会，因而其决议快捷，实施也很容易。它开发软件的天才不在于灵感，而在于把适当的人组织在一起，放在适当的位置上，所以产品一周之内就能搞好，而不是一年。

　　如果顾客喜欢一个非常有用的软件包，却不愿意或出不起五万美元，组合国际的程序师就会删削产品，只保留基本功能，以 7 500 美元卖出去。要开会吗？不用；要写备忘录吗？不用，参加人员只有八个，时间只用两周。

　　在任何情况下，正确决策的能力都是成功的关键。然而，在组合国际，这个能力还有一个主观成分。它不仅仅要考虑"该不该做这个决议？""做什么决议？"，还要考虑一个在传统的等级制度中不可思议的问题："是不是该由我来做这个决议？"因为传统的管理金字塔严格地区分了各自的职位和职责。组合国际没有正规的管理结构，其决策好坏全赖于决策者的素质，而不是管理结构。

培养优势：人

　　1976 年在创办组合国际之前，王嘉廉仅有的管理经验是"管理"失败。他和一个叫罗素亚兹的学友一起开办了一家电脑软件咨询公司。王嘉廉很快就意识到，他们出售的是自己的时间。他们虽然可以开高价，可时间毕竟有限。这种公司也可以发展，但只能增加人手。也就是说，营利的局限仍然存在，并随着人手的增加而增加。

　　王嘉廉决意关掉咨询公司。"我们说，'这主意不对，我们需要产品。'于是，我们开始生产产品。"与顾问公司增加人手所不同的是，产品的增加可以使利润呈几何倍数增加，而不是算术式累计。增加产品有两种基本途径：取得销售权或创造新产品。它们各有缺陷，已经开发的产品常常不太适合市场的需要。

　　闭门造车造出来的有可能是人家已经开发过的软件。王嘉廉兼取二者之长：加强别人生产的软件，使之与销出去的软件配套；自己开发的软件则以建立桥梁为目标，让各种软件并存。

　　这一策略虽然十分成功，然而与别人的经营策略却如出一辙。王嘉廉并未满足：组合国际与其他软件公司有何不同？运气？就算如此，以后的好运却不是自己所能掌握的。那么，人能起什么作用呢？不管作用如何，显然，这是唯一可以开发、培养的东西。

　　王嘉廉指出："所有问题其实非常简单。第一，需要有人，为我们工作的人。但他们必须有自己的理由，必须了解自己的贡献是有意义的。所以，要让他们加入决策过程。第二，他们需要干得有滋有味，让他们感到轻松的压力。既有压力，又感到轻松。"

　　不难想象，王嘉廉有一天会拍拍脑袋，大叫惊奇。组合国际发展太神速了，他要么控制它，要么请人来让它发展得更快。组合国际已成了一股激流，要么筑起坝来让激流变成一条舒缓的河，要么让它自由奔腾。开辟新的渠道，让它注满市场的轮廓。

　　王嘉廉把公司驶入了急流，但是，要想在河道里奔驰却不被冲走就必须划得比急流还快。现在，寻找信任的人成了公司的当务之急。

不断重组公司

　　王嘉廉通过收购别的企业发展壮大自己，其方式是：拆除原公司臃肿的上层官僚机构,对中层管理人员根据组合国际的要求进行整编,要求他们排出三五个甚至一百个拔尖人物,其他人员全部解雇。像财务等辅助功能则纳入总部。被收购的公司只留下精英,在组合国际有限公司受到诚挚的欢迎。结果,最有成就的通常是在原公司受到各种限制、郁郁不得志的人,他们进了组合国际便如鱼得水。

当然,解雇被收购公司员工会影响员工流动率数据。这在王嘉廉是不愿透露的数据,因为他认为这会引起大家批评公司。但是,这种无情的筛选正是组合国际不同于其他公司的主要因素。

不断重塑自己。最初,王嘉廉每年要对公司进行四次彻底重组。现在,"重组"已成了每年一次的程式。"人的素质并不依赖其组织结构。如果组织结构良好,人员素质很差,依然办不成事。"王嘉廉这样认为。

实质上,组合国际所做的可以称为企业循环。聚集人才,把他们放到责任更大的新岗位,使公司提高效率更获得创造力。这样,你就增加了他们的价值。

用最纯粹的经济词汇来说,组合国际电脑股份有限公司充分利用了资产,对那些人才是唯一重要资产的公司来说,这是唯一出路。进入21世纪,除了人以外的一切资产,如机器、房产、资金、信贷都不过是商品。那时,这一原则毫无疑问地得到全面实施。

这种资产在平常的平衡表上可能无法计量,但工资可以是一个标志。组合国际平均年薪较那些等级分明的公司至少要高1/3,与这些公司不一样,它没有工资薪级表。而是根据你的价值发工资。一个初入道的程序师一年之内工资可翻一番,一个20岁出头的工程师能得到20万美元的年薪。

寻找业务明星

如果你听起来觉得这像是在说职业运动员,那就对了。一个工程师对于组合国际的价值就像一个枢纽前卫明星在一个职业橄榄球队一样。组合国际和职业球队一样,不断寻找明星、发展明星并给以相应的补偿。"明星在哪儿? 我们不断问这个问题,不断地寻找。"一个公司经理这样说。

在软件开发业,王嘉廉有一句名言:如果五个工程师在一起却无法开发一个软件,那就去掉两个最差的。之所以这么说,是因为良好是通向杰出的障碍。如果做不到杰出,事情就不可能成功。

公司进行重组的关键在于发现最有价值的人。许多公司采用刻板的一成不变的员工评估方式。在这种一至五等的评估中,大家都是三等。

那么,哪些三等的人最好呢? 你不知道。组合国际把员工分成不同的等级;他是该组的尖子,他名列第二,他是老三,依此类推。这样才体现了最好的真正意义。

一开始,这种分级难以定夺。但一经决定,它就可以为许多重大问题的正确决策提供很好的素材。决策与人才唇齿相依:一件非常重要的工作,谁才是最佳人选呢?

在公司里,如果最好的人跟不如他的人拥有同等机会,谁会不把工作应付了事? 有什么必要再付出更多努力? 只有把员工分成等级,才能使最好的人才奋力向前。也只有通过这种分级,王嘉廉才可以经营好组合国际这样大(约8 000人)、这样多种经营(开发、销售并维护上千种软件产品)、这样分布广泛(全球有一百多个主要办事处)、这样动态十足的公司。

　　重组再简单不过了。因为人是公司的生产性资产,组合国际要重造其系统,最有效地利用这种资产,唯一的局限就是其现有的产品库。他们还得销售、支持这些产品。

　　王嘉廉根据零基预算的概念提出了"零基思维"思想。零基预算假定公司正在做的都是应该做的;而零基思维则要决定公司该做什么,然后才能开始分配资源。

　　这种观念悍然不顾经营常理:一个有效的管理系统难道不应继续运作下去吗? 当然应该! 但对于组合国际,它的有效系统就是重新组织,它的稳定就是不断变化。

　　这样,王嘉廉不再需要根据其现有资产发展组合国际,而是对资产重新进行部署,开创新的目标:确定组合国际的发展方向、确定新的市场、确定哪些产品可以结合起来开发超级产品、预计竞争对手的策略、对这一切活动定出先后主次。然后,在黑板的另一边,他再写上其资产:人才。

　　王嘉廉是这样描述他的做法的:"我先按轻重缓急列出各项活动,然后在黑板的另一边写下我的种子选手;接着,再给任务和人配对,一号明星参加头号重点项目。这并不复杂。"

讨论题

　　1. 王嘉廉采用的人本管理的方法主要有哪些?

　　2. 员工高流动率对王嘉廉的企业有何影响?

参考文献

［1］　芮明杰.管理学——现代的观点［M］.上海：上海人民出版社，1999.

［2］　芮明杰.管理创新［M］.上海：上海译文出版社，1997.

［3］　芮明杰，钱平凡.再造流程［M］.杭州：浙江人民出版社，1997.

［4］　芮明杰.现代企业管理创新［M］.太原：山西经济出版社，1998.

［5］　芮明杰，杜锦根.人本管理［M］.杭州：浙江人民出版社，1997.

［6］　芮明杰，袁安照.现代公司理论与运行［M］.济南：山东人民出版社，1998.

［7］　芮明杰，袁安照.管理重组［M］.杭州：浙江人民出版社，2000.

［8］　哈罗德·孔茨.管理学［M］.北京：经济科学出版社，1998.

［9］　斯蒂芬·P.罗宾斯.管理学［M］.北京：中国人民大学出版社，1997.

［10］　理查德·L.达夫特.组织理论与设计精要［M］.北京：机械工业出版社，1999.

［11］　吴敬琏.现代公司与企业改革［M］.天津：天津人民出版社，1994.

［12］　郭跃进.管理学［M］.北京：经济管理出版社，1999.

［13］　邢以群.管理学［M］.杭州：浙江大学出版社，1997.

［14］　C.I.巴纳德.经理人员的职能［M］.北京：中国社会科学出版社，1997.

［15］　W.H.纽曼，小 C.E.萨默.管理过程——概念、行为和实践［M］.北京：中国社会科学出版社，1995.

［16］　彼得·圣吉.第五项修炼［M］.上海：上海三联书店，1994.

［17］　丹尼尔·A.雷恩.管理思想的演变［M］.北京：中国社会科学出版社，2000.

［18］　哈默，钱比.改造企业［M］.牛顿出版股份有限公司，1994.

［19］　盖瑞·哈默尔，C.K.普拉哈拉德.竞争大未来［M］.智库文化股份有限公司，1995.

［20］　罗伯特·R.布莱克等.管理方格［M］.海湾出版公司，1964.

［21］　罗锐韧等.管理沟通［M］.北京：红旗出版社，1997.

［22］　钱德勒.看得见的手［M］.北京：商务印书馆，1987.

［23］　小詹姆斯·H.唐纳利等.管理学基础［M］.北京：中国人民大学出版社，1982.

［24］　杨永康，苏勇，吴嵋山.复旦 MBA 案例集［D］，2003.

［25］　芮明杰，等.新经济、新企业、新管理［M］.上海：上海人民出版社，2002.

［26］　杨洪兰.实用管理学［M］.上海：复旦大学出版社，1989.

［27］　加里·哈默，C.K.普拉哈拉德.竞争大未来［M］.北京：昆仑出版社，1998.

［28］　张德.人力资源开发与管理［M］.第二版.北京：清华大学出版社，2001.

［29］　廖泉文.人力资源考评系统［M］.济南：山东人民出版社，2000.

［30］　劳伦斯·S.克雷曼.人力资源管理——获取竞争优势的工具［M］.中译本.北京：机械工业出版社，1999.

［31］ 雷蒙德·A.诺伊,约翰·霍伦拜克,拜雷·格哈特,帕特雷克·莱特.人力资源管理：赢得竞争优势［M］.中译本.北京：中国人民大学出版社,2001.

［32］ 亚瑟·W.小舍曼,乔治·W.勃兰德,斯特尔·A.斯奈尔.人力资源管理［M］.中译本.大连：东北财经大学出版社,2001.

［33］ R.韦恩·蒙迪,M.诺埃.人力资源管理［M］.中译本.北京：经济科学出版社,1998.

［34］ 陈清泰,吴敬琏.公司薪酬制度概论［M］.北京：中国财政经济出版社,2001.

［35］ Stephen P. Robbins，Managing Today［M］. Prentice-Hall，Inc.，1997.

教师教学资源服务指南

关注微信公众号"**高教财经教学研究**",可浏览云书展了解最新经管教材信息、申请样书、下载课件、下载试卷、观看师资培训课程和直播录像等。

课件及资源下载

电脑端进入公众号点击导航栏中的"教学服务",点击子菜单中的"资源下载",或浏览器输入网址链接http://101.35.126.6/,注册登录后可搜索相应资源并下载。

样书申请及培训课程

点击导航栏中的"教学服务",点击子菜单中的"云书展",了解最新教材信息及申请样书。

点击导航栏中的"教师培训",点击子菜单中的"培训课程"即可观看教师培训课程和"名师谈教学与科研直播讲堂"的录像。

联系我们

联系电话:(021)56718921　　　高教社管理类教师交流QQ群:248192102